新阳科技，塑造绿色生活，缔造美丽人生
—— 致力于高端人造石材、天然石材应用

新阳科技集团是一家以化工制造业为主，并集金融、贸易（电子商务）等为一体的多元化企业集团，目前在国内有19家分公司，拥有员工3000人，2016年集团销售额200亿元。集团旗下的不饱和聚酯树脂产销量位居国内前列，乙烯基树脂已初具规模，环氧树脂胶正蓬勃发展。

不饱和聚酯树脂

环氧树脂胶

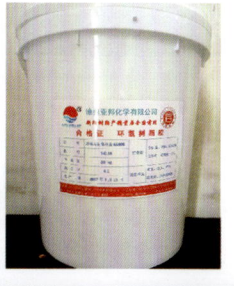

新阳科技集团有限公司	漳州新阳科技有限公司	天津新阳有限公司
江苏亚邦涂料股份有限公司	漳州亚邦化学有限公司	天津亚邦化学有限公司
地址： 江苏省常州市新北区	地址： 福建省漳州市金峰工业区	地址： 天津市开发区
电话： 051989802373	电话： 05962600900	电话： 02224981516
传真： 051989802371	传真： 05962600119	传真： 02224999722

聚合隆AB胶

福建省科技型企业

石材用胶问题 找聚合隆解决就对了

复合胶　　AB面胶背网胶　　高强度渗透胶　　干挂胶　　荒料真空包胶

重点推荐：

★ 高强度渗透胶（JHL-3015）

高强度渗透胶是一款渗透力强、粘接牢固且又抗黄变的AB胶，特别适合有细小裂缝、裂纹较多的大理石的点胶、跑胶以及断板的粘接；用于玉石等透光型石材效果更佳，不仅可修复其细小裂缝，亦可使玉石更通透，减少棉絮状；适合花岗岩鸡爪纹的修复以及石英石针孔、细裂缝的修复。

高强度渗透胶JHL-3015

★ 真空灌注胶

大理石、人造石安装后空鼓不用再返工，采用聚合隆新型修补技术，利用真空灌注原理，将低黏度、高强度专用修补材料注入到空鼓内部，自动完成对空鼓区域的灌浆修复，提高混凝土结构、石材面砖与基层的粘结力、整体性和耐久性。

★ 石材铝蜂窝复合胶（JHL-2115）

聚合隆石材铝蜂窝复合胶是一款改性型环氧树脂石材复合胶，主要用于大理石、花岗岩等板材与铝蜂窝、铝塑板及金属之间的粘结，是特别针对大规格、不规则或大面积石材复合设计的专用胶。本产品亦可用于玻璃钢与石材的粘结。

抗黄变AB面胶

★ 抗黄变石材复合胶

聚合隆抗黄变石材复合胶系列：抗黄变，不污染板面，如水晶白复合胶，抗黄变，可调色。雪白-s(JHL2016-s玉石瓷砖复合胶)，用于白色透光石材与花岗岩粘接，不仅抗黄变还可遮盖底板。铝材白板复合胶(JHL2115w)，适合白色石材、玉石等易污染的石材与铝蜂窝及金属的复合，抗黄变且粘结牢固。

石材铝蜂窝复合胶JHL-2115

★ 环氧石材干挂胶（JHL-8113）

聚合隆环氧石材干挂胶是一款改性型环氧树脂胶粘剂，主要用于大理石、花岗岩、瓷砖等铺贴、干挂以及扣件加固，还可用于外墙干挂。

环氧石材干挂胶JHL-8113

公司简介

福建聚合隆复合材料有限公司前身是厦门聚合隆胶业有限公司，成立于2004年，专注于环氧石材胶及环氧固化剂领域，是目前国内较大的环氧石材胶生产企业之一。本公司石材胶产品覆盖石材生产、加工整个生产链，从石材荒料加固（真空包胶和灌注包裹）到大板生产用胶、工程板加工用胶、石材复合板用胶及石材安装干挂等，皆可应用。本公司技术研发实力雄厚，是一家可为客户提供石用胶解决方案的科技型企业。

官方网址：www.juhelong.com
联系电话：0596-7668738　　13774678585 苏
联系地址：福建省漳州市南靖县高新技术产业园

微信公众号

公司网站二维码

中国石材协会推荐读物

中国石材行业标准汇编

中国石材协会　组编
周俊兴　主编

中国建材工业出版社

图书在版编目(CIP)数据

中国石材行业标准汇编/周俊兴主编；中国石材协会组编. —北京：中国建材工业出版社，2018.3(2018.8重印)
ISBN 978-7-5160-2168-2

Ⅰ.①中… Ⅱ.①周…②中… Ⅲ.①石材工业-标准-汇编-中国 Ⅳ.①F426.9-65

中国版本图书馆CIP数据核字（2018）第026737号

内 容 简 介

本书将近年来最新的石材行业国家标准、行业标准以及协会标准汇编成册，形成系统完整的工具书，内容涉及材料界定、配套产品、技术规范、矿山管理、清洁生产及石材护理等诸多方面。

本书适用于石材行业管理者、技术人员、研发与检测机构作为参考书查阅、学习与应用。

中国石材行业标准汇编
中国石材协会 组编
周俊兴   主编

出版发行：中国建材工业出版社
地　　址：北京市海淀区三里河路1号
邮　　编：100044
经　　销：全国各地新华书店
印　　刷：北京雁林吉兆印刷有限公司
开　　本：787mm×1092mm　1/16
印　　张：28　彩色：1
字　　数：700千字
版　　次：2018年3月第1版
印　　次：2018年8月第2次
定　　价：560.00元

本社网址：www.jccbs.com　　微信公众号：zgjcgycbs
本书如出现印装质量问题，由我社市场营销部负责调换。联系电话：(010) 88386906

C_1、C_3类饰面板板石建议用于装饰装修工程中室内、室外非结构性承载用途部位，例如：湿贴的墙面或地面。不建议使用在结构性承载部位，例如：室内外墙面的干挂。

C_2、C_4类饰面板板石可应用于装饰装修工程中室内、室外结构性承载用途部位，例如：室内外墙面的干挂。

E.2 瓦板

本标准按照瓦板吸水率的不同分为R_1、R_2、R_3三个类别，参考美国ASTM C406-05标准将其与其他性能进行匹配，可预计瓦板的使用年限，在此提出，供使用者参考，见表E.1。

表 E.1

类别	吸水率/% ≤	破坏荷载最小值/ N	软化深度最大值/ mm	预期使用寿命/ 年
R_1	0.25	2 558	0.05	>75
R_2	0.36	2 558	0.20	40～75
R_3	0.45	2 558	0.36	20～40

天然花岗石建筑板材 GB/T 18601—2009

1 范围

本标准规定了天然花岗石建筑板材（以下简称板材）的术语和定义、分类、等级与标记、要求、试验方法、检验规则、标志、包装、运输与贮存等。

本标准适用于建筑装饰用的天然花岗石板材，也可供其他用途的天然花岗石板材参照使用。

2 规范性引用文件

下列文件中的条款通过本标准的引用而成为本标准的条款。凡是注日期的引用文件，其随后所有的修改单（不包括勘误的内容）或修订版均不适用于本标准，然而，鼓励根据本标准达成协议的各方研究是否可使用这些文件的最新版本。凡是不注日期的引用文件，其最新版本适用本标准。

GB/T 191　包装储运图示标志

GB/T 1182　形状和位置公差　通则、定义、符号和图样表示方法

GB/T 1800.3　极限与配合　基础　第3部分：标准公差和基本偏差数值表

GB/T 1801　极限与配合　公差带和配合的选择

GB/T 2828.1　计数抽样检验程序　第1部分：按接受质量限（AQL）检索的逐批检验抽样计划

GB 6566　建筑材料放射性核素限量

GB/T 9966.1　天然饰面石材试验方法　干燥、水饱和、冻融循环后压缩强度试验方法

GB/T 9966.2　天然饰面石材试验方法　干燥、水饱和弯曲强度试验方法

GB/T 9966.3　天然饰面石材试验方法　体积密度、真密度、真气孔率、吸水率试验方法

GB/T 13890　天然石材术语

G/T 13891　建筑饰面材料镜向光泽度测定方法

GB/T 17670　天然石材统一编号

GB/T 19766—2005　天然大理石建筑板材

3 术语和定义

GB/T 1182 和 GB/T 13890 确立的术语和定义适用于本标准。

4 分类、等级与标记

4.1 分类

4.1.1 按形状分为：

a) 毛光板（MG）；

b) 普型板（PX）；

c) 圆弧板（HM）；

d) 异型板（YX）。

4.1.2 按表面加工程度分为：

a) 镜面板（JM）；

b) 细面板（YG）；

c) 粗面板（CM）。

4.1.3 按用途分为：

a) 一般用途：用于一般性装饰用途；

b) 功能用途：用于结构性承载用途或特殊功能要求。

4.2 等级

按加工质量和外观质量分为：

a) 毛光板按厚度偏差、平面度公差、外观质量等将板材分为优等品（A）、一等品（B）、合格品（C）三个等级；

b) 普型板按规格尺寸偏差、平面度公差、角度公差、外观质量等将板材分为优等品（A）、一等品（B）、合格品（C）三个等级；

c) 圆弧板按规格尺寸偏差，直线度公差，线轮廓度公差，外观质量等将板材分为优等品（A）、一等品（B）、合格品（C）三个等级。

4.3 标记

4.3.1 名称：采用 GB/T 17670 规定的名称或编号。

4.3.2 标记顺序为：名称、类别、规格尺寸、等级、标准编号。

4.3.3 示例：

用山东济南青花岗石荒料加工的 600 mm×600 mm×20 mm、普型、镜面、优等品板材示例如下：

标记：济南青花岗石（G3701）PX JM 600×600×20A GB/T 18601—2009

5 要求

5.1 一般要求

5.1.1 天然花岗石建筑板材的岩矿结构应符合商业花岗石的定义范畴。

5.1.2 规格板的尺寸系列见表1，圆弧板、异型板和特殊要求的普型板规格尺寸由供需双方协商确定。

表 1   单位为毫米

边长系列	300[a]、305[a]、400、500、600[a]、800、900、1 000、1 200、1 500、1 800
厚度系列	10[a]、12、15、18、20[a]、26、30、35、40、50

[a] 常用规格。

5.2 加工质量

5.2.1 毛光板的平面度公差和厚度偏差应符合表2的规定。

表2 单位为毫米

项目		技术指标					
		镜面和细面板材			粗面板材		
		优等品	一等品	合格品	优等品	一等品	合格品
平面度		0.80	1.00	1.50	1.50	2.00	3.00
厚度	≤12	±0.5	±1.0	+1.0 −1.5			
	>12	±1.0	±1.5	±2.0	+1.0 −2.0	±2.0	+2.0 −3.0

5.2.2 普型板规格尺寸允许偏差应符合表3的规定。

表3 单位为毫米

项目		技术指标					
		镜面和细面板材			粗面板材		
		优等品	一等品	合格品	优等品	一等品	合格品
长度、宽度		0 −1.0	0 −1.0	0 −1.5	0 −1.0	0 −1.0	0 −1.5
厚度	≤12	±0.5	±1.0	+1.0 −1.5	—		
	>12	±1.0	±1.5	±2.0	+1.0 −2.0	±2.0	+2.0 −3.0

5.2.3 圆弧板壁厚最小值应不小于18 mm，规格尺寸允许偏差应符合表4的规定。圆弧板各部位名称及尺寸标注如图1所示。

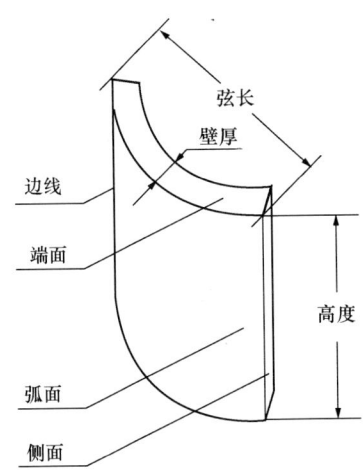

图1 圆弧板部位名称

表 4　　　　　　　　　　　　　　　　　　　　　　　　　　　　　　　　　　　　单位为毫米

项　目	技术指标					
	镜面和细面板材			粗面板材		
	优等品	一等品	合格品	优等品	一等品	合格品
弦长	0 −1.0		0 −1.5	0 −2.0	0 −2.0	0 −2.0
高度	0 −1.0		0 −1.5	0 −1.0	0 −1.0	0 −1.5

5.2.4 普型板平面度允许公差应符合表5规定。

表 5　　　　　　　　　　　　　　　　　　　　　　　　　　　　　　　　　　　　单位为毫米

板材长度 （L）	技术指标					
	镜面和细面板材			粗面板材		
	优等品	一等品	合格品	优等品	一等品	合格品
L≤400	0.20	0.35	0.50	0.60	0.80	1.00
400<L≤800	0.50	0.65	0.80	1.20	1.50	1.80
L>800	0.70	0.85	1.00	1.50	1.80	2.00

5.2.5 圆弧板直线度与线轮廓度允许公差应符合表6规定。

表 6　　　　　　　　　　　　　　　　　　　　　　　　　　　　　　　　　　　　单位为毫米

项　目		技术指标					
		镜面和细面板材			粗面板材		
		优等品	一等品	合格品	优等品	一等品	合格品
直线度 （按板材高度）	≤800	0.80	1.00	1.20	1.00	1.20	1.50
	>800	1.00	1.20	1.50	1.50	1.50	2.00
线轮廓度		0.80	1.00	1.20	1.50	1.50	2.00

5.2.6 普型板角度允许公差应符合表7的规定。

表 7　　　　　　　　　　　　　　　　　　　　　　　　　　　　　　　　　　　　单位为毫米

板材长度（L）	技术指标		
	优等品	一等品	合格品
L≤400	0.30	0.50	0.80
L>400	0.40	0.60	1.00

5.2.7 圆弧板端面角度允许公差：优等品为0.40 mm，一等品为0.60 mm，合格品为0.80 mm。

5.2.8 普型板拼缝板材正面与侧面的夹角不应大于90°。

5.2.9 圆弧板侧面角α（见图5）应不小于90°。

5.2.10 镜面板材的镜向光泽度应不低于80光泽单位，特殊需要和圆弧板由供需双方协商确定。

5.3 外观质量

5.3.1 同一批板材的色调应基本调和,花纹应基本一致。

5.3.2 板材正面的外观缺陷应符合表8规定,毛光板外观缺陷不包括缺棱和缺角。

表8

缺陷名称	规定内容	技术指标		
		优等品	一等品	合格品
缺棱	长度≤10 mm,宽度≤1.2 mm（长度<5 mm,宽度<1.0 mm不计）,周边每米长允许个数（个）	0	1	2
缺角	沿板材边长,长度≤3 mm,宽度≤3 mm（长度<2 mm,宽度<2 mm不计）,每块板允许个数（个）	0	1	2
裂纹	长度不超过两端顺延至板边总长度的1/10（长度<20 mm不计）,每块板允许条数（条）	0	1	2
色斑	面积≤15 mm×30 mm（面积<10 mm×10 mm不计）,每块板允许个数（个）	0	2	3
色线	长度不超过两端顺延至板边总长度的1/10（长度<40 mm不计）每块板允许条数（条）	0	2	3
注:干挂板材不允许有裂纹存在。				

5.4 物理性能

天然花岗石建筑板材的物理性能应符合表9的规定;工程对石材物理性能项目及指标有特殊要求的,按工程要求执行。

表9

项 目		技术指标	
		一般用途	功能用途
体积密度/(g/cm^3),≥		2.56	2.56
吸水率/%,≤		0.60	0.40
压缩强度/MPa,≥	干燥	100	131
	水饱和		
弯曲强度/MPa,≥	干燥	8.0	8.3
	水饱和		
耐磨性[a]（1/cm^3）,≥		25	25
[a] 使用在地面、楼梯踏步、台面等严重踩踏或磨损部位的花岗石石材应检验此项。			

5.5 放射性

天然花岗石建筑板材应符合GB 6566的规定。

6 试验方法

6.1 岩矿

按附录A的试验方法进行。

6.2 加工质量

6.2.1 毛光板

6.2.1.1 平面度

将平面度公差为0.1 mm和1 000 mm钢平尺分别自然贴放在距板为15 mm处和被检平面的两条对角线上，用塞尺测量尺面与板面的间隙。当被检边长或对角线长度大于1 000 mm时，用钢平尺沿边长和对角线分段检测，重叠位置不小于钢平尺长度的三分之一。以最大间隙的测量值表示毛光板的平面度公差，测量值精确到0.05 mm。

6.2.1.2 厚度

用游标卡尺或能满足精度要求的量器具测量毛光板的厚度，测量4条边的中点部位（见图3）。分别用测量值与标称值之间偏差的最大值和最小值表示毛光板厚度的尺寸偏差，测量值精确到0.1 mm。

6.2.2 普型板规格尺寸

用游标卡尺或能满足精度要求的量器具测量板材的长度、宽度、厚度。长度、宽度分别在板材的三个部位测量（见图2），厚度测量4条边的中点部位（见图3）。分别用测量值与标称值之间偏差的最大值和最小值表示长度、宽度、厚度的尺寸偏差，测量值精确到0.1 mm。

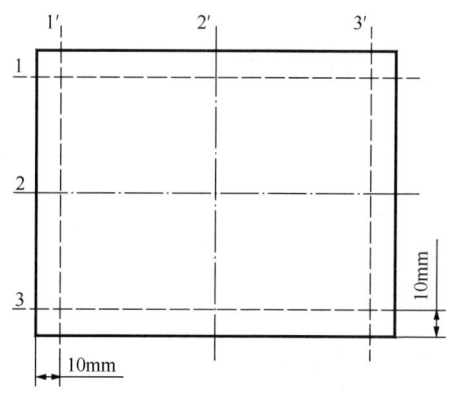

1，2，3——长度测量线；
1′，2′，3′——宽度测量线。

图2 板材规格尺寸测量示意图

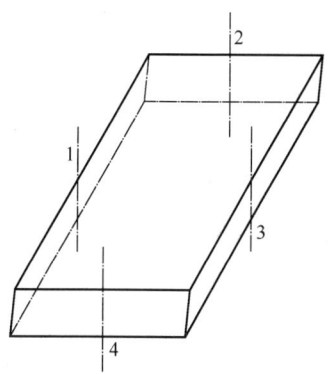

1，2，3，4——厚度测量线。

图3 板材厚度测量示意图

6.2.3 圆弧板规格尺寸

用游标卡尺或能满足测量精度要求的量器具测量圆弧板的弦长、高度及最小壁厚。在圆弧板的两端面处测量弦长（见图1）。在圆弧板端面与侧面测量壁厚（见图1）；圆弧板高度测量部位如图4所示。分别用测量值与标称值之间偏差的最大值和最小值表示弦长、高度及壁厚的尺寸偏差，测量值精确到0.1 mm。

6.2.4 普型板平面度

将平面度公差为0.1 mm和1 000 mm钢平尺分别自然贴放在距板边10 mm处和被检平面的两条对角线上，用塞尺测量尺面与板面的间隙。当被检面边长或对角线长度大于1 000 mm时，用钢平尺沿边长和对角线分段检测。以最大间隙的测量值表示板材的平面度公差，

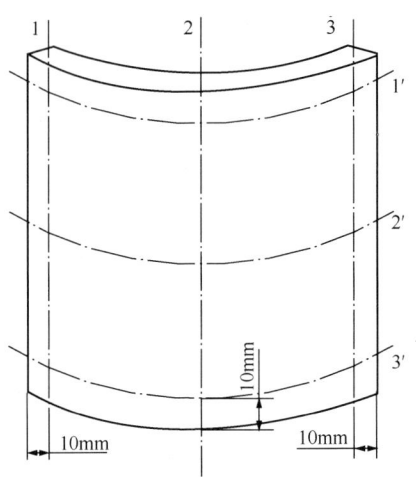

1,2,3——高度和直线度测量线；
1′,2′,3′——线轮廓度测量线。

图 4 圆弧板高度、直线度和线轮廓度测量部位示意图

测量值精确到 0.05 mm。

6.2.5 圆弧板

6.2.5.1 圆弧板直线度

将平面度公差为 0.1 mm 的 1 000 mm 钢平尺沿圆弧板母线方向贴放在被检弧面上，用塞尺测量尺面与板面的间隙，测量位置如图 4 所示。当被检圆弧板高度大于 1 000 mm 时，用钢平尺沿被检测母线分段测量。

以最大间隙的测量值表示圆弧板的直线度公差，测量值精确到 0.05 mm。

6.2.5.2 圆弧板线轮廓度

按 GB/T 1800.3 和 GB/T 1801 的规定，采用尺寸精度为 JS7（js7）的圆弧靠模自然贴靠被检弧面，圆弧靠模的弧长与被检弧面的弧长之比应不小于 2∶3，用塞尺测量尺面与圆弧面之间的间隙，测量位置如图 4 所示。

以最大间隙的测量值表示圆弧板的线轮廓度公差，测量值精确到 0.05 mm。

6.2.6 普型板角度

用内角垂直度公差为 0.13 mm，内角边长为 500 mm×400 mm 的 90°钢角尺。将角尺短边紧靠板材的短边，长边贴靠板材的长边，用塞尺测量板材长边与角尺长边之间的最大间隙。测量板材的四个角，以最大间隙的测量值表示板材的角度公差，测量值精确到 0.05 mm。

6.2.7 圆弧板角度

用内角垂直度公差为 0.13 mm，内角边长为 500 mm×400 mm 的 90°钢角尺。将角尺短边紧靠圆弧板端面，用角尺长边贴靠圆弧板的边线，用塞尺测量圆弧板边线与角尺长边之间的最大间隙。测量圆弧板的四个角，以最大间隙的测量值表示圆弧板的角度公差，测量值精确到 0.05 mm。

6.2.8 正面与侧面夹角

用内角垂直度公差为0.13 mm，内角边长为500 mm×400 mm的90°钢角尺，将角尺短边紧靠装饰面，用角尺长边贴靠侧面，观察间隙的位置确定夹角的大小。

6.2.9 圆弧板α角

将圆弧靠模贴靠圆弧板装饰面并使其上的径向刻度线延长线与圆弧板边线相交，将小平尺沿径向刻度线置于圆弧靠模上，测量圆弧板侧面与小平尺间的夹角（见图5）。

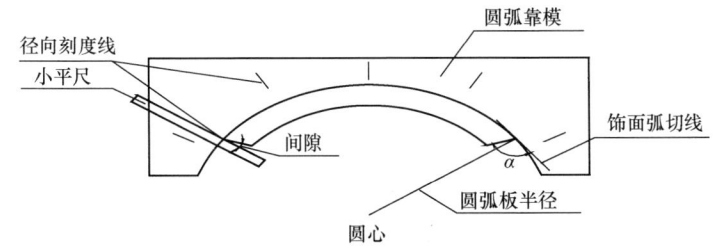

图5 α角测量示意图

6.2.10 镜向光泽度

采用60°入射角、光孔直径不小于18 mm的光泽度仪，按GB/T 13891的规定试验。

6.3 外观质量

6.3.1 花纹色调

将协议板与被检板材并列平放在地上，距板材1.5 m处站立目测。

6.3.2 缺陷

用游标卡尺或能满足精度要求的量器具测量缺陷的长度、宽度，测量值精确到0.1 mm。

6.4 物理性能

6.4.1 体积密度、吸水率

按GB/T 9966.3的规定试验；在无法满足GB/T 9966.3规定的试样尺寸时，应从具有代表性的板材产品上制取50 mm×50 mm×板材厚度的试样，其余按GB/T 9966.3的规定进行。采用该方法时应在报告中注明样品尺寸。

6.4.2 压缩强度

按GB/T 9966.1的规定试验；在无法满足GB/T 9966.1规定的试样尺寸时，采用叠加粘结的方式达到规定尺寸。粘结面应磨平达到细面要求，采用环氧型胶粘剂，用加压的方式挤净多余的胶粘剂，固化后进行规定试验。压缩时沿叠加方向加载，采用该种方法时应在报告中注明。

6.4.3 弯曲强度

按GB/T 9966.2的规定试验。

6.4.4 耐磨性

按GB/T 19766—2005附录A的规定试验。

6.5 放射性

按GB 6566的规定试验。

7 检验规则

7.1 出厂检验

7.1.1 检验项目

毛光板为厚度偏差、平面度公差、镜向光泽度、外观质量;

普型板为规格尺寸偏差、平面度公差、角度公差、镜向光泽度、外观质量;

圆弧板为规格尺寸偏差、角度公差、直线度公差、线轮廓度公差、外观质量。

7.1.2 组批

同一品种、类别、等级、同一供货批的板材为一批;或按连续安装部位的板材为一批。

7.1.3 抽样

采取GB/T 2828.1一次抽样正常检验方式,检查水平为Ⅱ。合格质量水平(AQL值)取6.5;根据表10抽取样本。

7.1.4 判定

单块板材的所有检验结果均符合技术要求中相应等级时,则判定该块板材符合该等级。

根据样本检验结果,若样本中发现的等级不合格数小于或等于合格判定数(Ac),则判定该批符合该等级;若样本中发现的等级不合格数大于或等于不合格判定数(Re),则判定该批不符合该等级。

表 10   单位为块

批量范围	样本数	合格判定数(Ac)	不合格判定数(Re)
≤25	5	0	1
26～50	8	1	2
51～90	13	2	3
91～150	20	3	4
151～280	32	5	6
281～500	50	7	8
510～1 200	80	10	11
1 201～3 200	125	14	15
≥3 201	200	21	22

7.2 型式检验

7.2.1 检验项目

第5章要求中的全部项目。

7.2.2 检验条件

有下列情况之一时，进行型式检验：
a) 新建厂投产；
b) 荒料、生产工艺有重大改变；
c) 正常生产时，每一年进行一次。

7.2.3 组批

同出厂检验。

7.2.4 抽样

规格尺寸偏差、平面度公差、角度公差、直线度公差、线轮廓度公差、镜向光泽度、外观质量的抽样同出厂检验；

其余项目的样品从检验批中随机抽取双倍数量样品。

7.2.5 判定

体积密度、吸水率、压缩强度、弯曲强度、耐磨性、放射性水平的试验结果中，均符合第 5 章相应要求时，则判定该批板材以上项目合格；有两项及以上不符合第 5 章相应要求时，则判定该批板材为不合格；有一项不符合第 5 章相应要求时，利用备样对该项目进行复检，复检结果合格时，则判定该批板材以上项目合格；否则判定该批板材为不合格。其他项目检验结果的判定同出厂检验。

8 标志、包装、运输与贮存

8.1 标志

8.1.1 板材外包装应注明：企业名称、商标、标记；须有"向上"和"小心轻放"的标志并符合 GB/T 191 中的规定。

8.1.2 对安装顺序有要求的板材，应在每块板材上标明安装序号。

8.2 包装

8.2.1 按板材品种、等级等分别包装，并附产品合格证（包括产品名称、规格、等级、批号、检验员、出厂日期）；板材光面相对且加垫。

8.2.2 包装应满足在正常条件下安全装卸、运输的要求。

8.3 运输

板材运输过程中应防碰撞、滚摔。

8.4 贮存

8.4.1 板材应在室内贮存，室外贮存应加遮盖。

8.4.2 按板材品种、规格、等级或工程安装部位分别码放。

附 录 A
（规范性附录）
石材岩矿分析方法

A.1 适用范围

本附录适用于天然石材岩相的分析判断。

A.2 原理

通过肉眼和显微镜观察，根据岩石中矿物的物理特征、光学性质特征确定矿物成分、结构构造，判定石材的岩石学性质和属相。

A.3 试验设备

A.3.1 岩石切片机；

A.3.2 岩石磨片机；

A.3.3 偏光显微镜。

A.4 制样

样品应有足够的尺寸以能够代表待检矿物的特征，应备有一个或多个样品薄片，将薄片粘贴在玻璃载片上，经由 100 μm～10 μm 等级的氧化铝研磨膏进行研磨，加工成 0.030 mm ±0.005 mm 厚。

通常情况下，试样尺寸为 33 mm×20 mm，但如果石材颗粒较大，则宜采用较大尺寸的试样，如 75 mm×50 mm，或采用多个通常状况下的样品。如果岩石呈现各向异性的特征，则有必要按每种纹理方向进行制样。

所选样品应具有较高的强度，以便在切割时不发生碎裂。对强度较低的样品，采用注入折射率大约在 1.54 左右的树脂（如环氧树脂）加固后制样。

A.5 肉眼观察描述

肉眼观察描述应包括以下内容：

a) 颜色；

b) 构造特征；

c) 结构特征，如大颗粒、中颗粒、小颗粒；

d) 表面状况，如缝隙、微孔（洞）、化石、风化程度、蚀变等。

A.6 微观观察描述

微观观察描述应包括以下内容：

A.6.1 微观构造特征

A.6.2 矿物和结构特征

a) 矿物种类；

b) 含量；

c) 大小；

d) 形态；

e) 接触关系；

f) 分布状态；

g) 斑晶和基质特征；

h) 风化和蚀变特征等。

A.7 判定

借助肉眼和显微镜对岩石颗粒、构造和矿物组分等观测所得出的数据，确定其岩石种样，对照 GB/T 13890 给出石材样品的商业种类。

如果岩石的岩相学描述不能够给岩相判定提供足够的依据，则需要借助其他分析方法进行确定，如 X 光衍射分析。

A.8 检验报告

检验报告至少包括以下内容：
a) 报告编号；
b) 所依据的本标准编号；
c) 肉眼观测描述；
d) 显微镜观测描述；
e) 对照 GB/T 13890 做出的岩相判定。

天然大理石建筑板材 GB/T 19766—2016

1 范围

本标准规定了天然大理石建筑板材（以下简称板材）的术语和定义、分类、等级及标记、材料要求、技术要求、测量方法、检验规则以及标志、包装、运输与贮存。

本标准适用于建筑装饰用天然大理石板材，其他用途的天然大理石板材可参照采用。

2 规范性引用文件

下列文件对于本文件的应用是必不可少的。凡是注日期的引用文件，仅注日期的版本适用于本文件。凡是不注日期的引用文件，其最新版本（包括所有的修改单）适用于本文件。

GB/T 191 包装储运图示标志

GB/T 9966.1 天然石材试验方法 第1部分：干燥、水饱和、冻融循环后压缩强度试验方法

GB/T 9966.2 天然石材试验方法 第2部分：干燥、水饱和、冻融循环后弯曲强度试验方法

GB/T 9966.3 天然石材试验方法 第3部分：体积密度、真密度、真气孔率、吸水率试验方法

GB/T 9966.4 天然石材试验方法 第4部分：耐磨性试验方法

GB/T 13890 天然石材术语

GB/T 13891 建筑饰面材料镜向光泽度测定方法

GB/T 17670 天然石材统一编号

GB/T 18601—2009 天然花岗石建筑板材

GB 24264 饰面石材用胶粘剂

GB/T 32837 天然石材防护剂

JC/T 202 天然大理石荒料

3 术语和定义

GB/T 13890 和 JC/T 202 界定的术语和定义适用于本文件。

4 分类、等级及标记

4.1 分类

4.1.1 按矿物组成分为：

a) 方解石大理石（代号为FL）；
b) 白云石大理石（代号为BL）；
c) 蛇纹石大理石（代号为SL）。

4.1.2 按形状分为：

a) 毛光板（代号为MG）；

b) 普型板（代号为PX）；

c) 圆弧板（代号为HM）；

d) 异型板（代号为YX）。

4.1.3 按表面加工分为：

a) 镜面板（代号为JM）；

b) 粗面板（代号为CM）。

4.2 等级

按加工质量和外观质量分为A、B、C三级。

4.3 标记

4.3.1 名称：采用GB/T 17670标准规定的名称或编号。

4.3.2 顺序：名称、类别、规格尺寸、等级、标准编号。

4.3.3 示例：

用房山汉白玉大理石荒料加工的600 mm×600 mm×20 mm普型、A级、镜面板材示例如下：

标记：房山汉白玉大理石（或M1101）BL PX JM 600×600×20 A GB/T 19766—2016。

5 材料要求

5.1 普型板的尺寸系列见表1，圆弧板、异型板和特殊要求的普型板规格尺寸由供需双方协商确定。

表1 普型板尺寸系列　　　　　　　　　　　　　　　　单位为毫米

边长系列	300[a]、305[a]、400、500、600[a]、700、800、900、1 000、1 200
厚度系列	10[a]、12、15、18、20[a]、25、30、35、40、50
[a] 为常用规格	

5.2 坚固性差的板材应采用背网加固，背网用胶粘剂应使用饰面石材用胶粘剂，其性能应符合GB 24264要求，并应有增强粘结性的措施。

5.3 板材应选用适宜的防护剂进行表面处理，防护剂应符合GB/T 32837要求。

6 技术要求

6.1 加工质量

6.1.1 毛光板平面度公差和厚度偏差应符合表2的规定。

表2 毛光板平面度和厚度要求　　　　　　　　　　　　单位为毫米

项目		技术指标		
		A	B	C
平面度		0.8	1.0	1.5
厚度	≤12	±0.5	±0.8	±1.0
	>12	±1.0	±1.5	±2.0

6.1.2 普型板规格尺寸允许偏差应符合表3的规定。
6.1.3 圆弧板壁厚最小值应不小于20 mm，规格尺寸允许偏差见表4。圆弧板各部位名称如图1所示。
6.1.4 普型板平面度允许公差见表5。
6.1.5 圆弧板直线度与线轮廓度允许公差见表6。
6.1.6 普型板角度允许公差见表7。

表3 普型板规格尺寸允许偏差　　　　　　　　　　　　单位为毫米

项 目		技术指标		
		A	B	C
长度、宽度		0 −1.0	0 −1.0	0 −1.5
厚度	≤12	±0.5	±0.8	+1.0
	>12	±1.0	±1.5	±2.0

表4 圆弧板规格尺寸允许偏差　　　　　　　　　　　　单位为毫米

项 目	技术指标		
	A	B	C
弦长	0 −1.0		0 −1.5
高度	0 −1.0		0 −1.5

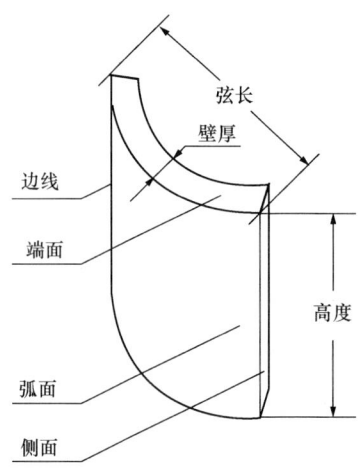

图1 圆弧板部位名称

表5 普型板平面度要求 单位为毫米

板材长度	技术指标					
	镜面板材			粗面板材		
	A	B	C	A	B	C
≤400	0.2	0.3	0.5	0.5	0.8	1.0
>400～≤800	0.5	0.6	0.8	0.8	1.0	1.4
>800	0.7	0.8	1.0	1.0	1.5	1.8

表6 圆弧板直线度和线轮廓度要求 单位为毫米

项 目		技术指标					
		镜面板材			粗面板材		
		A	B	C	A	B	C
直线度（按板材高度）	≤800	0.6	0.8	1.0	1.0	1.2	1.5
	>800	0.8	1.0	1.2	1.2	1.5	1.8
线轮廓度		0.8	1.0	1.2	1.2	1.5	1.8

表7 普型板角度要求 单位为毫米

板材长度	技术指标		
	A	B	C
≤400	0.3	0.4	0.5
>400	0.4	0.5	0.7

6.1.7 圆弧板端面角度允许公差：A级为0.4 mm，B级为0.6 mm，C级为0.8 mm。

6.1.8 普型板拼缝板材正面与侧面的夹角不得大于90°。

6.1.9 圆弧板侧面角α（见图5）应不小于90°。

6.1.10 镜面板材的镜向光泽度应不低于70光泽单位，圆弧板镜向光泽度以及光泽度有特殊需要时由供需双方协商确定。

6.1.11 异型板的检验项目、偏差和方法由供需双方协商确定。

6.2 外观质量

6.2.1 同一批板材的色调应基本调和，花纹应基本一致。

6.2.2 板材正面的外观缺陷应符合表8规定。

6.2.3 板材允许粘接和修补，粘接和修补后应不影响板材的装饰效果，不降低板材物理性能。

表8 板材外观缺陷要求

缺陷名称	规定内容	技术指标		
		A	B	C
裂纹	长度≥10 mm的条数/条	0		

续表

缺陷名称	规定内容	技术指标 A	技术指标 B	技术指标 C
缺棱[a]	长度≤8 mm，宽度≤1.5 mm（长度≤4 mm，宽度≤1 mm不计），每米长允许个数/个	0	1	2
缺角[a]	沿板材边长顺延方向，长度≤3 mm，宽度≤3 mm（长度≤2 mm，宽度≤2 mm不计），每块板允许个数/个			
色斑	面积≤6cm^2（面积<2cm^{2}不计），每块板允许个数/个			
砂眼	直径<2 mm		不明显	有，不影响装饰效果
[a] 对毛光板不做要求。				

6.3 物理性能

板材的物理性能应符合表9的规定，工程对板材物理性能项目及指标有特殊要求的，按工程要求执行。

表9 物理性能要求

项目			技术指标 方解石大理石	技术指标 白云石大理石	技术指标 蛇纹石大理石
体积密度/（g/cm^3）		≥	2.60	2.80	2.56
吸水率/%		≤	0.50	0.50	0.60
压缩强度/MPa	≥	干燥	52	52	70
		水饱和			
弯曲强度/MPa	≥	干燥	7.0	7.0	7.0
		水饱和			
耐磨性[a]/（1/cm^3）		≥	10	10	10
[a] 仅适用于地面、楼梯踏步、台面等易磨损部位的大理石石材。					

7 测量方法

7.1 加工质量

7.1.1 毛光板平面度

将平面度公差为0.1 mm的1 000 mm钢平尺分别自然贴放在距板边50 mm处和被检平面的两条对角线上，用塞尺测量尺面与板面的间隙。当被检边长或对角线长度大于1 000 mm时，用钢平尺沿边长和对角线分段检测，重叠位置不应小于钢平尺长度的1/3。以最大间隙的测量值表示毛光板的平面度公差，测量值精确到0.1 mm。

7.1.2 毛光板厚度

用游标卡尺或能满足精度要求的量器具测量毛光板的厚度，测量4条边的中点部位（见图3）。分别用测量值的最大值和最小值与标称值之间偏差表示毛光板厚度的尺寸偏差，测量值精确到0.1 mm。

7.1.3 普型板规格尺寸

用游标卡尺或能满足精度要求的量器具测量板材的长度、宽度、厚度。长度、宽度分别在板材的3个部位测量(见图2),厚度测量4条边的中点部位(见图3)。分别用测量值的最大值和最小值与标称值之间偏差表示长度、宽度、厚度的尺寸偏差,测量值精确到0.1 mm。

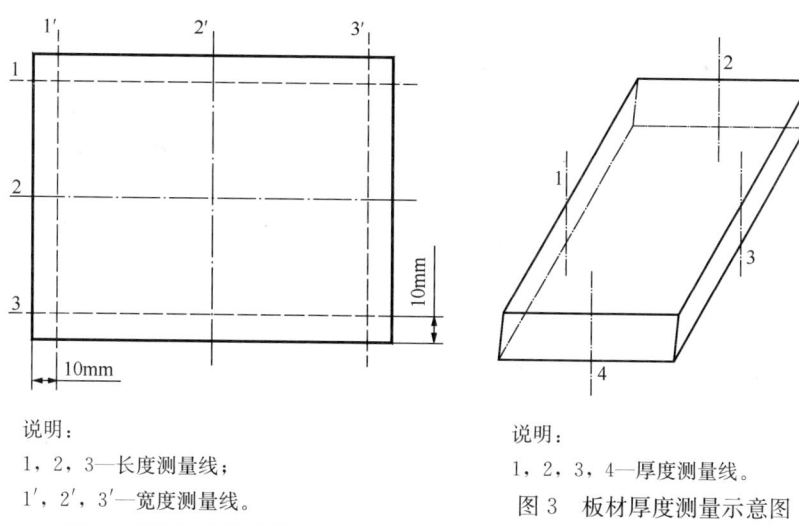

说明:
1,2,3—长度测量线;
1',2',3'—宽度测量线。
图2 板材长宽尺寸测量示意图

说明:
1,2,3,4—厚度测量线。
图3 板材厚度测量示意图

7.1.4 圆弧板规格尺寸

用游标卡尺或能满足测量精度要求的量器具测量圆弧板的弦长、高度及最小壁厚。在圆弧板的两端面处测量弦长(见图1)。在圆弧板端面与侧面测量壁厚(见图1);圆弧板高度测量部位如图4所示。分别用测量值的最大值和最小值与标称值之间偏差表示弦长、高度及壁厚的尺寸偏差,测量值精确到0.1 mm。

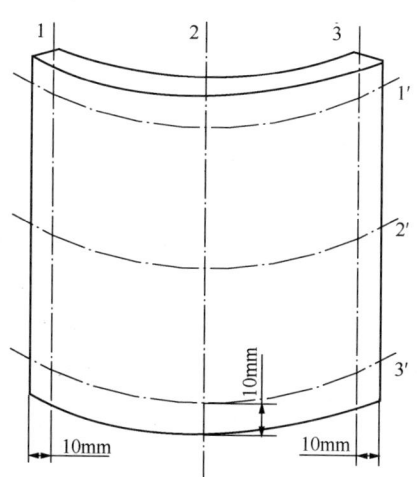

说明:
1,2,3——高度和直线度测量线;
1',2',3'——线轮廓测量线。
图4 圆弧板高度、直线度和线轮廓度测量部位示意图

7.1.5 普型板平面度

将平面度公差为 0.1 mm 的 1 000 mm 钢平尺分别自然贴放在距板边 10 mm 处和被检平面的两条对角线上,用塞尺测量尺面与板面的间隙。当被检面边长或对角线长度大于 1 000 mm 时,用钢平尺沿边长和对角线分段检测,重叠位置不应小于钢平尺长度的 1/3。以最大间隙的测量值表示板材的平面度公差,测量值精确到 0.1 mm。

7.1.6 圆弧板直线度

将平面度公差为 0.1 mm 的 1 000 mm 钢平尺沿圆弧板母线方向贴放在被检弧面上,用塞尺测量尺面与板面的间隙,测量位置如图 4 所示。当被检圆弧板高度大于 1 000 mm 时,用钢平尺沿被检测母线分段测量,重叠位置不应小于钢平尺长度的 1/3。以最大间隙的测量值表示圆弧板的直线度公差,测量值精确到 0.1 mm。

7.1.7 圆弧板线轮廓度

采用精度为 0.1 mm 的圆弧靠模自然贴靠被检弧面,圆弧靠模的弧长与被检弧面的弧长之比应不小于 2∶3,用塞尺测量尺面与圆弧面之间的间隙,测量位置如图 4 所示。以最大间隙的测量值表示圆弧板的线轮廓度公差,测量值精确到 0.1 mm。

7.1.8 普型板角度

用内角垂直度公差为 0.13 mm,内角边长为 500 mm×400 mm 的 90°钢角尺。将角尺短边紧靠板材的短边,长边贴靠板材的长边,用塞尺测量板材长边与角尺长边之间的最大间隙。测量板材的 4 个角,以最大间隙的测量值表示板材的角度公差,测量值精确到 0.1 mm。

7.1.9 圆弧板角度

用内角垂直度公差为 0.13 mm,内角边长为 500 mm×400 mm 的 90°钢角尺。将角尺短边紧靠圆弧板端面,用角尺长边贴靠圆弧板的边线,用塞尺测量圆弧板边线与角尺长边之间的最大间隙。测量圆弧板的 4 个角,以最大间隙的测量值表示圆弧板的角度公差,测量值精确到 0.1 mm。

7.1.10 普型板正面与侧面夹角

用内角垂直度公差为 0.13 mm,内角边长为 500 mm×400 mm 的 90°钢角尺,将角尺短边紧靠装饰面,用角尺长边贴靠侧面,观察间隙的位置确定夹角的大小。

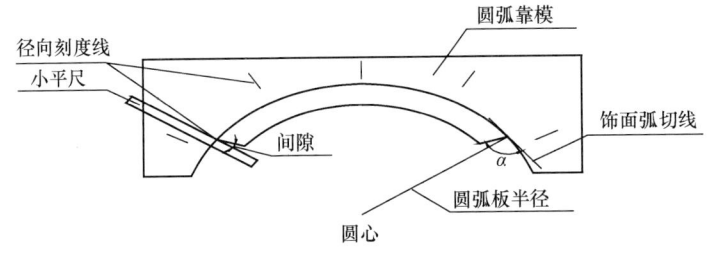

图 5 α 角测量示意图

7.1.11 圆弧板 α 角

将圆弧靠模贴靠圆弧板装饰面并使其上的径向刻度线延长线与圆弧板边线相交,将小平尺沿径向刻度线置于圆弧靠模上,测量圆弧板侧面与小平尺间的夹角(见图 5)。

7.1.12 镜向光泽度

采用60°入射角、光孔直径不小于18 mm的光泽度仪，按GB/T 13891的规定试验。

7.2 外观质量

7.2.1 花纹色调

将协议板与被检板材并列平放在地上，距板材1.5 m处站立目测。

7.2.2 缺陷

用游标卡尺或能满足精度要求的量器具测量缺陷的长度、宽度，测量值精确到0.1 mm。

7.3 物理性能

7.3.1 岩相分析

按GB/T 18601—2009附录A的试验方法进行，通过主要的矿物成分和结构划分石材种类。

7.3.2 体积密度、吸水率

按GB/T 9966.3的规定试验；在无法满足GB/T 9966.3规定的试样尺寸时，应从具有代表性的板材产品上制取50 mm×50 mm×板材厚度的试样，其余按GB/T 9966.3的规定进行。采用该方法时应在报告中注明样品尺寸。

7.3.3 压缩强度

按GB/T 9966.1的规定试验；在无法满足GB/T 9966.1规定的试样尺寸时，可采用尺寸不小于20 mm×20 mm×20 mm的典型试样进行试验，采用该种方法时应在报告中注明。

7.3.4 弯曲强度

按GB/T 9966.2的规定试验。

7.3.5 耐磨性

按GB/T 9966.4中方法A进行。

8 检验规则

8.1 出厂检验

8.1.1 检验项目

检验项目内容包括：
a) 毛光板为厚度偏差、平面度公差、镜向光泽度、外观质量；
b) 普型板为规格尺寸偏差、平面度公差、角度公差、镜向光泽度、外观质量；
c) 圆弧板为规格尺寸偏差、角度公差、直线度公差、线轮廓度公差、外观质量；
d) 异型板按供需双方协商确定的加工质量项目和外观质量。

8.1.2 组批

同一品种、类别、等级、同一供货批的板材为一批，或按连续安装部位的板材为一批。

8.1.3 抽样

根据表10抽取样本。

8.1.4 判定

单块板材的所有检验结果均符合技术要求中相应等级时，则判定该块板材符合该等级。根据样本检验结果，若样本中发现的等级不合格数小于或等于合格判定数（Ac），则判定该批符合该等级;若样本中发现的等级不合格数大于或等于不合格判定数(Re),则判定该批不符合该等级。

表10 抽样判定表

批量范围	样本数	合格判定数(Ac)	不合格判定数(Re)
≤25	5	0	1
26~50	8	1	2
51~90	13	2	3
91~150	20	3	4
151~280	32	5	6
281~500	50	7	8
501~1 200	80	10	11
1 201~3 200	125	14	15
≥3 201	200	21	22

8.2 型式检验

8.2.1 检验项目

检验项目按第6章规定全检。

8.2.2 检验条件

有下列情况之一时,进行型式检验:

a) 新建厂投产;

b) 荒料、生产工艺有重大改变;

c) 正常生产时,每一年进行一次。

8.2.3 组批

同出厂检验。

8.2.4 抽样

加工质量、外观质量的抽样同出厂检验,其余项目的样品从检验批中随机抽取制备双倍数量样品。

8.2.5 判定

体积密度、吸水率、压缩强度、弯曲强度、耐磨性的试验结果中,均符合第6章相应要求时,则判定该批板材以上项目合格;有两项及以上不符合第6章相应要求时,则判定该批板材为不合格;有一项不符合第6章相应要求时,利用备样对该项目进行复检,复检结果合格时,则判定该批板材以上项目合格,否则判定该批板材为不合格。其他项目检验结果的判定同出厂检验。

9 标志、包装、运输与贮存

9.1 标志

9.1.1 板材外包装应注明:企业名称、商标、标记;须有"向上"和"小心轻放"的标志并符合GB/T 191中的规定。

9.1.2 对安装顺序有要求的板材,应在每块板材上标明安装序号。

9.2 包装

9.2.1 按板材品种、等级等分别包装，并附产品合格证（包括产品名称、规格、等级、批号、检验员、出厂日期）；板材光面相对且加垫。

9.2.2 包装应满足在正常条件下安全装卸、运输的要求。

9.3 运输

板材运输过程中应防碰撞、滚摔。

9.4 贮存

9.4.1 板材应在室内贮存，室外贮存应加遮盖。

9.4.2 按板材品种、规格、等级或工程安装部位分别码放。

参 考 文 献

[1] GB/T 2828.1—2003 计数抽样检验程序 第1部分：按接收质量限（AQL）检索的逐批检验抽样计划

[2] ASTM C503/C503M-10 Standard Specification for Marble Dimension Stone

[3] ASTM C1526-08 Standard Specification for Serpentine Dimension Stone

石材用建筑密封胶 GB/T 23261—2009

1 范围

本标准规定了石材接缝用建筑密封胶的分类和标记、要求、试验方法、检验规则、标志、包装、运输与贮存。

本标准适用于建筑工程中天然石材接缝嵌填用弹性密封胶。

2 规范性引用文件

下列文件中的条款通过本标准的引用而成为本标准的条款。凡是注日期的引用文件，其随后所有的修改单（不包括勘误的内容）或修订版均不适用于本标准，然而，鼓励根据本标准达成协议的各方研究是否可使用这些文件的最新版本。凡是不注日期的引用文件，其最新版本适用于本标准。

GB/T 9780—2005 建筑涂料涂层耐沾污性试验方法

GB/T 13477.1—2002 建筑密封材料试验方法 第1部分：试验基材的规定（ISO 13640：1999，MOD）

GB/T 13477.3—2002 建筑密封材料试验方法 第3部分：使用标准器具测定密封材料挤出性的方法（ISO 9048：1987，MOD）

GB/T 13477.5—2002 建筑密封材料试验方法 第5部分：表干时间的测定

GB/T 13477.6—2002 建筑密封材料试验方法 第6部分：流动性的测定（ISO 7390：1987，MOD）

GB/T 13477.8—2002 建筑密封材料试验方法 第8部分：拉伸粘结性的测定（ISO 8339：1984，MOD）

GB/T 13477.10—2002 建筑密封材料试验方法 第10部分：定伸粘结性的测定（ISO 8340：1984，MOD）

GB/T 13477.11—2002 建筑密封材料试验方法 第11部分：浸水后定伸粘结性的测定（ISO 10590：1991，MOD）

GB/T 13477.13—2002 建筑密封材料试验方法 第13部分：冷拉-热压后粘结性的测定（ISO 9047：1989，MOD）

GB/T 13477.17—2002 建筑密封材料试验方法 第17部分：弹性恢复率的测定（ISO 7389：1987，MOD）

GB/T 13477.19—2002 建筑密封材料试验方法 第19部分：质量与体积变化的测定（ISO 10563：1991，MOD）

GB 16776—2005 建筑用硅酮结构密封胶

GB/T 22083—2008 建筑密封胶分级和要求（ISO 11600：2002，MOD）

3 分类和标记

3.1 品种

产品按聚合物分为硅酮（SR）、改性硅酮（MS），聚氨酯（PU）等。

产品按组分分为单组分型（1）和双组分型（2）。

3.2 级别

产品按位移能力分为 12.5，20，25，50 级别，见表 1。

表 1 密封胶级别

级别	试验拉压幅度/％	位移能力/％
12.5	±12.5	12.5
20	±20	20
25	±25	25
50	±50	50

3.3 次级别

20、25、50 级密封胶按拉伸模量分为低模量（LM）和高模量（HM）两个次级别。

12.5 级密封胶按弹性恢复率不小于 40％ 为弹性体（E），50、25、20、12.5E 密封胶为弹性密封胶。

3.4 标记

产品按下列顺序标记：名称、品种、级别、次级别、本标准编号。

示例：高模量 25 级位移能力的石材用单组分硅酮密封胶标记为：石材密封胶 1 SR 25 HM GB/T 23261—2009。

4 要求

4.1 外观

4.1.1 密封胶应为细腻、均匀膏状物或粘稠体，不应有气泡、结块、结皮或凝胶，无不易分散的析出物。

4.1.2 双组分密封胶的各组分的颜色应有明显差异。产品的颜色也可由供需双方商定，产品的颜色与供需双方商定的样品相比，不得有明显差异。

4.2 物理力学性能

4.2.1 双组分密封胶的适用期由供需双方商定。

4.2.2 密封胶物理力学性能应符合表 2 的规定。

表 2 物理力学性能

序号	项目			技术指标					
				50LM	50HM	25LM	25HM	20LM	20HM	12.5E
1	下垂度/mm	垂直	≤	3						
		水平		无变形						
2	表干时间/h		≤	3						

续表

序号	项目		技术指标						
			50LM	50HM	25LM	25HM	20LM	20HM	12.5E
3	挤出性/(mL/min) ≥		80						
4	弹性恢复率/(%) ≥		80						40
5	拉伸模量/MPa	+23 ℃	≤0.4 和	>0.4 或	≤0.4 和	>0.4 或	≤0.4 和	>0.4 或	—
		−20 ℃	≤0.6	>0.6	≤0.6	>0.6	≤0.6	>0.6	—
6	定伸粘结性		无破坏						
7	冷拉热压后粘结性		无破坏						
8	浸水后定伸粘结性		无破坏						
9	质量损失/% ≤		5.0						
10	污染性/mm	污染宽度 ≤	2.0						
		污染深度 ≤	2.0						

5 试验方法

5.1 基本规定

5.1.1 标准试验条件

试验室的标准试验条件：温度（23±2）℃，相对湿度（50±5）%。

5.1.2 试验基材

弹性恢复率、拉伸模量、定伸粘结性、冷拉热压后粘结性、浸水后定伸粘结性试验基材为结构密实的花岗石（如603花岗石）。

污染性试验基材为汉白玉。对于实际工程评价，应采用工程用石材为基材。

注：实际工程用基材粘结性试验见GB 16776—2005附录B，试件浸水取出后，在标准试验条件下放置24 h，再进行剥离粘结性试验。

5.1.3 试件制备

5.1.3.1 制备试件前，用于试验的密封胶应在标准条件下放置24 h以上。试验基材选用合适的清洁剂（对石材无污染、腐蚀）清洁。制备时单组分试样应用挤枪从包装容器中直接挤出注模，使试样充满模具内腔，避免形成气泡。双组分试样应按生产厂注明的比例，在负压约0.09 MPa的真空条件下搅拌混合均匀，混合时间约为5 min。若事先无特殊要求，应在20 min内完成注模和修整。

粘结性和污染性试件可采用GB/T 13477.8—2002中试件形状，仲裁试验应采用本标准图1的试件形状。

5.1.3.2 粘结试件数量见表3。

表3 粘结试件数量

序号	项目	试件数量/个		基材
		试验组	备用组	
1	弹性恢复率	3	3	花岗石

续表

序号	项目		试件数量/个		基材
			试验组	备用组	
2	拉伸模量	+23 ℃	3	—	花岗石
		−20 ℃	3	—	花岗石
3	定伸粘结性		3	—	花岗石
4	冷拉热压后粘结性		3	—	花岗石
5	浸水后定伸粘结性		3	—	花岗石
6	污染性		12	4	汉白玉或工程用石材

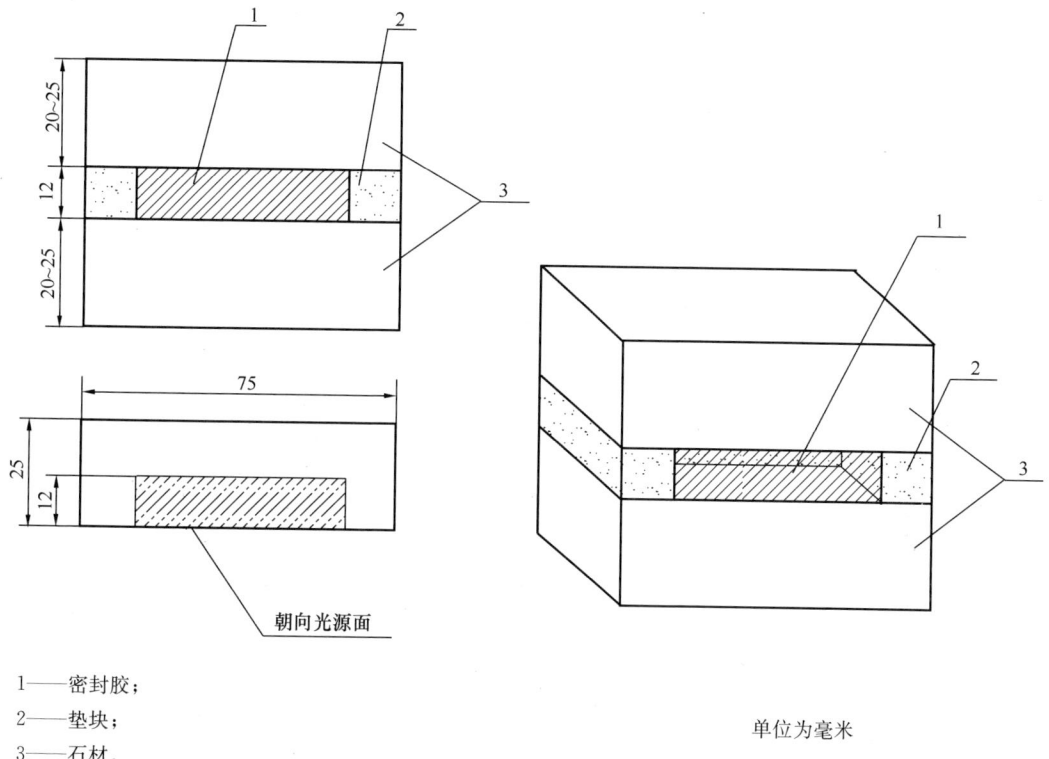

1——密封胶；
2——垫块；
3——石材。

单位为毫米

图1 试件形状

5.1.4 试件养护

制备后的粘结性、污染性试件按下列条件养护：
a) 双组分密封胶在标准试验条件下放置14 d；
b) 单组分密封胶在标准试验条件下放置21 d；
c) 在不损坏试件条件下，养护期间垫块应尽早分离。

5.2 外观

产品刮平后目测。

5.3 适用期

按GB/T 13477.3—2002中7.3试验，喷嘴内径4 mm，读取挤出率为50 mL/min所对

应的时间即为适用期。

5.4 下垂度

按 GB/T 13477.6—2002 试验，试件在（50±2）℃的烘箱内放置 24 h。

5.5 表干时间

按 GB/T 13477.5—2002 试验，型式试验采用 A 法试验，出厂检验可采用 B 法试验。

5.6 挤出性

按 GB/T 13477.3—2002 试验，喷嘴内径 4 mm。

5.7 弹性恢复率

按 GB/T 13477.17—2002 试验，试验伸长率见表 4。

表 4 试验伸长率和拉压幅度

项 目		类 别						
		50LM	50HM	25LM	25HM	20LM	20HM	12.5E
伸长率	弹性恢复率 拉伸模量 定伸粘结性 浸水后定伸粘结性	150%	150%	100%	100%	60%	60%	60%
拉压幅度	冷拉热压后粘结性	±50%	±50%	±25%	±25%	±20%	±20%	±12.5%

5.8 拉伸模量

拉伸模量以相应伸长率时的强度表示，按 GB/T 13477.8—2002 试验，测定并计算试件拉伸至表 4 规定的相应伸长率时的强度（MPa）作为模量，其平均值修约至小数点后一位。

5.9 定伸粘结性

按 GB/T 13477.10—2002 试验，试验伸长率见表 4，试件破坏按 GB/T 22083—2008 中 7.3 进行判定。

5.10 冷拉热压后粘结性

按 GB/T 13477.13—2002 试验，试件的拉压幅度见表 4，试件破坏按 GB/T 22083—2008 中 7.3 进行判定。

5.11 浸水后定伸粘结性

按 GB/T 13477.11—2002 试验，试验伸长率见表 4，试件破坏按 GB/T 22083—2008 中 7.3 进行判定。

5.12 质量损失

按 GB/T 13477.19—2002 试验。

5.13 污染性

污染性按附录 A 试验。

6 检验规则

6.1 检验分类

产品检验分为出厂检验和型式检验。

6.1.1 出厂检验

出厂检验项目包括：外观、下垂度、表干时间、挤出性、弹性恢复率、拉伸模量、定伸粘结性。
6.1.2 型式检验
型式检验项目包括第4章要求的全部项目，有下列情况之一时进行型式检验：
 a) 新产品投产或产品定型鉴定时；
 b) 正常生产时，每半年进行一次；
 c) 原材料、工艺等发生较大变化，可能影响产品质量时；
 d) 出厂检验结果与上次型式检验结果有较大差异时；
 e) 产品停产6个月以上恢复生产时。

6.2 组批
以同一品种、同一级别的产品每5 t为一批进行检验，不足5 t也可为一批。

6.3 抽样
产品随机取样，样品总量约为4 kg，双组分产品取样后应立即分别密封包装。

6.4 判定规则
6.4.1 单项判定
下垂度、表干时间、定伸粘结性、冷拉热压后粘结性、浸水后定伸粘结性每个试件都符合标准规定，则判该项合格。其余项目试验结果的算术平均值符合标准规定，判该项合格。

6.4.2 综合判定
6.4.2.1 出厂检验项目全部符合要求时，则判该批产品合格。
6.4.2.2 型式检验项目符合第4章全部要求时，则判该批产品合格。
6.4.2.3 外观质量或污染性不符合标准规定时，则判该批产品不合格。
6.4.2.4 4.2的检验结果有两项及两项以上指标不符合标准规定时，则判该批产品不合格。
6.4.2.5 在外观质量和污染性均合格的条件下，4.2其他项目的检验结果若有一项不符合标准规定时，用备用样品对该项进行单项检验，合格则判该批产品合格，否则判该批产品不合格。

7 标志、包装、运输、贮存

7.1 标志
产品最小包装上应有牢固的不褪色标志，内容包括：
 a) 产品名称（含组分名称）；
 b) 产品标记；
 c) 生产日期、批号及贮存期；
 d) 净含量；
 e) 生产厂名及厂址；
 f) 商标；
 g) 使用说明及注意事项。

7.2 包装
产品采用支装或桶装，包装容器应密闭。
包装桶或包装箱除应有7.1规定的标志外，还应有防雨、防潮、防日晒、防撞击标志。

7.3 运输

运输时应防止日晒雨淋、撞击、挤压包装。

7.4 贮存

产品应在干燥、通风、阴凉的场所贮存,贮存温度不超过27 ℃。

在正常运输、贮存条件下,贮存期自生产日起至少为六个月。

附录 A
(规范性附录)
石材用建筑密封胶与接触材料的污染性试验方法

A.1 范围

本方法规定了接缝密封胶对多孔性基材(如大理石、石灰石、砂石、花岗石)污染的加速试验程序。

本试验方法适用于所有弹性密封胶和任何多孔性基材。

A.2 概述

A.2.1 本方法的试件应经受如下处理:12个试件按50%压缩并夹紧,1/3试件保持受压状态放置于标准试验条件28 d,1/3试件保持受压状态放置于烘箱中28 d,1/3试件保持受压状态放置于紫外线箱中28 d。

A.2.2 试验结果目测产生的变化,用污染深度和宽度的平均值评价。

A.3 意义和用途

建筑材料的污染是实际应用中不希望产生的现象。本试验方法评价由于密封胶内部物质渗出在多孔性基材上产生早期污染的可能性。由于这是一个加速试验,无法预测试验的密封胶长期使用后使多孔性基材污染和变色的程度。

A.4 仪器

A.4.1 鼓风干燥箱。

A.4.2 紫外线箱:符合 GB 16776—2005 附录 A 规定。

A.4.3 "C"型夹或其他使试件保持压缩的装置。

A.4.4 防粘垫块。

A.5 试验试件

A.5.1 基材尺寸为(75×25×25)mm(见图1),共需24块基材,用于制成12个试件。

A.5.2 底涂料——当制造商推荐使用底涂料时,则每个试件的两块基材中,一块基材加底涂料,另一块不加底涂料,试验结束后,分别记录加底涂料和不加底涂料基材的污染值。

A.5.3 在标准试验条件下按5.1.3制备试件,把遮蔽带贴在上表面防止密封胶固化于表面,打胶后立即将遮蔽带除去。

A.6 养护条件

按5.1.4养护试件。

A.7 步骤

A.7.1 试验准备

A.7.1.1 在容器中将符合 GB/T 9780—2005 要求的污染源 100 g 与 90 g 水调配成悬浮液,

使用前应搅拌均匀。

A.7.1.2 将12个试件压缩50%并固定夹紧。

A.7.2 标准试验条件

A.7.2.1 将四个压缩试件浸入已配置好的污染源的溶液中10 s,然后取出在标准试验条件下放置2h。

A.7.2.2 将试件放置于标准试验条件,7 d后将试件取出,擦去污染源,观察并记录试件污染情况。

A.7.2.3 重复A.7.2.1、A.7.2.2步骤,28 d取出试件结束试验。

A.7.3 加热处理

A.7.3.1 将四个压缩试件浸入已配置好的污染源的溶液中10 s,然后取出在标准试验条件下放置2 h。

A.7.3.2 将试件放置于(70±2)℃烘箱中,7 d后将试件取出,擦去污染源,观察并记录试件污染情况。

A.7.3.3 重复A.7.3.1、A.7.3.2步骤,28 d取出试件结束试验。

A.7.4 紫外线处理

A.7.4.1 将四个压缩试件浸入已配置好的污染源的溶液中10 s,然后取出在标准试验条件下放置2 h。

A.7.4.2 将试件放置于紫外线箱中,胶面朝向光源,按GB 16776—2005附录A方法照射。每7 d将试件取出,擦去污染源,观察并记录试件污染情况。

A.7.4.3 重复A.7.4.1、A.7.4.2步骤,28 d取出试件结束试验。

A.7.5 结果评价

A.7.5.1 取出试件冷却后,擦去污染源,用水冲洗表面,然后在标准条件下放置一天,检查试件的每个基材表面,判定表面的任何变化,测量至少3点的污染宽度,记录其平均值,精确到0.5 mm。若使用底涂料,则需分别记录每个试件加底涂料和不加底涂料基材污染值。

A.7.5.2 将基材从中间敲成两块[最后的基材尺寸约为(40×25×25) mm],若表面有污染,则从最大污染表面处敲开基材,测量至少3点的污染深度,记录测量的平均值,精确到0.5mm。若使用底涂料,则需分别记录每个试件加底涂料和不加底涂料基材污染值。

天然砂岩建筑板材 GB/T 23452—2009

1 范围

本标准规定了天然砂岩建筑板材（以下简称板材）产品的术语和定义、分类、等级与标记、要求、试验方法、检验规则、标志、包装、运输与贮存等。

本标准适用于建筑装饰用在然砂岩板材。其他用途的天然砂岩板材也可参照采用。

2 规范性引用文件

下列文件中的条款通过本标准的引用而成为本标准的条款。凡是注日期的引用文件，其随后所有的修改单（不包括勘误的内容）或修订版均不适用于本标准，然而，鼓励根据本标准达成协议的各方研究是否可使用这些文件的最新版本。凡是不注日期的引用文件，其最新版本适用于本标准。

GB/T 191　包装储运图示标志

GB/T 1182　产品几何技术规范（GPS）几何公差、形状、方向、位置和跳动公差标注

GB/T 1800.3　极限与配合基础　第3部分：标准公差和基本偏差数值表

GB/T 1801　极限与配合　公差带和配合的选择

GB/T 2828.1　计数抽样检验程序　第1部分：按接收质量限（AQL）检索的逐批检验抽样计划

GB/T 9966.1　天然饰面石材试验方法　第1部分：干燥、水饱和、冻融循环后压缩强度试验方法

GB/T 9966.2　天然饰面石材试验方法　第2部分：干燥、水饱和弯曲强度试验方法

GB/T 9966.3　天然饰面石材试验方法　第3部分：体积密度、真密度、真气孔率、吸水率试验方法

GB/T 13890　天然石材术语

GB/T 17670　天然石材统一编号

GB/T 18601—2009　天然花岗石建筑板材

GB/T 19766—2005　天然大理石建筑板材

3 术语和定义

GB/T 1182、GB/T 13890确立的术语和定义适用于本标准。

4 产品分类

4.1 分类

4.1.1 按矿物组成种类分为：

a) 杂砂岩：石英含量50%～90%；

b) 石英砂岩：石英含量大于90%；

c) 石英岩：经变质的石英砂岩。

4.1.2 按形状分为：

a) 毛板（MB）；

b) 普型板（PX）；

c) 圆弧板（HM）；

d) 异型板（YX）。

4.2 等级

按加工和外观质量分为：

a) 毛板按厚度偏差、平面度公差、外观质量等将板材分为优等品（A）、一等品（B）、合格品（C）三个等级；

b) 普型板按规格尺寸偏差、平面度公差、角度公差及外观质量将板材分为优等品（A）、一等品（B）、合格品（C）三个等级；

c) 圆弧板按规格尺寸偏差，直线度公差，线轮廓度公差及外观质量等将板材分为优等品（A）、一等品（B）、合格品（C）三个等级。

4.3 标记

4.3.1 名称：采用 GB/T 17670 规定的名称或编号。

4.3.2 标记顺序：名称、类别、规格尺寸、等级、标准编号。

4.3.3 示例：用四川红砂岩荒料加工的 600 mm×600 mm×20 mm、普型、优等品板材示例如下：

标记：四川红砂岩（Q5193）PX600×600×20 A GB/T 23452—2009

5 要求

5.1 一般要求

5.1.1 天然砂岩建筑板材的岩矿结构应符合商业砂岩的定义范畴。

5.1.2 规格板的尺寸系列见表1，圆弧板、异型板和特殊要求的普型板规格尺寸由供需双方协商确定。

表 1   单位为毫米

边长系列	300[a]、305[a]、400、500[a]、600[a]、800、900、1 000、1 200、1 500、1 800
厚度系列	10[a]、12、15、18、20[a]、25、30、35、40、50
[a] 为常用规格	

5.2 加工质量

5.2.1 毛板平度公差和厚度偏差应符合表2的规定。

5.2.2 普型板规格尺寸允许偏差应符合表3的规定。

表 2   单位为毫米

项 目	技术指标		
	优等品	一等品	合格品
平面度公差	1.50	1.80	2.00

续表

项 目		技术指标		
		优等品	一等品	合格品
厚度偏差	≤12	±0.5	±0.8	±1.0
	≥12	±1.0	±1.5	±2.0

表 3   单位为毫米

项 目		允许偏差		
		优等品	一等品	合格品
长度、宽度		0 −1.0	0 −1.0	0 −1.5
厚度	≤12	±0.5	±0.8	±1.0
	>12	±1.0	±1.5	±2.0

5.2.3 圆弧板壁厚最小值应不小于 20 mm，规格尺寸允许偏差见表 4。圆弧板各部位名称如图 1 所示。

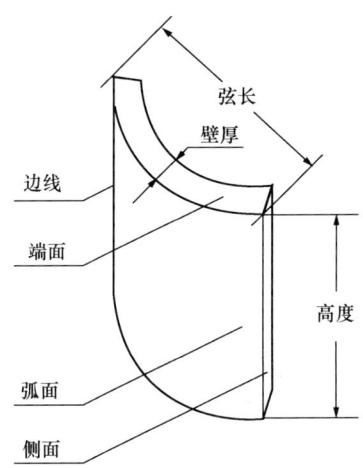

图 1 圆弧板部位名称

表 4   单位为毫米

项 目	允许偏差		
	优等品	一等品	合格品
弦长	0 −1.0		0 −1.5
高度	0 −1.0		0 −1.5

5.2.4 普型板平面度允许公差见表 5。

表 5 单位为毫米

板材长度	允许公差		
	优等品	一等品	合格品
≤400	0.60	0.80	1.00
>400～≤800	1.20	1.50	1.80
>800	1.50	1.80	2.00

5.2.5 圆弧板直线度与线轮廓度允许公差见表 6。

表 6 单位为毫米

项 目		允许公差		
		优等品	一等品	合格品
直线度（按板材高度）	≤800	1.00	1.20	1.50
	>800	1.50	1.50	2.00
线轮廓度		1.00	1.50	2.00

5.2.6 普型板角度允许公差见表 7。

表 7 单位为毫米

板材长度	允许公差		
	优等品	一等品	合格品
≤400	0.30	0.50	0.80
>400	0.40	0.60	1.00

5.2.7 圆弧板端面角度允许公差：优等品为 0.40 mm，一等品为 0.60 mm，合格品为 0.80 mm。
5.2.8 普型板拼缝板材正面与侧面的夹角不得大于 90°。
5.2.9 圆弧板侧面角 α（见图 5）应不小于 90°。
5.2.10 板材的表面加工处理由供需双方协商确定。

5.3 外观质量

5.3.1 同一批板材的色调应基本调和，花纹应基本一致。
5.3.2 板材正面的外观缺陷应符合表 8 规定。

表 8

缺陷名称	规定内容	技术指标		
		优等品	一等品	合格品
裂纹	长度≥10 mm 的条数（条）	0		
缺棱[a]	长度≤8 mm，宽度≤1.5 mm（长度≤4 mm，宽度≤1 mm 不计），每米长允许个数（个）	0	1	2
缺角[a]	沿板材边长顺延方向，长度≤3 mm，宽度≤3 mm（长度≤2 mm，宽度≤2 mm 不计），每块板允许个数（个）			
色斑	面积≤6 cm^2（面积＜2 cm^2 不计），每块板允许个数（个）			
砂眼	直径＜2 mm	不明显	有，不影响装饰效果	
[a] 对毛板不做要求。				

5.3.3 板材允许粘接和修补，粘接和修补后应不影响板材的装饰效果，也不应降低物理性能。

5.4 物理性能

天然砂岩建筑板材的物理性能指标应符合表 9 的规定。工程对天然砂岩建筑板材物理性能及项目有特殊要求的，按工程要求执行。

表9

项 目		技术指标		
		杂砂岩	石英砂岩	石英岩
体积密度/(g/cm³)，≥		2.00	2.40	2.56
吸水率/%，≤		8	3	1
压缩强度/MPa，≥	干燥	12.6	68.9	137.9
	水饱和			
弯曲强度/MPa，≥	干燥	2.4	6.9	13.9
	水饱和			
耐磨性[a]/(1/cm³)≥		2	8	8
[a] 仅适用在地面、楼梯踏步、台面等易磨损部位的砂岩石材。				

6 试验方法

6.1 岩矿

按 GB/T 18601—2009 中附录 A 的试验方法进行。

6.2 加工质量

6.2.1 毛板

6.2.1.1 平面度

将平面度公差为 0.1 mm 的 1 000 mm 钢平尺分别自然贴放在距板边 15 mm 处和被检平面的两条对角线上，用塞尺测量尺面与板面的间隙。当被检边长或对角线长度大于 1 000 mm 时，用钢平尺沿边长和对角线分段检测，重叠位置不小于钢平尺长度的三分之一。以最大间隙的测量值表示毛光板的平面度公差，测量值精确到 0.05 mm。

6.2.1.2 厚度

用游标卡尺或能满足精度要求的量器具测量毛光板的厚度，测量 4 条边的中点部位（见图3）。分别用测量值与标称值之间偏差的最大值和最小值表示毛光板厚度的尺寸偏差，测量值精确到 0.1 mm。

6.2.2 普型板规格尺寸

用游标卡尺或能满足测量精度要求的量器具测量板材的长度、宽度、厚度。长度、宽度分别在板材的三个部位测量（见图2）；厚度测量 4 条边的中点部位（见图3）。分别用测量值与标称值之间偏差的最大值和最小值表示长度、宽度、厚度的尺寸偏差，测量值精确到 0.1 mm。

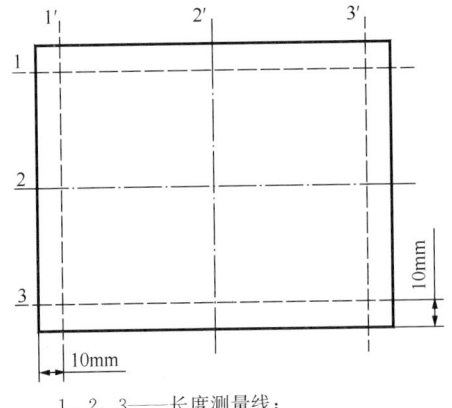

1，2，3——长度测量线；
1'，2'，3'——宽度测量线。

图2 板材规格尺寸测量位置

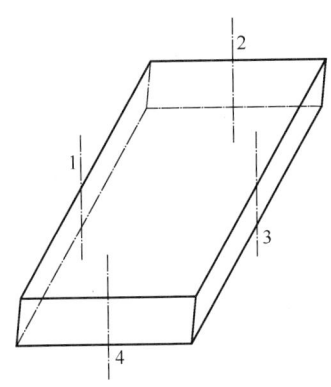

1，2，3，4——厚度测量线。

图3 板材厚度测量位置

6.2.3 圆弧板规格尺寸

用游标卡尺或能满足测量精度要求的量器具测量圆弧板的弦长、高度及最大与最小壁厚。在圆弧板的两端面处测量弦长（见图1）；在圆弧板端面与侧面测量壁厚（见图1）；圆弧板高度测量部位如图4所示。分别用测量值与标称值之间偏差的最大值和最小值表示弦长、高度及壁厚的尺寸偏差，测量值精确到0.1 mm。

6.2.4 普型板平面度

将平面度公差为0.1 mm的1 000 mm钢平尺分别贴放在距板边10 mm处和被检平面的两条对角线上，用塞尺测量尺面与板面的间隙。当被检面边长和对角线长度大于1 000 mm时，用钢平尺沿周边和对角线分段检测。

以最大间隙的测量值表示板材的平面度公差，测量值精确到0.05 mm。

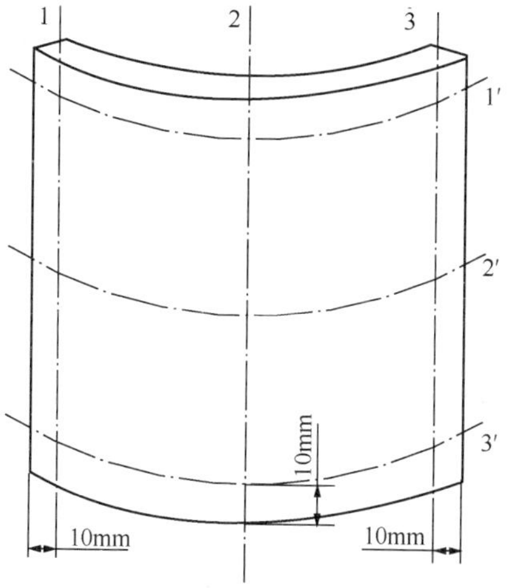

1，2，3——高度和直线度测量线；
1′，2′，3′——线轮廓度测量线。

图4 圆弧板测量位置

6.2.5 圆弧板

6.2.5.1 圆弧板直线度

将平面度公差为0.1 mm的1 000 mm钢平尺沿圆弧板母线方向贴放在被检弧面上，用塞尺测量尺面与板面的间隙，测量位置如图4所示。当被检圆弧板高度大于1 000 mm时，用钢平尺沿被检测母线分段测量。

以最大间隙的测量值表示圆弧板的直线度公差，测量值精确到0.05 mm。

6.2.5.2 圆弧板线轮廓度

按GB/T 1800.3和GB/T 1801的规定，采用尺寸精度为JS7（js7）的圆弧靠模贴靠被检弧面，用塞尺测量靠模与圆弧面之间的间隙，测量位置如图4所示。

以最大间隙的测量值表示圆弧板的线轮廓度公差，测量值精确到0.05 mm。

6.2.6 普型板角度

用内角垂直度公差为0.13mm，内角边长为500 mm×400 mm的90°钢角尺检测。将角尺短边紧靠板材的短边，长边贴靠板材的长边，用塞尺测量板材长边与角尺长边之间的最大间隙。用上述方法测量板材的四个角。

以最大间隙的测量值表示板材的角度公差，测量值精确到0.05mm。

6.2.7 圆弧板端面角度

用内角垂直度公差为0.13 mm，内角边长为500 mm×400 mm的90°钢角尺检测。将角尺短边紧靠圆弧板端面，用角尺长边贴靠圆弧板的边线，用塞尺测量圆弧板边线与角尺长边之间的最大间隙。用上述方法测量圆弧板的四个角。

以最大间隙的测量值表示圆弧板的角度公差，测量值精确到0.05mm。

6.2.8 正面与侧面夹角

用内角垂直度公差为0.13 mm，内角边长为500 mm×400 mm的90°钢角尺，将角尺短边紧靠装饰面，用角尺长边贴靠侧面，观察间隙的位置确定夹角的大小。

6.2.9 圆弧板 α 角

将圆弧靠模贴靠圆弧板装饰面并使其上的径向刻度线延长线与圆弧板边线相交,将小平尺沿径向刻度线置于圆弧靠模上,测量圆弧板侧面与小平尺间的夹角(见图5)。

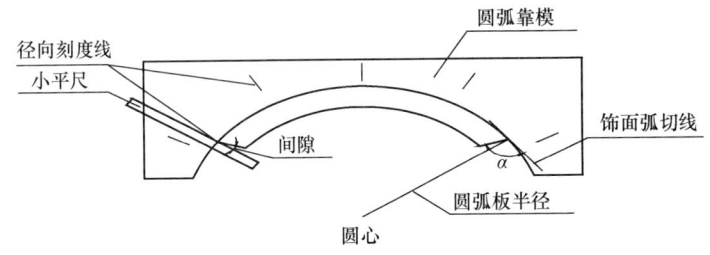

图 5 侧面角测量

6.3 外观质量

6.3.1 花纹色调

将协议板与被检板材并列平放在地上,距板材 1.5 m 处站立目测。

6.3.2 缺陷

用游标卡尺或能满足精度要求的量器具测量缺陷的长度、宽度,测量值精确到 0.1 mm。

6.4 物理性能

6.4.1 体积密度、吸水率

按 GB/T 9966.3 的规定试验;在无法满足 GB/T 9966.3 规定的试样尺寸时,应从具有代表性的板材产品上制取 50 mm×50mm×板材厚度的试样,其余按 GB/T 9966.3 的规定进行。

6.4.2 压缩强度

按 GB/T 9966.1 的规定试验。

在无法满足 GB/T 9966.1 规定的试样尺寸时,采用叠加粘结的方法达到规定的试样尺寸。粘结面应磨平达到细面要求,采用环氧型胶粘剂,用加压的方式挤出多余的胶粘剂,固化后进行测试,沿叠加方向加载。采用该方法时应注明。

6.4.3 弯曲强度

按 GB/T 9966.2 的规定试验。

6.4.4 耐磨性

按 GB/T 19766—2005 附录 A 的规定试验。

7 检验规则

7.1 出厂检验

7.1.1 检验项目

毛板:厚度偏差、平面度公差、外观质量;

普型板:规格尺寸偏差、平面度公差、角度公差、外观质量;

圆弧板:规格尺寸偏差、角度公差、直线度公差、线轮廓度公差、外观质量。

7.1.2 组批
同一品种、类别、等级、同一供货批的板材为一批；或按连续安装部位的板材为一批。

7.1.3 抽样
采用 GB/T 2828.1 一次抽样正常检验方法，检查水平为Ⅱ，合格质量水平（AQL值）取为 6.5；根据表10抽取样本。

7.1.4 判定
单块板材的所有检验结果均符合技术要求中相应等级时，则判定该块板材符合该等级。

根据样本检验结果，若样本中发现的等级不合格品数小于或等于合格判定数（Ac），则判定该批符合该等级；若样本中发现的等级不合格品数大于或等于不合格判定数（Re），则判定该批不符合该等级。

表 10 单位为块

批量范围	样本数	合格判定数（Ac）	不合格判定数（Re）
≤25	5	0	1
26～50	8	1	2
51～90	13	2	3
91～150	20	3	4
151～280	32	5	6
281～500	50	7	8
501～1 200	80	10	11
1 201～3 200	125	14	15
≥3 201	200	21	22

7.2 型式检验

7.2.1 检验项目
第5章技术要求中的全部项目。

7.2.2 检验条件
有下列情况之一时，进行型式检验：
a) 新建厂投产；
b) 荒料、生产工艺有重大改变；
c) 正常生产时，每一年进行一次。

7.2.3 组批
同出厂检验。

7.2.4 抽样
规格尺寸偏差、平面度公差、角度公差、直线度公差、线轮廓度公差、外观质量的抽样同出厂检验；其余项目的试验样品可从检验批中随机抽取双倍数量样品。

7.2.5 判定
体积密度、吸水率、压缩强度、弯曲强度、耐磨性的试验结果，均符合5.4的要求时，则判定该批板材以上物理性能合格；若有两项及以上不符合5.4的要求时，则判定该批板材为不合格；有一项不符合5.4的要求时，用备样对该项进行复检，复检结果符合5.4的要求时，则判定该批板材以上物理性能合格，否则判定该批板材为不合格。其他项目检验结果的判定同出厂检验。

8 标志、包装、运输与贮存

8.1 标志

8.1.1 板材外包装箱上应注明企业名称、商标、标记；须有"向上"和"小心轻放"的标志并符合 GB/T 191 中的规定。

8.1.2 对安装顺序有要求的板材，应标明安装序号。

8.2 包装

8.2.1 按板材品种、类别、等级分别包装，并附产品合格证（包括产品名称、规格、等级、批号、检验员、出厂日期）。

8.2.2 包装应满足在正常条件下安全装卸、运输的要求。

8.3 运输

运输板材过程中应防碰撞、滚摔。

8.4 贮存

8.4.1 板材应在室内贮存，室外贮存应加遮盖。

8.4.2 按板材品种、类别、等级或工程安装部位分别码放。

天然石灰石建筑板材 GB/T 23453—2009

1 范围

本标准规定了天然石灰石建筑板材（以下简称板材）产品的术语和定义、分类等级与标记、要求、试验方法、检验规则、标志、包装、运输与贮存等。

本标准适用于建筑装饰用天然石灰石和石灰华板材。其他用途的天然石灰石和石灰华板材也可参照采用。

2 规范性引用文件

下列文件中的条款通过本标准的引用而成为本标准的条款。凡是注日期的引用文件，其随后所有的修改单（不包括勘误的内容）或修订版均不适用于本标准，然而，鼓励根据本标准达成协议的各方研究是否可使用这些文件的最新版本。凡是不注日期的引用文件，其最新版本适用本标准。

GB/T 191　包装储运图示标志

GB/T 1182　产品几何技术规范（GPS）　几何公差、形状、方向、位置和跳动公差标注

GB/T 1800.3　极限与配合基础　第3部分：标准公差和基本偏差数值表

GB/T 1801　极限与配合　公差带和配合的选择

GB/T 2828.1　计数抽样检验程序　第1部分：按接收质量限（AQL）检索的逐批检验抽样计划

GB/T 9966.1　天然饰面石材试验方法　第1部分：干燥、水饱和、冻融循环后压缩强度试验方法

GB/T 9966.2　天然饰面石材试验方法　第2部分：干燥、水饱和弯曲强度试验方法

GB/T 9966.3　天然饰面石材试验方法　第3部分：体积密度、真密度、真气孔率、吸水率试验方法

GB/T 13890　天然石材术语

GB/T 13891　建筑饰面材料镜向光泽度测定方法

GB/T 17670　天然石材统一编号

GB/T 19766—2005　天然大理石建筑板材

3 术语和定义

GB/T 1182 和 GB/T 13890 确立的以及下列术语和定义适用于本标准。

石灰华　travertine

一种白色多孔的石灰岩。

4 产品分类等级与标记

4.1 分类

4.1.1 按密度分为：

a) 低密度石灰石：密度不小于 1.76 g/cm³ 且不大于 2.16 g/cm³；

b) 中密度石灰石：密度不小于 2.16 g/cm³ 且不大于 2.26 g/cm³；

c) 高密度石灰石：密度不小于 2.56 g/cm³。

4.1.2 按形状分为：

a) 毛光板（MG）；

b) 普型板（PX）；

c) 圆弧板（HM）；

d) 异型板（YX）。

4.2 等级

按加工和外观质量分为：

a) 毛光板按厚度偏差、平面度公差、外观质量等将板材分为优等品（A）、一等品（B）、合格品（C）三个等级。

b) 普型板按规格尺寸偏差、平面度公差、角度公差及外观质量将板材分为优等品（A）、一等品（B）、合格品（C）三个等级。

c) 圆弧板按规格尺寸偏差，直线度公差，线轮廓度公差及外观质量等将板材分为优等品（A）、一等品（B）、合格品（C）三个等级。

4.3 标记

4.3.1 名称：采用 GB/T 17670 规定的名称或编号。

4.3.2 标记顺序：名称、类别、规格尺寸、等级、标准编号。

4.3.3 示例：用河南黑石灰石荒料加工的 600 mm×600 mm×20 mm、普型、优等品板材示例如下：

标记：河南黑石灰石（L4113）PX 600×600×20 A GB/T 23453—2009

5 要求

5.1 一般要求

规格板的尺寸系列见表1，圆弧板、异型板和特殊要求的普型板规格尺寸由供需双方协商确定。

表1　　　　　　　　　　　　　　　　　　　　　　　　单位为毫米

长度系列	300ª、305ª、400、500ª、600ª、800、900、1 000、1 200、1 500、1 800
厚度系列	10ª、12、15、18、20ª、25、30、35、40、50
ª 为常用规格。	

5.2 加工质量

5.2.1 毛光板平面度公差和厚度偏差应符合表2的规定。

表2　　　　　　　　　　　　　　　　　　　　　　　　单位为毫米

项目	技术指标		
	优等品	一等品	合格品
平面度公差	0.80	1.00	1.50

续表

项目		技术指标		
		优等品	一等品	合格品
厚度偏差	≤12	±0.5	±0.8	±1.0
	>12	±1.0	±1.5	±2.0

5.2.2 普型板规格尺寸允许偏差应符合表3的规定。

表3　　　　　　　　　　　　　　　　　　　　单位为毫米

项目		允许偏差		
		优等品	一等品	合格品
长度、宽度		0 −1.0	0 −1.0	0 −1.5
厚度	≤12	±0.5	±0.8	±1.0
	>12	±1.0	±1.5	±2.0

5.2.3 圆弧板壁厚最小值应不小于20 mm，规格尺寸允许偏差见表4。圆弧板各部位名称如图1所示。

表4　　　　　　　　　　　　　　　　　　　　单位为毫米

项目	允许偏差		
	优等品	一等品	合格品
弦长	0 −1.0		0 −1.5
高度	0 −1.0		0 −1.5

5.2.4 普型板平面度允许公差见表5。

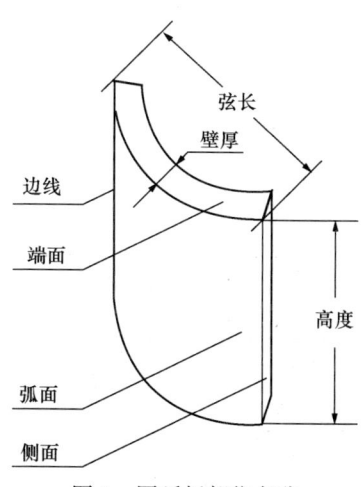

图1　圆弧板部位名称

表5 单位为毫米

板材长度	允许公差		
	优等品	一等品	合格品
≤400	0.20	0.30	0.50
>400~≤800	0.50	0.60	0.80
>800	0.70	0.80	1.00

5.2.5 圆弧板直线度与线轮廓度允许公差见表6。

表5 单位为毫米

项目		允许公差		
		优等品	一等品	合格品
直线度 (按板材高度)	≤800	0.60	0.80	1.00
	>800	0.80	1.00	1.20
线轮廓度		0.80	1.00	1.20

5.2.6 普型板角度允许公差见表7。

表7 单位为毫米

板材长度	允许公差		
	优等品	一等品	合格品
≤400	0.30	0.40	0.50
>400	0.40	0.50	0.70

5.2.7 圆弧板端面角度允许公差：优等品为0.40 mm，一等品为0.60 mm，合格品为0.80 mm。

5.2.8 普型板拼缝板材正面与侧面的夹角不得大于90°。

5.2.9 圆弧板侧面角α（见图5）应不小于90°。

5.2.10 板材的镜向光泽度值由供需双方协商确定。

5.3 外观质量

5.3.1 同一批板材的色调应基本调和，花纹应基本一致。

5.3.2 板材正面的外观缺陷应符合表8规定。

表8

缺陷名称	规定内容	技术指标		
		优等品	一等品	合格品
裂纹	长度≥10 mm的不允许条数	0		
缺棱[a]	长度≤8 mm，宽度≤1.5 mm（长度≤4 mm，宽度≤1 mm不计），每米长允许个数（个）	0	1	2
缺角[a]	沿板材边长顺延方向，长度≤3 mm，宽度≤3 mm（长度≤2 mm，宽度≤2 mm不计），每块板允许个数（个）			
色斑	面积≤6 cm²（面积<2 cm²不计），每块板允许个数（个）			
砂眼	直径<2 mm		不明显	有，不影响装饰效果
[a] 对毛光板不做要求。				

5.3.3 板材允许粘接和修补，粘接和修补后应不影响板材的装饰效果，也不应降低板材的物理性能。

5.4 物理性能

天然石灰石建筑板材的物理性能指标应符合表9的规定。工程对天然石灰石建筑板材物理性能及项目有特殊要求的,按工程要求执行。

表9

项 目		技术指标		
		低密度石灰石	中密度石灰石	高密度石灰石
吸水率/%,≤		12.0	7.5	3.0
压缩强度/MPa,≥	干燥	12	28	55
	水饱和			
弯曲强度/MPa,≥	干燥	2.9	3.4	6.9
	水饱和			
耐磨性[a]/(1/cm^3)≥		10	10	10
[a] 仅适用在地面、楼梯踏步、台面等易磨损部位的石灰石石材。				

6 试验方法

6.1 加工质量

6.1.1 毛光板

6.1.1.1 平面度

将平面度公差为0.1 mm的1 000 mm钢平尺分别自然贴放在距板边15 mm处和被检平面的两条对角线上,用塞尺测量尺面与板面的间隙。当被检边长或对角线长度大于1 000 mm时,用钢平尺沿边长和对角线分段检测,重叠位置不应小于钢平尺长度的三分之一。以最大间隙的测量值表示毛光板的平面度公差,测量值精确到0.05 mm。

6.1.1.2 厚度

用游标卡尺或能满足精度要求的量器具测量毛光板的厚度、测量4条边的中点部位(见图3)。分别用测量值与标称值之间偏差的最大值和最小值表示毛光板厚度的尺寸偏差,测量值精确到0.1 mm。

6.1.2 普型板的规格尺寸

用游标卡尺或能满足测量精度要求的量器具测量板材的长度、宽度、厚度。长度、宽度分别在板材的三个部位测量(见图2);厚度测量4条边的中点部位(见图3)。分别用测量值与标称值之间偏差的最大值和最小值表示长度、宽度、厚度的尺寸偏差,测量值精确到0.1 mm。

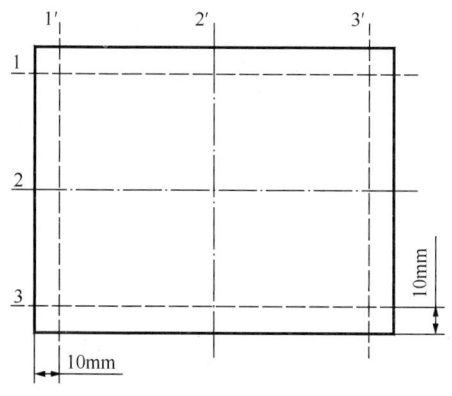

1,2,3——长度测量线;
1′,2′,3′——宽度测量线。

图2 板材规格尺寸测量位置

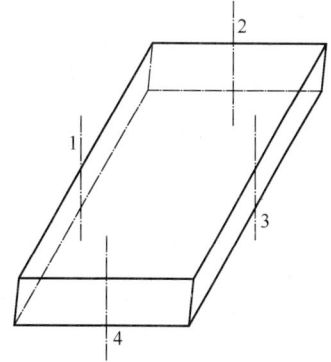

1,2,3,4——厚度测量线。

图3 板材厚度测量位置

6.1.3 圆弧板规格尺寸

用游标卡尺或能满足测量精度要求的量器具测量圆弧板的弦长、高度及最大与最小壁厚。在圆弧板的两端面处测量弦长（见图1）；在圆弧板端面与侧面测量壁厚（见图1）；圆弧板高度测量部位如图4所示。分别用测量值与标称值之间偏差的最大值和最小值表示弦长、高度及壁厚的尺寸偏差，测量值精确到0.1 mm。

6.1.4 普型板平面度

将平面度公差为0.1 mm的1 000 mm钢平尺分别贴放在距板边10 mm处和被检平面的两条对角线上，用塞尺测量尺面与板面的间隙。当被检面边长和对角线长度大于1 000 mm时，用钢平尺沿周边和对角线分段检测。

以最大间隙的测量值表示板材的平面度公差，测量值精确到0.05 mm。

6.1.5 圆弧板

6.1.5.1 圆弧板直线度

将平面度公差为0.1 mm的1 000 mm钢平尺沿圆弧板母线方向贴放在被检弧面上，用塞尺测量尺面与板面的间隙，测量位置如图4所示。当被检圆弧板高度大于1 000 mm时，用钢平尺沿被检测母线分段测量。

以最大间隙的测量值表示圆弧板的直线度公差，测量值精确到0.05 mm。

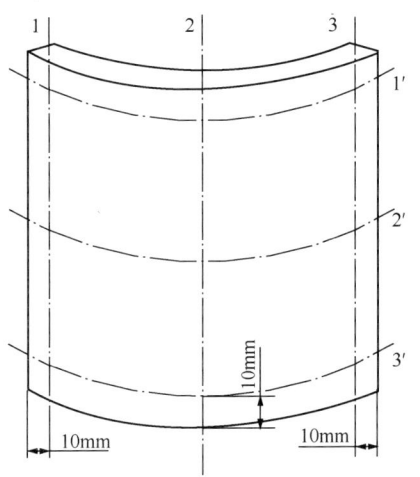

1，2，3——高度和直线度测量线；
1'，2'，3'——线轮廓度测量线。

图4 圆弧板测量位置

6.1.5.2 圆弧板线轮廓度

按GB/T 1800.3和GB/T 1801的规定，采用尺寸精度为JS7（js7）的圆弧靠模贴靠被检弧面，用塞尺测量靠模与圆弧面之间的间隙，测量位置如图4所示。

以最大间隙的测量值表示圆弧板的线轮廓度公差，测量值精确到0.05 mm。

6.1.6 普型板角度

用内角垂直度公差为0.13 mm，内角边长为500 mm×400 mm的90°钢角尺检测。将角尺短边紧靠板材的短边，长边贴靠板材的长边，用塞尺测量板材长边与角尺长边之间的最大间隙。用上述方法测量板材的四个角。

以最大间隙的测量值表示板材的度角公差，测量值精确到0.05 mm。

6.1.7 圆弧板端面角度

用内角垂直度公差为0.13 mm，内角边长为500 mm×400 mm的90°钢角尺检测。将角尺短边紧靠圆弧板端面，用角尺长边贴靠圆弧板的边线，用塞尺测量圆弧板边线与角尺长边之间的最大间隙。用上述方法测量圆弧板的四个角。

以最大间隙的测量值表示圆弧板的角度公差，测量值精确到0.05 mm。

6.1.8 正面与侧面夹角

用内角垂直度公差为0.13 mm，内角边长为500 mm×400 mm的90°钢角尺，将角尺短边紧靠装饰面，用角尺长边贴靠侧面，观察间隙的位置确定夹角的大小。

6.1.9 圆弧板侧面角

将圆弧靠模贴靠圆弧板装饰面并使其上的径向刻度线延长线与圆弧板边线相交，将小平尺沿径向刻度线置于圆弧靠模上，测量圆弧板侧面与小平尺间的夹角（见图5）。

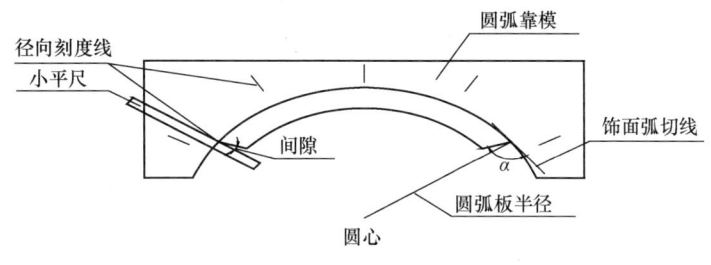

图5 侧面角测量

6.1.10 镜向光泽度

采用60°入射角、光孔直径不小于18 mm的光泽度仪，按GB/T 13891的规定试验。

6.2 外观质量

6.2.1 花纹色调

将协议板与被检板材并列平放在地上，距板材1.5 m处站立目测。

6.2.2 缺陷

用游标卡尺或其他可以满足精度要求的量器具测量缺陷的长度、宽度，测量值精确到0.1 mm。

6.3 物理性能

6.3.1 体积密度、吸水率

按GB/T 9966.3的规定试验；在无法满足GB/T 9966.3规定的试样尺寸时，应从具有代表性的板材产品上制取50 mm×50 mm×板材厚度的试样，其余按GB/T 9966.3的规定进行。

6.3.2 压缩强度

按GB/T 9966.1的规定试验；在无法满足GB/T 9966.1规定的试样尺寸时，采用叠加粘结的方法达到规定的试样尺寸。粘结面应磨平达到细面要求，采用环氧型胶粘剂，用加压的方式挤出多余的胶粘剂，固化后进行测试，沿叠加方向加载。采用该方法时应注册。

6.3.3 弯曲强度

按GB/T 9966.2的方法进行。

6.3.4 耐磨性

按GB/T 19766—2005附录A的规定试验。

7 检验规则

7.1 出厂检验

7.1.1 检验项目

毛光板：厚度偏差、平面度公差、镜向光泽度、外观质量。
普型板：规格尺寸偏差、平面度公差、角度公差、镜向光泽度、外观质量。
圆弧板：规格尺寸偏差、角度公差、直线度公差、线轮廓度公差、外观质量。

7.1.2 组批

同一品种、类别、等级、同一供货批的板材为一批;或按连续安装部位的板材为一批。

7.1.3 抽样

采用GB/T 2828.1一次抽样正常检验方式,检查水平为Ⅱ,合格质量水平(AQL值)取为6.5;根据表10抽取样本。

表10 单位为块

批量范围	样本数	合格判定数(Ac)	不合格判定数(Re)
≤25	5	0	1
26～50	8	1	2
51～90	13	2	3
91～150	20	3	4
151～280	32	5	6
281～500	50	7	8
501～1 200	80	10	11
1 201～3 200	125	14	15
≥3 201	200	21	22

7.1.4 判定

单块板材的所有检验结果均符合要求中相应等级时,则判定该块板材符合该等级。

根据样本检验结果,若样本中发现的等级不合格品数小于或等于合格判定数(Ac),则判定该批符合该等级;若样本中发现的等级不合格品数大于或等于不合格判定数(Re),则判定该批不符合该等级。

7.2 型式检验

7.2.1 检验项目

第5章要求中的全部项目。

7.2.2 检验条件

有下列情况之一时,进行型式检验:
a) 新建厂投产;
b) 荒料、生产工艺有重大改变;
c) 正常生产时,每一年进行一次。

7.2.3 组批

同出厂检验。

7.2.4 抽样

规格尺寸偏差、平面度公差、角度公差、直线度公差、线轮廓度公差、外观质量的抽样同出厂检验;其余项目的试验样品可从检验批中随机抽取双倍数量样品。

7.2.5 判定

体积密度、吸水率、压缩强度、弯曲强度、耐磨性的试验结果,均符合5.4的要求时,则判定该批板材以上物理性能合格;若有两项及以上不符合5.4的要求时,则判定该批板材为不合格;有一项不符合5.4的要求时,用备样对该项进行复检,复检结果符合5.4的要求时,则判定该批板材以上物理性能合格,否则判定该批板材为不合格。其他项目检验结果的判定同出厂检验。

8 标志、包装、运输与贮存

8.1 标志

8.1.1 板材的外包装箱上应注明企业名称、商标、标记;须有"向上"和"小心轻放"的标志并符合 GB/T 191 中的规定。

8.1.2 对安装顺序有要求的板材,应标明安装序号。

8.2 包装

8.2.1 按板材品种、类别、等级分别包装,并附产品合格证(包括产品名称、规格、等级、批号、检验员、出厂日期)。

8.2.2 包装应满足在正常条件下安全装卸、运输的要求。

8.3 运输

运输板材过程中应防碰撞、滚摔。

8.4 贮存

8.4.1 板材应在室内贮存,室外贮存应加遮盖。

8.4.2 按板材品种、类别、等级或工程安装部位分级码放。

卫生间用天然石材台面板 GB/T 23454—2009

1 范围

本标准规定了卫生间用天然石材台面板产品的术语和定义、分类与命名标记、技术要求、试验方法、检验规则、标志、包装、运输、贮存等。

本标准适用于由天然石材加工成的卫生间用台面板，其他用途的天然石材台面板可参照采用。

2 规范性引用文件

下列文件中的条款通过本标准的引用而成为本标准的条款。凡是注日期的引用文件，其随后所有的修改单（不包括勘误的内容）或修订版均不适用于本标准，然而，鼓励根据本标准达成协议的各方研究是否可使用这些文件的最新版本。凡是不注日期的引用文件，其最新版本适用本标准。

GB/T 191 包装储运图示标志

GB/T 1182 产品几何技术规范（GPS） 几何公差、形状、方向、位置和跳动公差标注

GB 6566 建筑材料放射性核素限量

GB/T 9966.2 天然饰面石材试验方法 第2部分：干燥、水饱和弯曲强度试验方法

GB/T 9966.3 天然饰面石材试验方法 第3部分：体积密度、真密度、真气孔率、吸水率试验方法

GB/T 13890 天然石材术语

GB/T 13891 建筑饰面材料镜向光泽度测定方法

GB/T 17670 天然石材统一编号

3 术语和定义

GB/T 13890 和 GB/T 1182 确立的术语和定义适用于本标准。

4 产品分类与命名标记

4.1 产品分类

4.1.1 按材质分为：
a) 大理石台面板（M）；
b) 花岗石台面板（G）；
c) 石灰石台面板（L）。

4.1.2 按形状分为：
a) 普型台面板（P）；
b) 异型台面板（Y）。

4.1.3 按表面加工程度分为：
　　a) 镜面台面板（J）；
　　b) 细面台面板（X）。

4.2 命名

4.2.1 命名：GB/T 17670 规定的石材名称＋台面板。

4.2.2 标记：GB/T 17670 规定的编号、类别、规格尺寸、标准编号。

4.2.3 示例：
用福建石井锈石花岗石加工的规格尺寸为 790 mm×560 mm×20 mm、普形、镜面台面板，命名和标记为：

命名：石井锈石台面板。

标记：G 3582 PJ 790×560×20 GB/T 23454—2009。

5 技术要求

5.1 一般要求

台面板的规格和前边及侧边的加工由供需双方协商确定。每套台面板的组成及各部位名称见图1。

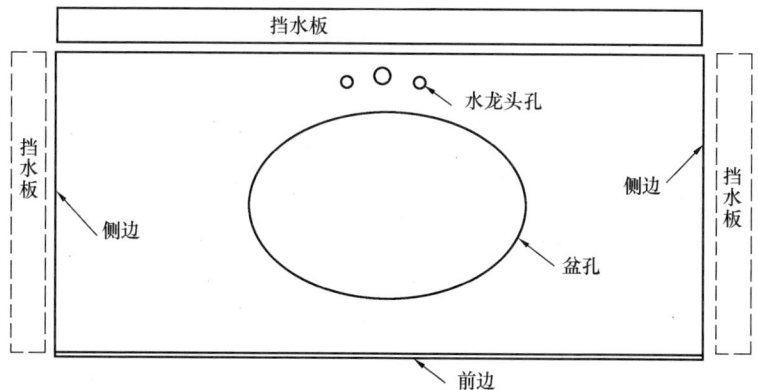

图 1　普型台面板示意图及各部位名称

5.2 尺寸偏差

5.2.1 普型台面板尺寸允许偏差应符合表1的规定。

表 1　　　　　　　　　　　　　　　　　　　　　　　单位为毫米

项目		技术要求
长度、宽度		±1.5
厚度		±1.5
水孔孔径		+1.5 −0.5
盆孔孔径	台上	±5.0
	台下	±3.0
水孔与盆孔的位置		±1.5

5.2.2 异型台面板的尺寸允许偏差由供需双方协商确定。

5.3 平面度公差

台面板平面度允许公差应符合表2规定。

表2 单位为毫米

台面板长度（L）	技术要求
≤800	0.35
>800～≤1 200	0.65
>1 200	0.85

5.4 角度公差

5.4.1 台面板角度允许公差为0.60 mm。

5.4.2 台面板盆孔和异型台面板的线轮廓度由供需双方协商确定。

5.5 外观质量

5.5.1 同一套台面板的色调应基本调和，花纹应基本一致。

5.5.2 台面板正面的外观缺陷应符合表3规定。

表3

缺陷名称	规定内容	技术要求
缺棱	长度≥2 mm，宽度≥1.0 mm(长度<2mm，宽度<1.0 mm不计)	外露面不允许
缺角	沿台面板边长，长度≥2 mm，宽度≥2 mm(长度<2 mm，宽度<2 mm不计)	外露面不允许
色斑	面积≤15 mm×30 mm(面积小于10 mm×10 mm不计)，每块板允许数(个)	2
色线	长度不超过两端顺延至板边总长度的1/10(长度<40 mm不计)，每块板允许数(条)	2
裂纹	长度<20 mm不计	不允许

5.5.3 加工的侧边效果应与大面基本一致。

5.5.4 加贴类型的台面板侧面不应存在明显的胶粘线，最大粘缝不大于0.4 mm，台面板的外露边棱角应光滑。

5.6 镜向光泽度

5.6.1 花岗石台面板的镜向光泽度应不低于80光泽单位或按供需双方协商确定。

5.6.2 大理石台面板的镜向光泽度应不低于70光泽单位或按供需双方协商确定。

5.6.3 石灰石台面板的镜向光泽度由供需双方协商确定。

5.7 物理性能

台面板的物理性能技术指标应符合表4的规定。

表4

项 目		技术要求		
		花岗石台面板	大理石台面板	石灰石台面板
体积密度/（g/cm³），≥		2.56	2.60	2.16
吸水率/%，≤		0.40	0.50	3.0
弯曲强度/MPa，≥	干燥	8.0	7.0	3.4
	水饱和			

5.8 放射性要求

花岗石台面板使用的石材放射性应符合 GB 6566 A 类的规定。

6 试验方法

6.1 尺寸

6.1.1 长度、宽度和厚度

用游标卡尺或能满足精度要求的量器具测量板的长度、宽度、厚度。长度、宽度分别在板的三个部位测量（见图2），厚度测量在盆孔的4个中点部位（见图3）。分别用测量值与标称值之间偏差的最大值和最小值表示长度、宽度、厚度的尺寸偏差。测量值精确到 0.1 mm。

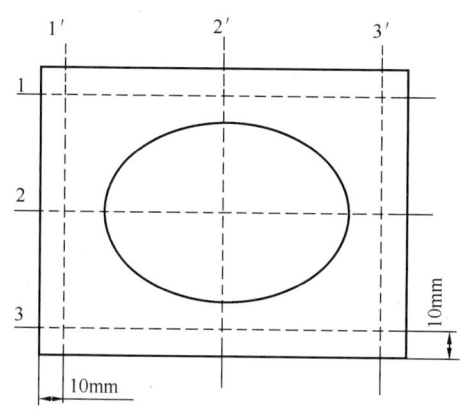

1，2，3——长度测量线；
1′，2′，3′——宽度测量线。

图 2 台面板规格尺寸测量示意图

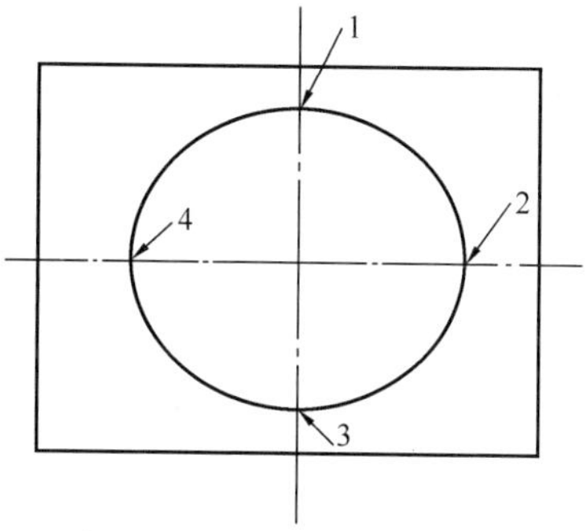

1，2，3，4——厚度测量点。

图 3 台面板厚度测量示意图

6.1.2 水孔直径

用游标卡尺或能满足精度要求的量器具在相互垂直的两条中线上测量孔的直径，分别用偏差的最大值和最小值表示水孔的尺寸偏差，测量值精确到 0.1 mm。

6.1.3 盆孔直径

用游标卡尺或能满足精度要求的量器具在两条轴线上测量孔的最大和最小直径，分别用偏差的最大值和最小值表示盆孔的尺寸偏差，测量值精确到 0.1 mm。

6.1.4 水孔与盆孔的位置

用游标卡尺或能满足精度要求的量器具测量水孔和盆孔距端边的最小距离，分别用与标称值的偏差表示，测量值精确到 0.1 mm。

6.2 平面度

将平面度公差为 0.1 mm 的 1 000 mm 钢平尺分别自然贴放在距板边 10 mm 处和被检平面的两条对角线上，用塞尺测量尺面与板面的间隙。当被检面边长和对角线长度大于 1 000 mm 时，用钢平尺沿边长和对角线分段检测。以最大间隙的测量值表示台面板的平面度公差，测量值精确到 0.05 mm。

6.3 角度

6.3.1 台面板角度

用内角垂直度公差为 0.13 mm，内角边长为 500 mm×400 mm 的 90 度钢角尺。将角尺短边紧靠板的短边，长边贴靠板的长边，用塞尺测量板长边与角尺长边之间的最大间隙。测量板的四个角，以最大间隙的测量值表示台面板的角度公差，测量值精确到 0.05 mm。

6.3.2 台面板线轮廓度

台面板盆孔和异型台面板线轮廓度用供需双方商议的靠模紧贴台面板的弧面，用塞尺测量弧面与靠模之间的最大间隙。以最大间隙的测量值表示台面板的线轮廓度公差，测量值精确到 0.05 mm。

6.4 外观质量

6.4.1 花纹色调

将协议板与被检板并列平放在地上，距板 1.5 m 处目测。

6.4.2 缺陷

目测，用游标卡尺或能满足精度要求的量器具测量缺陷的长度、宽度，测量值精确到 0.1 mm。

6.4.3 加工的侧边效果

目测。

6.4.4 加贴边胶粘线

目测，用游标卡尺或能满足精度要求的量器具测量最大粘缝宽度，测量值精确到 0.1 mm。

6.5 镜向光泽度

采用 60°入射角、光孔直径不小于 18 mm 的光泽度仪，在产品上测量，按 GB/T 13891 的规定试验；中心的测量点见图 4。

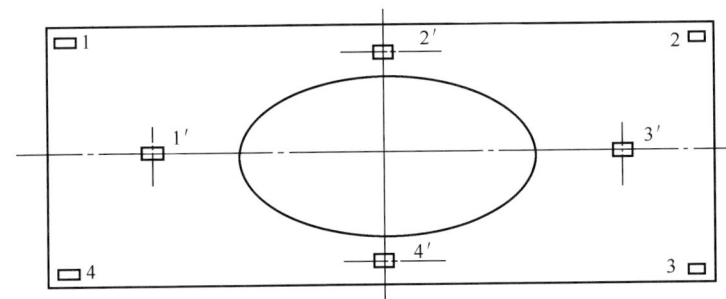

1、2、3、4——GB/T 13891 规定检测点；
1′、2′、3′、4′——中心检测点。

图 4 台面板镜向光泽度测量示意图

6.6 物理性能

6.6.1 体积密度、吸水率

试样尺寸为 50 mm×50 mm×20 mm，其余按 GB/T 9966.3 的规定试验，样品从同批板中制取。

6.6.2 弯曲强度

按GB/T 9966.2的规定试验，样品从同批板中制取。

6.7 放射性

按GB 6566的规定试验。

7 检验规则

7.1 出厂检验

7.1.1 检验项目

普型台面板：尺寸偏差、平面度公差、角度公差、盆孔线轮廓度、外观质量、镜向光泽度。

异型台面板：尺寸偏差、平面度公差、角度公差、盆孔和前边线轮廓度公差、外观质量、镜向光泽度。

7.1.2 组批

同一品种、类别的台面板为一批。

7.1.3 抽样

采用全数检验法。

7.1.4 判定

单套台面板的所有检验结果均符合技术要求时，则判定该套台面板合格。

每批中所有台面板均合格时，则判定该批台面板合格；每批中若发现有不合格的台面板，则判定该批台面板不合格。

7.2 型式检验

7.2.1 检验项目

第5章技术要求中全部项目。

7.2.2 检验条件

有下列情况之一时，进行型式检验：
a) 新建厂投产；
b) 荒料、生产工艺有重大改变；
c) 正常生产时，每一年进行一次。

7.2.3 组批与抽样

同一品种、类别的台面板为一批。

尺寸偏差、平面度公差、角度公差、盆孔线轮廓度公差、前边线轮廓度公差（异型）、外观质量、镜向光泽度按表5抽取样本。

表5

批量范围	样本数	合格判定数（Ac）	不合格判定数（Re）
≤25	5	0	1
26～50	8	1	2
51～90	13	2	3

续表

批量范围	样本数	合格判定数（Ac）	不合格判定数（Re）
91~150	20	3	4
151~280	32	5	6
281~500	50	7	8
501~1 200	80	10	11
1 201~3 200	125	14	15
≥3 201	200	21	22

体积密度、吸水率、弯曲强度、放射性的试样从抽样合格的产品中制取双倍样品，放射性试验的样品应能代表该批产品的放射性水平。

7.2.4 判定

单套台面板的所有检验结果均符合技术要求时，则判定该套台面板合格。

样本中发现的不合格数小于或等于合格判定数（Ac），则判定该批台面板该项目合格；若样本中发现的不合格数大于或等于不合格判定数（Re），则判定该批台面板不合格。

体积密度、吸水率、弯曲强度的试验结果，均符合5.7相应要求时，则判定该批台面板以上项目合格；有两项及以上不符合5.7相应要求时，则判定该批台面板不合格；有一项不符合5.7相应要求时，利用备样对该项目进行复检，复检结果合格时，则判定该批台面板以上项目合格；否则判定该批台面板不合格。

放射性水平不符合5.8的要求时，判定该批台面板不合格。

8 标志、包装、运输和贮存

8.1 标志

8.1.1 台面板应注明：企业名称、商标、标记；须有"向上"和"小心轻放"的标志并符合GB 191中的规定。

8.1.2 对安装顺序有要求的台面板，应在每块板材上标明安装序号。

8.2 包装

8.2.1 按台面板的品种、类别等分别包装，并附产品合格证（包括产品名称、规格、批号、检验员、出厂日期）；板面光面相对且加垫。

8.2.2 包装应满足在正常条件下安全装卸、运输的要求。

8.3 运输

台面板运输过程中应防止碰撞、滚摔。

8.4 贮存

8.4.1 台面板应在室内贮存，室外贮存应加遮盖。

8.4.2 按台面板的品种、规格、类别或供货批分别码放。

参 考 文 献

GB/T 1800.3—1998 极限与配合基础 第3部分：标准公差和基本偏差数值表（eqv

ISO 286—1：1998）

　　GB/T 1801—1999　极限与配合　公差带和配合的选择（eqv ISO 1829：1975）

　　GB/T 2828.1—2003　计数抽样检验程序　第1部分：按接收质量限（AQL）检索的逐批检验抽样计划

饰面石材用胶粘剂 GB 24264—2009

1 范围

本标准规定了饰面石材用胶粘剂（以下简称胶粘剂）的术语和定义、分类和代号与标记、一般要求、技术要求、试验方法、检验规则以及标志、包装、运输和贮存。

本标准适用于饰面石材产品生产和安装时使用的各类胶粘剂。

本标准不适用于接缝用的密封胶。

2 规范性引用文件

下列文件中的条款通过本标准的引用而成为本标准的条款。凡是注日期的引用文件，其随后所有的修改单（不包括勘误的内容）或修订版均不适用于本标准，然而，鼓励根据本标准达成协议的各方研究是否可使用这些文件的最新版本。凡是不注日期的引用文件，其最新版本适用于本标准。

GB/T 2567　树脂浇铸体性能试验方法

GB/T 8170　数值修约规则与极限数值的表示和判定

GB/T 12954.1—2008　建筑胶粘剂试验方法　第1部分：陶瓷砖胶粘剂试验方法

JC/T 681　行星式水泥胶砂搅拌机

JC 830.2　干挂饰面石材及其金属挂件　第2部分　金属挂件

JC 887　干挂石材幕墙用环氧胶粘剂

JC/T 989　非结构承载用石材胶粘剂

3 术语和定义

下列术语和定义适用于本标准。

3.1

复合用胶粘剂　complex veneer adhesive

使用在石材复合板上的胶粘剂。

3.2

增强用胶粘剂　strong adhesive

为达到加固目的在石材产品上粘贴金属筋、石条、玻璃纤维网等材料时使用的胶粘剂。

3.3

组合连接用胶粘剂　combination adhesive

多块石材拼接在一起或粘结石材断裂面时使用的胶粘剂。

3.4

水泥基胶粘剂　Cementitious adhesive

由水硬性胶凝材料、矿物集料、有机外加剂组成的粉状混合物，使用时需与水或其他液体按比例拌和。

3.5

反应型树脂胶粘剂　reaction resin adhesive

由合成树脂、矿物填料和有机外加剂组成的单组分或多组分混合物，通过化学反应使其硬化。

4 分类、代号与标记

4.1 分类和代号

4.1.1 按用途分

4.1.1.1 生产用胶粘剂

  a) 复合用胶粘剂（V）
  b) 增强用胶粘剂（S）
  c) 修补用胶粘剂（M）
  d) 组合连接用胶粘剂（A）

4.1.1.2 施工用胶粘剂

  a) 地面粘贴用胶粘剂（F）
  b) 墙面粘贴用胶粘剂（W）
  c) 干挂用胶粘剂（D）

4.1.2 按组成分

  a) 水泥基胶粘剂（C）；
  b) 反应型树脂胶粘剂（R）。

4.2 标记

4.2.1 产品按下列顺序标记：产品名称、用途代号、组成代号、标准编号。

4.2.2 示例

  地面粘贴用水泥基胶粘剂标记为：饰面石材用胶粘剂 FC GB 24264—2009

5 一般要求

5.1 产品不应对人体与环境造成有害的影响，其安全与环保要求，应符合我国相关标准和规范的规定。

5.2 产品不应对所用石材造成污染。

5.3 干挂用胶粘剂应符合 JC 887 的要求。

5.4 修补用胶粘剂应符合 JC/T 989 的要求。

6 技术要求

6.1 水泥基胶粘剂

饰面石材安装用水泥基胶粘剂力学性能应符合表1的技术要求。

表 1 水泥基胶粘剂的技术指标   单位为兆帕

项目			普通地面	重负荷地面及墙面
普通型	拉伸粘结强度	≥	0.5	1.0
	浸水后拉伸粘结强度	≥		
	热老化后拉伸粘结强度	≥		
	冻融循环后拉伸粘结强度	≥		
	晾置 20 min 后拉伸粘结强度	≥		
快速硬化型	拉伸粘结强度	≥	0.5	1.0
	早期拉伸粘结强度（24 h）	≥		0.5
	浸水后拉伸粘结强度	≥		1.0
	热老化后拉伸粘结强度	≥		1.0
	冻融循环后拉伸粘结强度	≥		
	晾置 10 min 后拉伸粘结强度	≥		0.5

6.2 反应型树脂胶粘剂

6.2.1 胶粘剂各组分分别搅拌后应为细腻、均匀、黏稠的液体或膏状物，不应有离析、颗粒和凝胶，各组分颜色应有明显差异。

6.2.2 胶粘剂的适用期一般应大于 30 min，快固型和特殊要求的可由供需双方商定。

6.2.3 饰面石材用反应型树脂胶粘剂的物理力学性能应符合表 2 的技术要求。

表 2 反应型树脂胶粘剂的技术要求

项目		生产			安装	
		复合	增强	组合连接	地面	墙面
压剪粘结强度/MPa	≥			10.0		10.0
浸水后压剪粘结强度/MPa	≥	5.0	5.0	8.0	2.0	8.0
热老化后压剪粘结强度/MPa	≥			8.0		8.0
高低温交变循环后压剪粘结强度/MPa	≥	—				
冻融循环后压剪粘结强度/MPa	≥	4.0	4.0	8.0		8.0
拉剪粘结强度（石材-金属）/MPa	≥			8.0		8.0
冲击强度/（kJ/m²）	≥			3.0		3.0
弯曲弹性模量/MPa	≥			2 000		2 000

7 试验方法

7.1 试验基本要求

7.1.1 标准试验条件

试验室标准试验条件：环境温度（23±2）℃，相对湿度（50±10）%。

7.1.2 粘结试件基材

7.1.2.1 混凝土板基材

应符合 GB/T 12954.1—2008 附录 A 的要求。

7.1.2.2 石材基材

应选用具有足够强度的石材，石材品种推荐用丰镇黑（G1510）或济南青（G3701）。基材尺寸为50mm×50mm×（20～25）mm，采用机切面或打磨成细面。

用清水对石材进行清洗，然后在（105±2）℃烘箱内烘干2 h后备用。

7.1.2.3 金属基材

采用符合JC 830.2要求的金属挂件材料，推荐用1Cr18Ni9Ti不锈钢，试件基材尺寸为100 mm×50 mm×2 mm。

基材表面应干净、干燥，不得有油污或其他杂质。

7.1.3 试验材料准备

所有试验材料试验前应在标准试验条件下放置至少24h。

7.2 仪器设备

7.2.1 试验仪器

7.2.1.1 试验机

应有适宜的灵敏度及量程，并应通过适宜的连接方式和夹具，不产生任何弯曲应力，以0.5～5mm/min速度对试件施加载荷；试验机的精度为1％，量程应使最大破坏荷载处于仪器量程的20％～80％范围内。

7.2.1.2 天平

最大称量100 g，感量0.1 g。

7.2.2 试验器具

7.2.2.1 压块

截面积略小于（50×50）mm，质量（2.00±0.015）kg。

7.2.2.2 拉拔接头

（50±1）mm×（50±1）mm的正方形金属板，最小厚度10 mm，有与试验机相连接的部件。

7.2.2.3 齿型抹刀

带有6 mm×6 mm凹口，中心间距12 mm的方齿型抹刀。

7.2.2.4 鼓风烘箱

具有空气循环，控温精度为±2 ℃。

7.2.2.5 低温试验箱

可达到（-20±3）℃的低温箱。

7.2.2.6 恒温水浴

能保持给定温度±0.5 ℃。

7.3 试件制备

7.3.1 水泥基胶粘剂

7.3.1.1 拌和

取2 kg样品，采用符合JC/T 681要求的搅拌机，按下列步骤进行操作：

——根据样品标明的配比（如标明的配比是一个数值范围，则应取平均值），将液体组分放入搅拌锅中；

——将干粉撒入；

——低速搅拌 30 s；
——取出搅拌叶；
——60 s 内清理搅拌叶和搅拌锅壁上的胶粘剂；
——重新放入搅拌叶，再低速搅拌 60 s。

按生产厂商的说明让胶粘剂熟化，然后继续搅拌 15 s。

7.3.1.2 粘结

将拌和好后的胶粘剂用直边抹刀在混凝土板上抹一层胶粘剂。然后用齿型抹刀抹上稍厚的一层胶粘剂并梳理。握住齿型抹刀与混凝土板约成 60°的角度，与混凝土板一边成直角，平行地抹至混凝土板另一边（直线移动）。5 min 后，分别放置至少 10 块石材基材于胶粘剂上，彼此间隔 40 mm，并在每块石材基材上加载（2.00±0.015）kg 的压块保持 30 s。每组需 10 个试件。

7.3.2 反应型树脂胶粘剂

7.3.2.1 按供货方给定的配比准确称量各组分试样后立即搅拌均匀，注意避免混入空气，然后尽快成型试件。

7.3.2.2 浇铸成型时，预先将模具薄涂一层脱模剂，快速将搅拌好的胶粘剂倒入，用刮刀抹压，然后刮平。

7.3.2.3 粘结成型时，将搅拌好的胶粘剂分别涂抹在两块粘结基材上，对合时轻轻揉压，确保粘结均匀。

7.3.2.4 压剪和拉剪粘结强度试件胶接面积均为（50×40）mm，每组各需 10 个试件。

7.4 试验步骤

7.4.1 水泥基胶粘剂

7.4.1.1 拉伸粘结强度

制作好的试件在标准试验条件下养护 27 d 后，用适宜的高强度胶粘剂将拉拔接头粘在石材基材上，在标准试验条件下继续放置 24 h 后，以 0.5 mm/min 速度，测定拉伸粘结强度。若要测试胶粘剂的快硬性能，则测定 24 h 后标准条件下的拉伸粘结强度。

7.4.1.2 浸水后拉伸粘结强度

制作好的试件在标准试验条件下养护 7 d，然后在（23±2）℃的水中养护 20 d。从水中取出试件，用布擦干，用适宜的高强度胶粘剂将拉拔接头粘在石材基材上，7 h 后把试件放入水中，17 h 后从水中取出试件测定拉伸粘结强度。

7.4.1.3 热老化后拉伸粘结强度

制作好的试件在标准试验条件下养护 14 d，然后将试件放入（70±2）℃鼓风烘箱中 14 d。从烘箱中取出，用适宜的高强度胶粘剂将拉拔接头粘在石材基材上。继续将试件在标准试验条件下养护 24 h 后，测定拉伸粘结强度。

7.4.1.4 冻融循环后拉伸粘结强度

在石材基材放置前，在其背面用抹刀加涂 1 mm 厚的胶粘剂。

制作好的试件在标准试验条件下养护 7 d，然后在（23±2）℃的水中养护 21 d。从水中取出试件，进行冻融试验。每次冻融循环为：

a) 将试件从水中取出，放入（-20±3）℃的低温箱中 4 h±20min；
b) 将试件从低温箱中取出，浸入（23±2）℃水中保持 4 h±20 min。

重复50次循环。在最后1次循环后取出试件，在标准试验条件下养护，用适宜的高强度胶粘剂将拉拔接头粘在石材基材上。继续将试件在标准试验条件下养护24 h后，测定拉伸粘结强度。

7.4.1.5 晾置规定时间后拉伸粘结强度

石材基材放置前，在试验区循环风速小于0.2 m/s和标准条件下，晾置规定时间（普通型为20 min，快速硬化型为10 min）。制作好的试件在标准试验条件下养护27 d后，用适宜的高强度胶粘剂将拉拔接头粘在石材基材上，在标准试验条件下继续放置24 h，然后测定拉伸粘结强度。

7.4.1.6 结果评价与表示

试件的拉伸粘结强度按式（1）计算，精确到0.1 MPa。

$$A_s = \frac{L}{A} \tag{1}$$

式中：

A_s——拉伸粘结强度，单位为兆帕（MPa）；

L——拉力，单位为牛顿（N）；

A——胶粘面积，单位为平方毫米（mm²）。

按下列规定确定每组的拉伸粘结强度：

——求10个数据的平均值；

——舍弃超出平均值±20 %范围的数据；

——若仍有5个或更多数据被保留，求新的平均值；

——若少于5个数据被保留，重新试验；

——参照GB/T 12954.1—2008的试件破坏模式，确定试件破坏形式，当破坏发生在石材与拉拔接头之间的粘结层时，试验需重做。

7.4.2 反应型树脂胶粘剂

7.4.2.1 外观

目测。

7.4.2.2 适用期

将适量试样倒入100 mL烧杯，加入规定量固化剂，制成50 g混合物。以加入固化剂的时间作为起始时间，随后把烧杯置于温度为（23±1）℃的恒温水浴中，并使试样表面位于液面以下约2 cm。

不断观察试样，读取试样产生异状的时间，从起始时间到产生异状的时间即适用期。试样发生异状，指明显出现黏度上升、凝胶化、沉淀、分离、变色等有碍于胶粘剂使用的现象。

同一试样测定两次，求其平均值，以min表示。

7.4.2.3 压剪粘结强度

在标准试验条件下，将10个试件养护7 d。养护结束后，将试件放入压剪试验夹具中，以5 mm/min的速度加载，直至试件破坏。

7.4.2.4 浸水后压剪粘结强度

在标准试验条件下，将10个试件养护7 d，然后浸入（23±2）℃的水中7 d，将试件取出，用布擦干，测定压剪粘结强度。

7.4.2.5 热老化后的压剪粘结强度

在标准试验条件下，将 10 个试件养护 7 d，然后将试件放入（80±2）℃鼓风烘箱中 7 d。应保证每个试件周围空气自由循环。将试件取出再在标准状态下放置 24 h，测定压剪粘结强度。

7.4.2.6 高低温交变循环后压剪粘结强度

在标准试验条件下，将 10 个试件养护 7 d。然后浸入（23±2）℃的水中 30 min，再放在 100 ℃的水中 30 min，重复 4 次循环。试件放在室温下冷却 30 min 后，测定压剪粘结强度。

7.4.2.7 冻融循环后的压剪粘结强度

在标准试验条件下，将 10 个试件养护 7 d。然后在（23±2）℃的水中浸泡 4 h±20 min，放入（−20±3）℃低温箱冻 4 h±20 min，再放入（23±2）℃的水中浸泡 4 h，反复 50 次循环。取出试件在室温下放置 4 h，测定压剪粘结强度。

7.4.2.8 拉伸粘结强度

在标准试验条件下，将 10 个试件养护 7 d，养护结束后，将试件放入拉剪试验夹具中，以 5 mm/min 的速度加载，直至试件破坏。

7.4.2.9 结果评价与表示

试件的压剪或拉剪粘结强度按式（2）计算，精确到 0.1 MPa

$$A_f = \frac{F}{S} \tag{2}$$

式中：

A_f——压剪或拉剪粘结强度，单位为兆帕（MPa）；

F——压缩或拉伸剪切力，单位为牛顿（N）；

S——胶粘面积，单位为平方毫米（mm²）。

按下列规定确定每组的压剪或拉剪粘结强度：

——求 10 个数据的平均值；

——舍弃超出平均值±20 %范围的数据；

——若仍有 5 个或更多数据被保留，求新的平均值；

——若少于 5 个数据被保留，重新试验。

7.4.2.10 弯曲弹性模量

按照 GB/T 2567 的规定进行。

7.4.2.11 冲击强度

按照 GB/T 2567 的规定进行。

8 检验规则

8.1 检验分类

按检验类型分为出厂检验和型式检验。

8.1.1 出厂检验

胶粘剂出厂检验项目见表 3。

表 3 胶粘剂出厂检验项目

性 能	胶粘剂种类	
	水泥基（C）	反应型树脂（R）
适用期	—	Y
晾置时间	Y	—
弯曲弹性模量	—	Y
拉伸粘结强度	Y	—
早期拉伸粘结强度	(Y)	—
压剪粘结强度	—	Y
注：1. Y 表示"是"。 2. （Y）适用于快速硬化型水泥基胶粘剂。		

8.1.2 型式检验

型式检验包括第 7 章技术要求中的性能要求，根据产品类别的不同，需要测试相应的性能。在下列情况下进行型式检验：

a) 新产品投产或产品定型鉴定时；
b) 正常生产时，每一年进行一次；
c) 出厂检验结果与上次型式检验结果有较大差异时；
d) 产品停产六个月以上恢复生产时。

8.2 组批

连续生产，统一配料工艺条件制得的产品为一批。一般水泥基胶粘剂 100 t 为一批，反应型树脂胶粘剂 100t 为一批，不足上述数量时亦作为一批。

8.3 抽样

每批产品随机抽样，水泥基胶粘剂抽取 20 kg 样品，反应型树脂胶粘剂抽取 2 kg 样品，充分混匀。取样后，将样品一分为二，一份检验，一份留样。

8.4 检验规则

产品检验结果按 GB/T 8170 修约后判定，符合标准规定时，则判该批产品合格。若结果中有一项不符合标准要求时，重新对留样进行该项目复检。若该项目符合标准规定时则判该批产品合格；若仍不符合标准规定时，则判该批产品不合格。

9 标志、包装、运输与贮存

9.1 标志

产品外包装上应包括：

a) 生产厂名、地址；
b) 商标；
c) 产品标记、组分名称（多组分）；
d) 产品配比（多组分）与产品净质量；
e) 使用说明；
f) 生产日期或批号；

g）贮存期；

h）贮存与运输注意事项。

9.2 包装

水泥基胶粘剂产品宜采用复合包装袋包装。

反应型树脂胶粘剂宜采用密封包装。

多组分产品按组分分别包装，不同组分的包装应有明显区别。

9.3 运输与贮存

贮存与运输时，不同类型、规格的产品应分别堆放，不应混杂。避免日晒雨淋，禁止接近火源，防止碰撞，注意通风。产品应根据类型规定贮存期，并在产品说明书上与包装标识上明示。

家具用天然石板 GB/T 26848—2011

1 范围

本标准规定了家具用天然石板的术语和定义、产品分类、要求、试验方法、检验规则以及标志、包装、运输、贮存。

本标准适用于家具用天然大理石石板、天然花岗石石板（以下简称石板）。其他材质的家具用天然石板可参照采用。

2 规范性引用文件

下列文件对于本文件的应用是必不可少的。凡是注日期的引用文件，仅注日期的版本适用于本文件。凡是不注日期的引用文件，其最新版本（包括所有的修改单）适用于本文件。

GB/T 191 包装储运图示标志

GB/T 1182 产品几何技术规范（GPS）几何公差 形状、方向、位置和跳动公差标注

GB/T 1800.1 产品几何技术规范（GPS）极限与配合 第1部分：公差、偏差和配合的基础

GB/T 1801 产品几何技术规范（GPS）极限与配合 公差带和配合的选择

GB/T 2828.1—2003 计数抽样检验程序 第1部分：按接收质量限（AQL）检索的逐批检验抽样计划

GB 6566 建筑材料放射性核素限量

GB/T 9966.1 天然饰面石材试验方法 第1部分：干燥、水饱和、冻融循环后压缩强度试验方法

GB/T 9966.2 天然饰面石材试验方法 第2部分：干燥、水饱和弯曲强度试验方法

GB/T 9966.3 天然饰面石材试验方法 第3部分：体积密度、真密度、真气孔率、吸水率试验方法

GB/T 13890 天然石材术语

GB/T 13891 建筑饰面材料镜向光泽度测定方法

GB/T 17670 天然石材统一编号

3 术语和定义

GB/T 1182和GB/T 13890界定的术语和定义适用于本文件。

4 产品分类

4.1 分类

4.1.1 按材料分为天然大理石石板和天然花岗石石板。

4.1.2 按形状分为普型石板（PX）、圆弧石板（HM）和异型石板（YX）。

4.1.3 按表面加工程度分镜面石板（JM）、细面石板（YG）和粗面石板（CM）。

4.2 等级

4.2.1 普型石板按规格尺寸允许偏差、平面度允许公差、角度允许公差和外观要求分为优等品（A）、一等品（B）和合格品（C）。

4.2.2 圆弧石板按规格尺寸允许偏差、直线度允许公差、线轮廓度允许公差、角度允许公差和外观要求分为优等品（A）、一等品（B）和合格品（C）。

4.3 命名与标记

4.3.1 命名：GB/T 17670规定的石材名称＋石板。

4.3.2 标记：按GB/T 17670规定的编号、类别、规格尺寸、等级、本标准号顺序标记。

示例：

用云南河口雪花白大理石（M5306）加工的普型（PX）、镜面（JM）、规格尺寸为900 mm×900 mm×20 mm、优等品（A）石板命名与标记应按如下表示：

命名：河口雪花白石板

标记：M5306 PXJM 900×900×20 A GB/T 26848—2011

5 要求

5.1 尺寸偏差

5.1.1 普型石板尺寸偏差

5.1.1.1 嵌入式普型石板尺寸偏差

应符合表1的规定。

表1　　　　　　　　　　　　　　　　　　　　　　　　　单位为毫米

项　目		细面和镜面石板			粗面石板		
		优等品	一等品	合格品	优等品	一等品	合格品
长度、宽度		0 −0.5	0 −0.8	0 −1.0	0 −0.5	0 −0.8	0 −1.0
厚度	≤10	±0.5	±0.5	±0.8	—	—	—
	>10	±0.8	±0.8	±1.0	±1.0	±1.5	±2.0

5.1.1.2 非嵌入式普型石板尺寸偏差

应符合表2的规定。

表2　　　　　　　　　　　　　　　　　　　　　　　　　单位为毫米

项　目		花　岗　石						大　理　石		
		细面和镜面石板			粗面石板			优等品	一等品	合格品
		优等品	一等品	合格品	优等品	一等品	合格品			
长度、宽度		0 −1.0	0 −1.0	0 −1.5	0 −1.0	0 −1.0	0 −1.5	0 −1.0	0 −1.0	0 −1.5
厚度	≤10	±0.5	±1.0	+1.0 −1.5	—	—	—	±0.5	±0.8	±1.0
	>10	±1.0	±1.5	±2.0	+1.0 −2.0	±0.5	±0.5	±1.0	±1.5	±2.0

5.1.2 圆弧石板尺寸偏差

圆弧石板部位名称见图1。

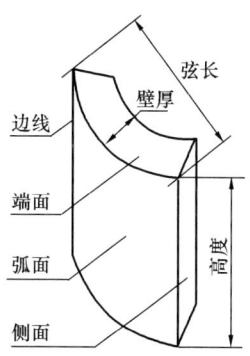

图 1 圆弧石板部位名称

5.1.2.1 嵌入式圆弧石板尺寸偏差

嵌入式圆弧石板尺寸偏差应符合表3的规定。

表 3　　　　　　　　　　　　　　　　　　　　　　　　　　　单位为毫米

项目	细面和镜面石板			粗面石板		
	优等品	一等品	合格品	优等品	一等品	合格品
弦长	0 −1.0	0 −1.0	0 −1.5	0 −1.5	0 −2.0	0 −2.0
高度	0 −1.0	0 −1.0	0 −1.5	0 −1.0	0 −1.0	0 −1.5

5.1.2.2 非嵌入式圆弧石板尺寸偏差

非嵌入式圆弧石板尺寸偏差应符合表4的规定。

表 4　　　　　　　　　　　　　　　　　　　　　　　　　　　单位为毫米

项目	花岗石						大理石		
	细面和镜面石板			粗面石板			优等品	一等品	合格品
	优等品	一等品	合格品	优等品	一等品	合格品			
弦长	0 −1.0	0 −1.5	0 −1.5	0 −2.0	0 −2.0	0 −1.0	0 −1.0	0 −1.5	
高度			0 −1.0	0 −1.0	0 −1.5	0 −1.0	0 −1.5		

5.1.3 异型石板尺寸偏差

由供需双方协商确定。

5.2 平面度公差

5.2.1 普型石板平面度允许公差

5.2.1.1 嵌入式普型石板平面度允许公差

应符合表5的规定。

表 5 单位为毫米

石板长度（L）	优等品	一等品	合格品
L≤700	0.20	0.35	0.50
700＜L≤1 400	0.50	0.65	0.80
L＞1 400	0.70	0.85	1.00
注：特殊情况由供需双方商定。			

5.2.1.2 非嵌入式普型石板平面度允许公差

应符合表6的规定。

表 6 单位为毫米

石板长度（L）	花岗石						大理石		
	细面和镜面石板			粗面石板			优等品	一等品	合格品
	优等品	一等品	合格品	优等品	一等品	合格品			
L≤700	0.20	0.35	0.50	0.60	0.80	1.00	0.2	0.3	0.5
700＜L≤1 400	0.50	0.65	0.80	1.20	1.50	1.80	0.5	0.6	0.8
L＞1 400	0.70	0.85	1.00	1.50	1.80	2.00	0.7	0.8	1.0

5.2.2 圆弧石板直线度与线轮廓度允许公差

应符合表7的规定。

表 7 单位为毫米

项 目		优等品	一等品	合格品
直线度（按石板高度）	石板长度≤700	0.6	0.8	1.0
	石板长度＞700	0.8	1.0	1.2
线轮廓度		0.8	1.0	1.2

5.2.3 异型石板线轮廓度允许公差

由供需双方协商确定。

5.3 角度公差

5.3.1 普型石板角度允许公差

应符合表8的规定。

表 8 单位为毫米

石板长度（L）	优等品	一等品	合格品
L≤700	0.3	0.4	0.5
L＞700	0.4	0.5	0.7

5.3.2 圆弧石板端面角度允许公差

圆弧石板端面角度允许公差：优等品为 0.4 mm，一等品为 0.6 mm，合格品为 0.8 mm。

5.3.3 普型石板拼缝板材正面与侧面的夹角

普型石板拼缝石板正面与侧面的夹角不应大于 90°。

5.3.4 圆弧石板侧面角α

圆弧石板侧面角α应不小于90°。

5.3.5 异型石板角度公差

由供需双方协商确定。

5.4 外观质量

5.4.1 同一块石板的色调应基本调和，花纹应基本一致。

5.4.2 石板正面的外观缺陷应符合表9的规定。

表9

缺陷名称	规 定 内 容	优等品	一等品	合格品
缺棱	长度≥2 mm，宽度≥1 mm（长度<2 mm，宽度<1 mm不计）	外露面不允许		
缺角	沿板边长长度≥2 mm，宽度≥2 mm（长度<2 mm，宽度<2 mm不计）	外露面不允许		
色斑	面积≤15 mm×20 mm，每块板允许个数（面积小于10 mm×10 mm不计）	0	1	2
色线	长度不超过两端顺延至板边总长度的1/10，每块板允许条数（长度<30 mm不计）	0	1	2
裂纹	长度>20 mm（长度≤20 mm不计）	不允许		

5.5 镜向光泽度

5.5.1 花岗石镜面石板的镜向光泽度应不低于80光泽单位或按供需双方协商确定。

5.5.2 大理石镜面石板的镜向光泽度应不低于70光泽单位或按供需双方协商确定。

5.6 物理性能

石板的物理性能技术指标应符合表10的规定。

表10

项 目			大 理 石	花 岗 石
体积密度 g/cm³		≥	2.30	2.56
吸水率 %		≤	0.50	0.40
干燥压缩强度 MPa		≥	50.0	100.0
干燥	弯曲强度 MPa	≥	7.0	8.0
水饱和				

5.7 放射性要求

家具用天然石板使用的石板放射性应符合GB 6565中A类的规定。

6 试验方法

6.1 规格尺寸

6.1.1 普型石板规格尺寸

用游标卡尺或能满足测量精度要求的量器具测量石板的长度、宽度、厚度。长度、宽度分别在石板的三个部位测量（见图2）；厚度测量4条边的中点部位（见图3）。分别用偏差的最大值和最小值表示长度、宽度、厚度的尺寸偏差。测量值精确到 0.1 mm。

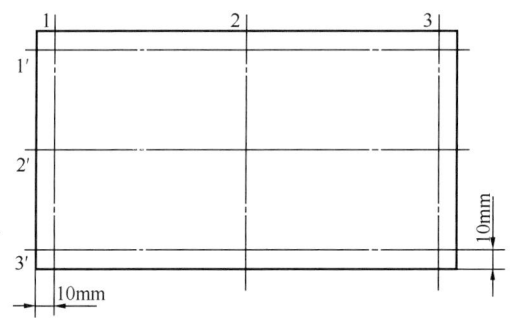

图 2 石板规格尺寸测量位置

说明：
1，2，3——宽度测量线；
1′，2′，3′——长度测量线。

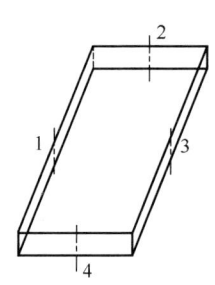

图 3 石板厚度测量位置

说明：
1，2，3，4——厚度测量线。

6.1.2 圆弧石板规格尺寸

用游标卡尺或能满足测量精度要求的量器具测量圆弧石板的弦长、高度。在圆弧石板的两端面处测量弦长（见图1）；圆弧石板高度测量部位如图4所示。分别用偏差的最大值和最小值表示弦长、高度的尺寸偏差。测量值精确到 0.1 mm。

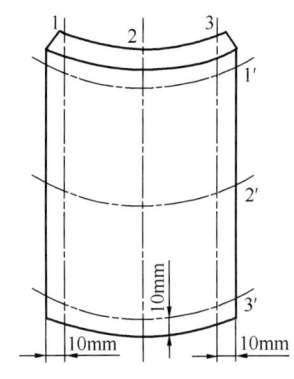

图 4 圆弧石板测量位置

说明：
1，2，3——高度和直线度测量线；
1′，2′，3′——线轮廓度测量线。

6.2 平面度

6.2.1 普型石板平面度

将平面度公差为 0.1 mm 的 1 000 mm 钢平尺分别贴放在距板边 10 mm 处和被检平面的两条对角线上，用塞尺测量尺面与板面的间隙。当被检面周边和对角线长度大于 1 000 mm时，用长度为 1 000 mm 的钢平尺沿周边和对角线分段检测，重叠位置不小于钢平尺长度的三分之一。

以最大间隙的测量值表示石板的平面度公差。测量值精确到 0.1 mm。

6.2.2 圆弧石板直线度与线轮廓度

6.2.2.1 圆弧石板直线度

将平面度公差为 0.1 mm 的 1 000 mm 钢平尺沿圆弧石板母线方向贴放在被检弧面上，用塞尺测量尺面与板面的间隙，测量位置如图4所示。当被检圆弧石板高度大于 1 000 mm时，用 1 000 mm 的平尺沿被检测母线分段测量。

以最大间隙的测量值表示圆弧石板的直线度公差。测量值精确到 0.1 mm。

6.2.2.2 圆弧石板线轮廓度

按 GB/T 1800.1 和 GB/T 1801 的规定，采用尺寸精度为 JS7（js7）的圆弧靠模贴靠被检弧面，用塞尺测量靠模与圆弧面之间的间隙，测量位置如图4所示。

以最大间隙的测量值表示圆弧石板的线轮廓度公差。测量值精确到 0.1 mm。

6.3 角度

6.3.1 普型石板角度

用内角垂直度公差为 0.13 mm，内角边长为 500 mm×400 mm 的 90°的钢角尺检测。将角尺短边紧靠石板的短边，长边贴靠石板的长边，用塞尺测量石板长边与角尺长边之间的最大间隙。当石板的长边小于或等于 500 mm 时，测量石板的任一对对角；当石板的长边大于 500 mm 时，测量石板的四个角。

以最大间隙的测量值表示石板的角度公差。测量值精确到 0.1 mm。

6.3.2 圆弧石板端面角度

用内角垂直度公差为 0.13 mm，内角边长为 500 mm×400 mm 的 90°的钢角尺检测。将角尺短边紧靠圆弧石板端面，用角尺长边贴靠圆弧石板的边线，用塞尺测量圆弧石板边线与角尺长边之间的最大间隙。用上述方法测量圆弧石板的四个角。

以最大间隙的测量值表示圆弧石板的角度公差。测量值精确到 0.1 mm。

6.3.3 普型石板拼缝板材正面与侧面的夹角

用内角垂直度公差为 0.13 mm，内角边长为 500 mm×400 mm 的 90°的钢角尺检测。将角尺短边紧靠装饰面，用角尺长边贴靠侧面，观测间隙的位置确定夹角的大小。

6.3.4 圆弧石板侧面角

将圆弧靠模贴靠圆弧石板装饰面并使其上的径向刻度线延长线与圆弧石板边线相交，将小平尺沿径向刻度线置于圆弧靠模上，测量圆弧石板侧面与小平尺间的夹角（见图 5）。

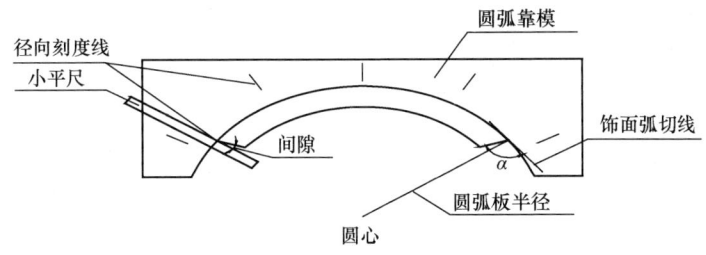

图 5 侧面角测量

6.4 外观质量

6.4.1 花纹色调：将试样平放在地上，在自然光线下目测。

6.4.2 缺陷：用游标卡尺测量，测量值精确到 0.1 mm。

6.5 镜向光泽度

采用入射角为 60°的光泽仪，样品尺寸不小于 300 mm×300 mm，按 GB/T 13891 的规定检验。

6.6 物理性能

6.6.1 体积密度、吸水率

按 GB/T 9966.3 的规定检验。

6.6.2 干燥压缩强度

按 GB/T 9966.1 的规定检验，样品可从荒料中制取。

6.6.3 弯曲强度

按 GB/T 9966.2 的规定检验。

6.7 放射性

按 GB 6566 的规定检验。

7 检验规则

7.1 出厂检验

7.1.1 检验项目

普型石板：尺寸偏差，平面度公差，角度公差，镜向光泽度，外观质量。

圆弧石板：尺寸偏差，角度公差，直线度公差，线轮廓度公差，镜向光泽度，外观质量。

7.1.2 组批

同一品种、类别、等级的石板为一批。

7.1.3 抽样

根据表11抽取样本，表11依据GB/T 2828.1—2003，采用一次抽样正常检验方式，检查水平为Ⅱ，接收质量限（AQL）为6.5。

表11 单位为块

批量范围	样 本 数	接收数（Ac）	拒收数（Re）
≤25	5	0	1
26～50	8	1	2
51～90	13	2	3
91～150	20	3	4
151～280	32	5	6
281～500	50	7	8
501～1 200	80	10	11
1 201～3 200	125	14	15
≥3 201	200	21	22

7.1.4 判定

单块石板的所有检验结果均符合技术要求中相应等级时，则判定该石板符合该等级，否则为不符合该等级。

根据样本检验结果，若样本中发现的等级不合格品数小于或等于接收数（Ac），则判定该批符合该等级；若样本中发现的等级不合格品数大于或等于拒收数（Re），则判定该批不符合该等级。

7.2 型式检验

7.2.1 检验项目

第5章要求中的全部项目。

7.2.2 检验条件

有下列情况之一时，进行型式检验：

a) 新建厂投产；
b) 荒料、生产工艺有重大改变；
c) 正常生产时，每一年进行一次；
d) 国家质量监督检验机构提出进行型式检验的要求时。

7.2.3 组批

同出厂检验。批量和识别批的方式由检验方和生产方协商确定。

7.2.4 抽样

尺寸偏差、平面度公差、角度公差、直线度公差、线轮廓度、镜向光泽度、外观质量的抽样同出厂检验；吸水率、体积密度、弯曲强度、干燥压缩强度、放射性试验的样品从抽样合格的产品中制取双倍样品，放射性试验的样品应能代表该批产品的放射性水平。

7.2.5 判定

产品的综合判定按以下规定进行：

a) 优等品（A）：体积密度、吸水率、弯曲强度、干燥压缩强度、放射性水平的试验结果均符合相应要求，出厂检验项目符合优等品等级要求；

b) 一等品（B）：体积密度、吸水率、弯曲强度、干燥压缩强度、放射性水平的试验结果均符合相应要求，出厂检验项目符合一等品等级要求；

c) 合格品（C）：体积密度、吸水率、弯曲强度、干燥压缩强度、放射性水平的试验结果均符合相应要求，同时，该批石板出厂检验合格，则判定该批石板合格；或有一项不符合相应要求，利用备样对该项目进行复检，复检结果合格，同时，该批石板出厂检验合格，则判定该批石板合格；

d) 不合格品：不满足合格品判定要求时，判定该批石板不合格。

8 标志、包装、运输、贮存

8.1 标志

8.1.1 石板外包装应注明：企业名称、商标、标记；应有"向上"和"小心轻放"的标志并符合 GB/T 191 的规定。

8.1.2 对安装顺序有要求的石板，应在每块石板上标明安装序号。

8.2 包装

8.2.1 按石板的品种、等级等分别包装，并附产品合格证（包括产品名称、规格、等级、批号、检验员、出厂日期）；板面光面相对且加垫。

8.2.2 包装应满足在正常条件下安全装卸、运输的要求。

8.3 运输

石板运输过程中应防碰撞、滚摔。

8.4 贮存

8.4.1 石板宜在室内贮存，室外贮存应加遮盖。

8.4.2 按石板品种、规格、等级或供货批分别码放。

超薄石材复合板 GB/T 29059—2012

1 范围

本标准规定了超薄石材复合板（以下简称复合板）的定义，产品分类、技术要求、试验方法、检验规则、标志、包装、运输与贮存等。

本标准适用于建筑装饰用超薄石材复合板。

2 规范性引用文件

下列文件对于本文件的应用是必不可少的。凡是注日期的引用文件，仅注日期的版本适用于本文件。凡是不注日期的引用文件，其最新版本（包括所有的修改单）适用于本文件。

GB/T 9966.6—2001 天然饰面石材试验方法 第6部分：耐酸性试验方法

GB/T 13890 天然石材术语

GB/T 13891 建筑饰面材料镜向光泽度测定方法

GB/T 18254 高碳铬轴承钢

GB/T 18601 天然花岗石建筑板材

GB/T 19766—2005 天然大理石建筑板材

GB/T 23452 天然砂岩建筑板材

GB/T 23453 天然石灰石建筑板材

GB 24264 饰面石材用胶粘剂

3 术语和定义

GB/T 13890 界定的以及下列术语和定义适合于本文件

3.1

超薄石材复合板 compound slab of extremely thin stone

面材厚度小于 8 mm 的石材复合板。

3.2

面材 facing material

复合板装饰面材料，指各种天然石材。

3.3

基材 base material

复合板底面材料，一般分为硬质基材和柔质基材。

3.4

硬质基材 hard base material

硬质复合板底面材料。常见的有瓷砖、石材、玻璃等

3.5

柔质基材　soft base material
柔质复合板底面材料。常见的有铝蜂窝、铝塑板、保温材料等。

3.6
面密度　surface mass density
单位面积材料的质量。

4 分类、规格、命名与标记

4.1 产品分类和常用规格

4.1.1 按基材类型分类

石材-硬质基材复合板分为以下三类：
a) 石材-瓷砖复合板（代号为S-CZ）；
b) 石材-石材复合板（代号为S-SC）；
c) 石材-玻璃复合板（代号为S-BL）。

石材-柔质基材复合板分为以下三类：
a) 石材-铝蜂窝复合板（代号为S-LF）；
b) 石材-铝塑板复合板（代号为S-LS）；
c) 石材-保温材料复合板（代号为S-BW）。

4.1.2 按形状分类
a) 普型板（代号为PX）；
b) 圆弧板（代号为HM）；
c) 异型板（代号为YX）。

4.1.3 按面材表面加工程度分类
a) 镜面板（代号为JM）：面材为镜面板的复合板；
b) 细面板（代号为XM）：面材为细面板的复合板；
c) 粗面板（代号为CM）：面材为粗面板的复合板。

4.1.4 常用规格

规格板的尺寸系列见表1，圆弧板、异型板和特殊要求的普型板规格尺寸由供需双方协商确定。

表1 规格板尺寸系列　　　　　　　　　单位为毫米

边长系列	300[a]、400、600[a]、800、900、1 200、1 600
[a] 常用规格	

4.2 命名与标记

4.2.1 命名顺序

面材名称、基材名称、复合板类别。

4.2.2 标记顺序

命名、复合板代号、规格尺寸-面材厚度、标准号。

4.2.3 标记示例

示例1：

用西班牙米黄大理石和瓷砖复合而成长度 800 mm，宽度 800 mm、厚度 15 mm、面材厚度 4 mm、普型，镜面复合示例如下：

命名：西班牙米黄大理石-瓷砖复合板；

标记：西班牙米黄大理石-瓷砖复合板 S-CZ PX JM 800×800×15-4 GB/T 29059。

示例2：

用浅啡网大理石与铝蜂窝复合而成长度 2 400 mm、宽度 1 200 mm，厚度 25 mm、面材厚度 5 mm、普型、粗面复合板示例如下：

命名：浅啡网大理石-铝蜂窝复合板；

标记：浅啡网大理石-铝蜂窝复合板 S-LF PX CM 2 400×1 200×25-5 GB/T 29059。

5 一般要求

5.1 复合板面材应按照用途进行表面化学处理并在出厂时予以注明

5.2 复合板基材应符合相应产品标准的规定。

5.3 复合板胶黏剂应符合 GB 24264 的规定。

6 要求

6.1 加工质量

6.1.1 规格尺寸要求

6.1.1.1 普型板规格尺寸允许偏差应符合表2规定。

表2 普型板规格尺寸允许偏差　　　　　　　单位为毫米

项　目	镜面和细面板材	粗面板材
长、宽度	0 −1.0	0 −1.0
总厚度	+1.0 −1.0	+1.5 −1.0

6.1.1.2 圆弧板壁厚最小值应不小于 20 mm，规格尺寸允许偏差应符合表3规定

表3 圆弧板规格尺寸允许偏差　　　　　　　单位为毫米

项　目	镜面和细面板材	粗面板材
弦长	0 −1.0	0 −1.5
高度		

6.1.1.3 异型板规格尺寸允许偏差由供需双方协商确定。

6.1.1.4 墙面用复合板面材厚度应不小于 1.5 mm 且不大于 5.0 mm，允许偏差为 +0.5 mm～−0.5 mm；地面用复合板面材厚度应不小于 3.0 mm，允许偏差为 +1.0 mm～0 mm。特殊用途复合板面材最小厚度允许偏差由供需双方协商确定。

6.1.2 平面度允许公差

6.1.2.1 普型板平面度允许公差应符合表4规定。

表 4　普型板平面度允许公差　　　　　　　　　　单位为毫米

板材长度	镜面和细面板材	粗面板材
≤400	0.50	0.6
>400～≤800	0.80	0.90
>800	1.00	1.10

6.1.2.2 圆弧板直线度与线轮廓度允许公差应符合表 5 规定。

表 5　圆弧板直线度与线轮廓度允许公差　　　　　　单位为毫米

板材长度		镜面和细面板材	粗面板材
直线度（按板材高度）	≤600	1.10	1.20
	>600	1.30	1.40
线轮廓度		1.20	1.40

6.1.2.3 异型板平面度允许公差由供需双方协商确定。

6.1.3 角度允许公差

6.1.3.1 普型板角度允许公差应符合表 6 规定。

表 6　普型板角度允许公差　　　　　　　　　　单位为毫米

板材长度	镜面和细面板材	粗面板材
≤400	0.80	0.90
>400	1.00	1.00

6.1.3.2 圆弧板端面角度允许公差应符合表 7 的规定。

表 7　圆弧板端面角度允许公差　　　　　　　　单位为毫米

镜面和细面板	粗面板
0.80	1.00

6.1.3.3 普型板拼缝板材正面与侧面的夹角不得大于90°

6.1.3.4 圆弧板侧面角应不小于90°。

6.1.3.5 异型板各角度允许公差由供需双方协商确定。

6.2 外观质量

6.2.1 面材外观质量应按照石材的种类分别符合 GB/T 18601、GB/T 19766—2005、GB/T 23452、GB/T 23453 中外观质量的规定。

6.2.2 基材外观应保持干净整洁，无明显的缺棱、掉角等缺陷。

6.3 镜面板镜向光泽度

6.3.1 面材为天然花岗石的复合板镜向光泽度应不低于 80 光泽单位。

6.3.2 面材为天然大理石的复合板镜向光泽度应不低于 70 光泽单位。

6.3.3 面材为其他种类的石材或面材有特殊要求的复合板，镜向光泽度由供需双方协商确定。

6.4 面密度

需要时企业应明示产品的面密度值。

6.5 稳定性
柔质基材复合板稳定性技术指标应符合表8的规定。

6.6 物理性能
6.6.1 硬质基材复合板物理性能技术指标应符合表9的规定。

6.6.2 柔质基材复合板物理性能技术指标应符合表10的规定。

表8 柔质基材复合板稳定性技术指标 单位为毫米

板材长度	普型板		圆弧板	
	镜面和细面板材	粗面板材	镜面和细面板材	粗面板材
≤600	0.80	1.00	1.20	1.40
>600	1.20	1.40	1.40	1.60

表9 硬质基材复合板物理性能技术指标

序号	项目		技术指标
1	抗折强度/MPa ≥	干燥	7.0
		水饱和	7.0
2	弹性模量/GPa ≥	干燥	10.0
3	剪切强度/MPa ≥	标准状态	4.0
		热处理80℃（168 h）	4.0
		浸水后（168 h）	3.2
		冻融循环[a]（50次）	2.8
		耐酸性[a]（28 d）	2.8
4	落球冲击强度（300 mm）		表面不得出现裂纹、凹陷、掉角
5	耐磨性/（1/cm^3） ≥		8（面材为天然砂岩）
			10（面材为天然大理石、天然石灰石）
			25（面材为天然花岗石）
[a] 外墙用检验项目。			

表10 柔质基材复合板物理性能技术指标

序号	项目		技术指标
1	抗折强度/MPa ≥	干燥	7.0（面材向下）
			18.0（面材向上）
2	弹性模量/GPa ≥	干燥	1.5（面材向下）
			3.0（面材向上）
3	粘结强度/MPa ≥	标准状态	1.0
		热处理80℃（168 h）	1.0
		浸水后（168 h）	0.8
		冻融循环[a]（50次）	0.7
		耐酸性[a]（28 d）	0.7

续表

序号	项目	技术指标
4	落球冲击强度（300 mm）	表面不得出现裂纹、凹陷、掉角
5	耐磨性/（1/cm³） ≥	8（面材为天然砂岩） 10（面材为天然大理石、天然石灰石） 25（面材为天然花岗石）
a 外墙用检验项目。		

7 试验方法

7.1 加工质量

7.1.1 规格尺寸

7.1.1.1 普型板的长度、宽度、总厚度测试方法按 GB/T 18601 的规定进行。

7.1.1.2 圆弧板的弦长、高度、壁厚测试方法按 GB/T 18601 的规定进行。

7.1.1.3 面材厚度测量按如下方法进行：

取长、宽尺寸不小于 300 mm×300 mm 的试样三块，如图1所示将每块试样沿对角线方向切开，用游标卡尺或满足精度要求的量具测量每条对角线上面材的最小厚度，用全部测量结果中的最小值表示面材厚度，测量结果精确到 0.1 mm。

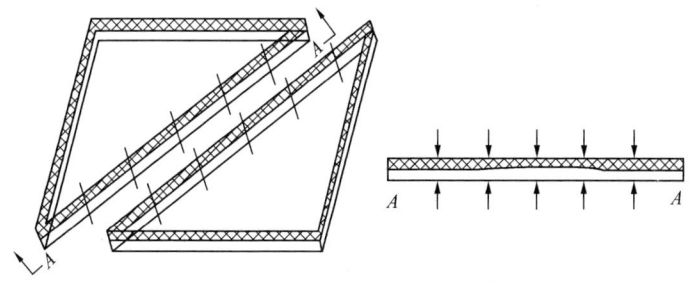

图 1 面板厚度测量示意图

7.1.2 平面度

7.1.2.1 将干燥的试样面材向上置于水平试验台上，放置半小时后用平面度公差为 0.1 mm 的 1 000 mm 钢平尺置于距板边 10 mm 处的四条边及两条对角线上，用塞尺测量尺面与板面的间隙。当被检面边长或对角线长度大于 1 000 mm 时，用钢平尺沿边长和对角线分段检测，重叠位置不小于平尺长度的三分之一。用全部测量结果中的最大间隙值表示试样的平面度公差，测量结果精确到 0.05 mm。

7.1.2.2 直线度与线轮廓度公差测试方法按 GB/T 18601 的规定进行。

7.1.3 角度

复合板的角度测试方法按照 GB/T 18601 的规定进行。

7.2 外观质量

7.2.1 面材的外观质量测试方法按照 GB/T 18601 或 GB/T 19766—2005 的规定进行。

7.2.2 基材的外观质量采用近距离的观察法。

7.3 镜向光泽度

采用60°入射角、光孔直径不小于18 mm的光泽度仪,按GB/T 13891的规定试验。

7.4 面密度

试样规格:100 mm×100 mm×厚度,尺寸偏差±0.5 mm,五块试样为一组。

试验步骤:将试样置于60 ℃±2 ℃的干燥箱内干燥48 h至恒重,放入干燥器中冷却至室温,称其质量(M),精确至0.01 g。然后用游标卡尺或满足精度要求的量具测量每块试样中线上的长度(a)、宽度(b),精确至0.02 mm。

结果计算:面密度按式(1)进行计算,结果保留3位有效数字。

$$\rho_m = \frac{1\,000M}{a \times b} \quad (1)$$

式中:

ρ_m——面密度,单位为千克每平方米(kg/m²);

M——试样质量,单位为克(g);

a——试样长度,单位为毫米(mm);

b——试样宽度,单位为毫米(mm)。

以5块试样的平均值报告结果。

7.5 稳定性

取3块任意规格产品在-20 ℃±2 ℃恒温下3 h,再立即放入80 ℃±2 ℃恒温下3 h为一个循环,50次循环后取出按7.1.2进行试验,用全部测量结果的最大间隙表示产品的稳定性。

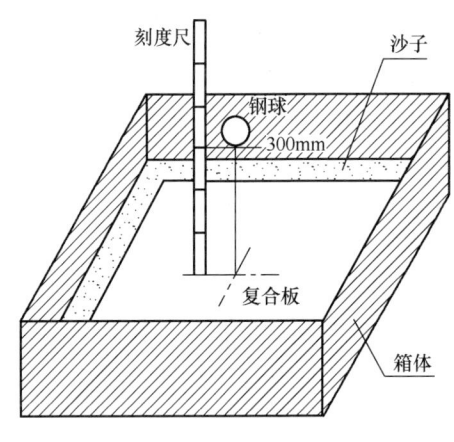

图2 落球冲击强度检测示意图

7.6 物理性能

7.6.1 抗折强度和弹性模量

按附录A进行。

7.6.2 剪切强度

按附录B进行。

7.6.3 落球冲击强度

将300 mm×300 mm试样面材向上平稳置于试验装置中(如图2),使用材料符合GB/T 18254要求直径为50 mm±1 mm,质量为1 kg±0.1 kg的钢球,钢球球体光滑、无缺口、凹坑或其他表面缺陷。

钢球距试样300 mm处自由落体在试样中心点φ50 mm范围内,记录试样破坏情况。观察试样,如未破坏则以每次100 mm间隔递增继续进行自由落体运动,直至试样破坏,记录破坏前一次落球高度。

三块试样为一组,取一组中平均值报告结果。

7.6.4 耐磨性

按GB/T 19766—2005附录A的规定进行,其中测试试样密度时应取下基材,单独测试石材面材的体积密度。

7.6.5 粘结强度

按附录C进行。

8 检验规则

8.1 出厂检验

8.1.1 检验项目

普型板为加工质量（长度、宽度、总厚度、平面度、角度，不含面材厚度）、外观质量、镜向光泽度。

圆弧板为加工质量（弦长、高度、壁厚、直线度与线轮廓度、角度，不含面材厚度）、外观质量、镜向光泽度。

8.1.2 组批

同一品种、类别的复合板为一批。

8.1.3 抽样

按表11随机抽取样本。

表11 抽样判定表

批量范围	样本数	合格判定数（Ac）	不合格判定数（Re）
≤25	5	0	1
26～50	8	1	2
51～90	13	2	3
91～150	20	3	4
151～280	32	5	6
281～500	50	7	8
501～1 200	80	10	11
1 201～3 200	125	14	15
≥3 201	200	21	22

8.1.4 判定

单块复合板的所有检验结果均符合技术要求中相应指标时，则判定该块复合板符合标准要求，否则判为不合格。

根据样本检验结果，若样本中发现的不合格数小于或等于合格判定数（Ac），则判定该批以上项目符合标准要求；若样本中发现的不合格品数大于或等于不合格判定数（Re），则判定该批产品不合格。

8.2 型式检验

8.2.1 检验项目

第6章要求中的全部项目（面密度除外）。

8.2.2 检验条件

有下列情况之一时，进行型式检验：

a) 新建厂投产；

b) 生产工艺有重大改变；

c) 所用胶黏剂更换时；
d) 正常生产时，每一年进行一次；
e) 国家质量监督机构提出进行型式检验要求。

8.2.3 组批

同出厂检验。批量及提出和识别批的方式由检验方和生产方协商确定。

8.2.4 抽样

加工质量（不含面材厚度）、外观质量、镜向光泽度的抽样同出厂检验。

面材厚度、稳定性、抗折强度、弹性模量、剪切强度或粘结强度、落球冲击强度、耐磨性用试样从同批中抽取制备双倍样品。

8.2.5 判定

加工质量（不含面材厚度）、外观质量、镜向光泽度的判定同出厂检验。

面材厚度、稳定性、抗折强度、弹性模量、剪切强度或粘结强度、耐磨性的试验结果中，均符合第6章相应要求时，则判定该批复合板该项目合格；有两项及以上不符合第6章相应要求时，则判定该批复合板为不合格；有一项不符合第6章相应要求时，利用备样对该项目进行复检，复检结果合格时，则判定该批复合板以上项目合格；否则判定该批复合板为不合格。

9 标志、包装、运输与贮存

9.1 标志

9.1.1 复合板外包装应注明：企业名称、商标、标记；须有"向上"和"小心轻放"的标志。

9.1.2 对安装顺序有要求的复合板，应在每块石材上标明安装序号。

9.2 包装

9.2.1 按复合板品种、分类等分别包装，并附产品合格证（包括产品名称、规格、类别、批号、检验员、出厂日期）；复合板间应加垫。

9.2.2 包装应满足在正常条件下安全装卸、运输的要求。

9.3 运输

复合板运输过程中应防碰撞、滚摔。

9.4 贮存

9.4.1 复合板室外贮存应加遮盖。

9.4.2 按复合板品种、分类、规格或工程安装部位分别码放。

附 录 A
（规范性附录）
复合板抗折强度及弹性模量试验方法

A.1 范围

本附录规定了复合板抗折强度及弹性模量的试验方法。

A.2 设备及量具

A.2.1 万能材料试验机：测量误差不大于1%，能精确绘制力与位移曲线图，试样破坏载荷应在设备示值的20%~90%范围内。

A.2.2 加荷辊轴压头曲率半径为10 mm，下支架支点曲率半径为15 mm。

A.2.3 游标卡尺：精度0.02 mm。

A.2.4 鼓风干燥箱：温度可控制在60 ℃±2 ℃。

A.3 试样

A.3.1 试样尺寸：长度200 mm±1 mm，宽度100 mm±0.5 mm，厚度为实际厚度，每组5块。

A.3.2 试样两受力面应平整且平行，不得有裂纹、缺棱和缺角。

A.4 试验步骤

A.4.1 干燥抗折强度和弹性模量

A.4.1.1 将试样置于干燥箱中，在60 ℃±2 ℃下干燥48 h，放入干燥器中冷却至室温。

A.4.1.2 标出两支点与受力点的标记（见图A.1），跨距150 mm，负荷点在中心线上，测量试样断裂处的宽度和厚度的尺寸，精确到0.1 mm。

A.4.1.3 试验时加荷辊轴线必须与试件长轴中心线垂直。将试样的装饰面向下放在下支架支点的曲率半径上，以0.5 mm/min速率进行加压至试样破坏，记录试样破坏载荷值（F），精确到10 N。装置如图A.1所示：

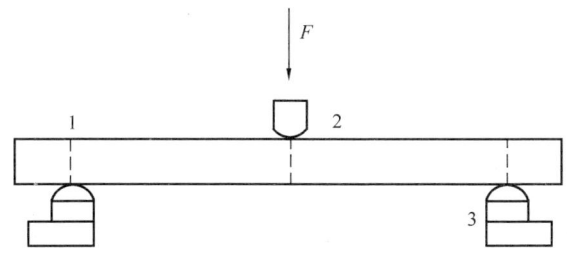

图A.1 抗折强度和弹性模量检测示意图
1——试样；2——加载压头；3——支架。

A.4.2 水饱和抗折强度

A.4.2.1 将试样放在20 ℃±2 ℃的清水中浸泡48 h后取出，用拧干的湿毛巾擦去试样表面水分。

A.4.2.2 按A.4.1.2、A.4.1.3进行试验。

A.5 结果计算

A.5.1 抗折强度

抗折强度按式（A.1）计算：

$$W = \frac{3FL}{2bh^2} \qquad (A.1)$$

式中：

W——抗折强度，单位为兆帕（MPa）；

F——破坏载荷，单位为牛（N）；

L——支点间距离，单位为毫米（mm）；

b——试样宽度,单位为毫米(mm);

h——试样厚度,单位为毫米(mm)。

以每组试样抗折强度的算术平均值作为该组试样的抗折强度,数值修约到 0.1 MPa。

A.5.2 弹性模量

A.5.2.1 在力与位移曲线图的直线段上截取相应的力与位移的增量。

A.5.2.2 按式(A.2)计算弹性模量:

$$E = \frac{L^3}{4bh^3} \times \frac{\Delta f}{\Delta s} \qquad (A.2)$$

式中:

E——弹性模量,单位为吉帕(GPa);

L——支点间距离,单位为毫米(mm);

b——试样宽度,单位为毫米(mm);

h——试样厚度,单位为毫米(mm);

Δf——在曲线图中线性段内载荷的增加量,单位为牛(N);

Δs——在曲线图中与载荷增加量 Δf 对应的试件变形量,单位为毫米(mm)。

以每组试样弹性模量的算术平均值作为该组试样的弹性模量,数值修约到 0.1 GPa。

附 录 B
(规范性附录)
复合板复合面剪切强度试验方法

B.1 范围

本附录规定了复合板复合面剪切强度的试验方法

B.2 设备、量具及材料

B.2.1 万能材料试验机:测量误差不大于1%,试样破坏载荷应在设备示值的20%~90%内。

B.2.2 游标卡尺:精度 0.02 mm。

B.2.3 鼓风干燥箱:温度可控制在 80 ℃±2 ℃。

B.2.4 低温箱:温度可控制在−20℃±2 ℃。

B.2.5 胶黏剂:符合 GB 24264 的规定。

B.2.6 耐酸性反应装置:容积为 0.02 m³,深度 250 mm 的具有磨口盖的玻璃方缸;距上口和底 20 mm~30 mm 处各有一气口,内装试样架。

B.3 试样

B.3.1 试样尺寸:长度 50 mm±0.5 mm,宽度 50 mm±0.1 mm;厚度为实际厚度。

B.3.2 试样不得有裂纹、缺棱和缺角。

B.3.3 每种试验条件下的试件取相同尺寸样品两块为一对,面材相对用胶黏剂粘接,制成试件,固化时间达到标称值,每组5件。

B.3.4 每个试件的两个受力面应平行、光滑且平面度公差不大于 0.05 mm。

B.4 试验步骤

B.4.1 标准状态剪切强度

B.4.1.1 将试件在温度60℃±2℃条件下烘24 h取出在干燥器中冷却至室温后进行试验。

B.4.1.2 用游标卡尺分别测量试件的中心线的高度（l）、宽度（k），测量值精确到0.1 mm。

B.4.1.3 将试件置于剪切模具中，保证模具、试件与试验机同心，调整试件中心线与加荷辊轴线的力线一致（如图B.1）。以5.0 mm/min速率对试件施加载荷至试件破坏，记录试件破坏载荷值（F），精确到10 N。

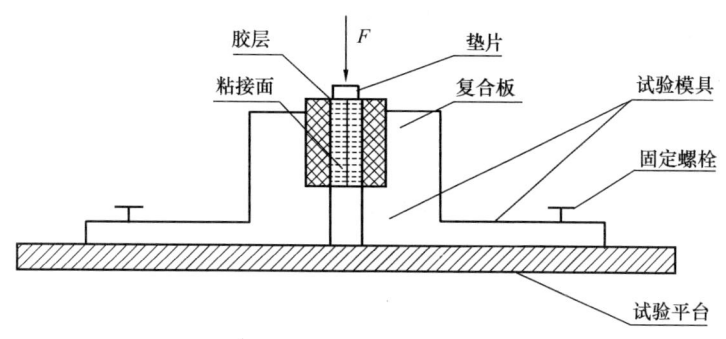

图B.1 剪切强度试验示意图

B.4.2 浸水后剪切强度

B.4.2.1 将试件置于20℃±2℃的清水中浸泡168 h后取出，用拧干的湿毛巾擦去试件表面水分。

B.4.2.2 按B.4.1.2、B.4.1.3进行试验。

B.4.3 热处理后剪切强度

B.4.3.1 将试件放在80℃±2℃的鼓风干燥箱中干燥168 h后取出，放入干燥器中冷却至室温。

B.4.3.2 按B.4.1.2、B.4.1.3进行试验。

B.4.4 冻融循环后剪切强度

B.4.4.1 用清水洗净试件，将其置于20℃±2℃的清水中浸泡48 h，取出后立即放入密闭的试验箱内，−20℃±2℃冷冻4 h，然后在20℃±2℃融化2 h，确保冻融过程中试件中的水分不流失。反复冻融50次后用拧干的湿毛巾将试样表面水分擦去。

B.4.4.2 按B.4.1.2、B.4.1.3进行试验。

B.4.5 耐酸性后剪切强度

B.4.5.1 将试件在温度60℃±2℃条件下烘24 h取出，在干燥器中冷却至室温后按GB/T 9966.6—2001规定的试验方法进行耐酸性试验。

B.4.5.2 按B.4.1.2、B.4.1.3进行试验。

B.5 试验结果

B.5.1 结果计算

剪切强度按式（B.1）计算：

$$J = \frac{F}{2lk} \tag{B.1}$$

式中：

J——剪切强度，单位为兆帕（MPa）；
F——试件破坏载荷，单位为牛（N）；
l——试件高度，单位为毫米（mm）；
k——试件宽度，单位为毫米（mm）。

以每组试件剪切强度的算术平均值表示，数值修约到 0.1 MPa。

面材为石灰石类的复合板如剪切强度试验结果为面材破坏时，可直接报告检测值。

B.5.2 数据处理

对异常数据的处理按照粗大误差删除准则，即 Dixon 准则取值；若$(X_2-X_1)/(X_5-X_1) \geqslant 0.642$，则舍去 X_1；若$(X_5-X_4)/(X_5-X_1) \geqslant 0.642$，则舍去 X_5。其中 X_1、X_2、X_3、X_4、X_5 为测试值(MPa)，且 $X_1 < X_2 < X_3 < X_4 < X_5$。

附 录 C
（规范性附录）
柔质基材复合板粘结强度试验方法

C.1 范围

本附录规定了柔质基材复合板粘结强度的试验方法。

C.2 设备、量具及材料

C.2.1 万能材料试验机：测量误差不大于 1 %，试样破坏载荷应在设备示值的 20 %～90 % 内。

C.2.2 模具：材质为 45 号钢或铬钢材，规格尺寸为 102 mm×102 mm× 20 mm，允许偏差±0.1 mm。

C.2.3 胶黏剂：符合 GB 24264 的规定。

C.2.4 鼓风干燥箱：温度可控制在 80 ℃±2 ℃。

C.2.5 低温箱：温度可控制在 -20 ℃±2 ℃。

C.2.6 游标卡尺：精度 0.02 mm。

C.2.7 耐酸性反应装置：容积为 0.02 m³，深度 250 mm 的具有磨口盖的玻璃方缸；距上口和底 20 mm～30 mm 处各有一气口，内装试样架。

C.3 试样

C.3.1 试样尺寸：长度 100 mm±1 mm，宽度 100 mm±1 mm，厚度为实际厚度，每组试样 5 块。

C.3.2 每个试样的两个受力面应平行。

C.3.3 将模具粘结面与试样上下两面打毛，并清除污渍保持表面干净和干燥，用胶黏剂将模具与试样粘结。

C.3.4 胶黏剂应搅拌均匀，随粘随配，涂覆均匀，胶黏剂不应沾污非粘接面。

C.3.5 将粘结好的试件在室温状态下固化 24 h 以上。

C.4 试验步骤

C.4.1 标准状态粘结强度

C.4.1.1 试样在温度为60 ℃±2 ℃条件下烘24 h取出，放入干燥器中冷却至室温。冷却后用游标卡尺测量试样中心线的长，宽尺寸，精确到0.1 mm，计算出受力面积S（mm^2）。

C.4.1.2 按C.3.3、C.3.4、C.3.5进行试件制备。

C.4.1.3 将试件置于试验平台上，夹紧卡具，同时使拉力杆通过卡具中心点（如图C.1所示）。以0.5 mm/min的速率对试件施加载荷，直至复合层胶黏剂破坏，记录破坏载荷（F）和破坏状态，结果精确到10 N。如果为面材或者基材破坏，应记录破坏结果和破坏部位。

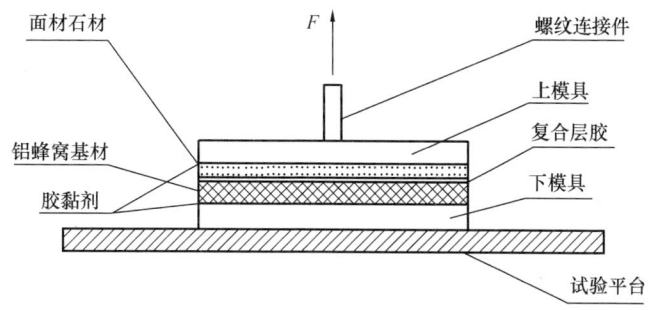

图C.1 粘结强度试验示意图

C.4.2 水饱和状态的粘结强度

C.4.2.1 将试样置于20 ℃±2 ℃的清水中浸泡168 h后取出，用拧干的湿毛巾擦去试样表面水分。待表面水分干燥后，用游标卡尺测量试样中心线的长、宽尺寸，精确到0.1 mm，计算出受力面积S（mm^2）。

C.4.2.2 按C 3.3、C.3.4、C.3.5进行试件制备。

C.4.2.3 按C.4.1.3进行试验。

C.4.3 热处理状态粘结强度

C.4.3.1 将试样放在80 ℃±2 ℃的干燥箱中干燥168 h后取出，放入干燥器中冷却至室温。冷却后用游标卡尺测量试样中心线的长、宽尺寸，精确到0.1 mm，计算出受力面积S（mm^2）。

C.4.3.2 按C.3.3、C 3.4、C.3.5进行试件制备。

C.4.3.3 按C.4.1.3进行试验。

C.4.4 冻融循环后粘结强度

C.4.4.1 用清水洗净试件，将其置于20 ℃±2 ℃的清水中浸泡48 h，取出后立即放入密闭的试验箱内，-20 ℃±2 ℃冷冻4 h，然后20 ℃±2 ℃融化2 h，确保冻融过程中试件中的水分不流失。反复冻融50次后用拧干的湿毛巾将试样表面水分擦去。待表面水分干燥后，用游标卡尺测量试样中心线的长、宽尺寸，精确到0.1 mm，计算出受力面积S（mm^2）。

C.4.4.2 按C.3.3、C.3.4、C.3.5进行试件制备。

C.4.4.3 按C.4.1.3进行试验。

C.4.5 耐酸性后粘结强度

C.4.5.1 将试件在温度60 ℃±2 ℃条件下烘24 h取出，在干燥器中冷却至室温后按GB/T 9966.6规定的试验方法进行耐酸性试验。

C.4.5.2 按C.3.3、C.3.4、C.3.5进行试件制备。

C.4.5.3 按C.4.1.3进行试验。

C.5 试验结果

C.5.1 结果计算

粘结强度按式（C.1）计算：

$$N = \frac{F}{S} \tag{C.1}$$

式中：

N——粘结强度，单位为兆帕（MPa）；

F——试样破坏载荷，单位为牛（N）；

S——受力面积，单位为平方毫米（mm^2）。

以每组试样粘结强度的算术平均值表示，数值修约到0.1 MPa。

C.5.2 数据处理

对异常数据的处理按照粗大误差剔除准则，即Dixon准则取值；若$(X_2-X_1)/(X_5-X_1) \geqslant 0.642$，则舍去$X_1$；若$(X_5-X_4)/(X_5-X_1) \geqslant 0.642$，则舍去$X_5$。其中$X_1$、$X_2$、$X_3$、$X_4$、$X_5$为测试值(MPa)，且$X_1 < X_2 < X_3 < X_4 < X_5$。

干挂饰面石材 GB/T 32834—2016

1 范围

本标准规定了采用干挂安装的天然石材产品（以下简称干挂石材）的术语和定义、分类、等级、命名和标记、技术要求、试验方法、检验规则以及标志、包装、运输与贮存。

本标准适用于建筑装饰工程中采用干挂安装的天然花岗石、天然大理石、天然石灰石、天然砂岩加工成的建筑板材、花线、实心柱体等产品。

2 规范性引用文件

下列文件对于本文件的应用是必不可少的。凡是注日期的引用文件，仅注日期的版本适用于本文件。凡是不注日期的引用文件，其最新版本（包括所有的修改单）适用于本文件。

GB 191　包装储运图示标志

GB 6566　建筑材料放射性核素限量

GB/T 9966.1　天然石材试验方法　第1部分：干燥、水饱和、冻融循环后压缩强度试验方法

GB/T 9966.2　天然石材试验方法　第2部分：干燥、水饱和、冻融循环后弯曲强度试验方法

GB/T 9966.3　天然石材试验方法　第3部分：体积密度、真密度、真气孔率、吸水率试验方法

GB/T 9966.7　天然石材试验方法　第7部分：石材挂件组合单元挂装强度试验方法

GB/T 9966.8—2008　天然饰面石材试验方法　第8部分：用均匀静态压差检测石材挂装系统结构强度试验方法

GB/T 13890　天然石材术语

GB/T 17670　天然石材统一编号

GB/T 18601　天然花岗石建筑板材

GB/T 19766　天然大理石建筑板材

GB/T 23452　天然砂岩建筑板材

GB/T 23453　天然石灰石建筑板材

GB 24264　饰面石材用胶粘剂

GB/T 32837　天然石材防护剂

JC/T 847.2　异型装饰石材　第2部分：花线

JC/T 847.3　异型装饰石材　第3部分：实心柱体

3 术语和定义

GB/T 13890界定的术语和定义适用于本文件。

4 分类、等级、命名与标记

4.1 分类

4.1.1 按石材种类

按石材种类可分为：

a) 天然花岗石（代号为 G）；
b) 天然大理石（代号为 M）；
c) 天然石灰石（代号为 L）；
d) 天然砂岩（代号为 Q）。

4.1.2 按产品类型

4.1.2.1 板材

板材可分为：

a) 普型板（代号为 PX）；
b) 圆弧板（代号为 HM）；
c) 异型板（代号为 YX）。

4.1.2.2 花线

花线可分为：

a) 直位花线（代号为 ZH）：延伸轨迹为直线的花线；
b) 弯位花线（代号为 WA）：延伸轨迹为曲线的花线。

4.1.2.3 实心柱体

实心柱体可分为：

a) 等直径普型柱（代号为 DP）：截面直径相同、表面为普通加工面的石材柱体；
b) 等直径雕刻柱（代号为 DD）：截面直径相同、表面刻有花纹或造型的石材柱体；
c) 变直径普型柱（代号为 BP）：截面直径不同、表面为普通加工面的石材柱体；
d) 变直径雕刻柱（代号为 BD）：截面直径不同、表面刻有花纹或造型的石材柱体。

4.1.3 按表面加工

按表面加工可分为：

a) 镜面石材（代号为 JM）：饰面具有镜面光泽的石材；
b) 细面石材（代号为 XM）：饰面细腻，能使光线产生漫反射现象的石材；
c) 粗面石材（代号为 CM）：饰面粗糙规则有序的石材。

4.2 等级

按尺寸偏差、平面度、直线度与线轮廓度公差、角度公差、外观质量分为 A、B、C 三级。

4.3 命名与标记

4.3.1 命名

采用 GB/T 17670 规定的石材品种名称或编号、石材种类、产品种类。

4.3.2 标记

命名、类别、规格尺寸、等级、标准号。

示例1：用福建石井锈石（编号 G3582）花岗石荒料加工的长度 800 mm、宽度 200

mm、厚度50 mm直位、粗面、B级花线标记如下：

命名：锈石（G3582）花岗石花线；

标记：锈石（G3582）花岗石花线 ZH CM 800×200×50 B GB/T 32834—2016

示例2：用山东莱州樱花红（编号G3767）花岗石荒料加工的长度900 mm、宽度600 mm、厚度25 mm普型、镜面、A级板材标记如下：

命名：樱花红（3767）花岗石板材；

标记：樱花红（3767）花岗石板材 PX JM 900×600×25 A GB/T 32834—2016

5 一般要求

5.1 干挂石材应采取适当加固措施增强安全性，粘接用胶粘剂应符合GB 24264要求。

5.2 干挂石材应选用适宜的防护剂进行表面处理，防护剂应符合GB/T 32837要求。

5.3 花岗石类干挂石材的放射性水平应符合GB 6566的规定。

6 技术要求

6.1 规格尺寸

6.1.1 普型板的规格尺寸系列见表1，花线、实心柱体、圆弧板、异型板和特殊要求的普型板规格尺寸由供需双方协商确定。

表1 普型板尺寸系列　　　　　　　　　　　　　　　　　　　单位为毫米

边长系列	300[a]、400、500、600[a]、700、800、900[a]、1 000、1 200[a]、1 500
厚度系列	20、25[a]、30、35[a]、40[a]、50
[a] 常用规格。	

6.1.2 干挂石材单块面积、最小厚度应满足表2的规定。

表2 干挂石材最小厚度和单块面积

项目		天然花岗石		天然大理石		天然石灰石和砂岩	
		镜面和细面板材	粗面板材	镜面和细面板材	粗面板材	弯曲强度不小于8.0MPa	弯曲强度不小于4.0MPa且不大于8.0MPa
最小厚度/mm	室内饰面	≥20	≥23	≥25	≥28	≥25	≥30
	室外饰面	≥25	≥28	≥35	≥35	≥35	≥40
单块面积/m²		≤1.5	≤1.5	≤1.5	≤1.5	≤1.5	≤1.0

6.2 尺寸偏差

6.2.1 在满足6.1.2的前提下，干挂普型板材规格尺寸允许偏差应符合表3规定。

表3 普型板规格尺寸允许偏差　　　　　　　　　　　　　　　　单位为毫米

项目	镜面和细面板材			粗面板材		
	A	B	C	A	B	C
长度、宽度	0 / −1.0	0 / −1.0	0 / −1.5	0 / −1.0	0 / −1.0	0 / −1.5
厚度	+1.0 / −1.0	+2.0 / −1.0	+3.0 / −1.0	+3.0 / −1.0	+4.0 / −1.0	+5.0 / −1.0

6.2.2 在满足6.1.2的前提下,干挂圆弧板的尺寸允许偏差应符合表4规定。

表4 圆弧板尺寸允许偏差   单位为毫米

项目	亚光面和镜面板材			粗面板材		
	A	B	C	A	B	C
弦长	0 −1.0	0 −1.0	0 −1.5	0 −1.5	0 −2.0	0 −2.0
高度	0 −1.0	0 −1.0	0 −1.5	0 −1.0	0 −1.0	0 −1.5
厚度	+1.0 −1.0	+2.0 −1.0	+3.0 −1.0	+3.0 −1.0	+4.0 −1.0	+5.0 −1.0

6.2.3 干挂异型板材规格尺寸允许偏差由供需双方商定,厚度和板面面积应符合表2规定。

6.2.4 干挂花线和干挂实心柱体尺寸允许偏差由供需双方商定。

6.2.5 建筑幕墙用干挂板材若采用宽缝挂装时,可按设计要求将长度、宽度允许偏差放宽至±1 mm,并应在设计图中标出或在购销合同中明示。

6.3 槽孔尺寸及偏差

6.3.1 安装孔的加工尺寸及允许偏差应符合表5的规定。

表5 干挂石材安装孔加工尺寸及允许偏差   单位为毫米

固定形式	孔径		孔中心线到板边的距离	孔底到板面保留厚度	
	孔类别	允许偏差		最小尺寸	偏差
背拴式	直径	+0.4 −0.2	最小50	8.0	+0.1 −0.4
	扩孔	±0.3 +1.0[a] −0.3			

[a] 适用于石灰石、砂岩类干挂石材。

6.3.2 安装槽的加工尺寸及允许偏差应符合表6的规定。

表6 干挂石材安装通槽(短平槽、弧形短槽)、短槽和碟形背卡槽尺寸及允许偏差

单位为毫米

项 目	通槽(短平槽、弧形短槽)		短槽		碟形背卡	
	最小尺寸	允许偏差	最小尺寸	允许偏差	最小尺寸	允许偏差
槽宽度	7.0	±0.5	7.0	±0.5	3.0	±0.5
槽有效长度(短平槽槽底处)	—	±2.0	100.0	±2.0	180.0	—
槽深(槽角度)	—	槽深:20.0	—	矢高:20.0	45°	+5° 0
两(短平槽)槽中心线距离(背卡上下两组槽)	—	±2.0	—	±2.0	—	±2.0

续表

项目	通槽（短平槽、弧形短槽）		短槽		碟形背卡	
	最小尺寸	允许偏差	最小尺寸	允许偏差	最小尺寸	允许偏差
槽外边到板端边距离（碟形背卡外槽到与其平行板端边距离）	—	±2.0	不小于板材厚度和85，不大于180	±2.0	50.0	±2.0
内边到板端边距离	—	±3.0	—	±3.0	—	—
槽任一端侧边到板外表面距离	8.0	±0.5	8.0	±0.5	—	—
槽任一端侧边到板内表面距离（含板厚偏差）	—	±1.5	—	±1.5	—	—
槽深度（有效长度内）	16.0	±1.5	16.0	±1.5	垂直10.0	+2.0 0
背卡的两个斜槽石材表面保留宽度	—	—	—	—	31.0	±2.0
背卡的两个斜槽槽底石材保留宽度	—	—	—	—	13.0	±2.0

6.4 平面度、直线度与线轮廓度公差

6.4.1 普型板、异型板的平面度公差应符合表7的规定。

表7 平面度公差　　　　　单位为毫米

板材长度	镜面和细面板材			粗面板材		
	A	B	C	A	B	C
≤400	0.2	0.4	0.5	0.6	0.8	1.0
>400~≤800	0.5	0.7	0.8	1.2	1.5	1.8
>800	0.7	0.9	1.0	1.5	1.8	2.0

6.4.2 圆弧板直线度与线轮廓度允许公差应符合表8的规定。

表8 圆弧板直线度与线轮廓度公差　　　　　单位为毫米

项　目		镜面和细面板材			粗面板材		
		A	B	C	A	B	C
直线度（按板材高度）	≤800	0.8	1.0	1.2	1.0	1.2	1.5
	>800	1.0	1.2	1.5	1.5	1.5	2.0
线轮廓度		0.8	1.0	1.2	1.0	1.5	2.0

6.4.3 花线和实心柱体的直线度与线轮廓度允许公差应符合JC/T 847.2—1999、JC/T 847.3—1999的规定。

6.5 角度公差

6.5.1 普型板角度允许公差应符合表9的规定。

表9 普型板角度公差　　　　　　　　　　　　　　　　　　　　　　　　单位为毫米

板材长度	A	B	C
≤400	0.30	0.50	0.80
>400	0.40	0.60	1.00

6.5.2 圆弧板角度允许公差：A级为0.40 mm，B级为0.60 mm，C级为0.80 mm。

6.5.3 异型板角度允许公差由供需双方商定。

6.5.4 干挂板材正面与侧面的夹角不得大于90°。

6.5.5 花线和实心柱体的角度允许公差应符合JC/T 847.2、JC/T 847.3的规定。

6.6 外观质量

6.6.1 干挂板材外观质量应按照石材种类分别符合GB/T 18601、GB/T 19766、GB/T 23452、GB/T 23453中外观质量的要求。

6.6.2 干挂花线的外观质量应符合JC/T 847.2的规定。

6.6.3 实心柱体的外观质量应符合JC/T 847.3的规定。

6.7 光泽度

6.7.1 天然花岗石镜面板材镜向光泽度应不低于80光泽单位，天然大理石镜面板材镜向光泽度应不低于70光泽单位，有特殊要求时由供需双方协商确定。

6.7.2 其他镜面产品的镜向光泽度值由供需双方协商确定。

6.8 物理性能

6.8.1 干挂石材的物理性能技术指标应符合表10的规定。

表10 干挂石材物理性能技术要求

项目			技术指标			
			天然花岗石	天然大理石	天然石灰石	天然砂岩
体积密度/（g/cm³）		≥	2.56	2.60	2.30	2.40
吸水率/%		≤	0.40	0.50	2.50	3.00
干燥 水饱和	压缩强度/MPa	≥	130	50	34	70
干燥 水饱和	弯曲强度/MPa	≥	8.3	7.0	4.0	6.9
抗冻系数/%		≥	80	80	80	80

6.8.2 干挂石材在实际工程中与使用的挂件组成挂件组合单元的挂装强度应符合表11的规定，工程有特殊规定时按设计要求。

表11 挂件组合单元挂装强度技术要求

项 目	技术指标	
	室内饰面	室外饰面
挂件组合单元挂装强度	不低于0.65 kN	不低于2.80 kN

6.8.3 干挂石材在实际工程中与使用的挂件组成挂装系统的结构强度应符合表12的要求，

工程有特殊规定时按设计要求。

表12 挂装系统结构强度技术要求

项 目	技术指标	
	室内饰面	室外饰面
石材挂装系统结构强度	不低于1.20 kPa	不低于5.00 kPa

7 试验方法

7.1 规格尺寸

7.1.1 用游标卡尺或能满足精度要求的量器具测量普型板中线上的长度、宽度，圆弧板测量中线上的弧长和中线上的高度，异型板测量最大的外形尺寸，测量值精确到0.1 mm。

7.1.2 用游标卡尺或能满足精度要求的量器具测量干挂石材每条边中心处的厚度，测量值精确到0.1 mm，用最小的厚度值表示干挂石材最小厚度。

7.1.3 用普型板的长宽尺寸或圆弧板的弧长和高度的乘积计算板材面积，修约到0.1 m²。

7.2 尺寸偏差

7.2.1 用游标卡尺或能满足精度要求的量器具测量普型板的长度、宽度、厚度。长度、宽度分别在板材的3个部位测量（见图1），厚度测量4条边的中点部位（见图2）。分别用测量值的最大值和最小值与标称值之间偏差表示长度、宽度、厚度的尺寸偏差，测量值精确到0.1 mm。

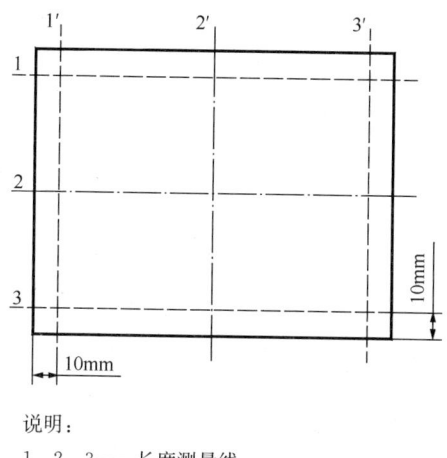

说明：
1，2，3——长度测量线；
1'，2'，3'——宽度测量线

图1 板材长宽尺寸测量示意图

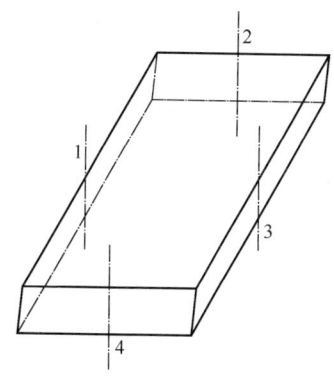

说明：
1，2，3，4——厚度测量线

图2 板材厚度测量示意图

7.2.2 用游标卡尺或能满足测量精度要求的量器具测量圆弧板的弦长、高度及最小壁厚，在圆弧板的两端面处测量弦长，在圆弧板端面与侧面测量壁厚。圆弧板高度测量部位如图3所示。分别用测量值的最大值和最小值与标称值之间偏差表示弦长、高度及壁厚的尺寸偏差，测量值精确到0.1 mm。

7.2.3 干挂异型板材规格尺寸的测量参照普型板的测量方法。

7.2.4 干挂花线和干挂实心柱体尺寸的测量按照JC/T 847.2、JC/T 847.3的规定进行。

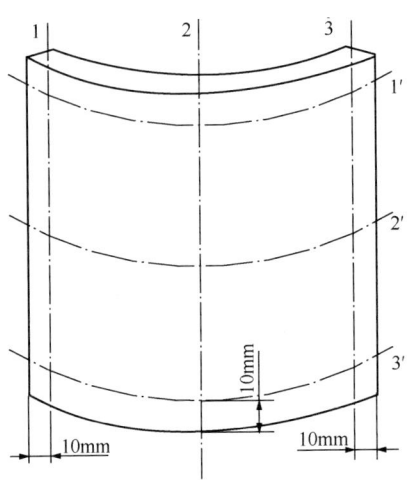

说明：
1，2，3——高度和直线度测量线；
1'，2'，3"——线轮廓度测量线。

图3 圆弧板高度、直线度和线轮廓度测量部位示意图

7.3 槽孔尺寸及偏差

7.3.1 用能满足测量精度要求的量器具测量安装孔的直径、孔中心线到板边距离、孔深和开孔处厚度，测量精度0.1 mm，用测量值或计算值与标称值之间的差表示安装孔的偏差。

7.3.2 用游标卡尺、深度尺、量角器或能满足测量精度要求的量器具测量安装槽的槽宽、槽长、槽深以及槽的位置尺寸，测量精度0.1 mm，用测量值与标称值之间的差表示安装槽的偏差。

7.4 平面度、直线度与线轮廓度公差

7.4.1 将平面度公差为0.1 mm的1 000 mm钢平尺分别自然贴放在普型板、异型板距板边10 mm处和被检平面的两条对角线上，用塞尺测量尺面与板面的间隙。当被检面边长或对角线长度大于1 000 mm时，用钢平尺沿边长和对角线分段检测，重叠位置不应小于钢平尺长度的三分之一。以最大间隙的测量值表示板材的平面度公差，测量值精确到0.1 mm。

7.4.2 将平面度公差为0.1 mm的1 000 mm钢平尺沿圆弧板母线方向贴放在被检弧面上，用塞尺测量尺面与板面的间隙，测量位置如图3所示。当被检圆弧板高度大于1 000 mm时，用钢平尺沿被检测母线分段测量，重叠位置不应小于钢平尺长度的三分之一。以最大间隙的测量值表示圆弧板的直线度公差，测量值精确到0.1 mm。

7.4.3 采用精度为0.1 mm的圆弧靠模自然贴靠被检弧面，圆弧靠模的弧长与被检弧面的弧长之比应不小于2∶3，用塞尺测量尺面与圆弧面之间的间隙，测量位置如图3所示。以最大间隙的测量值表示圆弧板的线轮廓度公差，测量值精确到0.1 mm。

7.4.4 花线和实心柱体的直线度与线轮廓度公差按照JC/T 847.2、JC/T 847.3的规定测量。

7.5 角度公差

7.5.1 用内角垂直度公差为0.13 mm，内角边长为500 mm×400 mm的90°钢角尺。将角尺短边紧靠板材的短边，长边贴靠板材的长边，用塞尺测量板材长边与角尺长边之间的最大间隙。测量板材的4个角，以最大间隙的测量值表示普型板的角度公差，测量值精确到

0.1 mm。

7.5.2 用内角垂直度公差为 0.13 mm，内角边长为 500 mm×400 mm 的 90°钢角尺。将角尺短边紧靠圆弧板端面，用角尺长边贴靠圆弧板的边线，用塞尺测量圆弧板边线与角尺长边之间的最大间隙。测量圆弧板的 4 个角，以最大间隙的测量值表示圆弧板的角度公差，测量值精确到 0.1 mm。

7.5.3 异型板角度公差测量由供需双方商定。

7.5.4 用内角垂直度公差为 0.13 mm，内角边长为 500 mm×400 mm 的 90°钢角尺，将角尺短边紧靠装饰面，圆弧板应放置在弧面的切线位置，用角尺长边贴靠侧面，观察间隙的位置确定正面与侧面夹角的大小。

7.5.5 花线和实心柱体的角度公差测量按照 JC/T 847.2、JC/T 847.3 的规定进行。

7.6 外观质量

按照产品类型，分别按照 GB/T 18601、GB/T 19766、GB/T 23452、GB/T 23453、JC/T 847.2、JC/T 847.3 中外观质量的检验方法进行。

7.7 镜向光泽度

采用 60°入射角、光孔直径不小于 18 mm 的光泽度仪，按 GB/T 13891 的规定试验。

7.8 物理性能

7.8.1 体积密度、吸水率

按 GB/T 9966.3 的规定试验；在无法满足 GB/T 9966.3 规定的试样尺寸时，应从具有代表性的板材产品上制取 50 mm×50 mm×板材厚度的试样，其余按 GB/T 9966.3 的规定进行。采用该方法时应在报告中注明样品尺寸。

7.8.2 压缩强度

按 GB/T 9966.1 的规定试验；在无法满足 GB/T 9966.1 规定的试样尺寸时，采用叠加粘结的方式达到规定尺寸。粘结面应磨平达到细面要求，采用环氧型胶粘剂，用加压的方式挤净多余的胶粘剂，固化后进行规定试验。压缩时沿叠加方向加载，采用该种方法时应在报告中注明。

7.8.3 弯曲强度

按 GB/T 9966.2 中方法 A 的规定试验。

7.8.4 抗冻性

按 GB/T 9966.2 中方法 A 的步骤测试水饱和弯曲强度和冻融循环后弯曲强度值，用冻融循环后弯曲强度平均值除以水饱和弯曲强度平均值作为抗冻系数，用百分比表示，结果保留两位有效数字。

7.8.5 挂件组合单元挂装强度

按 GB/T 9966.7 规定进行。

7.8.6 石材挂装系统结构强度试验

按 GB/T 9966.8—2008 规定进行。

8 检验规则

8.1 出厂检验

8.1.1 检验项目

普型板和异型板为规格尺寸及偏差、槽孔尺寸及偏差、平面度公差、角度公差、外观质量、光泽度；圆弧板为规格尺寸及偏差、槽孔尺寸及偏差、直线度公差、线轮廓度公差、角度公差、外观质量、光泽度；花线为尺寸偏差、槽孔尺寸及偏差、形状公差、外观质量；实心柱体为尺寸偏差、槽孔尺寸及偏差、形状公差、外观质量。

8.1.2 组批

同一品种、类别、等级的干挂石材为一批，或按连续安装部位的板材为一批。

8.1.3 抽样

8.1.3.1 花线和实心柱体为全数检验。

8.1.3.2 干挂板材根据表13抽取样本。

表13 抽样判定表

批量范围	样本数	合格判定数（Ac）	不合格判定数（Re）
≤25	5	0	1
26～50	8	1	2
51～90	13	2	3
91～150	20	3	4
151～280	32	5	6
281～500	50	7	8
501～1 200	80	10	11
1 201～3 200	125	14	15
≥3 201	200	21	22

8.1.4 判定

单块干挂石材的所有检验结果均符合技术要求中相应等级时，则判定该块石材符合该等级。

同批花线和实心柱体中，A级中不得有超过5%的B级，B级中不得有超过10%的C级，C级品中不得有不合格品，否则降级处理。

干挂板材根据样本检验结果，若样本中发现的等级不合格数小于或等于合格判定数（Ac），则判定该批符合该等级；若样本中发现的等级不合格品数大于或等于不合格判定数（Re），则判定该批不符合该等级。

8.2 型式检验

8.2.1 检验项目

第6章全部内容。

8.2.2 检验条件

有下列情况之一时，进行型式检验：

a) 新建厂投产；

b) 荒料、生产工艺有重大改变；

c) 正常生产时，每一年进行一次。

8.2.3 组批

同一品种、类别、等级的干挂石材为一批；或按连续安装部位的板材为一批。

8.2.4 抽样

体积密度、吸水率、压缩强度、弯曲强度、抗冻系数的试样从板材或同批荒料中抽取并制备双倍样品；挂件组合单元挂装强度和石材挂装系统结构强度试样从产品中抽取双倍样品；其他项目同出厂检验。

8.2.5 判定

体积密度、吸水率、压缩强度、弯曲强度、抗冻系数、挂件组合单元挂装强度、挂装系统结构强度的试验结果中，均符合第6章相应要求时，则判定该批板材以上项目合格；有两项及以上不符合第6章相应要求时，则判定该批板材为不合格；有一项不符合第6章相应要求时，利用备样对该项目进行复检，复检结果合格时，则判定该批板材以上项目合格；否则判定该批板材为不合格。其他项目检验结果的判定同出厂检验。

9 标志、包装、运输与贮存

9.1 标志

9.1.1 板材外包装应注明：企业名称、商标、标记；须有"向上"和"小心轻放"的标志并符合GB/T 191中的规定。

9.1.2 对安装顺序有要求的板材，应在每块板材上标明安装序号。

9.2 包装

9.2.1 按板材品种、等级等分别包装，并附产品合格证（包括产品名称、规格、等级、批号、检验员、出厂日期）；板材光面相对且加垫。

9.2.2 包装应满足在正常条件下安全装卸、运输的要求。

9.3 运输

板材运输过程中应防碰撞、滚摔。

9.4 贮存

9.4.1 板材应在室内贮存，室外贮存应加遮盖。

9.4.2 按板材品种、规格、等级或工程安装部位分别码放。

参 考 文 献

[1] GB/T 1182—2008 产品几何技术规范(GPS) 几何公差 形状、方向、位置和跳动公差标注

[2] GB/T 2828.1—2012 计数抽样检验程序 第1部分：按接收质量限(AQL)检索的逐批检验抽样计划

[3] GB/T 21086—2007 建筑幕墙

[4] ASTM C503/C503M-10 Standard Specification for Marble Dimension Stone

[5] ASTM C568/C568M-10 Standard Specification for Limestone Dimension Stone

[6] ASTM C615/C615M-11 Standard Specification for Granite Dimension Stone

[7] ASTM C616/C616M-10 Standard Specification for Quartz-Based Dimension Stone

[8] ASTM C1526-08　Standard Specification for Serpentine Dimension Stone
[9] ASTM C1527/C1527M-10　Standard Specification for Travertine Dimension Stone
[10] EN 1341：2001　Slabs of natural stone for external paving—Requirements and test methods
[11] EN 12371：2010　Natural stone test methods—Determination of frost resistance

天然石材防护剂 GB/T 32837—2016

1 范围

本标准规定了天然石材防护剂产品的术语和定义、分类、命名与标记、技术要求、试验方法、检验规则以及标志、包装、贮存与运输。

本标准适用于天然石材的防护剂产品。

2 规范性引用文件

下列文件对于本文件的应用是必不可少的。凡是注日期的引用文件，仅注日期的版本适用于本文件。凡是不注日期的引用文件，其最新版本（包括所有的修改单）适用于本文件。

GB 175　通用硅酸盐水泥

GB/T 9966.3—2001　天然饰面石材试验方法　第3部分：体积密度、真密度、真气孔率、吸水率试验方法

GB/T 13890　天然石材术语

GB 18581　室内装饰装修材料　溶剂型木器涂料中有害物质限量

GB 18582　室内装饰装修材料　内墙涂料中有害物质限量

3 术语和定义

GB/T 13890界定的以及下列术语和定义适用于本文件。

3.1

石材防护剂　protectant for stone

能够有效降低石材的吸水率，提高石材耐污性和耐蚀性，防止天然石材产生白华、水斑、锈斑等病变的护理产品。

3.2

白华　white mark

可溶性物质通过石材内部的毛细孔或石材之间的接缝到达石材表面，干燥后留下的白粉状物质。

3.3

水斑　water mark

水或吸湿性物质渗入石材内部后，使石材表面产生的不易自然干燥的湿痕。

3.4

锈斑　rust mark

含铁物质与环境中的化学物质发生反应，在石材表面形成的黄色或黄褐色的斑迹。

4 分类、命名与标记

4.1 分类

4.1.1 按分散介质分为：

a) 水剂型（SJ）：以水为分散介质的防护剂。
b) 溶剂型（RJ）：以有机溶剂为分散介质的防护剂。

4.1.2 按功能分为：
a) 防水型（FS）：能阻止水及水性污染物渗入石材内部的防护剂。
b) 防油型（FY）：能阻止油及油性污染物渗入石材内部的防护剂。

4.1.3 按使用部位分为：
a) 饰面型（SM）：用于石材非粘贴面的防护剂。饰面型防护剂按防水性、毛细吸水系数下降率、耐污性分为A级和B级两个等级。
b) 底面型（DM）：用于石材粘贴面的防护剂。

4.2 命名与标记

4.2.1 命名顺序

产品名称、分散介质、功能、使用部位。

4.2.2 标记顺序

产品名称、分散介质、功能、使用部位、等级、标准号。

4.2.3 示例

以溶剂型A级×××××防水型饰面防护剂示例如下：

命名：×××××溶剂型防水型饰面防护剂。

标记：××××× RJ FS SM A GB/T 32837—2016

5 技术要求

5.1 饰面型防护剂应符合表1的规定。

表1

项 目		要　求	
		A级	B级
颜色变化		使用防护剂后，应保持石材颜色基本不变，用户有特殊要求时除外	
pH		5～11	
稳定性		无分层、漂油和沉淀	
防水性/% ≥		80	55
毛细吸水系数下降率/% ≥		85	60
耐污性[a]	食用植物油[b]	0	1
	蓝墨水		
耐酸性[c]/% ≥		55	
耐碱性/% ≥		55	
耐紫外线老化性/% ≥		55	
[a] 客户对污染源有特殊要求时，可按客户要求进行。 [b] 适用于防油型防护剂。 [c] 适用于在天然花岗石等硅酸盐类石材上使用的防护剂。			

5.2 底面型防护剂应符合表2的规定。

表 2

项 目	要 求
抗渗性	无水斑出现
水泥粘结强度下降率/% ≤	5.0

5.3 水剂型防护剂中挥发性有机化合物（VOC）不大于120g/L；溶剂型防护剂中苯含量不大于0.3%，甲苯和二甲苯、乙苯总和含量不大于5%。

6 试验方法

6.1 饰面型防护剂

6.1.1 颜色变化

按附录A中A.3.1～A.3.4进行。

6.1.2 pH值

用精密pH试纸或pH计测定。

6.1.3 稳定性

取10 mL样品两份分别放入两支试管中，置于电动离心机的相对两面，以3000 r/min的速度旋转5 min，取出试管，观察有无分层、漂油和沉淀。

6.1.4 防水性

按附录A进行。

6.1.5 耐污性

按附录B进行。

6.1.6 耐酸性

按附录C进行。

6.1.7 耐碱性

按附录D进行。

6.1.8 耐紫外线老化性

按附录E进行。

6.2 底面型防护剂

6.2.1 抗渗性

按照底面型防护剂使用说明的要求，分别对150 mm×150 mm×20 mm的5块石材试样的底面和4个侧面进行防护，达到养护期限。将试样底面朝下平放于盛有水泥砂浆（水泥和砂子按1∶2.5用水进行配制）的容器（容积为160 mm×160 mm×25 mm的宽边盒子，内衬240 mm×240 mm塑料薄膜）顶部，水泥砂浆没至石材厚度的约1/2处，用塑料胶带将石材侧面外露部分和容器的周边进行密封，放置7d，每隔1d，观察一次试样表面颜色变化和有无水斑出现，记录表面异常状况。

6.2.2 水泥粘结强度下降率

按附录F进行。

6.3 有害物质限量

挥发性有机化合物（VOC）的测定按 GB 18582 中的规定进行，苯和甲苯、二甲苯、乙苯的测定按 GB 18581 中的规定进行。

7 检验规则

7.1 出厂检验

7.1.1 检验项目

饰面型防护剂为颜色变化、pH 值、稳定性、防水性、耐污性；底面型防护剂为抗渗性。

7.1.2 组批

同一类型，同一等级 3000kg 为一批，不足 3000kg 视为一批。

7.1.3 抽样

同批产品中随机抽取两份试样各 1kg，一份作为备份，一份用作检验。

7.1.4 判定

产品的所有检验结果均符合技术要求及相应等级时，则判定该批产品符合该等级。

若有一项不符合该等级时，应对备份样品进行复检，如复检结果符合该等级，则判定该批产品符合该等级。否则判定该批产品不符合该等级。

7.2 型式检验

7.2.1 检验项目

第 5 章中的全部技术要求。

7.2.2 检验条件

有下列情况之一时，进行型式检验：

a) 新产品最初定型时；
b) 产品配方、工艺及原材料有较大改变时；
c) 产品停产半年以上恢复生产时；
d) 正常生产时每一年一次。

7.2.3 组批、抽样

同出厂检验。

7.2.4 判定

产品的所有检验结果均符合技术要求及相应等级时，则判定该批产品合格。若有一项不符合该等级时，应对备份样品进行复检，如复检结果符合该等级，则判定该批产品合格。否则判定该批产品不合格。

8 标志、包装、贮存与运输

8.1 标志

产品外包装上应包括以下内容：

a) 生产厂名、地址；
b) 商标；
c) 产品标记；

d) 产品是否需要稀释及比例；

e) 生产日期或批号；

f) 贮存期；

g) 容量或净质量；

h) 产品使用说明及注意事项。

8.2 包装

应采用与产品不起反应的材料密封包装。

8.3 贮存与运输

8.3.1 贮存与运输时，不同类型、等级的产品应分别堆放，避免日晒雨淋，不得靠近火源，贮存温度宜为5 ℃～40 ℃。

8.3.2 运输时防止倾斜或横压，必要时需加盖。

8.3.3 贮存期自生产日起为6个月。超过6个月应按本标准检验合格后方可继续使用。

附 录 A
（规范性附录）
防水性试验方法

A.1 范围

本附录规定了天然石材防护剂防水性试验所用的仪器设备、试验样品、试验步骤、试验结果和试验报告。

A.2 仪器设备

A.2.1 鼓风干燥箱：温度可控制在60 ℃±2 ℃范围内。

A.2.2 天平：最大称量2 000 g，感量10 mg。

A.2.3 干燥器。

A.3 试验样品

A.3.1 石材样品

取100 mm×100 mm的天然石材样品10块，石材样品宜选用吸水率在0.3%±0.1%的品种，推荐使用G3503天然花岗石。对于实际工程评价，应采用工程用石材为试样。用0.25 mm碳化硅砂将试样6面磨平，清水洗净，置于60 ℃±2 ℃的干燥箱内干燥48h后取出，放入干燥器中冷却至室温。其中5块作为参比样品保存于干燥器中，另5块作为防护样品。

A.3.2 防护剂样品

按照防护剂产品说明或委托单位的要求进行准备。

A.3.3 样品防护

用沾满防护剂的毛刷对每块防护样品的6个面进行均匀涂覆，平放于底部垫有玻璃棒的瓷盘中，室温下自然干燥1h，将与玻璃棒相接触的石材表面向上放置，室温下继续干燥1h。按以上步骤再涂刷一遍，试样每个面上均应进行两次呈90°交叉的涂刷过程，试样在湿度不大于60%的室温下自然干燥48h。

A.4 试验步骤

A.4.1 在室内正常光线条件下观测防护样品和参比样在颜色上有无变化,并记录。

A.4.2 将参比样品和防护样品按 GB/T 9966.3—2001 中 4.1.1、4.1.2、5.2 的规定进行吸水率试验和计算,烘干温度为 60 ℃±2 ℃。分别计算参比样品和防护样品的吸水率平均值。

A.5 试验结果

防水性按式（A.1）计算：

$$K = \frac{a-b}{a} \times 100 \tag{A.1}$$

式中：

K——防水性,%；

a——参比样品的吸水率平均值,%；

b——防护样品的吸水率平均值,%。

防水性试验结果精确至 1%。

A.6 试验报告

试验报告应包括以下内容：

a) 试验按本标准进行；
b) 参比样品、防护样品的吸水率平均值及该组试验的防水性；
c) 防护剂名称、防护剂外观描述、石材种类及名称。

注：若产品有使用说明或客户提出不同要求时,按客户要求或产品说明进行涂刷,并在试验报告中予以注明。

附 录 B
（规范性附录）
耐污性试验方法

B.1 范围

本附录规定了天然石材防护剂耐污性试验所用的仪器设备、试验样品、试验步骤、试验结果和试验报告。

B.2 仪器设备

B.2.1 鼓风干燥箱：温度可控制在 60 ℃±2 ℃ 范围内。

B.2.2 25 mL 滴管。

B.2.3 干燥器。

B.2.4 污染试剂,如食用植物油、蓝墨水等。

B.3 试验样品

试验样品宜选浅色,数量为 12 块,分成两组,每组 6 块,一组为参比样品,另一组为防护样品。其余按照 A.3 进行准备。

B.4 试验步骤

将防护样品和参比样品水平放置,将每种污染试剂分别滴加 2 滴在试样的表面中心部位（防止崩溅）,每种污染试剂之间应保持足够的距离。试样在室温下放置 1h 后,在流动清水中冲洗并用软布轻擦，待表面干燥后，观察记录表面污染状况。

B.5 试验结果

对比防护样品和参比样品，取防护后污染最严重的样品污染状况作为试验结果，用以下代号表示：

0——试样表面无污染；

1——试样表面轻微污染；

＞1——试样表面严重污染。

B.6 试验报告

试验报告应包括以下内容：

a) 试验按本标准进行；
b) 防护剂名称、防护剂外观描述；
c) 试验结果代号。

附 录 C
（规范性附录）
耐酸性试验方法

C.1 范围

本附录规定了天然石材防护剂耐酸性试验所用的仪器设备、试验样品、试验步骤、试验结果和试验报告。

C.2 仪器设备

C.2.1 鼓风干燥箱：温度可控制在 60 ℃±2 ℃ 范围内。

C.2.2 天平：最大称量 2000 g，感量 10 mg。

C.2.3 塑料容器。

C.2.4 试液：1%（体积分数）硫酸溶液。

C.3 试验样品

取进行完防水性试验的防护样品 5 块。

C.4 试验步骤

C.4.1 将进行完防水性试验的湿态防护样品直接放入体积百分比为 1% 的硫酸溶液中浸泡 48h，液面应高出试样的上表面约 50 mm。

C.4.2 取出试样，用清水清洗干净，按照 GB/T 9966.3—2001 中 4.1.1、4.1.2、5.2 的规定进行吸水率试验和计算，烘干温度为 60 ℃±2 ℃。

C.5 试验结果

耐酸性按式（C.1）计算：

$$E = \frac{a-e}{e} \times 100 \tag{C.1}$$

式中：

E——耐酸性，%；

a——参比样品的吸水率平均值，%；

e——防护样品浸酸后的吸水率平均值,%。

耐酸性试验结果精确至1%。

C.6 试验报告

试验报告应包括以下内容：

a) 试验按本标准进行；
b) 参比样品的吸水率平均值,防护样品浸酸前、后的吸水率平均值；
c) 耐酸性试验结果；
d) 防护剂名称、防护剂外观描述、石材品种及名称。

附 录 D
（规范性附录）
耐碱性试验方法

D.1 范围

本附录规定了天然石材防护剂耐碱性试验所用的仪器设备、试验样品、试验步骤、试验结果和试验报告。

D.2 仪器设备

D.2.1 鼓风干燥箱：温度可控制在60 ℃±2 ℃范围内。

D.2.2 天平：最大称量2 000 g,感量10 mg。

D.2.3 塑料容器。

D.2.4 过饱和氢氧化钙溶液：温度为23 ℃±2 ℃时,100 g水中溶解1 g氢氧化钙。

D.3 试验样品

取进行完防水性试验的防护样品5块。

D.4 试验步骤

D.4.1 将进行完防水性试验的湿态防护样品直接放入过饱和氢氧化钙溶液中浸泡48 h,液面应高出试样的上表面约50 mm。

D.4.2 取出试样,用清水清洗干净,按照GB/T 9966.3—2001中4.1.1、4.1.2、5.2的规定进行吸水率试验和计算,烘干温度为60 ℃±2 ℃。

D.5 试验结果

耐碱性按式（D.1）计算：

$$J = \frac{a-j}{j} \times 100 \tag{D.1}$$

式中：

J——耐碱性,%；
a——参比样品的吸水率平均值,%；
j——防护样品浸碱后的吸水率平均值,%。

耐碱性试验结果精确至1%。

D.6 试验报告

试验报告应包括以下内容：

a) 试验按本标准进行;
b) 参比样品的吸水率平均值、试验样品浸碱前、后的吸水率平均值;
c) 耐碱性试验结果;
d) 防护剂名称、防护剂外观描述、石材品种及名称。

附录 E
（规范性附录）
耐紫外线老化性试验方法

E.1 范围

本附录规定了天然石材防护剂耐紫外线老化性试验所用的仪器设备、试验样品、试验步骤、试验结果和试验报告。

E.2 仪器设备

E.2.1 鼓风干燥箱：温度可控制在 60 ℃±2 ℃ 范围内。

E.2.2 天平：最大称量 2 000 g，感量 10 mg。

E.2.3 装有 500 W 直管高压汞灯的耐紫外线老化箱，灯管与箱体平行。

E.3 试验样品

取进行完防水性试验的防护样品 5 块。

E.4 试验步骤

将做完防水性试验的湿态防护样品直接放入 500 W 直管高压汞灯紫外线老化箱内，灯管与箱体平行，试样与灯管的距离为 500 mm 左右，试样表面空间温度为 45 ℃±2 ℃，恒温照射 300h 后，取出试样，在温度 23 ℃±2 ℃，相对湿度 45%～70%条件下放置 2 h，然后按照 GB/T 9966.3—2001 中 4.1.1、4.1.2、5.2 的规定进行吸水率试验和计算，烘干温度为 60 ℃±2 ℃。

E.5 试验结果

耐紫外线老化性按式（E.1）计算：

$$F = \frac{a-f}{f} \times 100 \tag{E.1}$$

式中：

F——耐紫外线老化性，%；

a——参比样品的吸水率平均值，%；

f——经老化处理后防护样品的吸水率平均值，%。

耐紫外线老化性试验结果精确至 1%。

E.6 试验报告

试验报告应包括以下内容：

a) 试验按本标准进行;
b) 参比样品的吸水率平均值，防护样品经老化处理前、后的吸水率平均值;
c) 耐碱性试验结果;
d) 防护剂名称、防护剂外观描述、石材品种及名称。

附 录 F
（规范性附录）
水泥粘结强度下降率试验方法

F.1 范围

本附录规定了防护和未防护的天然石材与水泥砂浆粘结强度对比试验所用的仪器设备及材料、试验样品、试验步骤、试验结果和试验报告。

F.2 仪器设备及材料

F.2.1 试验机：测量精度±1%，试样破坏载荷在设备示值的20%～90%范围内。

F.2.2 游标卡尺：最小分度值为0.02 mm。

F.2.3 水泥：符合GB 175中强度等级为42.5的普通硅酸盐水泥。

F.2.4 砂：实际工程用砂。

F.2.5 连接件：连接试验机与试样的金属挂件。

F.2.6 成型模具：可成型底面积（100±1）mm×（100±1）mm、高度40 mm～50 mm水泥砂浆浇筑件的模具，可拆装。

F.3 试验样品

石材样品选用吸水率在0.3%±0.1%的品种，推荐使用G 3503天然花岗石，对于实际工程评价，应采用工程用石材为试样。石材试样为长度300 mm±1 mm、宽度300 mm±1 mm、厚度为实际使用厚度的板材10块，其中经涂覆防护剂与未涂覆防护剂各一组，每组5块。试样试验面为正常机械切割加工面，未进行过胶补、打磨或抛光等工艺处理，否则应将试验面粗磨掉1 mm～2 mm。

F.4 试验步骤

F.4.1 涂覆防护剂试样应按照防护剂的使用说明对试验面进行涂刷和养护。

F.4.2 水泥砂浆按1:2.5（水泥：砂子）或实际使用配比进行配制并搅拌均匀。

F.4.3 将试样试验面向上平放，将成型模具置于石材试样中心位置，加入15 mm～20 mm厚的水泥砂浆搅拌，保证水泥砂浆和试样试验面接触充分，避免空鼓。在水泥砂浆中心预埋连接件，再在上面覆盖25 mm～30 mm厚的水泥砂浆层。24 h后小心撤掉成型模具，修整边缘，形成底面为（100±1）mm×（100±1）mm、高度为40 mm～50 mm的浆块，粘结在石材试样中心。

F.4.4 浆块在室温下养护14d，养护期内保持水泥砂浆层湿润。然后再在室内环境条件下放置14 d后进行破坏试验。

F.4.5 养护结束后将试样放置在试验机上，夹紧上下卡具（如图F.1所示）。以0.5 mm/

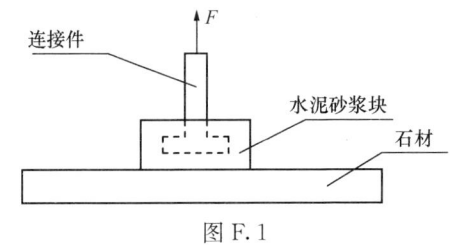

图F.1

min 的速率对试件施加载荷至试件破坏,记录破坏载荷值(F),精确到 10 N。

F.4.6 用游标卡尺测量试样与水泥粘结面中线上的长宽尺寸,精确至 0.1 mm。

F.5 试验结果

F.5.1 每个试件的粘结强度按式(F.1)计算:

$$P = \frac{F}{l \times b} \tag{F.1}$$

式中:
P——粘结强度,单位为兆帕(MPa);
F——破坏荷载,单位为牛顿(N);
l——粘结面长度,单位为毫米(mm);
b——粘结面宽度,单位为毫米(mm)。
每个试件的粘结强度值保留两位有效数字。

F.5.2 粘结强度下降率按式(F.2)计算:

$$P' = \frac{P_1 - P_2}{P_1} \times 100 \tag{F.2}$$

式中:
P'——粘结强度下降率,%;
P_1——未涂覆防护剂一组试样的粘结强度算术平均值,单位为兆帕(MPa);
P_2——涂覆防护剂一组试样的粘结强度算术平均值,单位为兆帕(MPa)。
粘结强度下降率结果精确至 0.1%。

F.6 试验报告

试验报告应包括以下内容:
a) 试验按本标准进行;
b) 涂覆防护剂试样与未涂覆防护剂试样的粘结强度算术平均值及粘结强度下降率;
c) 各组试件的单块破坏状况;
d) 石材品种及名称、防护剂名称、防护剂外观描述。

干挂石材用金属挂件 GB/T 32839—2016

1 范围

本标准规定了干挂石材用金属挂件（以下简称挂件）的术语和定义、产品分类、尺寸、技术要求、试验方法、检验规则以及标志、包装、运输与贮存。

本标准适用于干挂石材施工安装用金属挂件。

2 规范性引用文件

下列文件对于本文件的应用是必不可少的。凡是注日期的引用文件，仅注日期的版本适用于本文件。凡是不注日期的引用文件，其最新版本（包括所有的修改单）适用于本文件。

GB/T 192 普通螺纹 基本牙型
GB/T 193 普通螺纹 直径与螺距系列
GB/T 196 普通螺纹 基本尺寸
GB/T 197 普通螺纹 公差
GB/T 3098.15 紧固件机械性能 不锈钢螺母
GB/T 5574 工业用橡胶板
GB/T 9966.7 天然饰面石材试验方法 第7部分：检测板材挂件组合单元挂装强度试验方法
GB/T 32834 干挂饰面石材

3 术语和定义

下列术语和定义适用于本文件。

3.1

单体挂件 single anchoring component

连接石材与主体受力结构的单体金属构件［见图1中a）、b）］。

3.2

组合挂件 assembled anchoring system

连接石材与主体受力结构的组合式金属构件［见图1中c）、d）］，主要包括插板和主托板。

3.3

背栓组合挂件 bolt anchoring system

在石材背面通过打孔安装金属膨胀构件从而固定干挂石材，再与金属构件组合成的挂装［见图1中e）、f）］。

4 分类与标记

4.1 分类

4.1.1 单体挂件

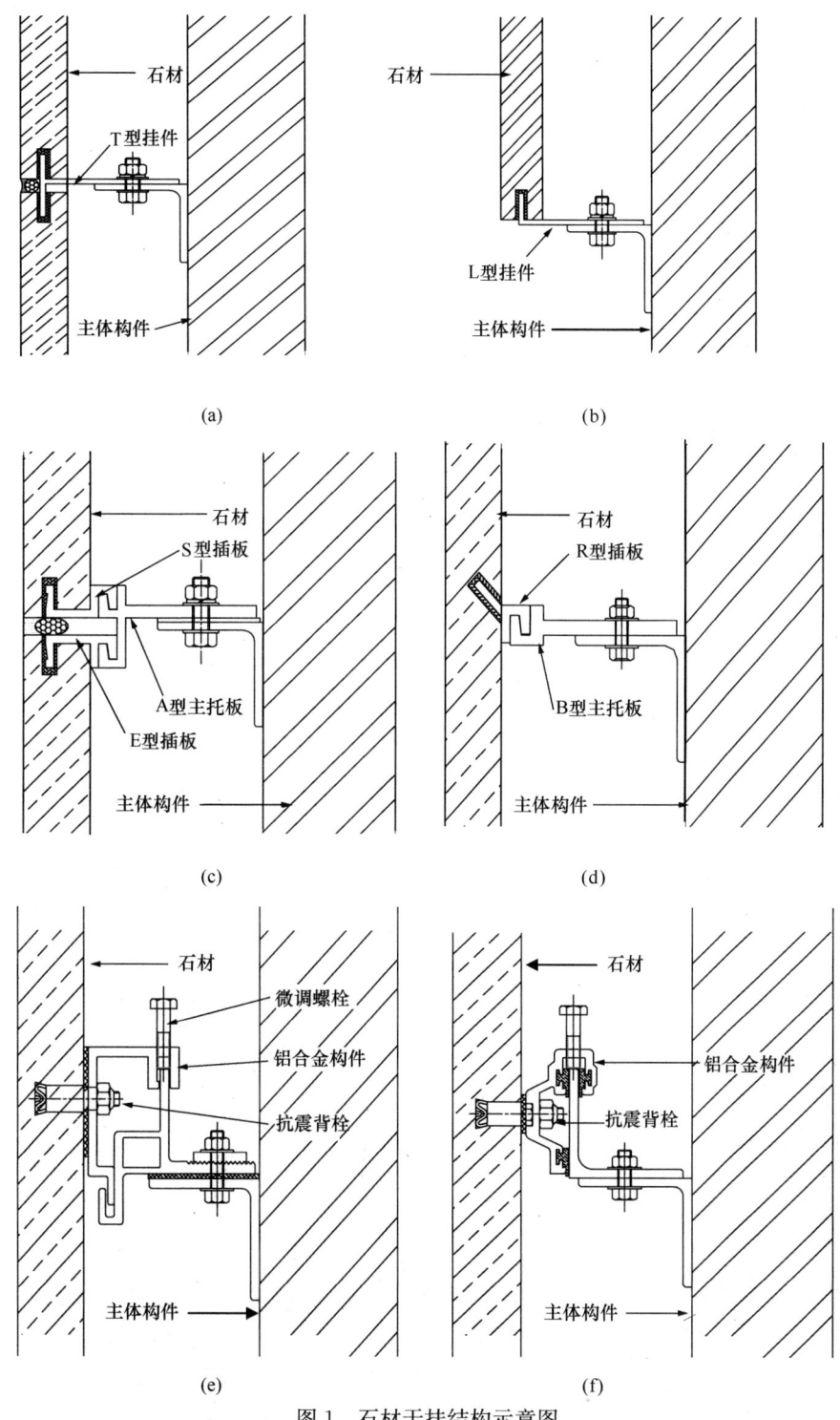

图 1 石材干挂结构示意图
(a) T型单体挂件；(b) L型单体挂件；(c) S型、E型组合挂件；
(d) R型组合挂件；(e) 背栓组合挂件；(f) 背栓组合挂件

4.1.1.1 按形状主要有如下两种类型：
a) T型挂件（代号为T，由横板和竖板焊接而成，见图2）；
b) L型挂件（代号为L，由横板直接弯曲部分形成单面竖板，折弯角有直角和其他角度）。

4.1.1.2 产品代号表示方法如下：

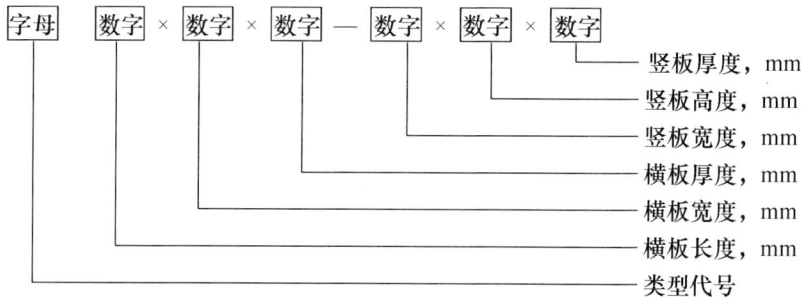

4.1.2 组合挂件

4.1.2.1 按插板形状和使用要求主要有如下三种类型：
a) S型挂件（代号为S，由S型插板和主托板组成）；
b) E型挂件（代号为E，由E型插板和主托板组成）；
c) R型挂件（代号为R，由R型插板和主托板组成）。

4.1.2.2 产品代号表示方法如下：

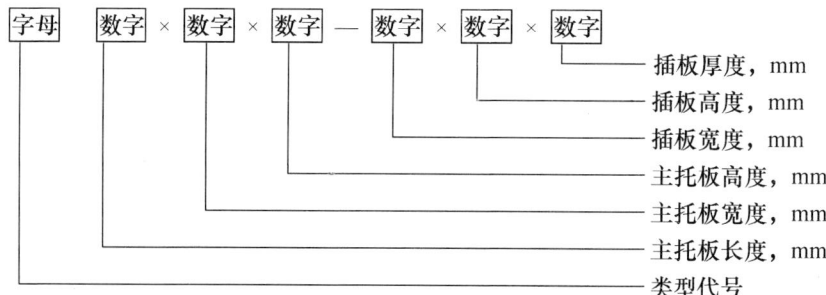

4.1.3 背栓组合挂件

4.1.3.1 按使用要求主要有如下两种类型：
a) 普通型（代号为P）；
b) 抗震型（代号为K）。

4.1.3.2 产品代号表示方法如下：

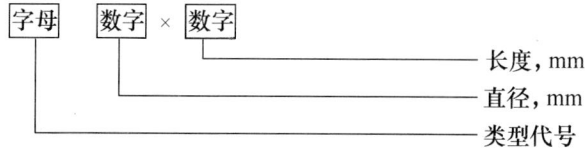

4.2 标记

4.2.1 标记顺序

按代号、标准号的顺序标记。

4.2.2 标记示例

示例1：横板长度60 mm，宽度50 mm，厚度5 mm；竖板宽度50 mm，单边高度30 mm，厚度3 mm的T型挂件标记为：

T 60×50×5—50×30×3　GB/T 32839—2016。

示例2：主托板长度为65 mm，宽度为60 mm，高度为12 mm；R型插板宽度为60 mm，高度为26 mm，厚度为4 mm的R型组合挂件标记为：

R 65×60×12—60×26×4　GB/T 32839—2016。

示例3：直径为8 mm，长度为50 mm的普通型背栓标记为：

P 8×50　GB/T 32839—2016。

5 一般要求

5.1 不锈钢挂件材质应采用304型不锈钢、06Cr19Ni10不锈钢或其他相似型号，侵蚀严重环境或海洋气候下使用的不锈钢挂件材质应采用316型不锈钢或其他类似型号。

5.2 背栓螺纹应符合GB/T 192、GB/T 193、GB/T 196、GB/T 197标准要求。

5.3 背栓使用的不锈钢螺母应符合GB/T 3098.15标准要求。

5.4 挂件与所用石材组成的挂装系统结构强度应符合GB/T 32834的规定。

5.5 其他类型的单体挂件、组合挂件和背栓组合挂件的材质、形式由供需双方商定。

6 技术要求

6.1 规格尺寸及偏差

6.1.1 室外装饰用挂件的竖板和插板面积（如图2）应不小于50 mm×15 mm，室内装饰用挂件的竖板和插板面积（见图2）应不小于15 mm×10 mm。

6.1.2 单体挂件的横板（见图2）和组合挂件的主托板的宽度应不小于40 mm。

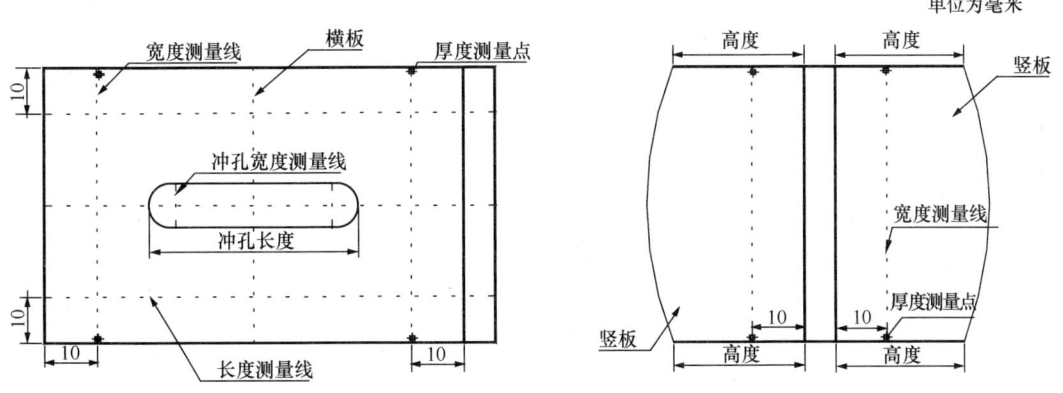

图2　测点布置图

6.1.3 单体挂件的厚度应经受力计算确定，不锈钢挂件的厚度应不低于3.0 mm，铝合金挂件厚度应不低于4.0 mm。

6.1.4 背栓的直径应经受力计算确定，背栓用于室外装饰时最小直径不小于8.0 mm，用于室内装饰时最小直径不小于4.0 mm。

6.1.5 挂件的长度、宽度、高度允许偏差应符合表1的要求。

表1　　　　　　　　　　　　　　　　　　　　　　　　　　　单位为毫米

项　目	长度、宽度、高度			
参　数	≥30～50	≥50～80	≥80～120	≥120
允许偏差	+3.9 0	+4.6 0	+5.4 0	+6.3 0

6.1.6 挂件的厚度允许偏差应符合表2的要求。

表2　　　　　　　　　　　　　　　　　　　　　　　　　　　单位为毫米

项　目	厚　度		
参　数	≥3.0～5.0	≥5.0～6.0	≥6.0
允许偏差	+0.50 0	+0.60 0	+0.70 0

6.1.7 挂件的冲孔尺寸允许偏差应符合表3的要求。

表3　　　　　　　　　　　　　　　　　　　　　　　　　　　单位为毫米

项　目	孔的最大尺寸	孔的最大尺寸
参　数	<10	≥10～50
允许偏差	+0.10 0	+0.15 0

6.1.8 背栓直径、长度允许偏差应符合表4的要求。

表4　　　　　　　　　　　　　　　　　　　　　　　　　　　单位为毫米

项　目	直　径	长　度
允许偏差	±0.40	±1.0

6.1.9 其他尺寸及允许偏差由供需双方协商确定。

6.2 形状位置公差

6.2.1 挂件的平面度允许公差应符合表5的要求。

6.2.2 挂件的角度允许偏差为±2°。

6.2.3 特殊要求由供需双方协商确定。

表5　　　　　　　　　　　　　　　　　　　　　　　　　　　单位为毫米

项　目	长度			
参　数	≥30～50	≥50～80	≥80～120	≥120
允许公差	0.15	0.20	0.25	0.30

6.3 表面质量

6.3.1 表面不得有气泡、裂纹、结疤、折叠、夹杂和端面分层，允许有不大于厚度公差一半的轻微凹坑、突起、压痕、发纹、擦伤和压入的氧化铁皮。

6.3.2 T型挂件角焊缝的焊脚尺寸应为插板最小厚度,焊缝应焊实,不得采用点焊连接。

6.3.3 冷加工后表面缺陷允许用修磨方法清理,但清理深度不得超过厚度公差一半。

6.3.4 冷加工后配件厚度减薄量不得超过厚度公差一半。

6.3.5 冲压孔边加工后应平整光滑,不得有毛刺、毛边。

6.4 力学性能

单体挂件的拉拔强度、组合挂件和背栓组合挂件的组合单元挂装强度应符合表6的规定,工程有特殊规定时按设计要求执行。

表6

项目		技术指标	
		室内用途	室外用途
拉拔强度/kN	≥	2.40	10.00
组合单元挂装强度/kN	≥	0.65	2.80

7 试验方法

7.1 规格尺寸及偏差

7.1.1 长度、宽度、高度和厚度

用分度值0.02 mm的游标卡尺或满足精度要求的量具测量,测量的位置如图2所示,以测量的最大偏差作为试件的实际偏差,精确至0.1 mm。

7.1.2 冲孔长度和宽度

用分度值0.02 mm的游标卡尺或满足精度要求的量具测量冲孔长度和宽度,宽度测量3个不同位置(如图2),取最大偏差作为实测偏差值,精确至0.1 mm。

7.1.3 背栓的直径和长度

用分度值0.02 mm的游标卡尺或满足精度要求的量具测量,直径测量位置应选在无螺纹处的最小直径,长度为两个端面长度,精确至0.1 mm。

7.2 形状位置公差

7.2.1 挂件的平面度

将平板或直尺放在挂件的表面上,用分度值为0.1 mm塞尺测量变形的最大值作为试件的平面度,精确至0.1 mm。

7.2.2 挂件的角度

按图纸要求测量角度,取最大值和最小值与设计角度差作为角度偏差,精确至10'。

7.3 表面质量

对试件进行目测检查。

7.4 力学性能

7.4.1 单体挂件的拉拔强度试验按附录A的方法进行。

7.4.2 组合挂件和背栓组合挂件的组合单元挂装强度试验按GB/T 9966.7进行。

8 检验规则

8.1 检验分类

8.1.1 出厂检验

产品出厂检验的项目为规格尺寸及偏差、形状位置公差、表面质量。

8.1.2 型式检验

第 6 章中的全部项目。有下列情况之一时,应进行型式检验:
a) 新产品试制定型鉴定;
b) 当原材料、产品设计、工艺有重大改变时;
c) 正常生产时,每一年进行一次;

8.2 抽样与组批规则

班产量大于 2 000 件者,以 2 000 件同型号、同规格的产品为一批,班产量不足 2 000 件者,以实际班产量为一批。每批随机抽取 6 件进行检验。

8.3 判定规则

8.3.1 对 8.1.1 条所检项目中有一项不合格即为不合格试件,不合格试件不多于 1 件,且挂件的规格尺寸、表面质量、力学性能均满足第 6 章的技术要求则判为该批次合格。

8.3.2 不符合技术要求的批次,允许重新抽取双倍试件,对不合格的项目进行重检,若仍有一组试件不合格,则判为该批次不合格。

9 标志、包装、运输及贮存

9.1 标志

在每一包装件上,标明制造厂名、产品标记、数量和批号。

9.2 包装

产品用木箱或其他合适的材料包装,每件不宜超过 25kg,应附产品合格证。

9.3 运输

产品在运输过程中,避免扔摔、碰撞导致产品产生变形。

9.4 贮存

产品宜放在无腐蚀性危害的室内贮存。

附 录 A
(规范性附录)
单体挂件拉拔强度试验方法

A.1 范围

本方法规定了石材干挂用单体挂件拉拔强度的试验方法。

A.2 原理

试验系模拟石材在建筑中受风压、地震等荷载作用在挂件上的拉伸力,一般拉至试样明显变形(屈服)或从卡具中拉出或者直接断裂等破坏状态。

试验一般在室温 10 ℃~35 ℃范围内进行,对试样有特殊规定进行处理的,应按要求进行处理后再进行拉拔试验。

A.3 设备及量具

A.3.1 试验机:测量精度为±1%,试样破坏载荷应在设备示值的 20%~90%范围内,能显示并记录拉力变化曲线。

A.3.2 平台和卡具：当加载到最大负荷时，其变形不应大于2°。

A.3.3 胶垫：符合GB/T 5574规定要求，硬度为A45～A60度。

A.3.4 游标卡尺：精度0.02 mm。

A.4 试样

A.4.1 试样表面质量应符合6.3要求。

A.4.2 试样表面应平整，相同类型的试件每组5件。

A.5 试验步骤

A.5.1 用游标卡尺测量试样规格尺寸，准确到0.1 mm。

A.5.2 在平台上安装试样并在卡具与试样间垫放胶垫。

A.5.3 卡具端面与试样的间隙应根据试样规格确定，一般应不小于最小厚度。T型焊接件的受力面不应超过焊脚，冷弯件的受力面不应超过弯角的圆弧。

A.5.4 背栓试样应配备相应的垫圈，垫圈内径与背栓直径间隙不超过1 mm，卡具压力面应作用在垫圈上。

A.5.5 以2.0 mm/min的速率对试样施加载荷至试样出现明显变形（屈服）或从卡具中拉出或者直接断裂等破坏状态，压力曲线明显开始下降，依据试件形状按图A.1、图A.2进行试验。

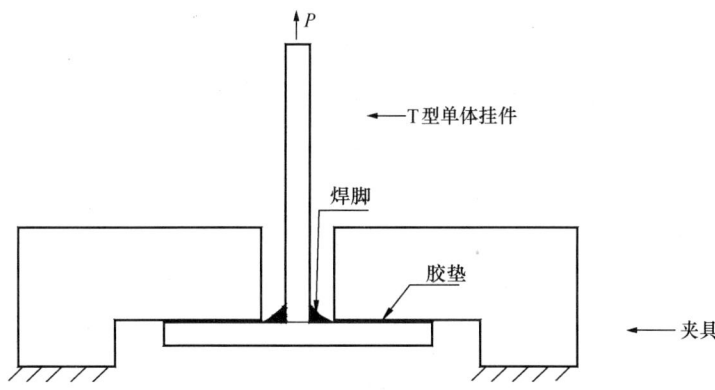

图A.1 T型单体挂件拉拔强度示意图

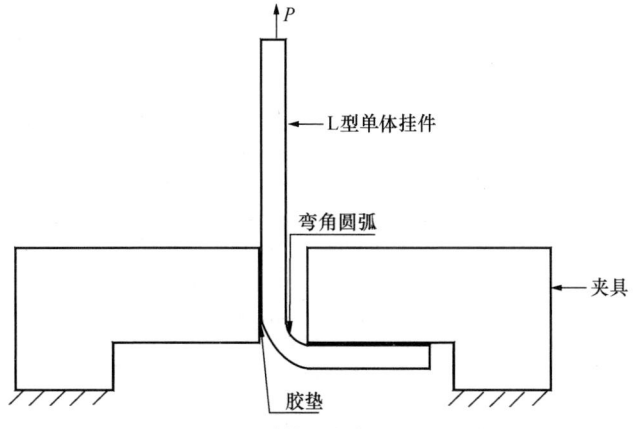

图A.2 L型单体挂件拉拔强度示意图

A.5.6 记录试样破坏时载荷最大值，精确到 10 N，描述试样破坏时的状态。

A.6 试验结果

单体挂件拉拔强度为试样破坏时的最大载荷，以千牛（kN）表示。

A.7 试验报告

试验报告应包含以下内容：

a) 每个试样破坏时承受的最大载荷值；

b) 破坏状态描述；

c) 试样型号、尺寸、生产单位。

天然大理石荒料 JC/T 202—2011

1 范围

本标准规定了天然大理石荒料（以下简称荒料）产品的术语和定义、分类和标记、要求、试验方法、检验规则以及标志、运输、贮存和交货等。

本标准适用于具有直角六面体形状的天然大理石荒料。天然石灰石、天然砂岩石料也可参照执行。

2 规范性引用文件

下列文件对于本文件的应用是必不可少的。凡是注日期的引用文件，仅所注日期的版本适用于本文件。凡是不注日期的引用文件，其最新版本（包括所有的修改单）适用于本文件。

GB/T 9966.1 天然饰面石材试验方法 第1部分：干燥、水饱和、冻融循环后压缩强度试验方法

GB/T 9966.2 天然饰面石材试验方法 第2部分：干燥、水饱和弯曲强度试验方法

GB/T 9966.3 天然饰面石材试验方法 第3部分：体积密度、真密度、真气孔率、吸水率试验方法

GB/T 13890 天然饰面石材术语

GB/T 17670 天然石材统一编号

GB/T 18601—2009 天然花岗石建筑板材

3 术语和定义

GB/T 13890 界定的以及下列术语和定义适用于本文件。

3.1
方解石大理石 calcite marble
主要由方解石组成的晶质结构大理石

3.2
白云石大理石 dolomite marble
主要由白云石组成的晶质结构大理石。

3.3
蛇纹石大理石 serpentine marble
主要由蛇纹石、方解石、白云石组成的大理石。

4 分类和标记

4.1 分类
4.1.1 按岩矿分为：

a) 方解石大理石荒料（FL）
b) 白云石大理石荒料（BL）
c) 蛇纹石大理石荒料（SL）

4.1.2 按规格尺寸将荒料分为三类，见表1。

表1　　　　　　　　　　　　　　　　　　　　　　　　　　　　　　　　　单位为厘米

类别	大料	中料	小料
长度×宽度×高度	≥280×80×160	≥200×80×130	≥100×50×40

4.2 标记

4.2.1 标记示例按 GB/T 17670 的规定。

4.2.2 产品按名称、编号、规格尺寸、大面标识（← →）[1)]和标准编号的顺序标记。

示例：房山汉白玉 M1101，规格尺寸为 250 cm×120 cm×100 cm 的荒料标记如下：

名称：房山汉白玉大理石荒料

标记：M1101 250×120×100 ← → JC/T 202—2011

5 要求

5.1 一般要求

5.1.1 各部位名称见图1。

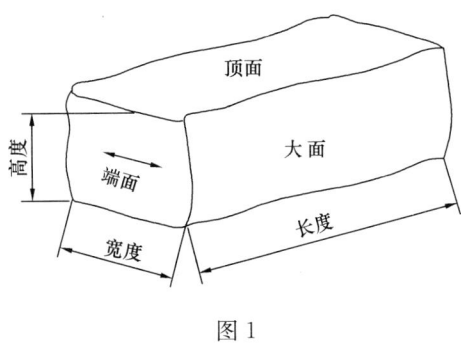

图1

5.1.2 荒料的最小尺寸应符合表2的规定。

表2　　　　　　　　　　　　　　　　　　　　　　　　　　　　　　　　　单位为厘米

项目	长度	宽度	高度
指标　≥	100	50	40

5.1.3 荒料的推荐尺寸系列见表3，验收尺寸缩减不小于 3 cm，也可由供需双方协商确定。

---

1) 大面指能够反映石材主要装饰特征的面，见图1。一般情况下，大面与石材的花纹或劈理方向平行。

表3 单位为厘米

长度系列	100、130、160、190、220、250、280、310、340、370
宽度系列	50、70、100、130、150、160、170
高度系列	40、70、100、130、160、190、220、250

5.2 尺寸极差

荒料的长度、宽度、高度极差应符合表4的规定。

表4 单位为厘米

尺寸范围	≤160	>160
极差 ≤	6.0	10.0

5.3 外观质量

5.3.1 同一批荒料的色调应基本调和，花纹应基本一致。

5.3.2 当出现明显裂纹时，应扣除裂纹所造成的荒料体积损失，扣除体积损失后每块荒料的规格尺寸应满足5.1.2的规定。扣除方法见6.2.2的规定。

5.3.3 色斑应符合表5规定。

表5

缺陷名称	规定内容	技术指标
色斑	面积小于6 cm²（面积小于2 cm²不计），每面允许个数（个）	3

5.4 物理性能

荒料的物理性能应符合表6的规定，工程对石材物理性能项目及指标有特殊要求的，按工程要求执行。

表6

项目		技术指标		
岩矿		方解石大理石	白云石大理石	蛇纹石大理石
体积密度/(g/cm³) ≥		2.60	2.80	2.56
吸水率/% ≤		0.50	0.50	0.60
压缩强度/MPa ≥	干燥	52.0	52.0	69.0
	水饱和			
弯曲强度/MPa ≥	干燥	7.0	7.0	6.9
	水饱和			

6 试验方法

6.1 规格尺寸

用精度1 mm的钢卷尺测量，分别以荒料的长度、宽度、高度的最小值表示，精确到1 cm。

6.2 验收尺寸

6.2.1 分别以荒料的长度、宽度、高度的最小值减去 3 cm 表示。

6.2.2 若荒料上有明显裂纹，则按下述原则和方法扣除：

a) 荒料的明显裂纹扣除应以保证荒料的最大出材率为原则；
b) 带有裂纹的荒料验收时应减去图 2 a) 或图 2 b) 中虚线所包含的立方体体积；
c) 供需双方有协议时按双方协议执行。

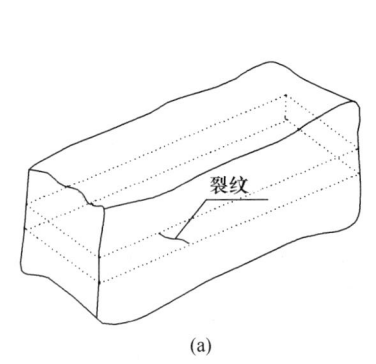 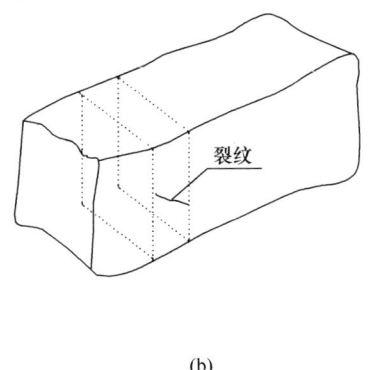

(a)　　　　　　　　　　　　　(b)

图 2

6.3 尺寸极差

用精度 1 mm 的钢卷尺测量荒料的长度、宽度和高度，分别用其最大值与最小值的差值表示长度、宽度和高度的尺寸极差，精确至 1 mm。

6.4 外观质量

6.4.1 色调、花纹

目测检验。

6.4.2 色斑

用精度为 1 mm 的钢卷尺测量色斑的面积，目测色斑个数。

6.5 物理性能

6.5.1 岩矿

按 GB/T 18601—2009 附录 A 的试验方法进行。

6.5.2 体积密度、吸水率

按 GB/T 9966.3 的规定进行。

6.5.3 压缩强度

按 GB/T 9966.1 的规定进行。

6.5.4 弯曲强度

按 GB/T 9966.2 的规定进行。

7 检验规则

7.1 出矿检验

7.1.1 检验项目

规格尺寸、尺寸极差、外观质量。

7.1.2 检验方式
逐块检验。
7.1.3 判定
单块荒料的检验结果均符合相应等级的技术要求时，则判定该块荒料合格。
7.2 型式检验
7.2.1 检验项目
型式检验项目包括第5章的全部要求。
7.2.2 检验条件
在下列情况下进行型式检验：
a) 新建矿投产；
b) 矿体色调、花纹等特征出现明显变化；
c) 正常生产时每年一次。
7.2.3 组批
以 10 m^3 的同一品种、类别的荒料为一批。不足 10 m^3 的可按一批计。
7.2.4 抽样
体积密度、吸水率、压缩强度、弯曲强度试验用样品从检验批中随机抽取双倍数量样品。
7.2.5 检验方式
7.2.5.1 规格尺寸、尺寸极差、外观质量逐块检验。
7.2.5.2 体积密度、吸水率、压缩强度、弯曲强度试验对抽取的一组样品进行试验。
7.2.6 判定
体积密度、吸水率、压缩强度、弯曲强度的试验结果中，均符合第5章相应要求时，则判定该批荒料以上项目合格；有两项及以上不符合第5章相应要求时，则判定该批荒料为不合格；有一项不符合第5章相应要求时，利用备样对该项目进行复检，复检结果合格时，则判定该批荒料以上项目合格；否则判定该批荒料为不合格。其他项目检验结果的判定同出矿检验。

8 标志、运输、贮存和交货

8.1 标志
在每块荒料的两端面上按4.2的要求做标记。
8.2 运输
在运输、装卸荒料的过程中应防碰撞、滚摔。
8.3 贮存
按品种码放平稳并防污染。
8.4 交货
交货时应提交质量合格证。

天然花岗石荒料 JC/T 204—2011

1 范围

本标准规定了天然花岗石荒料（以下简称荒料）产品的术语和定义、分类和标记、要求、试验方法、检验规则以及标志、运输、贮存和交货等。

本标准适用于具有直角六面体形状的天然花岗石荒料，其他用途的天然花岗石石料可参照执行。

2 规范性引用文件

下列文件对于本文件的应用是必不可少的。凡是注日期的引用文件，仅所注日期的版本适用于本文件。凡是不注日期的引用文件，其最新版本（包括所有的修改单）适用于本文件。

GB 6566 建筑材料放射性核素限量

GB/T 9966.1 天然饰面石材试验方法 第1部分：干燥、水饱和、冻融循环后压缩强度试验方法

GB/T 9966.2 天然饰面石材试验方法 第2部分：干燥、水饱和弯曲强度试验方法

GB/T 9966.3 天然饰面石材试验方法 第3部分：体积密度、真密度、真气孔率、吸水率试验方法

GB/T 13890 天然饰面石材术语

GB/T 17670 天然石材统一编号

GB/T 18601—2009 天然花岗石建筑板材

3 术语和定义

GB/T 13890 和 GB/T 18601—2009 界定的术语和定义适用于本文件。

4 分类和标记

4.1 分类

按规格尺寸将荒料分为三类，见表1。

表1　　　　　　　　　　　　　　　　　　　　单位为厘米

类别	大料	中料	小料
长度×宽度×高度	≥245×100×150	≥185×60×95	≥65×40×70

4.2 标记

4.2.1 标记示例采用 GB/T 17670 标准规定。

4.2.2 产品按名称、编号、规格尺寸、大面标识（← →）[1]、标准编号的顺序标记。

---

[1] 大面指能够反映石材主要装饰特征的面，见图1。一般情况下，大面与石材的花纹或劈理方向平行。

示例：石岛红 G3786，规格尺寸为 250 cm×75 cm×130 cm 的荒料标记如下：
名称：石岛红花岗石荒料
标记：G3786 250×75×130 ←→ JC/T 204—2011

5 要求

5.1 一般要求

5.1.1 各部位名称见图1。

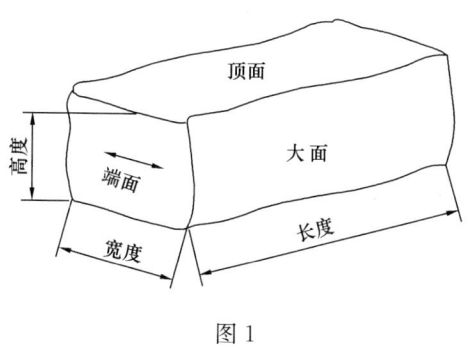

图 1

5.1.2 荒料的最小规格尺寸应符合表2的规定。

表 2   单位为厘米

项目	长度	宽度	高度
指标 ≥	65	40	70

5.1.3 荒料的推荐尺寸系列见表3，验收尺寸缩减不小于5 cm，也可由供需双方协商确定。

表 3   单位为厘米

长度系列	65、70、100、130、160、190、220、250、280、310、340、370
宽度系列	40、70、100、130、160
高度系列	70、100、130、160、190、220、250

5.2 尺寸级差

荒料的长度、宽度、高度极差应符合表4的规定。

表 4   单位为厘米

尺寸范围	≤160	>160
极差 ≤	4.0	6.0

5.3 外观质量

5.3.1 同一批荒料的色调、花纹应基本一致。

5.3.2 荒料外观缺陷应符合表5规定。

表 5

缺陷名称	规定内容	技术指标
裂纹	允许条数（条）	2
色斑	面积小于 10 cm²（面积小于 3 cm² 不计），每面允许个数（个）	3
色线	长度小于 50 cm，每面允许条数（条）	3

注：裂纹所造成的荒料体积损失按6.2.2条的规定进行扣除。扣除体积损失后每块荒料的规格尺寸应满足5.1.2的规定。

5.4 物理性能

荒料的物理性能应符合表6的规定，工程对石材物理性能项目及指标有特殊要求的，按工程要求执行。

表 6

项目		技术指标	
		一般用途	功能用途
体积密度/(g/cm³) ≥		2.56	2.56
吸水率/% ≤		0.60	0.40
压缩强度/MPa ≥	干燥	100	131
	水饱和		
弯曲强度/MPa ≥	干燥	8.0	8.3
	水饱和		

5.5 放射性

天然花岗石荒料应符合 GB 6566 标准规定。

6 试验方法

6.1 规格尺寸

用精度 1 mm 的钢卷尺测量，分别以荒料的长度、宽度、高度的最小值表示，精确到 1 cm。

6.2 验收尺寸

6.2.1 分别以荒料的长度、宽度、高度的最小值减去 5 cm 表示。

6.2.2 若荒料上有明显裂纹，则按下述原则和方法扣除：

a) 荒料的明显裂纹扣除应以保证荒料的最大出材率为原则；
b) 带有裂纹的荒料验收时应减去图 2 a）或图 2 b）中虚线所包含的立方体体积；
c) 工程有特殊要求的，按工程要求执行。

6.3 尺寸极差

用精度 1 mm 的钢卷尺测量荒料的长度、宽度和高度，分别用其最大值与最小值的差值表示长度、宽度和高度的尺寸极差，精确至 1 mm。

6.4 外观质量

6.4.1 色调、花纹

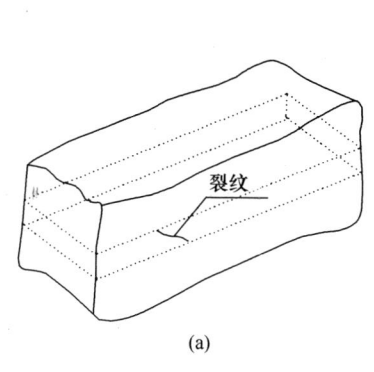
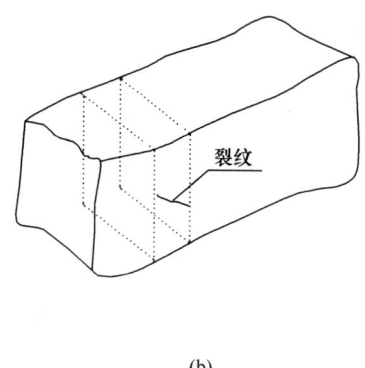

图 2

目测检验。

6.4.2 裂纹、色线

目测裂纹、色线条数。

6.4.3 色斑

用精度 1 mm 的钢卷尺测量色斑的面积,目测色斑个数。

6.5 物理性能

6.5.1 体积密度、吸水率

按 GB/T 9966.3 的规定进行。

6.5.2 压缩强度

按 GB/T 9966.1 的规定进行。

6.5.3 弯曲强度

按 GB/T 9966.2 的规定进行。

6.6 放射性

按 GB 6566 的规定试验。

7 检验规则

7.1 出矿检验

7.1.1 检验项目

规格尺寸、尺寸极差、外观质量。

7.1.2 检验方式

逐块检验。

7.1.3 判定

单块荒料的检验结果均符合相应等级的技术要求时,则判定该块荒料合格。

7.2 型式检验

7.2.1 检验项目

第 5 章要求中的全部项目。

7.2.2 检验条件

在下列情况下进行型式检验：

a) 新建矿投产；
b) 矿体色调、花纹等特征出现明显变化；
c) 正常生产时每年一次。

7.2.3 组批

以 20 m³ 的同一品种、类别的荒料为一批。不足 20 m³ 的可按一批计。

7.2.4 抽样

体积密度、吸水率、压缩强度、弯曲强度、放射性试验用样品从检验批中随机抽取双倍数量样品。

7.2.5 检验方式

7.2.5.1 规格尺寸、尺寸极差、外观质量逐块检验；

7.2.5.2 体积密度、吸水率、压缩强度、弯曲强度、放射性试验对抽取的一组样品进行试验。

7.2.6 判定

体积密度、吸水率、压缩强度、弯曲强度、放射性的试验结果中，均符合第 5 章相应要求时，则判定该批荒料以上项目合格；有两项及以上不符合第 5 章相应要求时，则判定该批荒料为不合格；有一项不符合第 5 章相应要求时，利用备样对该项目进行复检，复检结果合格时，则判定该批荒料以上项目合格；否则判定该批荒料为不合格。其他项目检验结果的判定同出矿检验。

8 标志、运输、贮存与交货

8.1 标志

在每块荒料的两端面上按 4.2 的要求做标记。

8.2 运输

在运输、装卸荒料的过程中应防碰撞、滚摔。

8.3 贮存

按品种码放平稳并防污染。

8.4 交货

交货时应提交质量合格证。

建筑装饰用水磨石 JC/T 507—2012

1 范围

本标准规定了建筑装饰用水磨石（简称水磨石）的术语和定义、分类、规格和标记、原材料、技术要求、试验方法、检验规则以及标志、包装、运输、贮存、防护和保养等。

本标准适用于预制或现浇水磨石产品。

2 规范性引用文件

下列文件对于本文件的应用是必不可少的。凡是注日期的引用文件，仅所注日期的版本适用于本文件。凡是不注日期的引用文件，其最新版本（包括所有的修改单）适用于本文件。

GB 175 通用硅酸盐水泥

GB/T 701 普通低碳钢热轧圆盘条

GB/T 2015 白色硅酸盐水泥

GB/T 3810.14—2006 陶瓷砖试验方法 第14部分：耐污染性的测定

GB/T 4100—2006 陶瓷砖

GB 6566 建筑材料放射性核素限量

GB/T 13891—2008 建筑饰面材料镜向光泽度测定方法

GB/T 14684 建设用砂

GB/T 14685 建设用碎石、卵石

GB/T 16925—1997 混凝土及其制品耐磨性试验方法（滚珠轴承法）

GB 50073—2001 洁净厂房设计规范

GB 50209—2010 建筑地面工程施工质量验收规范

GB 50210 建筑装饰装修工程质量验收规范

GB 50300 建筑工程施工质量验收统一标准

GJB 3007A 防静电工作区技术要求

JGJ 63 混凝土用水标准

SJ/T 10694—2006 电子产品制造与应用系统防静电检测通用规范

YB/T 5294 一般用途低碳钢丝

3 术语和定义

下列术语和定义适用于本文件。

3.1

水磨石 terrazzo

以水泥或水泥和树脂的混合物为胶粘剂、以天然碎石和砂或石粉为主要骨料，经搅拌、振动或压制成型、养护，表面经研磨和/或抛光等工序制作而成的建筑装饰材料。可以是预制的，也可以是现浇的。

3.2

普通水磨石　nomal terrazzo

抗折强度平均值不小于 5.0 MPa 和吸水率不超过 8% 的水磨石，其结构形式多为双层。

3.3

水泥人造石　cementitous terrazzo

抗折强度平均值不小于 10.0 MPa 和吸水率不超过 4% 的水磨石，其结构形式多为单层。

3.4

不发火水磨石　terrazzo of misfire

在一定的摩擦、冲击或冲擦等机械试验时，不会产生火花（或火星）的水磨石。

3.5

洁净水磨石　terrazzo of lustration

使用中发尘量小的水磨石。洁净水磨石由洁净室的洁净度体现。

3.6

防静电水磨石　terrazzo of avoid static

具有防静电功能的水磨石。

3.7

返浆　slurry appear

在水磨石磨光面上出现底层砂浆的现象。

3.8

杂质　impurity

面层中不协调的非加入物。

3.9

杂石　mixed rock

与水磨石装饰面基本色调不协调，花色显著不同影响面层装饰效果的石碴。

3.10

石渣　rock dregs

轧制并筛分碎石所得的不同品种不同粒径为 0.45 mm～10 mm 的石子粒料。

3.11

越线　exceed line

在有图案的产品装饰面上，两种或两种以上颜色的交界处，一种颜色超出图案规定的线条侵入相邻颜色区的现象。

3.12

图案偏差　pattern warp

指两块或两块以上的水磨石组成图案时，每块水磨石之间线条不相吻合，即线条彼此偏离的程度。

4 分类、规格和标记

4.1 分类

4.1.1 水磨石按抗折强度和吸水率分为：
   a) 普通水磨石（P）；
   b) 水泥人造石（R）。

4.1.2 水磨石按生产方式分为：
   a) 预制水磨石（YZ）；
   b) 现浇水磨石（XJ）。

4.1.3 水磨石按使用功能分为：
   a) 常规水磨石（CG）；
   b) 防静电水磨石（FJ）；
   c) 不发火水磨石（BH）；
   d) 洁净水磨石（JS）。

4.1.4 预制水磨石按制品在建筑物中的主要使用部位分为：
   a) 墙面和柱面用水磨石（Q）；
   b) 地面用水磨石（D）；
   c) 踢脚板、立板和三角板类水磨石（T）；
   d) 隔断板、窗台板和台面板类水磨石（G）。

4.1.5 预制水磨石按制品表面加工程度分为：
   a) 磨面水磨石（M）；
   b) 抛光水磨石（P），普通水磨石要求不低于 25 光泽单位，以 P25 表示；水泥人造石要求不低于 60 光泽单位，以 P60 表示；或者由供需双方商定。

4.1.6 预制水磨石按粘结剂类型不同分为：
   a) 水泥基水磨石（SN）；
   b) 树脂-水泥基水磨石（PMC）。

4.2 规格

现浇水磨石规格尺寸根据工程实际而定，预制水磨石的常用规格尺寸见表1。

表1 预制水磨石的常用规格尺寸　　　　　　单位为毫米

类别	指　标						
长度	300	305	400	500	600	800	1 200
宽度	300	305	400	500	600	800	—

注：其他规格尺寸由设计使用部门与生产厂共同议定。

4.3 标记

水磨石按产品名称、粘结剂类型、类别（生产方式—使用功能—使用部位—表面加工程度）、规格和标准号的顺序标记。

示例1：规格为 400 mm×400 mm×25 mm 的地面用常规预制磨面水泥基普通水磨石，

标记为：
    普通水磨石 SN-YZ-CG-D-M 400×400×25 JC/T 507—2012
    示例2：规格为400 mm×400 mm×25 mm的地面用防静电预制抛光60光泽单位水泥基水泥人造石，标记为：
    水泥人造石 SN-YZ-FJ-D-P60 400×400×25 JC/T 507—2012

5 原材料

5.1 水泥
应符合GB 175、GB/T 2015的规定，不应使用火山灰质硅酸盐水泥。洁净水磨石、防静电水磨石宜选用不低于42.5级的水泥。

5.2 砂子
应符合GB/T 14684的规定，含泥量不大于3%。

5.3 石渣、石粉

5.3.1 装饰石碴应由未风化的天然岩石破碎加工而成；现浇水磨石宜选用白云石、大理石石碴，石碴质量应符合GB/T 14685的规定。防静电水磨石和不发火水磨石所用石碴应符合GB 50209—2010的规定并经不发火试验确认。洁净水磨石所用石碴应坚硬耐磨。洁净水磨石和不发火水磨石所用石碴应预先进行防静电处理。

5.3.2 石子含泥量不大于1%。

5.3.3 石粉公称粒径小于80 μm。

5.4 着色颜料
不得损害水磨石的物理力学性能，而且不溶于水，分散性好，具有优良的耐碱性和耐光性。

5.5 拌和用水
应符合JGJ 63的规定。

5.6 钢材
应符合YB/T 5294或GB/T 701的规定。

5.7 树脂
应符合其相应产品标准要求。

5.8 填缝材料
应符合设计和有关标准要求，应易清理干净不致污染石材并不影响美观。

5.9 水磨石生产和施工的其他材料
应符合设计和有关标准要求。

5.10 水磨石生产和施工的原材料
应满足GB 6566要求。

6 技术要求

现浇水磨石的质量应符合附录A要求或由供需双方约定。
预制水磨石的产品质量应符合下列要求。

6.1 外观质量

6.1.1 水磨石装饰面的外观缺陷技术要求见表2。

表2 水磨石装饰面的外观缺陷技术要求

缺陷名称	技术要求	
	普通水磨石	水泥人造石
裂缝	不允许	不允许
返浆、杂质	不允许	不允许
色差、划痕、杂石、气孔	不明显	不允许
边角缺损	不允许	不允许

6.1.2 水磨石磨光面有图案时,其越线和图案偏差应符合表3规定。

表3 有图案水磨石磨光面越线和图案偏差技术要求

缺陷名称	技术要求	
	普通水磨石	水泥人造石
图案偏差	≤3 mm	≤2 mm
越线	越线距离≤2 mm;长度≤10 mm;允许2处	不允许

6.1.3 同批水磨石磨光面上的花色品种应基本一致。

6.2 尺寸偏差

6.2.1 预制水磨石的规格尺寸允许偏差、平面度、角度允许极限公差应符合表4的规定。

表4 尺寸偏差技术要求　　　　　　　单位为毫米

类 别	长度、宽度		厚 度		平面度		角 度	
	普通水磨石	水泥人造石	普通水磨石	水泥人造石	普通水磨石	水泥人造石	普通水磨石	水泥人造石
Q	0 −1	0 −1	+1 −2	±1	0.8	0.6	0.8	0.6
D	0 −1	0 −1	±2	+1 −2	0.8	0.6	0.8	0.6
T	±2	±1	±2	+1 −2	1.5	1.0	1.0	0.8
G	±3	±2	±2	+1 −2	2.0	1.5	1.5	1.0

6.2.2 正面与侧面的夹角应不大于90°。

6.3 物理力学性能

6.3.1 水磨石的抗折强度和吸水率值要求见表5。

表 5 水磨石的抗折强度和吸水率值要求

项目			指标	
			普通水磨石	水泥人造石
抗折强度/MPa	平均值	≥	5.0	10.0
	最小值	≥	4.0	8.0
吸水率/%		≤	8.0	4.0

6.3.2 抛光水磨石的光泽度,普通水磨石要求不低于25光泽单位,以P25表示;水泥人造石要求不低于60光泽单位,以P60表示。

6.4 功能性能

6.4.1 地面用水磨石的耐磨度≥1.5。

6.4.2 有防滑要求的水磨石的防滑等级应符合以下要求或设计要求:
  a) 通常情况下,防滑等级应不低于1级;
  b) 对于室内老人、儿童、残疾人等活动较多的场所,防滑等级应达到2级;
  c) 对于室内易浸水的地面,防滑等级应达到3级;
  d) 对于室内有设计坡度的干燥地面,防滑等级应达到2级,有设计坡度的易浸水的地面,防滑等级应达到4级;
  e) 对于室外有设计坡度的地面,防滑等级应达到4级,其他室外地面的防滑等级应达到3级;
  f) 石材地面工程的防滑等级指标要求见表6。

表 6 石材地面防滑指标要求

防滑等级	0级	1级	2级	3级	4级
抗滑值 F_B	$F_B<25$	$25≤F_B<35$	$35≤F_B<45$	$45≤F_B<55$	$F_B≥55$
摩擦系数	≥0.5				

6.4.3 防静电型水磨石的防静电性能应达到GJB 3007A防静电工作区技术要求。

6.4.4 不发火水磨石的不发火性能应达到GB 50209—2010的附录A要求。

6.4.5 耐污染性能应符合设计要求。

6.4.6 洁净水磨石的空气洁净度等级应符合设计要求。

7 试验方法

7.1 量具和仪器

  a) 钢直尺:最小分度值为0.5 mm。
  b) 游标卡尺:分度值至少为0.1 mm。
  c) 钢平尺:直线度偏差为0.1 mm。
  d) 90°钢制角尺:内角边长为450 mm×400 mm,内角垂直度公差为0.13 mm。
  e) 塞尺:精度为2级,分度值0.01 mm。
  f) 天平:称量范围0 kg~2 kg分度值1 g。

g）电热恒温鼓风干燥箱：调温范围50℃～300℃。
h）万能试验机、压力机或其他抗折试验机：示值精度1%，分度值不得大于50 N。
i）光泽度计：入射角为60°，分度值为0.1光泽单位。

7.2 外观质量

7.2.1 将水磨石平放在地面上，在自然光下目测水磨石面层的外观缺陷：人距水磨石1.5 m处明显可见的缺陷视为有缺陷；否则视为无缺陷。

7.2.2 用钢直尺测量水磨石边角缺损的长度和宽度，测量方法如图1所示。读数准确到0.5 mm。

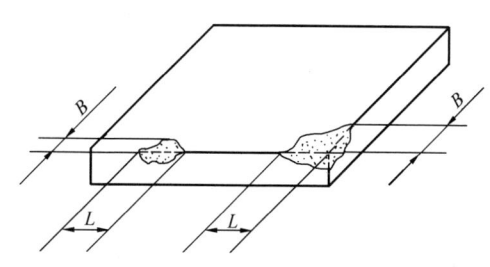

说明：
L——边角缺损长度；
B——边角缺损宽度。

图1 边角缺损测量方法示意图

7.2.3 用钢直尺测量图案偏差值和越线距离与长度，读数准确到0.5 mm。

7.2.4 在自然光下，将该品种的样板与产品并列设在地面上，人距水磨石1.5 m处目测观察。

7.3 尺寸偏差

7.3.1 外形尺寸

用钢直尺测量水磨石的长度和宽度，各测三条直线，测量部位如图2所示。用游标卡尺测量水磨石各边中点的厚度。分别用偏差的最大值和最小值表示长度、宽度、厚度的尺寸偏差。用同块水磨石上厚度偏差的最大值和最小值之间的差值表示同块水磨石上的厚度极差。读数准确至0.5 mm。

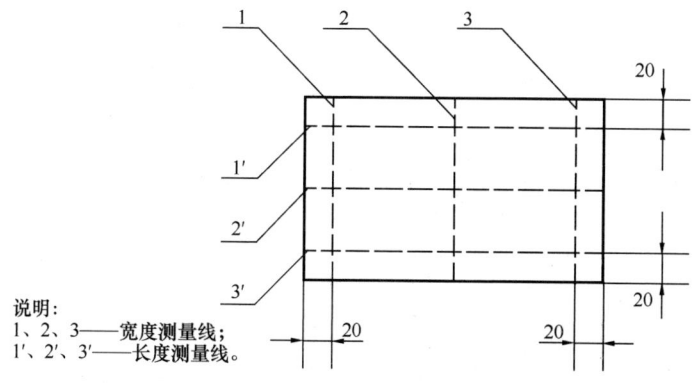

说明：
1、2、3——宽度测量线；
1'、2'、3'——长度测量线。

图2 长度和宽度测量示意图

7.3.2 平面度

将钢平尺贴放在被检平面的两条对角线上，用塞尺测量钢平尺尺面与水磨石被检平面之间的空隙。当被检面对角线长度大于1 000 mm时，用长度为1 000 mm的钢平尺沿对角线分段检验,如图3所示。以最大空隙的塞尺片读数表示水磨石的平面度极限公差。读数准确至0.1 mm。

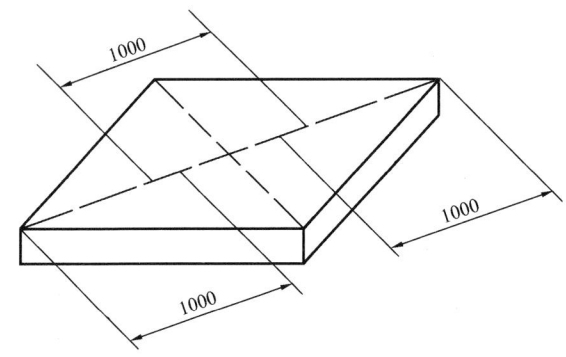

图3 平面度测量方法示意图

7.3.3 角度

7.3.3.1 当长边长度小于等于600 mm时,测量方法如下:将90°钢制角尺长边紧贴板材的长边,短边紧靠板材短边,用塞尺测量板材与角尺短边之间的间隙。当被检角大于90°时,测量点在角根部;当被检角小于90°时,测量点在长边边缘端或距根部400 mm处。测量示意如图4所示,当角尺的长边大于板面的长边时,用图4中的a)、b)方法测量板面的两对角;当角尺的长边小于板面的长边时,用图4中的c)、d)方法测量板面的四个角,以最大间隙的塞尺片读数表示水磨石的角度极限公差,读数准确到0.01 mm。

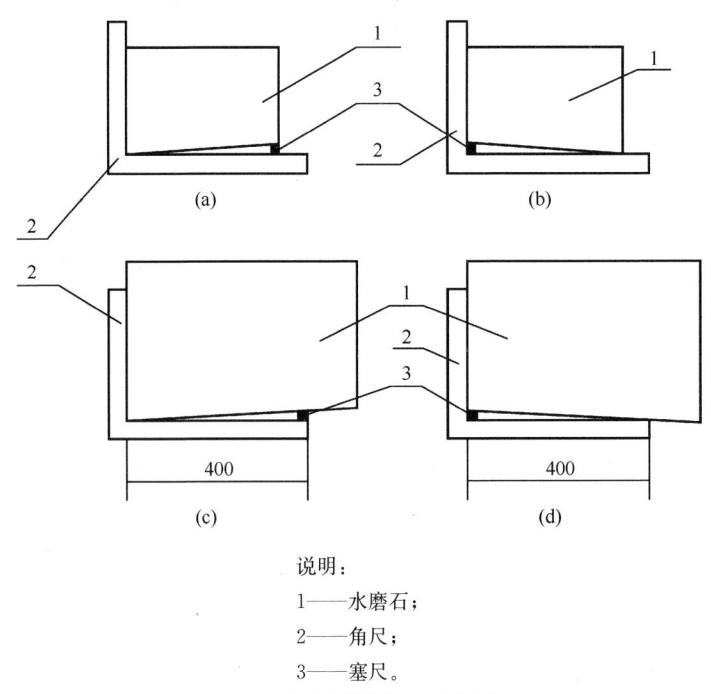

说明:
1——水磨石;
2——角尺;
3——塞尺。

图4 角度测量方法示意图

7.3.3.2 当长边长度大于600 mm,水磨石角度以其对角线长度差表示。

7.4 物理力学性能试验

7.4.1 抗折强度

7.4.1.1 试件制备

用切割成150 mm×100 mm的试件进行试验。试件受力方向不得含有钢筋,试件长度允许偏差±5 mm,宽度允许偏差±1 m,每块水磨石只能取一试件,每组五个。

7.4.1.2 试验步骤

将试件平放在水箱中,水箱与试件间用玻璃棒隔开,保持水面高于试件上表面(50±10)mm,浸水24 h后从水中取出,用湿布抹去试件表面的水迹,用游标卡尺测量试件中部的厚度和宽度,读数准确到0.1 mm。

选择合适量程的试验机,使试件的预期破坏荷载不小于全量程的20%,也不大于全量程的80%,抗折试验架的支承圆柱中心距L为100 mm,支承圆柱和荷载压头的圆弧半径为10 mm～15 mm。

将试件磨光面向上简支于试验架的两个支承圆柱上,开动试验机,使试件缓慢受力,以30 N/s～50 N/s的速度均匀而连续地加荷,直至试件折断,记录其最大荷载。加压方式如图5所示。

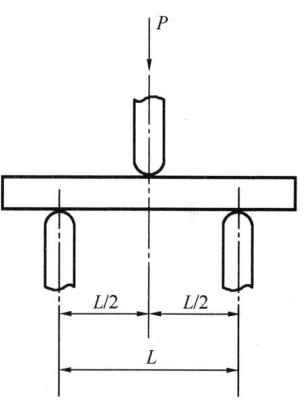

图5 抗折试验加荷方式示意图

7.4.1.3 结果计算

抗折强度R_f按公式(1)计算:

$$R_f = \frac{3PL}{2bh^2} \quad (1)$$

式中:

R_f——水磨石的抗折强度,单位为兆帕(MPa);

P——折断时的破坏荷载,单位为牛顿(N);

L——支承圆柱的中心距,单位为毫米(mm);

b——试件宽度,单位为毫米(mm);

h——试件厚度,单位为毫米(mm)。

抗折强度用该组试件算术平均值和单块最小值表示,计算结果精确到0.1 MPa。

7.4.2 吸水率

7.4.2.1 试件制备

用切割成150 mm×100 mm的试件进行试验,每组试件5块,每块水磨石只能取一个试件。

7.4.2.2 试验步骤

将试件放进电热恒温鼓风干燥箱内,在(105±5)℃下烘干至恒重,然后在玻璃干燥器内冷却至室温,称其干重G_0,精确至1 g。

将称干重后的试件平放在水箱中,水箱与试件间用玻璃棒隔开,保持水面高于试件上表面(50±10)mm,浸水24 h后从水中取出,用湿布抹去试件表面的水迹,立即称其湿重G_s,读数准确到1 g。

7.4.2.3 结果计算

吸水率 W（％）按公式（2）计算：

$$W = \frac{G_s - G_0}{G_0} \times 100 \tag{2}$$

式中：
W——吸水率，％；
G_0——试件的干重，单位为克（g）；
G_s——试件的湿重，单位为克（g）。

吸水率用该组试验结果单块最大值表示，计算结果精确到0.1％。

7.4.3 光泽度

光泽度测定按GB/T 13891—2008的规定进行。

7.5 其他性能试验

7.5.1 耐磨性试验方法按GB/T 16925—1997的规定进行。

7.5.2 抗滑值试验方法按附录B进行。

7.5.3 摩擦系数试验方法按附录C进行。

7.5.4 防静电性能试验方法按附录D进行。

7.5.5 耐污染性能的试验方法参照GB/T 3810.14—2006的规定进行。

7.5.6 不发火性试验方法按GB 50209—2010的附录A进行。

7.5.7 洁净水磨石的洁净度试验方法按GB 50073—2001的规定进行。

8 检验规则

8.1 检验分类

产品检验按类型分为出厂检验和型式检验。

8.1.1 出厂检验

出厂检验项目包括外观质量、尺寸偏差和抗折强度。

8.1.2 型式检验

型式检验项目包括外观质量、尺寸偏差、物理力学性能、功能性能中与产品功能相对应的项目。在下列情况下进行型式检验：

a) 新产品试制定型鉴定时；
b) 正式生产后，如材料、设备、工艺有较大改变，可能影响产品的性能时；
c) 正常生产时，每半年进行一次或同一类别和规格生产数量达到10 000块；
d) 产品长期停产后，重新恢复生产时；
e) 出厂检验结果与上次型式检验结果有较大差异时。

8.2 批的组成

8.2.1 出厂检验的批由一次订货的同一品种和规格的水磨石构成，不超过3 000件且不超过3个月的同类型产品为一个批量，如出厂时不足3 000件或不足3个月仍可作为一个检验批量。

8.2.2 型式检验的批由同一类别和规格的水磨石构成，一个检验批为最多不超过10 000块。

8.3 抽样方案

出厂检验和型式检验所需样品应在同一检验批中随机抽取。抽取的样品数量见表7（防静电性能、抗滑值、摩擦系数和洁净度结合工程进行检测)。

表7　　　　　　　　　　　　　　　　　　　　　　　　　　　　　　单位为块

批量范围	抽样数量							
	外观质量	尺寸偏差	吸水率	抗折强度	耐磨度	光泽度	不发火性能	耐污染性
20～500	20	13	5	5	5	5	10	5
501～1 200	32	20						
1 201～3 200	50	32						
3 201～10 000	80	32						

8.4 判定规则

8.4.1 出厂检验判定

8.4.1.1 外观质量和尺寸偏差按表8判定。

表8　　　　　　　　　　　　　　　　　　　　　　　　　　　　　　单位为块

栏　号	1	2	3	4
检验项目	试件数量	H_e	B_u	H_e'
外观质量	20	3	4	2
	32	5	6	3
	50	7	8	5
	80	10	11	8
尺寸偏差	13	1	2	1
	20	2	3	1
	32	3	4	2

当达不到质量要求的试件数小于或等于 H_e 时,判定该批产品该项合格;大于 B_u 时,判定该批产品该项不合格;等于 B_u 时,允许重新抽样。

重新抽样后,当第二批样品达不到质量要求的样品数小于或等于 H_e' 时,判定该批产品该项合格;大于 H_e' 时,判定该批产品该项不合格。

8.4.1.2 抗折强度的判定:抗折强度的试验结果达到6.3.1中要求时,判定该批产品该项合格。

8.4.1.3 总判定:外观质量、尺寸偏差、抗折强度符合技术要求时,判为合格。

8.4.2 型式检验判定

8.4.2.1 外观质量和尺寸偏差判定同8.4.1.1。

8.4.2.2 抗折强度的判定同8.4.1.2;吸水率、耐磨度、光泽度、不发火性能、耐污染性、防静电性能、洁净度、抗滑值和摩擦系数的判定按6.3和6.4进行。

8.4.2.3 总判定:外观质量、尺寸偏差和物理力学性能均符合技术要求,功能性项目符合相应要求时,判为合格。

9 标志、包装、运输、贮存、防护和保养

9.1 标志

9.1.1 水磨石边长超过 500 mm 时，背面应有生产厂名称或商标；边长等于或小于 500 mm 时，包装后应有产品标记。

9.1.2 出厂的水磨石应有产品质量合格证，其内容如下：
  a) 合格证编号；
  b) 产品标记；
  c) 生产厂的厂名或商标；
  d) 出厂日期或批号；
  e) 生产厂质量检验部门签章。

9.2 包装

根据运距和道路情况，水磨石包装时应光面相对，其包装方法分为绳包装、箱包装和托盘包装。

9.2.1 绳包装
  a) 包装绳应具有足够强度，包装时必须扎紧并保护好棱角；
  b) 产品除大型产品允许单块捆扎外，其他产品均采取双数包装；
  c) 简易包装不少于3个捆扎点，每个捆扎点的绳应不少于五道，密封包装时，产品不得外露。

9.2.2 箱包装
  a) 包装箱可用纸箱、木材或性能相近的代用板材制作，包装箱的规格由双方商定；
  b) 产品装入箱内时，其周围空隙必须用柔软填料挤实。

9.2.3 托盘包装
  a) 托盘规格应符合运输工具许可的尺寸并与产品模数相适应；
  b) 托盘与产品相互捆扎牢固，在运输过程中不应松散。

9.3 运输

9.3.1 运输中水磨石制品均应直立放置，每行倾斜不大于15°，水磨石包装件与运输工具接触部分必须支垫使之受力均匀。

9.3.2 运输时要平稳、严禁冲击。远途运输时必须采取防雨措施，搬运过程中应轻拿轻放、严禁抛掷。

9.4 贮存

9.4.1 产品在搬运时必须轻拿轻放。

9.4.2 产品宜在室内贮存，室外贮存时应予遮盖。

9.4.3 贮存期间，产品码放应采用直立与平放两种方法：
  a) 直立码垛时应光面相对，倾斜角不大于15°，垛高不超过1.6 m，最底层必须用木条支垫，层间用木条相隔，各层支承点必须平衡；
  b) 平放码垛时应光面相对，地面要求平整，垛高不超过1.4 m。

9.5 防护和保养

9.5.1 水磨石需通过表面密封固化或打蜡等方式进行表面防护。

9.5.2 水磨石表面保养采用中性清洁剂，pH值在7和10之间，清洁剂中不应含有可能破坏水磨石表面的有害酸碱等化学物质，保养周期需根据在其上行走和交通量来安排。

附 录 A
（规范性附录）
现浇水磨石产品技术及工程质量验收要求

本附录适用于现浇水磨石。

A.1 现浇水磨石产品技术要求

现浇水磨石的质量应符合设计要求和现行规范 GB 50209—2010、GB 50210 和 GB 50300 的要求，并应符合以下要求。

A.1.1 现浇水磨石的外观质量应符合本标准 6.1 条的规定。

A.1.2 现浇水磨石的允许偏差应符合表 A.1 的规定。

表 A.1 现浇水磨石的允许偏差表　　　　　单位为毫米

序号	项　　目		普通水磨石	水泥人造石
1	表面平整度	≤	3	2
2	踢脚线上口平直	≤	3	3
3	缝格顺直	≤	3	2

A.1.3 现浇水磨石的物理力学性能应符合本标准 6.3 条的规定。

A.1.4 现浇水磨石的功能性能应符合本标准 6.4 条的规定。

A.2 现浇水磨石的质量试验方法

A.2.1 现浇水磨石的外观质量试验方法

A.2.1.1 在自然光下目测水磨石面层的外观缺陷：人距水磨石 1.5 m 处明显可见的缺陷视为有缺陷；否则视为无缺陷。

A.2.1.2 用钢直尺测量图案偏差值和越线距离与长度，读数准确到 0.5 mm。

A.2.1.3 在自然光下，将该品种的样板放在现浇水磨石地面上，人距水磨石 1.5 m 处目测观察。

A.2.2 现浇水磨石的尺寸偏差试验方法

A.2.2.1 用 2 m 靠尺和楔形塞尺检查表面平整度。

A.2.2.2 拉 5 m 线和钢直尺检查踢脚线上口平直和缝格顺直。

A.2.3 现浇水磨石的物理力学性能和功能性能试验方法

A.2.3.1 抗折强度的测定按本标准 7.4.1 条的规定，其中样品在现浇场地中进行切割取样。

A.2.3.2 吸水率的测定按本标准 7.4.2 条的规定，其中样品在现浇场地中进行切割取样。

A.2.3.3 光泽度的测定按本标准 7.4.3 条的规定。

A.2.3.4 耐磨性试验方法按 GB/T 16925—1997 的规定进行，其中样品在现浇场地中进行切割取样。

A.2.3.5 抗滑值、摩擦系数和防静电性能试验方法分别按附录 B、附录 C 和附录 D 进行。

A.2.3.6 耐污染性能的试验方法参照 GB/T 3810.14—2006 的规定进行,其中样品在现浇场地中进行切割取样。

A.2.3.7 不发火性试验方法按 GB 50209—2010 的附录 A 进行,其中样品在现浇场地中进行切割取样。

A.2.3.5 洁净水磨石的洁净度试验方法按 GB 50073—2001 的规定进行。

A.3 现浇水磨石的质量验收方法

现浇水磨石的质量验收应符合现行规范 GB 50209—2010 中的 5.4 水磨石面层的规定和 GB 50210、GB 50300 的要求。

附 录 B
（规范性附录）
抗滑值试验方法

本附录适用于以摆式摩擦系数测定仪（摆式仪）测定水磨石地面的抗滑值,用以评定水磨石地面在干燥或潮湿状态下的抗滑能力。

B.1 一般要求

同一工程中,以相同材质相同表面状态的水磨石地面为一个检验批,每个检验批的检验频度按表 B.1 计算,检测点的位置以均匀分布为原则随机确定且应选择在水平的地面。抗滑值的测试除特殊说明采用干态法外,一般试验均采用湿态法。

表 B.1 检验频度表

水磨石地面工程面积 S m^2	检测点数	水磨石地面工程面积 S m^2	检测点数
$S \leqslant 500$	5	$4\,000 < S \leqslant 6\,000$	20
$500 < S \leqslant 2\,000$	10	$6\,000 < S \leqslant 8\,000$	25
$2\,000 < S \leqslant 4\,000$	15	$S \geqslant 10\,000$	30

B.2 仪器和材料

B.2.1 摆式仪:形状及结构如图 B.1 所示,摆和摆的连接部分总质量为 $(1\,500 \pm 30)$g,摆动中心至摆的重心距离为 (410 ± 5)mm,测定时摆在地面上滑动长度为 (126 ± 1)mm,摆上橡胶片端部距摆动中心的距离为 508 mm,橡胶片对地面的正向静压力为 (22.2 ± 0.5)N。

当用于测定地面抗滑值时橡胶片的尺寸为 6.35 mm×25.4 mm×76.2 mm,橡胶片采用 4S 橡胶,邵氏硬度为 (90 ± 1)。当橡胶片使用后,端部在长度方向上磨耗超过 1.6 mm 或边缘在宽度方向上磨耗超过 3.2 mm,或有油类污染时,即应更换新橡胶片。新橡胶片应先在干燥地面上测试 10 次后再用于测试。橡胶片的有效使用期为 1 年。

B.2.2 标准量尺:长 126 mm。

B.2.3 洒水壶。

B.2.4 橡胶刮板。

B.2.5 地面温度计:分度不大于 1℃。

B.2.6 其他：皮尺或钢卷尺、扫帚、粉笔等。

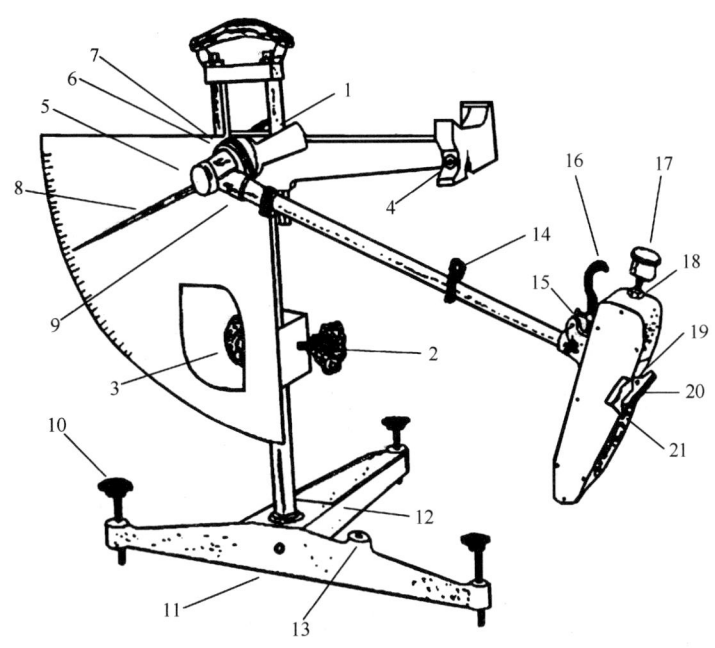

说明：
1、2—紧固把手；3—升降把手；4—释放开关；5—转向节螺盖；6—调节螺母；7—针簧片或毡垫；8—指针；9—连接螺母；10—调平螺栓；11—底座；12—垫块；13—水准泡；14—卡环；15—定位螺丝；16—举升柄；17—平衡锤；18—并紧螺母；19—滑溜块；20—橡胶片；21—止滑螺丝。

图 B.1 摆式仪结构示意图

B.3 试验方法

B.3.1 试验准备

B.3.1.1 检查摆式仪的调零灵敏情况，并定期进行仪器的标定。仪器每次使用前应重新标定。

B.3.1.2 对测试地面按随机取样选点的方法，决定测点所在位置。测点应干燥清洁，无灰尘杂物、油污等。

B.3.2 试验步骤

B.3.2.1 仪器调平

将仪器置于地面测点上，转动底座上的调平螺栓，根据仪器上的水准泡将仪器调平。

B.3.2.2 调零

B.3.2.2.1 放松上、下两个紧固把手，转动升降把手，使摆升高并能自由摆动，然后旋紧紧固把手。

B.3.2.2.2 将摆抬起，使环卡卡在释放开关上，此时摆处于水平待释放位置，把指针转至与摆杆平行。

B.3.2.2.3 按下释放开关，摆带动指针摆向另一边，在摆达到另一边最高位置后下落过程

159

中,用手将摆接住,此时指针应指零。若不指零时,可稍旋紧或放松摆的调节螺母,重复本项操作,直至指针指零。调零允许误差为±1 BPN。

B.3.2.3 校核滑动长度

B.3.2.3.1 让摆自由悬挂,提起摆头上的举升柄,将底座上垫块置于定位螺丝下面,使摆头上的滑溜块升高。放松紧固把手,转动立柱上的升降把手,使摆缓缓下降。当滑溜块上的橡胶片刚刚接触路面时,即将紧固把手旋紧,使摆头固定。

B.3.2.3.2 提起举升柄,取下垫块,使摆向一边运动。然后,手提举升柄使摆慢慢向另一边运动,直至橡胶片的边缘刚刚接触路面。在橡胶片的外边摆动方向设置标准量尺,尺的一端正对该点。再用手提起举升柄,使滑溜块向上抬起,并使摆继续运动至另一边,使橡胶片返回落下再一次接触路面,橡胶片两次同路面接触点的距离应在126 mm(即滑动长度)左右。若滑动长度不符标准时,则升高或降低仪器底正面的调平螺丝来校正,但需调平水准泡,重复此项校核直至使滑动长度符合要求。而后,将摆和指针置于水平释放位置。

B.3.2.3.3 校核滑动长度时,应以橡胶片长边刚刚接触路面为准,不可借摆力量向前滑动,以免标定的滑动长度过长。

B.3.2.4 试验

B.3.2.4.1 将摆抬至待释放位置并使指针和摆杆平行,按下释放开关,使摆在地面滑过,指针即可指示出地面的抗滑值。切记应在摆杆回落过程中,用手接住摆,以避免摆在回摆过程中接触地面。第一次测定值应舍去。

B.3.2.4.2 重复以上的操作测定5次,并读记每次测定的抗滑值。5次数值中最大值与最小值的差值不得大于3 BPN。如差数大于3 BPN时,应检查产生的原因,并再次重复上述各项操作,至符合规定为止。取5次测定的平均值作为每个测点地面的抗滑值,取整数,单位以BPN表示。

B.3.2.4.3 若要试验潮湿地面的抗滑值,则用喷壶将水浇洒在待测试处,5 min后用橡胶刮板刮除多余水分,然后再进行试验。

B.4 检测结果的判定

以同一检验批的所有测试点的抗滑值中的最小值作为该检验批的检测结果。

附 录 C
(规范性附录)
摩擦系数试验方法

本附录适用于在干态和湿态两种条件下用水平拉力计测定水磨石或水磨石地面表面的静摩擦系数。本方法可用于水磨石产品,也可用于水磨石工程现场。

C.1 一般要求

同一工程中,以相同材质相同表面状态的水磨石地面为一个检验批,每个检验批的检验频度按表C.1计算,检测点的位置以均匀分布为原则随机确定且应选择在水平的地面。如用于水磨石产品,每个检验批的检测样品数为5块。摩擦系数的测试一般采用干态法,如采用湿态法,应注明。

表 C.1 检验频度表

水磨石地面工程面积 S m²	检测点数	水磨石地面工程面积 S m²	检测点数
S≤500	5	4 000<S≤6 000	20
500<S≤2 000	10	6 000<S≤8 000	25
2 000<S≤4 000	15	S≥10 000	30

C.2 测试仪器和材料及试验示意图

测试仪器和材料要求以及试验示意图见 GB/T 4100—2006 附录 M。

C.3 试验方法

C.3.1 试验准备

待测样品或地面应清洁无污染。其余试验准备要求按 GB/T 4100—2006 附录 M 进行。

C.3.2 试验步骤

C.3.2.1 在同一样品或同一个测试点，按照 GB/T 4100—2006 附录 M 的规定在四个互相垂直的水平方向进行测试。测试过程按 GB/T 4100—2006 附录 M 要求进行。

C.3.2.2 测试干态静摩擦系数时，待测试表面应充分干燥；测试湿态静摩擦系数时，待测试表面应保持湿润。具体要求按 GB/T 4100—2006 附录 M 进行。

C.3.3 结果计算

按 GB/T 4100—2006 附录 M 进行计算，单一样品或测试点的静摩擦系数为四个方向的平均值。

C.4 检测结果的判定

以同一检验批的所有样品或测试点的静摩擦系数值中的最小值作为该检验批的检测结果。

附 录 D
（规范性附录）
防静电性能试验方法

本附录适用于按 SJ/T 10694—2006《电子产品制造与应用系统防静电检测通用规范》的要求测定水磨石地面的防静电性能。

D.1 原理

按 SJ/T 10694—2006《电子产品制造与应用系统防静电检测通用规范》的规定，对地面两点间电阻、系统电阻和防静电系统接地电阻进行检测，用于评定水磨石地面的防静电性能。

D.2 仪器和材料

D.2.1 温湿度计。

D.2.2 数字兆欧表：测试电压 100 V，量程为 $1.0×10^3$ Ω～$1.0×10^{11}$ Ω，精度等级不低于 2.5 级。

D.2.3 柱电极：柱电极直径（63±3）mm；电极材料为不锈钢或铜；电极接触材料导电橡胶，硬度（60±10）（邵氏 A 级），厚度（6±1）mm，其体积电阻小于 500 Ω；电极单重

2.25 kg～2.5 kg。

D.2.4 测试电极垫片：采用干燥导电喷胶棉，直径（65±3）mm，厚度（3±1）mm，其体积电阻应不大于500 Ω。

D.2.5 防静电性能检测所使用的器具均应在计量检定有效期内。

D.3 试验方法

D.3.1 试验准备

D.3.1.1 检测时间的确定

放静电性能指标的检验应在水磨石地面固化干燥后（一般在施工结束2～3月后）进行。

D.3.1.2 检测时环境条件

用于电子产品制造与应用系统的地面检测，环境温度为20℃～25℃，相对湿度RH为40%～60%；设计有明确测试要求的，应符合相应测试条件。

D.3.2 试验步骤

D.3.2.1 地面点对点电阻和系统电阻测试按图D.1、图D.2的方法进行。

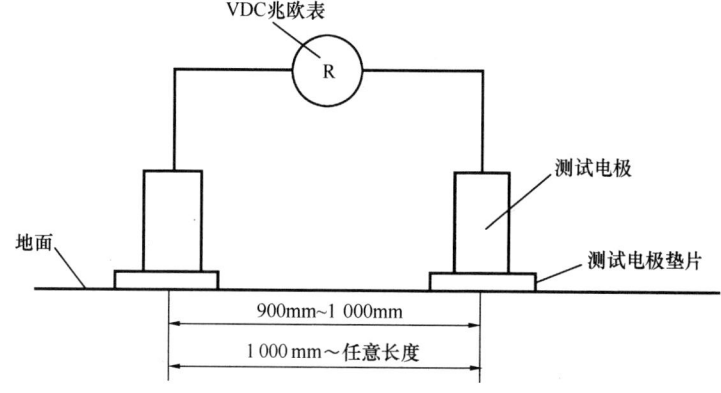

图 D.1 表面两点间电阻测试

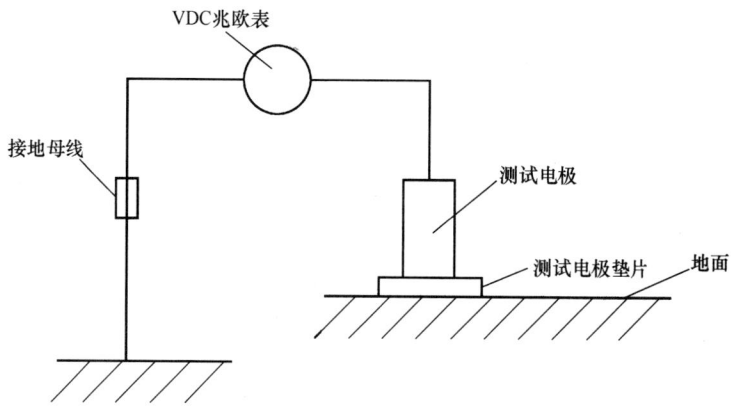

图 D.2 地面系统电阻测试

D.3.2.2 在单间面积小于500 m² 时，测试点应不少于15个点，在单间面积大于500 m² 时，测试点应不少于21个点。在测试表面两点间电阻时，点对点间距为1 000 mm至任意长度的测试点数量应不少于总测试点数的2/3。

D.3.2.3 测试按 SJ/T 10694—2006 的要求进行。

D.3.3 结果计算

以测试点的平均值表示。

D.4 检测结果的判定

结果符合 GJB 3007A 的要求为合格。

人造玛瑙及人造大理石卫生洁具 JC/T 644—1996

1 范围

本标准规定了人造玛瑙及人造大理石卫生洁具的定义、产品分类、技术要求、试验方法、检验规则、标志、包装、运输与贮存。

本标准适用于人造玛瑙及人造大理石卫生洁具。

2 引用标准

下列标准所包含的条文，通过在本标准中引用而构成为本标准的条文。在标准出版时，所示版本均为有效。所有标准都会被修订，使用本标准的各方应探讨使用下列标准最新版本的可能性。

GB 1462—88 纤维增强塑料吸水性试验方法
GB 2828—87 逐批检查计数抽样程序及抽样表
GB 3854—83 纤维增强塑料巴氏硬度试验方法
GB 6952—86 卫生陶瓷
GB 7191—87 玻璃纤维增强塑料浴缸
GB 9266—88 建筑涂料涂层耐洗刷性的测定
GB/T 13891—92 建筑饰面材料镜向光泽度测定方法
JC 502—93 陶瓷大便器冲洗功能试验方法

3 定义

本标准采用下列定义：

3.1 人造玛瑙卫生洁具
以不饱和聚酯、氢氧化铝等为主要原料加工而成的具有玛瑙质感的制品。

3.2 人造大理石卫生洁具
以不饱和聚酯、碳酸钙等为主要原料加工而成的具有大理石纹理的制品。

3.3 可见面
产品安装后观察者站在一般位置容易见到的面。

3.4 洗净面
产品安装后使用时水能冲洗的可见面。

3.5 气泡
存在于表面层的可见小气泡。

3.5.1 气泡轻微
在 $\phi 200$ mm 范围内，不大于 $\phi 2$ mm 的气泡不超过两个。

3.6 麻点
表面出现的直径在 0.5 mm～1.0 mm 左右的凹陷形圆点。

3.6.1 麻点轻微

在 φ200 mm 范围内麻点不超过两个。

3.7 划痕

表面因摩擦等原因留下的伤痕。

3.7.1 划痕不明显

在 1 m² 范围内，长×宽不超过 50 mm×0.1 mm，稍有深度的划痕不超过一条。

3.8 修补痕迹

表面由于修补面留下的痕迹。

3.8.1 修补痕迹不明显

表面修补处与周围基本吻合，色泽无明显差异。

3.9 凹陷

产品表面局部下陷。

3.9.1 凹陷不明显

在 1 m² 范围内不大于 1 mm² 的凹陷不得超过 5 处。

3.10 色差

同一产品或一套产品之间的色度差。

3.11 杂质

原料配方以外的影响外观的物质。

4 产品分类

4.1 品种

按材质分为人造玛瑙卫生洁具及人造大理石卫生洁具。

按用途分为：浴缸、洗脸盆、便器、净身器、淋浴盆等。

4.2 产品代号

产品代号表示方法规定如下：

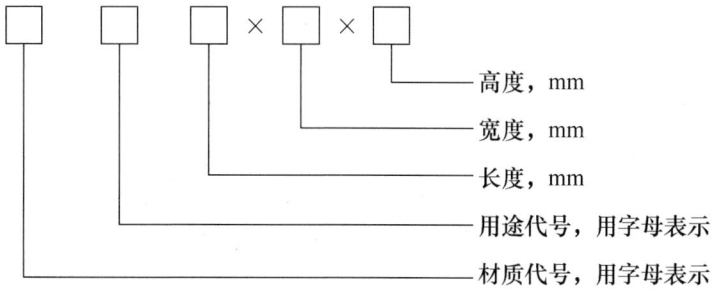

其中对于材质代号，人造玛瑙用 M 表示，人造大理石用 S 表示。对于用途代号，浴缸、洗脸盆、便器、净身器、淋浴盆分别用 Y、P、B、J、L 表示。

4.3 产品标记

4.3.1 标记方法

人造玛瑙及人造大理石卫生洁具标记的顺序为：产品名称、产品代号和本标准号。

4.3.2 标记示例

长 1700 mm，宽 800 mm，高 445 mm 的人造玛瑙高枕式浴缸，可表示为：

高枕式人造玛瑙浴缸　MY 1700×800×445 JC/T 644

长 1200 mm，宽 560 mm，高 185 mm 的人造大理石平台式洗脸盆，可表示为：

平台式人造大理石洗脸盆　SP 1200×560×185 JC/T 644

5 技术要求

5.1 尺寸允许偏差

外形尺寸允许偏差见表1，预留孔应与市售通用管件相匹配，孔眼尺寸允许偏差按 GB 6952 的规定。

表 1　外形尺寸允许偏差

外形尺寸 mm	允许偏差 %
≤1000	±2
>1000	±1

5.2 外形质量

人造玛瑙及人造大理石卫生洁具的外观质量均应符合表2规定。其中裂纹、缺损二项指标是对整件卫生洁具的要求，其余项目是对其可见面的要求。

表 2　外观质量

序号	缺陷名称	要求	序号	缺陷名称	要求
1	裂纹	不允许	7	麻点	轻微
2	皱纹	不明显	8	划痕	不明显
3	缺损	不允许	9	修补痕迹	不明显
4	白斑	不明显	10	凹陷	不明显
5	花斑	轻微	11	色差	同套产品色泽基本一致
6	气泡	轻微	12	杂质	不明显

5.3 物理性能

物理性能应符合表3规定，其中冲洗功能仅针对坐便器，耐荷重性、耐冲击性仅针对浴缸。

表 3　物理性能

序号	试验项目	性能要求	序号	试验项目	性能要求
1	光泽度	≥80 光泽单位	7	胶衣层厚度	0.35 mm～0.60 mm
2	不平整度	≤4‰	8	可清洗性	不多于 3 个斑点
3	巴氏硬度	≥40	9	耐热水性	无裂纹、不起泡
4	耐荷重性	表面不产生裂纹	10	耐污染性	无明显变色
5	耐冲击性	表面不产生裂纹	11	冲洗功能	6 个注水乒乓球排出，洗净面无墨水残留痕迹
6	吸水率	≤0.5%			

6 试验方法

6.1 试样

根据不同试验项目，分别采用浴缸、洗脸盆、坐便器及试件。具体尺寸、数目见表4。试件从制品平坦部位切取。

表4 试样条件

试验项目	试验形式	尺寸 mm	数量
外观检验	单件卫生洁具	—	1
光泽度	单件卫生洁具	—	1
不平整度	单件卫生洁具	—	1
巴氏硬度	单件卫生洁具	—	1
耐荷重性	浴缸	—	1
耐冲击性	浴缸	—	1
吸水率	试件	50×50×4	5
胶衣层厚度	试件	50×50	5
可清洗性	试件	430×150	2
耐热水性	试件	150×100	2
耐污染性	试件	200×150	2
冲洗功能	坐便器	—	1

6.2 尺寸偏差测定

6.2.1 量具

3m钢卷尺，最小分度值1 mm。

6.2.2 测定方法

用钢卷尺在卫生洁具的长、宽、高的最大尺寸处测量，所得数据为产品的长度、宽度、高度尺寸，精确至1 mm。

6.3 外观检查

用洗洁精洗净制品表面并擦干，在制品表面涂上蓝墨水，再用自来水冲洗并擦干。置于散射日光或日光灯下，光照度100 lx±20 lx，距离试样600 mm斜向目测检查外观，并对照表2进行。

6.4 物理性能检验

6.4.1 光泽度测定

按GB/T 13891在制品洗净面或可见面的平面部位测定

6.4.2 不平整度测定

6.4.2.1 量具

长 500 mm 或 1000 mm 的钢直尺；精度为 2 级的塞尺。
6.4.2.2 测量方法
将钢直尺垂直放于制品不同方向的平坦表面上，把塞尺塞入钢直尺与制品表面之间的缝隙中，记录塞尺厚度。每件制品测 3 次。
6.4.2.3 结果计算

$$F = \frac{D}{L} \times 100\% \qquad (1)$$

式中　F——不平整度；
　　　L——测量长度，mm；
　　　D——塞尺厚度，mm。

取 3 个数据的平均值，并记录其中的最大值，精确至 0.01%。

6.4.3 巴氏硬度测定
按 GB 3854，硬度计型号为 934-1 型，在制品洗净面或可见面的平面部位进行。

6.4.4 耐荷重性试验
按 GB 7191—87 中 3.4 进行。

6.4.5 耐冲击性试验
在浴缸底部平坦位置取 3 个点，各点间隔不小于 150 mm，用一直径 30 mm 的钢球（重约 110 g）从 750 mm 高度自由落下，在冲击点处无裂纹为合格。

6.4.6 吸水率测定
按 GB 1462 进行。

6.4.7 胶衣层厚度测定
6.4.7.1 仪器
读数显微镜，最小分度值 0.02 mm。
6.4.7.2 测试方法
在每块试样上垂直于胶衣层切取一条约 50 mm×4 mm 的试条，切面向上置于显微镜试样平台上，读取胶衣层厚度，在每个试条上进行两次测量。胶衣层厚度用五块试样的平均值表示，精确至 0.01 mm。

6.4.8 可清洗性测定
按 GB 9266 进行，洗刷次数满 10 000 次后取下试板，检查表面磨损情况。

6.4.9 耐热水性试验
6.4.9.1 仪器
超级恒温槽或恒温水浴锅，精度±2 ℃。
6.4.9.2 试验方法
将试样放入水温（80±2）℃恒温槽中，恒温 100 h 后取出，检查表面是否产生裂纹或起泡。

6.4.10 耐污染性试验
6.4.10.1 试剂
乙醇　　　　　　　3%双氧水
丙酮　　　　　　　茶

2%红汞溶液	醋
2%碘溶液	黑色液体鞋油
龙胆紫	唇膏

6.4.10.2 试验方法

用脱脂棉花蘸足6.4.10.1所列各种物质分别放在试样上，24 h后擦去污染物，用洗洁精洗净擦干，检查试样表面是否明显变色。

6.4.11 冲洗功能试验

按JC 502进行。

7 检验规则

7.1 检验分类

7.1.1 出厂检验

出厂检验包括外观质量、尺寸偏差、光泽度、巴氏硬度、不平整度。其中外观质量逐件检验，其余按7.3.1抽样检验。

7.1.2 型式检验

型式检验包括本标准第5章规定的全部项目。

在正常情况下，每半年进行一次型式检验。当工艺、原料、配方有较大变化时，应进行型式检验。

7.2 组批规则

人造玛瑙及人造大理石卫生洁具产品以同一品种的100件产品为一批，不足规定数量时仍按一批计。

7.3 抽样与判定规则

7.3.1 出厂检验项目中光泽度、巴氏硬度、不平整度、尺寸偏差按GB 2828正常检查二次抽样方案抽样和检验。样本大小，检查水平1L、合格质量水平AQL、不合格分类见表5。按表5及本标准5.1、5.2、5.3规定判定合格或不合格。

表5 出厂检验抽检规定

批量范围(件) 抽样方案	正常检查二次抽样方案 1 L＝Ⅱ				不合格分类	
	样本大小	B类不合格品 AQL=6.5 A_c　R_e		C类不合格品 AQL=10 A_c　R_e		B类不合格	C类不合格
1～50	5 5 (10)	0 1	2 2	0 3	3 4	巴氏硬度、光泽度	尺寸偏差、不平整度
51～90	8 8 (16)	0 3	3 4	1 4	3 5		
91～150	13 13 (26)	1 4	3 5	2 6	5 7		

7.3.2 型式检验按表6抽样并判定。

表6 型式检验抽检规定

样本大小	B类不合格品 AQL=6.5		C类不合格品 AQL=10		不合格分类	
	A_c	R_e	A_c	R_e	B类不合格	C类不合格
3 3（6）	0 1	2 2	0 1	2 2	外观质量、光泽度、不平整度、巴氏硬度、胶衣层厚度、耐冲击性、耐荷重性、耐热水性、冲洗功能	尺寸偏差、吸水率、可清洗性、耐污染性

8 标志、包装、运输与贮存

8.1 标志

8.1.1 产品标志

在每件产品醒目处应贴有包括生产厂名、产品标记、生产日期和生产批号的标签。

8.1.2 包装标志

在外包装上应有收发货标志、产品标记、质量等级、厂名、厂址、毛重、净重、小心轻放的字样或图示标志。

8.2 包装

包装应牢固并采用防震衬垫。包装箱内应随带产品合格证及使用说明书。

8.3 运输

8.3.1 产品在搬运时应轻拿轻放。

8.3.2 产品在运输过程中防止重压、机械碰撞及强烈震动。

8.4 贮存

8.4.1 浴缸、坐便器堆高不得超过四只，洗脸盆堆高不得超过六只。

8.4.2 产品应按不同品种、规格、颜色、等级、批号存放。

干挂饰面石材及其金属挂件 JC 830.1—2005（2017）
第1部分：干挂饰面石材

1 范围

本部分规定了干挂天然饰面石材（以下简称干挂石材）的术语和定义、分类、命名和标记、技术要求、试验方法、检验规则以及标志、包装、运输与贮存等。

本部分适用于建筑干挂饰面工程施工用天然花岗石、天然大理石、天然石灰石、天然砂岩加工成的建筑板材、花线、实心柱体等。用于干挂饰面工程的各类人造石材和建筑装饰用微晶玻璃也可参照采用。

2 规范性引用文件

下列文件中的条款通过本部分的引用而成为本部分的条款。凡是注日期的引用文件，其随后所有的修改单（不包括勘误的内容）或修订版均不适用于本部分，然而，鼓励根据本部分达成协议的各方研究是否可使用这些文件的最新版本。凡是不注日期的引用文件，其最新版本适用于本部分。

GB 191 包装储运图示标志
GB/T 1182 形状和位置公差 通则、定义、符号和图样表示法
GB 6566 建筑材料放射性核素限量
GB/T 9966.7 天然饰面石材试验方法 第7部分：检测板材挂件组合单元挂装强度试验方法
GB/T 9966.8 天然饰面石材试验方法 第8部分：用均匀静态压差检测石材挂装系统结构强度试验方法
GB/T 13890 天然饰面石材术语
GB/T 17670 天然石材统一编号
GB/T 18601 天然花岗石建筑板材
JC/T 79 天然大理石建筑板材
JC/T 847.2 异型装饰石材 第2部分：花线
JC/T 847.3 异型装饰石材 第3部分：实心柱体

3 术语和定义

下列术语和定义适用于本部分。

3.1
干挂 dry-hang
采用金属挂件将装饰材料牢固悬挂在结构体上形成饰面的一种挂装施工方法的简称。

3.2
石灰石 limestone

商业上指主要由碳酸钙（方解石矿物）或碳酸钙镁（白云石矿物）或两者的混合矿物构成的一种沉积岩类饰面石材。

3.3

砂岩　quartzitic sandstone

商业上指主要由二氧化硅（石英砂）以及多种矿物、岩石颗粒凝结而成的一种沉积岩类饰面石材。

3.4

天然饰面石材　nature facing building stone

用天然花岗石、天然大理石、天然石灰石、天然砂岩、天然板石等材料加工而成的饰面板材、花线或实心柱体，用作建筑物的内外墙面、顶棚、柱面等。

3.5

抗冻系数　coefficient of freeze resistance

冻融循环后弯曲强度值与水饱和弯曲强度值的百分比值，用来衡量室外石材抗冻性能。

4 分类、命名与标记

4.1 分类

4.1.1 按所用石材种类分

a) 天然花岗石（代号为 G）；
b) 天然大理石（代号为 M）；
c) 天然石灰石（代号为 L）；
d) 天然砂岩（代号为 Q）。

4.1.2 按加工产品种类分

4.1.2.1 板材

a) 普型板（PX）：正方形或长方形的板材；
b) 圆弧板（HM）：装饰面轮廓线的曲率半径处处相同的饰面板材；
c) 异型板（YX）：普型板和圆弧板以外的其他形状的板材。

4.1.2.2 花线

a) 直位花线（ZH）：延伸轨迹为直线的花线；
b) 弯位花线（WA）：延伸轨迹为曲线的花线。

4.1.2.3 实心柱体

a) 等直径普型柱（DP）：截面直径相同、表面为普通加工面的石材柱体；
b) 等直径雕刻柱（DD）：截面直径相同、表面刻有花纹或造型的石材柱体；
c) 变直径普型柱（BP）：截面直径不同、表面为普通加工面的石材柱体；
d) 变直径雕刻柱（BD）：截面直径不同、表面刻有花纹或造型的石材柱体。

4.1.3 按表面加工程度分

a) 镜面石材（JM）：饰面具有镜面光泽的石材；
b) 亚光面石材（YM）：饰面细腻，能使光线产生漫反射现象的石材；
c) 粗面石材（CM）：饰面粗糙规则有序的石材。

4.1.4 按等级分

按加工质量分为优等品（A）、一等品（B）、合格品（C）三个等级。

4.2 命名与标记

4.2.1 命名顺序

荒料产地名称、花纹色调特征描述、石材种类、产品种类。

4.2.2 标记顺序

命名、类别、规格尺寸、等级、标准号。

可采用 GB/T 17670 的编号规定，标记顺序为：编号、类别、规格尺寸、等级、标准号。

4.2.3 标记示例

示例1：用山东荣成石岛产的红色花岗石荒料加工的长度600mm、宽度600mm、厚度20mm、普型、镜面、优等品板材标记如下：

命名：石岛红花岗石板材

标记：石岛红花岗石板材 PX JM 600×600×20 A JC 830.1—2005

示例2：用福建晋江巴厝白（统一编号为G3503）花岗石荒料加工的宽度200mm、厚度50mm、长度800mm、直位、粗面、一等品花线标记如下：

命名：晋江巴厝白花岗石花线；

标记：G3503 ZH CM 200×50×800 B JC 830.1—2005

5 技术要求

5.1 规格尺寸要求

5.1.1 干挂板材厚度应符合表1要求。

表1　　　　　　　　　　　　　　　　　　　　　　　　单位为毫米

安装部位	分 类	
	亚光面和镜面板材	粗面板材
室内饰面	≥20	≥23
室外饰面	≥25	≥28

5.1.2 干挂板材的单块面积不应大于1.5 m²。

5.1.3 天然石灰石、天然砂岩的厚度应以设计要求为准。

5.2 规格尺寸允许偏差

5.2.1 在满足5.1的前提下，干挂普型板材规格尺寸允许偏差应符合表2规定。

表2　　　　　　　　　　　　　　　　　　　　　　　　单位为毫米

项目	亚光面和镜面板材			粗面板材		
	优等品	一等品	合格品	优等品	一等品	合格品
长、宽度	0 −1.0	0 −1.0	0 −1.5	0 −1.0	0 −1.0	0 −1.5
厚度	+1.0 −1.0	+2.0 −1.0	+3.0 −1.0	+3.0 −1.0	+4.0 −1.0	+5.0 −1.0

5.2.2 在满足5.1条的前提下,干挂圆弧板的尺寸允许偏差应符合表3规定。

表3　　　　　　　　　　　　　　　　　　　　　　　　　单位为毫米

项目	亚光面和镜面板材			粗面板材		
	优等品	一等品	合格品	优等品	一等品	合格品
弦长	0 −1.0	0 −1.0	0 −1.5	0 −1.5	0 −2.0	0 −2.0
高度	0 −1.0	0 −1.0	0 −1.5	0 −1.0	0 −1.0	0 −1.5
厚度	+1.0 −1.0	+2.0 −1.0	+3.0 −1.0	+3.0 −1.0	+4.0 −1.0	+5.0 −1.0

5.2.3 干挂异型板材各边长尺寸允许偏差由供需双方商定,厚度尺寸允许偏差应符合表2规定。

5.2.4 干挂花线尺寸和允许偏差由供需双方商定。

5.2.5 干挂实心柱体尺寸和允许偏差由供需双方商定。

5.3 平面度允许极限公差

5.3.1 天然花岗石板材的平面度允许公差应符合GB/T 18601的规定。

5.3.2 天然大理石、天然石灰石、天然砂岩板材的平面度允许公差应符合JC/T 79的规定。

5.3.3 花线的形状公差应符合JC/T 847.2的规定。

5.3.4 实心柱体的形状公差应符合JC/T 847.3的规定。

5.4 角度允许极限公差

5.4.1 天然花岗石板材的角度允许公差应符合GB/T 18601的规定。

5.4.2 天然大理石、天然石灰石、天然砂岩板材的角度允许公差应符合JC/T 79的规定。

5.4.3 异型板材的角度允许公差,由供需双方商定。

5.5 外观质量

5.5.1 干挂石材不允许有裂纹存在。

5.5.2 天然花岗石、天然砂岩板材的其他外观质量应符合GB/T 18601的规定。

5.5.3 天然大理石、天然石灰石板材的其他外观质量应符合JC/T 79的规定。

5.5.4 干挂花线的其他外观质量应符合JC/T 847.2的规定。

5.5.5 实心柱体的外观质量应符合JC/T 847.3的规定。

5.6 光泽度

5.6.1 天然花岗石镜面板材镜向光泽度应不低于80光泽单位或按供需双方协商确定。

5.6.2 天然大理石镜面板材镜向光泽度应不低于70光泽单位或按供需双方协商确定。

5.6.3 其余产品的镜向光泽度值由供需双方协商确定。

5.7 物理性能

5.7.1 干挂石材的物理性能技术指标最低值应符合表4的规定。

表 4

项目	天然花岗石	天然大理石	天然石灰石	天然砂岩
体积密度/g/cm³ ≥	2.56	2.60	2.16	2.40
吸水率/% ≤	0.60	0.50	3.00	3.00
干燥压缩强度/MPa ≥	100.0	50.0	28.0	68.9
干燥 弯曲强度/MPa ≥	8.0	7.0	3.4	6.9
水饱和				
剪切强度/MPa ≥	4.0	3.5	1.7	3.5
抗冻系数/% ≥	80	80	80	80

5.7.2 干挂石材在具体的工程中与使用的挂件组成挂件组合单元的挂装强度应符合设计要求，正常情况下应满足表 5 的规定。

表 5

项目	安装部位	
	室内饰面	室外饰面
挂件组合单元挂装强度	不低于 0.65 kN	不低于 2.80 kN

5.7.3 干挂石材在具体的工程中与使用的挂件组成挂装系统的结构强度应符合设计要求，正常情况下应满足表 6 的规定。

表 6

项目	室内饰面	室外饰面
石材挂装系统结构强度	不低于 1.20 kPa	不低于 5.00 kPa

5.7.4 干挂天然花岗石放射性水平控制应符合 GB 6566 的规定。

6 试验方法

6.1 裂纹（5.5.1）检测

用近距离目测及水浇法（观察水渗透情况）检测。

6.2 外弧面板和内弧面板厚度的测量

对于中间厚的外弧面板，圆弧板的厚度测量点应选在每个端面上靠近侧面两个开槽中心处的壁厚；对于中间薄的内弧面板，测量点应选在中间最薄处。

6.3 剪切强度

按附录 A 的方法进行。

6.4 抗冻系数

按 GB/T 9966.2 试样规定准备五块抗冻试验样品，有层理的石材需准备平行和垂直层理各五块进行试验。用清水洗净试样，并将其置于 20 ℃±2 ℃的清水中浸泡 48 h，取出后立即放入－20 ℃±2 ℃的冷冻箱内冷冻 4 h，再将其放入流动的清水中融化 4 h。反复冻融 25 次后用拧干的湿毛巾将试样表面水分擦去，放到材料试验机上按 GB/T 9966.2 的方法测出冻融样品的弯曲强度值。用冻融循环后弯曲强度平均值除以水饱和弯曲强度平均值，用百分比表示，保留二位有效数字。

6.5 挂装强度

挂件组合单元挂装强度样品为300 mm×300 mm×实际厚度五块，石材槽或孔按实际使用要求加工，挂件用实际使用的挂件，按工程实际使用要求将试样与挂件组成试样单元。侧面开槽试验尺寸如图1所示，其余要求按GB/T 9966.7规定进行。

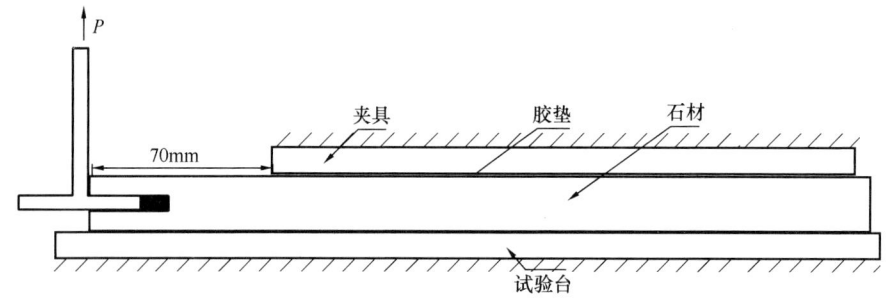

图1 侧面开槽挂装强度试验图

6.6 石材挂装系统结构强度试验

按GB/T 9966.8规定进行。

6.7 天然花岗石板材的其他试验方法

按GB/T 18601规定进行。

6.8 天然大理石板材的其他试验方法

按JC/T 79规定进行。

6.9 花线的其他试验方法

按JC/T 847.2规定进行。

6.10 实心柱体的其他试验方法

按JC/T 847.2规定进行。

7 检验规则

7.1 出厂检验

7.1.1 检验项目

普型板和异型板为规格尺寸偏差、平面度公差、角度公差、镜向光泽度、外观质量。

圆弧板为规格尺寸偏差、角度公差、直线度公差、线轮廓度公差、镜向光泽度、外观质量。

花线为尺寸偏差、形状公差、外观质量。

实心柱体为尺寸偏差、形状公差、外观质量。

7.1.2 组批

同一品种、类别、等级的干挂石材为一批。每批干挂石材中裂纹和板材厚度为全数检验项目，要求100%符合5.5.1和5.1的规定，否则更换石材后重新组批。

7.1.3 抽样

7.1.3.1 花线和实心柱体为全数检验。

7.1.3.2 干挂板材采用GB 2828一次抽样正常检验方式，检查水平为Ⅱ，合格质量水平

（AQL值）取6.5；根据抽样判定表抽取样本，见表7。

表7

批量范围	样本数	合格判定数（Ac）	不合格判定数（Re）
≤25	5	0	1
26~50	8	1	2
51~90	13	2	3
91~150	20	3	4
151~280	32	5	6
281~500	50	7	8
501~1 200	80	10	11
1 201~3 200	125	14	15
≥3 201	200	21	22

7.1.4 判定

单块干挂石材的所有检验结果均符合技术要求中相应等级时，则判定该块石材符合该等级。

同批花线和实心柱体中，优等品中不得有超过5%的一等品，一等品中不得有超过10%的合格品，合格品中不得有不合格品。

干挂板材根据样本检验结果，若样本中发现的等级不合格数小于或等于合格判定数（Ac），则判定该批符合该等级；若样本中发现的等级不合格品数大于或等于不合格判定数（Re），则判定该批不符合该等级。

7.2 型式检验

7.2.1 检验项目

第5章技术要求中的全部项目。

7.2.2 检验条件

有下列情况之一时，进行型式检验：

a) 新建厂投产；
b) 荒料、生产工艺有重大改变；
c) 正常生产时，每一年进行一次；
d) 国家质量监督机构提出进行型式检验要求。

7.2.3 组批

同出厂检验。批量及提出和识别批的方式由检验方和生产方协商确定。

7.2.4 抽样

体积密度、吸水率、干燥压缩强度、弯曲强度、剪切强度、抗冻系数和放射性水平的试样可从荒料中制取；石材挂装系统结构强度和挂件组合单元挂装强度试样从板材产品中抽取；其他项目同出厂检验。

7.2.5 判定

体积密度、吸水率、干燥压缩强度、弯曲强度、剪切强度、抗冻系数的试验结果中，有一项不符合5.6.2的要求时，则判定该批产品为不合格品；石材挂装系统结构强度和挂件组合单元挂装强度有一项达不到需方的设计要求时，则判定该批产品为不合格品；石材的放射性水平如超出了标准规定范围，则判定该批产品为不合格品；其他项目检验结果的判定同出厂检验。

8 标志、包装、运输与贮存

干挂天然花岗石板材的标志、包装、运输与贮存应符合 GB/T 18601 规定，干挂天然大理石板材的标志、包装、运输与贮存应符合 JC/T 79 规定，花线的标志、包装、运输与贮存应符合 JC/T 847.2 规定，实心柱体的标志、包装、运输与贮存应符合 JC/T 847.3 规定。

附 录 A
（规范性附录）
干挂石材剪切强度试验方法

A.1 范围

本方法规定了干挂天然石材剪切强度的试验方法。

A.2 设备及量具

A.2.1 试验机：测量精度为±1%，试样破坏载荷应在设备示值的20%～90%范围内。

A.2.2 游标卡尺：精度0.02 mm。

A.2.3 干燥箱：温度可控制在60 ℃±2 ℃。

A.3 试样

A.3.1 长度250 mm，宽度40 mm；厚度为实际使用厚度，可采用20 mm，25 mm，30 mm等规格；长度尺寸偏差±1 mm，宽度尺寸偏差±0.5 mm，每组样品五块。

A.3.2 有纹理的石材样品取剪切面垂直和平行纹理的试样各一组，每组五块，试样上标明纹理方向。

A.3.3 试样两个受力面应平整且平行，粗面石材应打磨平整，正面与侧面夹角应为90°±0.5°。

A.3.4 试样不得有裂纹、缺棱和缺角。

A.4 试验步骤

A.4.1 将试样置于干燥箱中，在60 ℃±2 ℃下干燥48 h，放入干燥器中冷却至室温。

A.4.2 在试样的一个侧面上用细铅笔画出两条与受力面垂直的平行线，线间距离180 mm，每条线与端面距离35 mm±1 mm（见图 A.1）。

A.4.3 用游标卡尺测量试件画铅笔线位置处的厚度和宽度，读数准到0.1 mm，取平均值作为试件的厚度（h）和宽度（b）。

A.4.4 将试件放置在下支架中央，调节试样使两个下支架的内侧边缘线与铅笔线距离1 mm～3 mm；将上支架放置于样品上面，调节位置使上支架的外侧边缘线与左右铅笔线对齐（见图 A.1）。试样一般镜面或亚光面朝下放置。

A.4.5 以每分钟0.5 mm的速率对试样施加载荷至试样破坏，记录试样破坏载荷值（P），精确到10 N。当样品未从剪切面处断开，表明剪切间隙过大，数据变成了弯曲破坏载荷；此时数据应作废，减小剪切距离，重新进行试验。

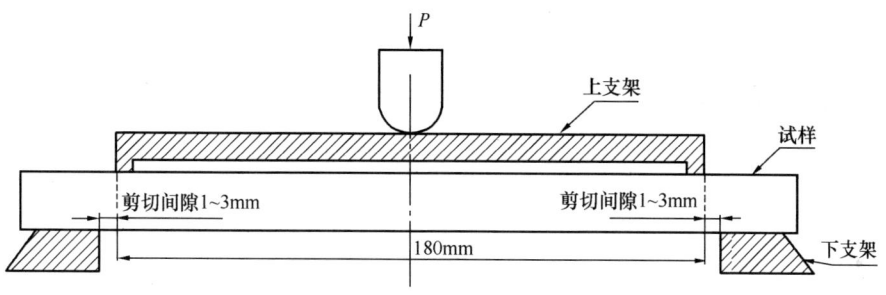

图 A.1

A.5 结果计算

剪切强度按式（A.1）计算：

$$\tau = \frac{P+G}{2bh} \quad \text{(A.1)}$$

式中：

τ ——剪切强度，单位为兆帕（MPa）；

P ——试样破坏载荷，单位为牛顿（N）；

G ——上支架的重量，单位为牛顿（N）；

b ——试样宽度，单位为毫米（mm）；

h ——试样厚度，单位为毫米（mm）。

以每组试样剪切强度的算术平均值和单块最小值表示，数值修约到 0.1 MPa。

A.6 试验报告

试验报告应包含以下内容：

a) 该组试样剪切强度的最小值、平均值和标准偏差；
b) 试样名称、品种、编号；
c) 试样的纹理方向、状态等；
d) 试样的尺寸、数量；
e) 试验条件。

干挂饰面石材及其金属挂件 JC 830.2—2005（2017）
第2部分：金属挂件

1 范围

本部分规定了石材干挂用金属挂件（以下简称挂件）的术语和定义、产品分类、尺寸、技术要求、试验方法、检验规则以及标志、包装、运输与贮存等。

本部分适用于建筑干挂饰面工程施工用金属挂件。

2 规范性引用文件

下列文件中的条款通过本部分的引用而成为本部分的条款。凡是注日期的引用文件，其随后所有的修改单（不包括勘误的内容）或修订版均不适用于本部分，然而，鼓励根据本部分达成协议的各方研究是否可使用这些文件的最新版本。凡是不注日期的引用文件，其最新版本适用于本部分。

GB/T 192 普通螺纹 基本牙型
GB/T 193 普通螺纹 直径与螺距系列
GB/T 196 普通螺纹 基本尺寸
GB/T 197 普通螺纹 公差与配合
GB/T 3098.15 紧固件机械性能 不锈钢螺母

3 术语和定义

下列术语和定义适用于本部分。

3.1

弯板 curve plate

连系插板或石材与结构体的金属结构件（参考图1a）。

3.2

插板 panel

连系石材与弯板或钢架的金属结构件（参考图1a）。

3.3

背栓 anchor

在石材背面通过打孔固定干挂石材的金属结构件（参考图1b）。

4 产品分类

4.1 分类

4.1.1 插板

4.1.1.1 按使用要求分为四种类型：

a) R型插板（代号为R，适用于大面积外墙）；

b) 蝶形插板（代号为 Y，适用于小面积内墙）；
c) T 型插板（代号为 T，适用于小面积内外墙）；
d) 组合插板（代号为 X，适用于内外墙面，见图 1c、d）。

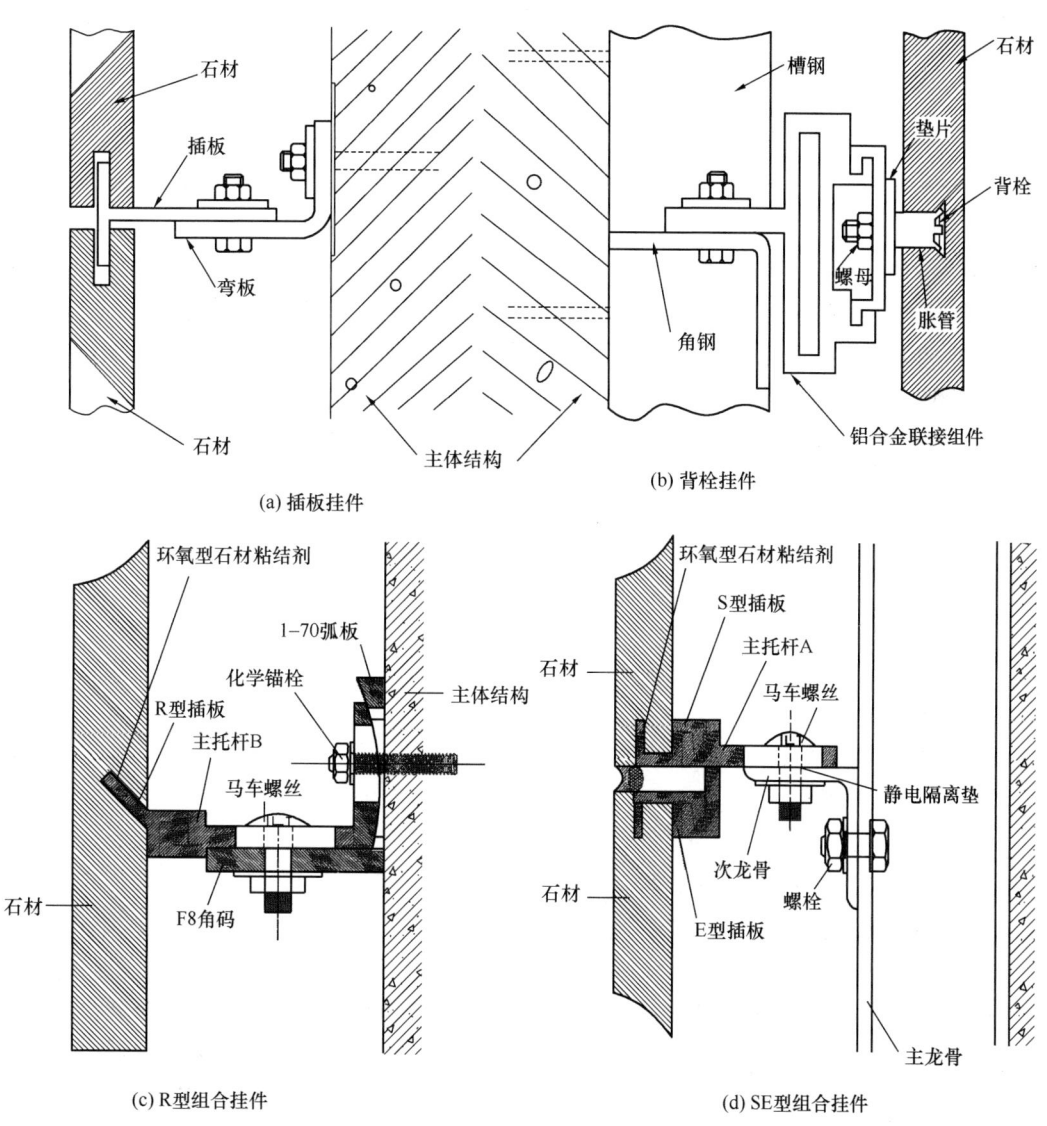

图 1　石材干挂结构示意图

4.1.1.2 产品代号表示方法规定如下：

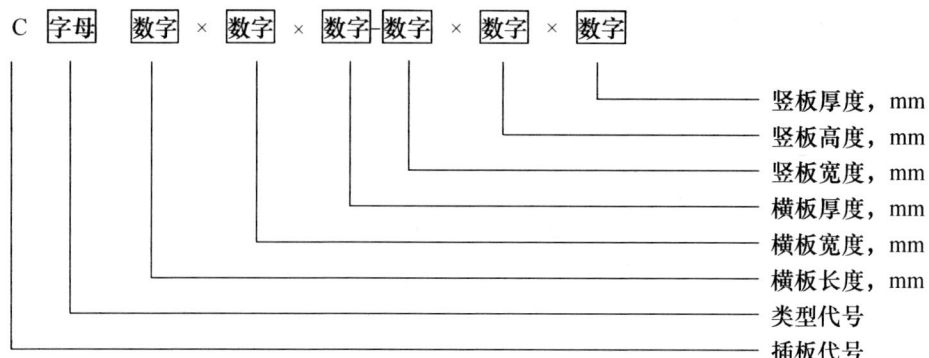

4.1.2 背栓

4.1.2.1 按使用要求分为二种类型：

a) 标准型（代号为A）；

b) 非标准型（代号为B）。

4.1.2.2 产品代号表示方法规定如下：

4.1.3 弯板

4.1.3.1 按使用要求分为二种类型：

a) 带插件型（代号为H）；

b) 不带插件型（代号为L）。

4.1.3.2 产品代号表示方法规定如下：

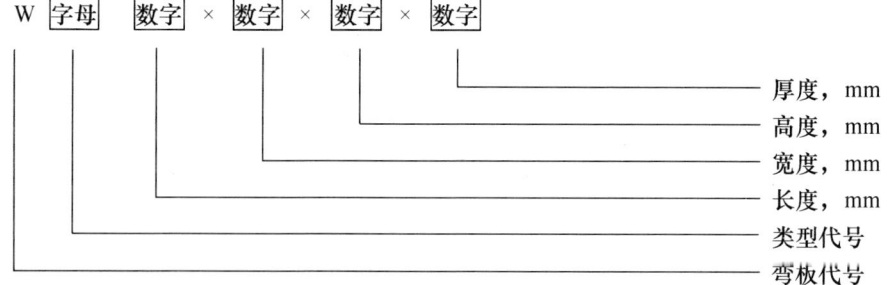

4.2 产品标记

4.2.1 产品标记顺序

按名称、代号、标准号的顺序标记。

4.2.2 产品标记示例

示例1：长度为60 mm，宽度为50 mm，高度为30 mm，厚度为5 mm的T型插板标记为：

插板 CT 60×50×5—50×30×5 JC 830.2—2005

示例2：直径为 4 mm，长度为 50 mm 的标准型背栓标记为：

背栓 IA 4×50 JC 830.2—2005

示例3：长度为 50 mm，宽度为 50 mm，高度为 50 mm，厚度为 5 mm 的不带插件型弯板标记为：

弯板 WL 50×50×50×5 JC 830.2—2005

5 尺寸

5.1 尺寸

5.1.1 挂件规格尺寸见附录B（资料性附录）。

5.1.2 背栓螺纹应符合 GB/T 192、GB/T 193、GB/T 196、GB/T 197 的要求。

5.1.3 背栓使用的不锈钢螺母应符合 GB/T 3098.15 的要求。

5.1.4 其他类型的组合型插板和非标准型背栓规格尺寸由供需双方商定。

5.2 挂件尺寸允许偏差

5.2.1 弯板及插板长、宽度允许偏差应符合表1的要求。

表1　　　　　　　　　　　　　　　　　　　　　　　　单位为毫米

项目	长宽度			
参数	≥30～50	≥50～80	≥80～120	≥120
允许偏差	+3.9 0	+4.6 0	+5.4 0	+6.3 0

5.2.2 弯板及插板厚度的允许偏差应符合表2的要求。

表2　　　　　　　　　　　　　　　　　　　　　　　　单位为毫米

项目	厚度		
参数	≥3.0	≥5.0	≥6.0
允许偏差	+0.50 0	+0.60 0	+0.70 0

5.2.3 弯板、插板冲孔尺寸允许偏差应符合表3的要求。

表3　　　　　　　　　　　　　　　　　　　　　　　　单位为毫米

项目	孔的最大尺寸	孔的最大尺寸
参数	<10	≥10～50
允许偏差	+0.10 0	+0.15 0

5.2.4 背栓直径、长度允许偏差应符合表4的要求。

表4		单位为毫米
项目	直径	长度
允许偏差	±0.40	±1.0

5.3 形状位置公差

5.3.1 背栓直线度公差为1 mm。

5.3.2 弯板、插板平面度允许公差应符合表5的要求。

表5				单位为毫米
项目	长度			
参数	≥30~50	≥50~80	≥80~120	≥120
允许公差	+0.15	+0.20	+0.25	+0.30

5.4 弯板、插板角度允许偏差

弯板和插板角度允许偏差±2°。

5.5 特殊要求

如有特殊要求由供需双方协商确定。

6 技术要求

6.1 规格尺寸

6.1.1 室外装饰用插板的竖板面积（如图2）应不小于50 mm×15 mm，室内装饰用插板的竖板面积（见图2）应不小于15 mm×10 mm。

6.1.2 插板的横板（见图2）和弯板的宽度应不小于30 mm。

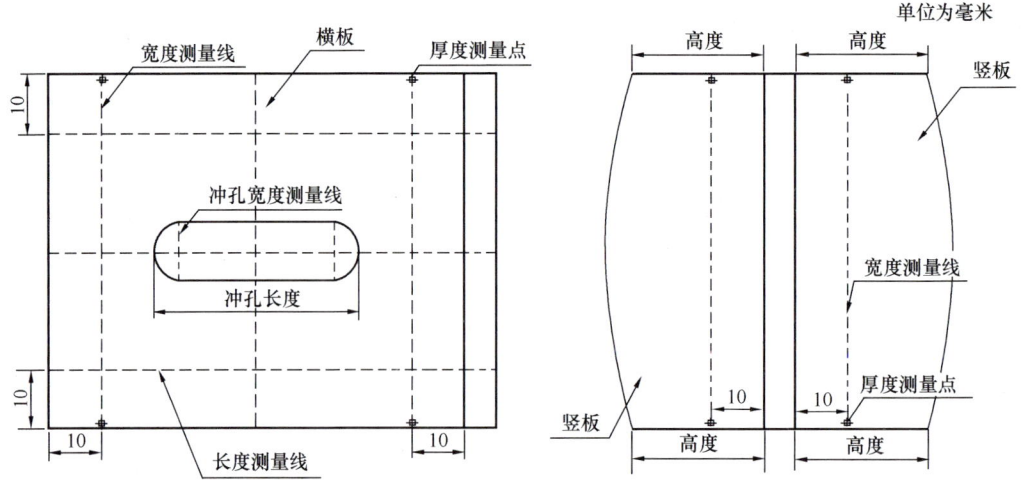

图2 测点布置图

6.1.3 弯板、插板的厚度应不低于3.0 mm，铝合金件应不低于4.0 mm。

6.1.4 背栓用于室外装饰时最小截面直径不小于4.0 mm，用于室内装饰时最小截面直径不小于 3.0 mm。

6.2 表面质量

6.2.1 表面不得有气泡、裂纹、结疤、折叠、夹杂和端面分层，允许有不大于厚度公差一半的轻微凹坑、突起、压痕、发纹、擦伤和压入的氧化铁皮。

6.2.2 T型插板角焊缝的焊脚尺寸应为插板最小厚度，焊缝应焊实，不得采用点焊连接。

6.2.3 冷加工后表面缺陷允许用修磨方法清理，但清理深度不得超过厚度公差一半。

6.2.4 冷加工后配件厚度减薄量不得超过厚度公差一半。

6.2.5 冲压孔边加工后应平整光滑，不得有毛刺、毛边。

6.3 挂件的拉拔强度

挂件的拉拔强度应满足工程设计要求，最小值应不低于表6的规定。

表6

项目	室内	室外
拉拔强度	2.40 kN	10.00 kN

7 试验方法

7.1 尺寸

7.1.1 弯板、插板的长度、宽度、高度、厚度

弯板、插板的长度、宽度、高度、厚度用分度值0.02 mm的游标卡尺测量，测量的位置如图2所示，以测量的最大偏差作为试件的实际偏差，精确至0.1 mm。

7.1.2 冲孔长度和宽度

用分度值0.02 mm的游标卡尺测量冲孔长度和宽度，宽度测量三个不同位置（如图2），取最大偏差作为实测偏差值，精确至0.1 mm。

7.1.3 背栓的直径和长度

背栓的直径和长度用分度值0.02 mm的游标卡尺测量，直径测量位置应选在无螺纹处的最小直径，精确至0.1 mm。

7.1.4 背栓直线度

将背栓放在平板或直尺上，背栓底座应伸出平板或直尺边缘，用塞尺测量变形的最大值作为试件的直线度，精确至0.1 mm。

7.1.5 弯板、插板平面度

将弯板、插板平放在平板或直尺上，用分度值为0.1mm塞尺测量变形的最大值作为试件的平面度，精确至0.1 mm。

7.1.6 弯板、插板角度

在弯板、插板距两端10 mm处及宽度中间共三处用表式万能角度尺测定弯板和插板的冷弯角的角度，以内角为正，外角为负，分别测定三个值，取最大值或最小值作为角度偏差，精确至10′。

7.2 表面质量

近距离在室内白天光线或15 W～20 W日光灯照明条件下，按6.2的内容对试件进行目测检查。

7.3 挂件的拉拔强度

挂件的拉拔强度试验按附录A的方法进行。

8 检验规则

8.1 检验分类

8.1.1 出厂检验

产品出厂检验的项目为规格尺寸偏差、形状位置公差、角度偏差、表面质量。

8.1.2 型式检验

型式检验项目除8.1.1外,应增加挂件的拉拔强度试验。有下列情况之一时,应进行型式检验:

a) 新产品试制定型鉴定;
b) 当原材料、产品设计、工艺有重大改变时;
c) 正常生产时,每一年进行一次;
d) 国家质量监督机构提出进行型式检验要求时。

8.2 抽样与组批规则

班产量大于2 000件者,以2 000件同型号、同规格的产品为一批,班产量不足2 000件者,以实际班产量为一批。每批随机抽取六件进行检验。

8.3 判定规则

8.3.1 对8.1.1所检项目中有一项不合格即为不合格试件,不合格挂件不多于一件,且挂件的规格尺寸、表面质量、拉拔强度均满足第6章的技术要求则判为该批次合格。

8.3.2 不符合技术要求的批次,允许重新抽取双倍试件,对不合格的项目进行重检,若仍有一组试件不合格,则判为该批次不合格。

9 标志、包装、运输及贮存

9.1 标志

在每一包装件上,标明制造厂名、产品标记、数量和批号。

9.2 包装

产品用木箱或其他合适的材料包装,每件不宜超过25 kg,应附产品合格证。

9.3 运输

产品在运输过程中,避免扔摔、碰撞导致产品产生变形。

9.4 贮存

产品宜放在无腐蚀性危害的室内贮存。

附 录 A
(规范性附录)
金属干挂件拉拔强度试验方法

A.1 范围

本方法规定了石材干挂用金属挂件拉拔强度的试验方法。

A.2 原理

试验系模拟石材在建筑中受风压地震等荷载作用在金属挂件上的拉伸力,一般拉至试样明显变形(屈服)或从卡具中拉出或者直接断裂等破坏状态。

试验一般在室温10 ℃～35 ℃范围内进行,对试样有特殊规定进行处理的,应按要求进行处理后再进行拉拔试验。

A.3 设备及量具

A.3.1 试验机:测量精度为±1%,试样破坏载荷应在设备示值的20%～90%范围内,能显示并记录拉力变化曲线。

A.3.2 平台和卡具:当加载到最大负荷时,其变形不能大于2°。

A.3.3 胶垫:符合GB/T 5574规定要求,硬度为A45～A60度。

A.3.4 游标卡尺:精度0.02 mm。

A.4 试样

A.4.1 试样表面质量应符合标准要求。

A.4.2 试样表面应平整,相同类型的试件每组五件。

A.5 试验步骤

A.5.1 用游标卡尺测量试样规格尺寸,准确到0.1 mm。

A.5.2 在平台上安装试样并在卡具与试样间垫放胶垫。

A.5.3 卡具端面与试样的间隙应根据试样规格确定,一般应不小于最小厚度。T型焊接件的受力面不应超过焊脚,冷弯件的受力面不应超过弯角的圆弧。

A.5.4 背栓试样应配备相应的垫圈,垫圈内径与背栓直径间隙不超过1 mm,卡具压力面应作用在垫圈上。

A.5.5 以每分钟2.0 mm的速率对试样施加载荷至试样出现明显变形(屈服)或从卡具中拉出或者直接断裂等破坏状态,压力曲线明显开始下降,依据试件形状按图A.1～图A.3进行试验。

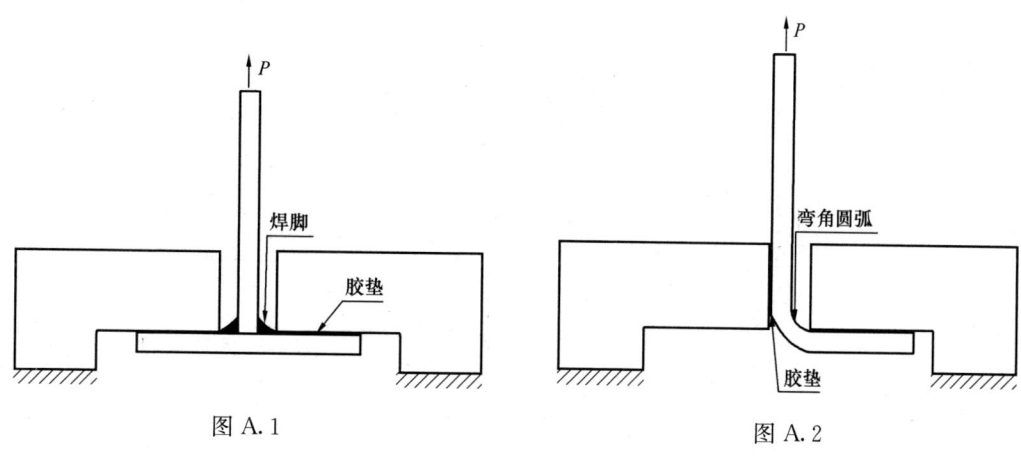

图A.1　　　　　　　　　　　图A.2

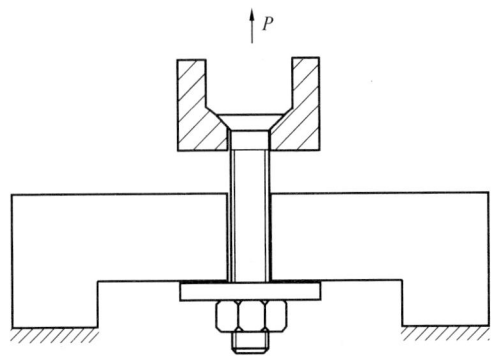

图 A.3

A.5.6 记录试样破坏时载荷最大值,精确到 10 N,描述试样破坏时的状态。

A.6 试验结果

挂件拉拔强度为试样破坏时的最大载荷,以千牛(kN)表示。

A.7 试验报告

试验报告应包含以下内容:

a) 每个试样破坏时承受的最大载荷值;
b) 破坏状态描述;
c) 试样型号、尺寸、生产单位。

附　录　B
（资料性附录）

表 B.1 插板规格尺寸　　　　　　单位为毫米

型号	l	b_1	t_1	b_2	h	t_2	$k×c$	a	简图
CT	50 60 70 80	30 35 40 50 60	3 3.5 4 4.5 5 6	15 20 30 40 50 60 70 80	10 15 20 25 30	3 3.5 4 4.5 5 6	30×11 35×13	10 15 20 25 30	

续表

型号	l	b_1	t	b_2	h	$k \times c$	a	简 图
CY	50 60 70 80	30 35 40 50 60 70 80	3 3.5 4 4.5 5 6	15 20 30 40	10 15 20 25 30	30×11 35×13	10 15 20 25 30	

型号	l	b	t	h	$k \times c$	a	简 图
CR	50 60 70 80	30 35 40 50 60	3 3.5 4 4.5 5 6	10 15 20 25 30	30×11 35×13	10 15 20 25 30	

表B.2 背栓规格尺寸　　　　　　　　　　　　　　　　　　　　　　　　　　　单位为毫米

型号	l	d	D	简图
IA	30 35 40 45 50 60 70 80	3 4 5 6 8 10	6 8 10 12 16 20	

表B.3 弯板规格尺寸　　　　　　　　　　　　　　　　　　　　　　　　　　　单位为毫米

型号	l	b	t	h	$k_1 \times c_1$	$k_2 \times c_2$	a_1	a_2	简图
WL	50 60 70 80	30 35 40 50 60	3 3.5 4 4.5 5 6	30 40 50 60 70	30×11 30×11 35×13	20×11 30×11 35×13	10 15 20 25 30	10 15 20 25 30	

表B.4 R型组合插板规格尺寸　　　　　　　　　单位为毫米

型号	l	b	h	a	s	f	d	d_1	简图
R-型	40 50 60 80 100	28	26	4	12	12	135°	16	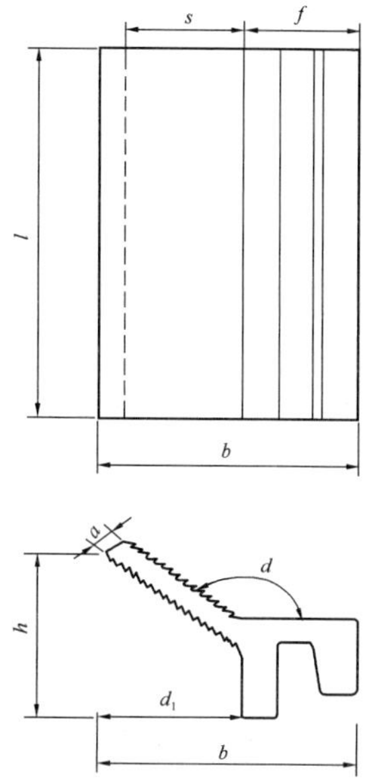

表B.5 S型组合插板规格尺寸　　　　　　　　　单位为毫米

型号	l	b	h	a	s	f	简图
S-型	40 50 60 80 100	28	16	4	12	12	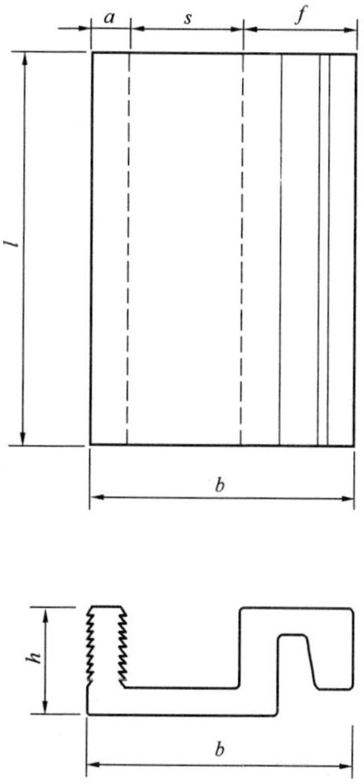

表B.6　E型组合插板规格尺寸　　　　　　　　　　　单位为毫米

型号	l	b	h	a	s	f	简图
E型	40 50 60 80 100	28	16	4	12	12	

表B.7　主托杆A型件规格尺寸　　　　　　　　　　　单位为毫米

型号	l	b	h	a	p	f	$k_1 \times c_1$	简图
主托杆A	40 50 60 80 100	45 55 65 75 85 95	12	5 10 15 20 25	41	15	30×11 45×11	

表 B.8 主托杆 B 型件规格尺寸　　　　单位为毫米

型号	l	b	h	a	s	f	$k_1 \times c_1$	简图
主托杆 B	40 50 60 80 100	45 55 65 75 85 95	12	5 10 15 20 25	30 40 50 60 70 80	15	30×11 45×11	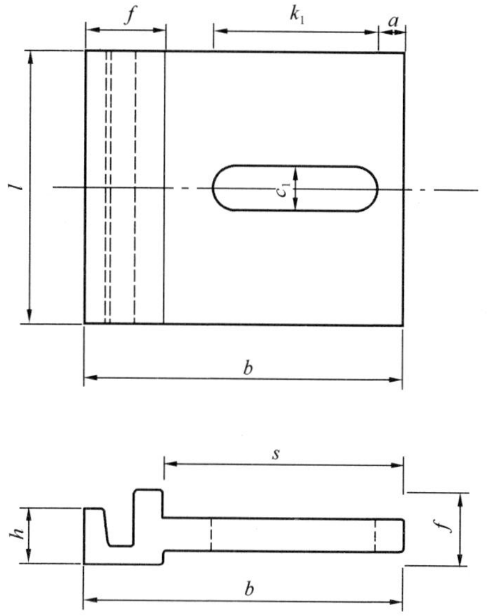

表 B.9 1-70 型件规格尺寸　　　　单位为毫米

型号	l	b	h	a	$k_1 \times c_1$	简图
1-70	40 50 60	67	10	6	50×11	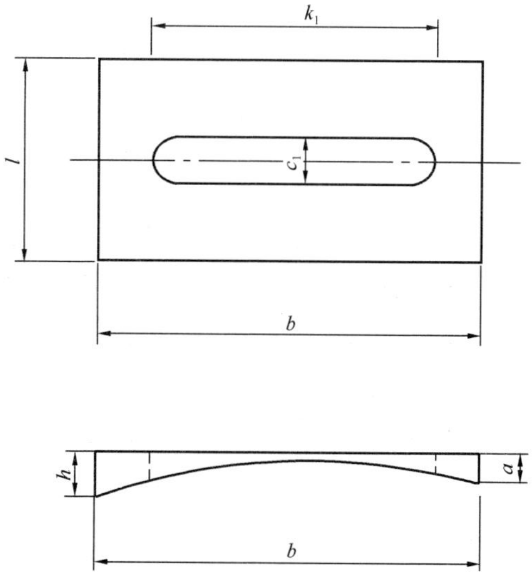

表 B.10 F8 型件规格尺寸　　　　　　　　　　单位为毫米

型号	l	b	H	a	s	f	$k_1 \times c_1$
F8	40 50 60	58	40 50 60	4	8	7	30×11

异型装饰石材 JC/T 847.2—1999
第2部分：花线

1 范围

本标准规定了花线的产品分类、技术要求、试验方法、检验规则及标志、包装、运输和贮存等。

本标准适用于以天然花岗石、大理石荒料加工而成的单件或多件拼接作为建筑装饰用的花线，亦适用于其他类似的石制品。

2 引用标准

下列标准所包含的条文，通过在本标准中引用而成为本标准的条文。本标准出版时，所示版本均为有效。所有标准都会被修订，使用本标准的各方应探讨使用下列标准最新版本的可能性。

GB 191—1990 包装储运图示标志

GB/T 1182—1996 形状和位置公差——通则、定义、符号和图样表示法

GB/T 9966.1—1988 天然饰面石材试验方法 干燥、水饱和、冻融循环后压缩强度试验方法

GB/T 9966.2—1988 天然饰面石材试验方法 弯曲强度试验方法

GB/T 9966.3—1988 天然饰面石材试验方法 体积密度、真密度、真气孔率、吸水率试验方法

GB/T 13890—1992 天然饰面石材术语

JC/T 79—1992（1996） 天然大理石建筑板材

JC/T 205—1992（1996） 天然花岗石建筑板材

3 定义

本标准采用 GB/T 13890 和 GB/T 1182 及下列定义。

花线

具有一定几何图形的截面沿一定轨迹延伸所形成的装饰用石质板条。

4 产品分类

4.1 分类

4.1.1 按所用石材种类分为大理石花线（代号为 M）和花岗石花线（代号为 G）。

4.1.2 按截面延伸轨迹分为：

 a) 直位花线（代号为 Z）：延伸轨迹为直线的花线；

 b) 弯位花线（代号为 W）：延伸轨迹为曲线的花线。

4.1.3 按表面加工程度分为：

a) 镜面花线（代号为 J）：表面具有镜面光泽的花线；

b) 细面花线（代号为 X）：表面光滑的花线；

b) 粗面花线（代号为 C）：表面粗糙、经烧面或剁斧而成的花线。

4.2 产品代号

产品代号表示方法规定如下：

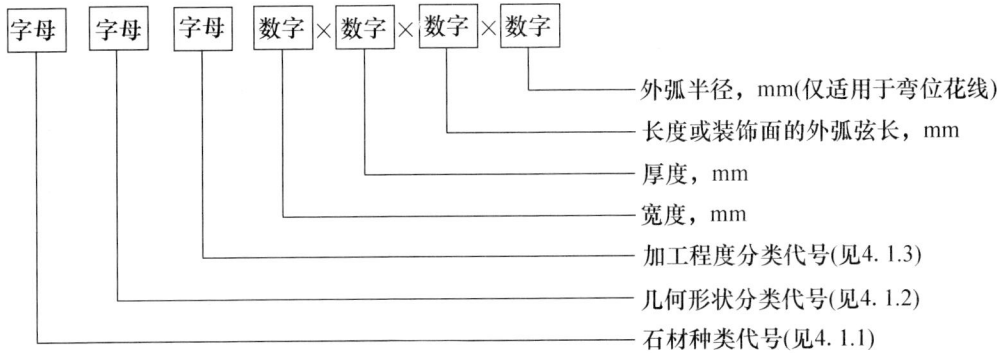

4.3 等级

花线按加工质量分为优等品（代号为 A）、一等品（代号为 B）、合格品（代号为 C）三个等级。

4.4 命名与产品标记

4.4.1 花线命名顺序为荒料产地地名、色调花纹特征名称、花线。

4.4.2 产品标记顺序为命名、产品代号、等级、标准编号。

4.4.3 标记示例如下：

a) 用内蒙古丰镇黑色花岗石荒料加工的宽度为 150mm、厚度为 50mm、长度为 200mm 的镜面、直位、一等品花线标记为：

丰镇黑花线　GZJ　150×50×200　B　JC/T 847.2—1999

b) 用内蒙古丰镇黑色花岗石荒料加工的宽度为 150mm、厚度为 50mm、装饰面外弧弦长为 200mm、外弧半径为 300mm 的粗面、弯位、合格品花线标记为：

丰镇黑花线　GWC　150×50×200×300　C　JC/T 847.2—1999

5 技术要求

5.1 尺寸极限偏差

5.1.1 直位花线规格尺寸极限偏差应符合表 1 的规定。

表 1　　　　　　　　　　　　　　　　　　　　　　　　　　　mm

项　目	细面和镜面花线			粗面花线		
	优等品	一等品	合格品	优等品	一等品	合格品
长度	0 −1.5	0 −3.0	0 −3.0	0 −3.0	0 −3.0	0 −4.0
宽度（高度）	+1.0 −2.0	+1.0 −3.0	+1.0 −3.0	+1.0 −3.0	+1.5 −4.0	+1.5 −4.0
厚度	+1.0 −2.0	+2.0 −3.0	+2.0 −3.0	+2.0 −3.0	+2.0 −4.0	+2.0 −4.0

5.1.2 整批或同类拼接直位花线截面形状应一致，其吻合度应不大于表2的规定。

表2　　　　　　　　　　　　　　　　　　　　　　　　　　　　　　　　　　　　　　mm

项　目	细面和镜面花线			粗面花线		
	优等品	一等品	合格品	优等品	一等品	合格品
吻合度	0.5	1.0	1.5	1.0	1.5	2.0

5.1.3 装饰面与两端面角度极限偏差和弯位花线尺寸极限偏差由供需双方商定。

5.2　形状公差

5.2.1 直位花线线条应平直，无弯曲现象，其直线度和线轮廓度公差应符合表3的规定。

表3　　　　　　　　　　　　　　　　　　　　　　　　　　　　　　　　　　　　　　mm

项　目	细面和镜面花线			粗面花线		
	优等品	一等品	合格品	优等品	一等品	合格品
直线度，每米	1.0	1.0	1.5	1.5	2.0	2.5
线轮廓度		1.5	2.0			3.5

5.2.2 弯位花线形状公差由供需双方商定。

5.3　外观质量

5.3.1 同一装饰部位、同套拼接花线颜色花纹应基本调和，过渡自然。

5.3.2 如无特殊要求，纹路宜顺长度方向。

5.3.3 抛光面应平整光滑，手摸无明显凹凸感。

5.3.4 花线允许粘结修补，但不应影响其装饰质量和物理力学性能。

5.3.5 大理石花线光面外观缺陷应不超过表4的规定。

表4

缺陷名称	优等品	一等品	合格品
裂纹			有，但不影响使用
砂眼	不明显		经处理不明显
凹陷			有，但不影响使用
正面棱缺陷，长≤5 mm，宽≤1 mm			有，但不影响使用
正面角缺陷，长≤2 mm，宽≤2 mm			

5.3.6 花岗石花线光面外观缺陷应不超过表5的规定。

表5

缺陷名称	规定内容	优等品	一等品	合格品
缺棱	长度不超过5 mm，（小于2 mm的不计），每米长（个）		2	3
缺角	面积不超过3 mm×2mm(小于1 mm×1 mm的不计)，每米长（个）			
裂纹	长度不超过单件总长度的1/10，(长度小于5 mm的不计)，每米长（条）			
色斑	面积不超过5 mm×5 mm（小于2 mm×2 mm的不计），每米长（个）			
色线	长度不超过单件总长度的1/10(长度小于5 mm的不计)，每米长（条）			

5.4 光泽度

花线光泽度由供需双方商定。

5.5 物理力学性能

花线物理力学性能应符合表6的规定。

表6

项目	大理石	花岗石
体积密度/（g/cm³） ≥	2.6	2.5
吸水率（%） ≤	0.75	1.0
干燥压缩强度/MPa ≥	20.0	60.0
弯曲强度/MPa ≥	7.0	8.0

6 试验方法

6.1 尺寸偏差的测量

6.1.1 花线的长度、宽度、厚度用分度值为1mm的钢直尺或钢卷尺测量，长度应分别测量两长边，宽度和厚度应分别测量两端端面，见图1和图2，分别用偏差的最大值和最小值表示长度、宽度、厚度的尺寸偏差，读数精确至0.5mm。

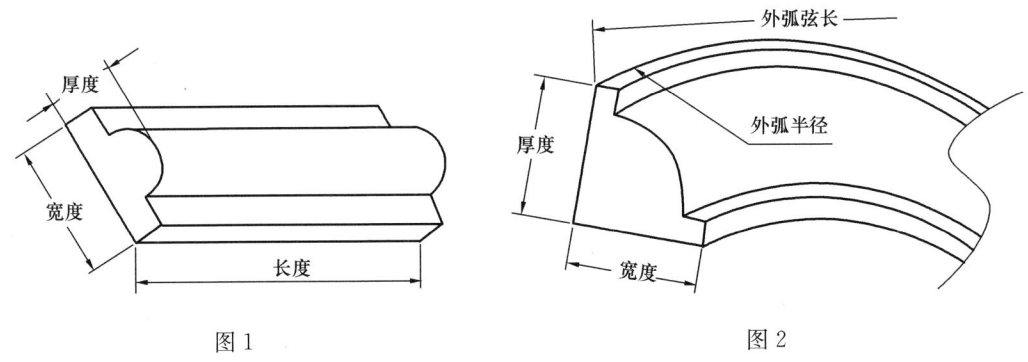

图1　　　　　　　　　　　图2

6.1.2 吻合度测量：将同类拼接花线置于平台上，拼接后用钢平尺或塞尺测量。

6.2 形状公差的测量

6.2.1 直位花线直线度用直线度公差不大于0.1 mm、长1 000 mm的钢平尺紧贴被检花线的两边缘和造型面中间线，钢平尺放置平行于两长边，用塞尺测量尺面与花线见光面的间隙，以最大值作为直线度偏差，见图3。

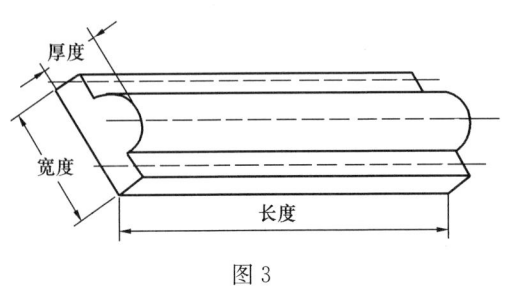

图3

6.2.2 线轮廓度用与花线曲率相同的、精度不低于IT13级的样板配合塞尺测量，以最大值作为线轮廓度偏差。

6.3 外观质量检验

6.3.1 花线颜色花纹和纹路检验

单件花线，将选定的协议板与被检花线同时平放于地面上，距1.0m处目测；拼接花线将整套花线按序号拼成一体，距拼接台 2.0m 处目测。

6.3.2 外观缺陷检验

6.3.2.1 大理石花线：将花线平置地面上，距花线 2.0m 处明显可见的缺陷视为有缺陷，距花线 2.0m 处不明显的缺陷视为无缺陷。

6.3.2.2 花岗石花线：将平尺紧靠有缺陷部位，用分度值为 1mm 的钢直尺测量缺陷的长度、宽度。

6.4 物理力学性能试验

6.4.1 体积密度和吸水率按 GB/T 9966.3 的规定进行测试。

6.4.2 干燥压缩强度按 GB/T 9966.1 的规定进行测试。

6.4.3 弯曲强度按 GB/T 9966.2 的规定进行测试。

7 检验规则

7.1 检验分类

花线检验分为出厂检验和型式检验。

7.2 出厂检验

7.2.1 检验项目

尺寸偏差、形状公差、外观质量，均为全数检验。

7.2.2 判定规则

单件花线的所有检验结果均符合相应等级的要求时，判为该等级。同类型的花线中，优等品中不得有超过 5% 的一等品，一等品中不得有超过 10% 的合格品，合格品中不得有不合格品。

7.3 型式检验

7.3.1 有下列情况之一时，应对本标准规定的全部项目进行型式检验：

  a）新建厂投产时；

  b）国家质量监督机构提出进行型式检验要求时。

7.3.2 检验项目

尺寸偏差、形状公差、外观质量等项目为全数检验。

7.3.3 抽样

体积密度、吸水率、干燥压缩强度、弯曲强度的检验从生产同批花线的荒料中的不同块体上按 GB/T 9966.1～GB/T 9966.3 的规定取样。

7.3.4 判定规则

体积密度、吸水率、干燥压缩强度、弯曲强度的检验结果中，有一项不符合本标准 5.5 的要求时，则判定该批花线为不合格品，其他项目检验结果的判定同出厂检验。

8 标志、包装、运输和贮存

8.1 标志

8.1.1 出厂产品应注明生产厂名、商标、产品名称、产品代号、等级、标准编号、出厂日期、工程名称等，并且在每件产品上还应标明编号或标记等。

8.1.2 包装箱上必须有"向上"、"怕湿"、"小心轻放"、"易碎物品"等安全警示标志，并应符合 GB 191 的规定。

8.2 包装

8.2.1 包装时光面应相对，并按花线品种、规格、工程名称、等级等分别包装，且应用泡沫塑料等隔离物进行隔离，并附产品合格证、说明书和配套拼接工程用料图纸以及拼接安装编号指引图。

8.2.2 包装质量应符合产品在正常条件下安全装卸、运输的要求。

8.3 运输

花线运输过程中应防湿，严禁滚摔、碰撞。

8.4 贮存

8.4.1 花线应在室内贮存，室外贮存应加遮盖。

8.4.2 花线应按品种、规格、等级和工程名称等分别码放。

异型装饰石材 JC/T 847.3—1999
第3部分：实心柱体

1 范围

本标准规定了实心柱体的产品分类、技术要求、试验方法、检验规则及标志、包装、运输和贮存等。

本标准适用于以天然花岗石、大理石荒料加工而成的建筑装饰用的光面实心柱体，亦适用于其他类似的石制品（如整体空心柱）。其他粗面（如烧面、剁斧面、刨面等）实心柱体亦可参照执行。

2 引用标准

下列标准所包含的条文，通过在本标准中引用而构成为本标准的条文。本标准出版时，所示版本均为有效。所有标准都会被修订，使用本标准的各方应探讨使用下列标准最新版本的可能性。

GB/T 9966.1—88 天然饰面石材试验方法 干燥、水饱和、冻融循环后压缩强度试验方法

GB/T 9966.2—88 天然饰面石材试验方法 弯曲强度试验方法

GB/T 9966.3—88 天然饰面石材试验方法 体积密度、真密度、真气孔率、吸水率试验方法

JC/T 79—92（1996） 天然大理石建筑板材

JC/T 205—92（1996） 天然花岗石建筑板材

3 产品分类

3.1 分类

3.1.1 按所用石材种类分为大理石实心柱体（代号为 M）和花岗石实心柱体（代号为 G）。

3.1.2 按柱体的造型分为普形柱（代号为 P）和雕刻柱（代号为 D）。

3.1.3 按柱体的外形特征分为等直径柱（代号为 D）和变直径柱（代号为 B）。

3.2 产品代号

产品代号表示方法规定如下：

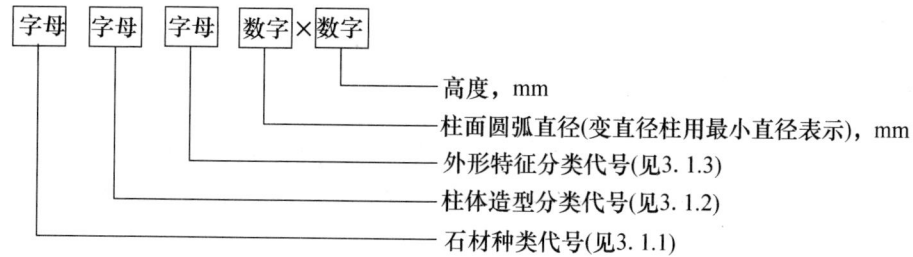

3.3 等级

实心柱体按加工质量分为优等品（代号为 A）、一等品（代号为 B）、合格品（代号为 C）三个等级。

3.4 命名与产品标记

3.4.1 实心柱体命名顺序为荒料产地地名、色调花纹特征名称、实心柱体。

3.4.2 产品标记顺序为命名、产品代号、等级、标准编号。

3.4.3 标记示例如下：

用北京房山白色大理石荒料加工的柱面圆弧直径为 1 200 mm、高度为 500 mm 的合格品等直径普形实心柱体标记为：

房山汉白玉实心柱体　MPD　1 200×500　C　JC/T 847.3—1999

4 技术要求

4.1 尺寸极限偏差

4.1.1 PD 型实心柱体直径和高度极限偏差应符合表 1 的规定。

表 1　　　　　　　　　　　　　　　　　　　　　　　　　　mm

项 目		优等品	一等品	合格品
直径	$\Phi \leqslant 100$	±1.0	±1.5	±2.0
	$100 < \Phi \leqslant 300$	±2.0	±3.0	±4.0
	$300 < \Phi \leqslant 1\,000$	±3.0	±4.0	±5.0
	$\Phi > 1\,000$	±4.0	±5.0	±6.0
高度	$H \leqslant 1\,500$	±2.0	±3.0	±4.0
	$1\,500 < H \leqslant 3\,000$	±3.0	±4.0	±5.0
	$H > 3\,000$	±4.0	±5.0	±6.0

4.1.2 其他型式实心柱体尺寸极限偏差由供需双方商定。

4.2 形状公差

4.2.1 PD 型实心柱体加工面素线直线度公差为优等品 0.5 mm/m；一等品 1.0 mm/m；合格品 2.0 mm/m。

4.2.2 PD 型实心柱体的上下两端面如与柱头、柱座等对接安装，则其外缘平面度公差为优等品 0.5 mm；一等品 1.0 mm；合格品 1.5 mm。

4.2.3 PD 型实心柱体的上下两端面与圆柱面的垂直度公差为优等品 0.5 mm；一等品 1.0 mm；合格品 1.5 mm。

4.2.4 其他型式实心柱体形状公差由供需双方商定。

4.3 外观质量

4.3.1 整条柱体色调应基本一致，过渡自然，纹路应顺高度方向。根据安装位置，相邻同材料的柱体颜色、纹路应基本协调。

4.3.2 实心柱体抛光面的外观缺陷应不超过 JC/T 79 或 JC/T 205 的规定。

4.3.3 实心柱体允许粘接和修补，但不应影响产品的装饰质量和物理力学性能。

4.4 光泽度

实心柱体抛光面的光泽度由供需双方商定。

4.5 物理力学性能

实心柱体的物理力学性能应符合表2的规定。

表 2

项 目	大理石实心柱体	花岗石实心柱体
体积密度，g/cm^3 ≥	2.6	2.5
吸水率，% ≤	0.75	1.00
干燥压缩强度，MPa ≥	20.0	60.0
弯曲强度，MPa ≥	7.0	8.0

5 试验方法

5.1 尺寸偏差的测量

用分度值为1 mm的钢直尺或钢卷尺测量柱体的高度和直径。

5.2 形状公差的测量

5.2.1 抛光面素线直线度公差和柱体上下端面外缘平面度公差用钢平尺配合塞尺测量。

5.2.2 柱体的上下两端面与圆柱面的垂直度公差用2级精度400 mm×630 mm的90°钢角尺配合塞尺测量：将钢角尺短边紧靠柱体的端面，用塞尺测量钢角尺长边与圆柱面之间的最大间隙。

5.3 外观质量检验

按JC/T 79和JC/T 205的规定检验。

5.4 物理力学性能试验

5.4.1 体积密度和吸水率按GB/T 9966.3的规定进行测试。

5.4.2 干燥压缩强度按GB/T 9966.1的规定进行测试。

5.4.3 弯曲强度按GB/T 9966.2的规定进行测试。

6 检验规则

6.1 检验分类

实心柱体检验分为出厂检验和型式检验。

6.2 出厂检验

6.2.1 检验项目

检验项目为尺寸偏差、形状公差、外观质量，均为全数检验。

6.2.2 判定规则

实心柱体的所有检验结果均符合相应等级的要求时，判为该等级。同类型的实心柱体中，优等品中不得超超过5%的一等品，一等品中不得有超过10%的合格品，合格品中不得有不合格品。

6.3 型式检验

6.3.1 有下列情况之一时，应对本标准规定的全部项目进行型式检验：

a) 新建厂投产时；

b) 国家质量监督机构提出进行型式检验要求时。

6.3.2 检验项目

尺寸偏差、形状公差、外观质量等项目为全数检验。

6.3.3 抽样：体积密度、吸水率、干燥压缩强度、弯曲强度的检验从生产同批实心柱体的荒料中的不同块体上按 GB/T 9966.1~GB/T 9966.3 的规定取样。

6.3.4 判定规则

体积密度、吸水率、干燥压缩强度、弯曲强度的检验结果中，有一项不符合本标准4.5的要求时，则判定该批实心柱体为不合格品，其他项目检验结果的判定同出厂检验。

7 标志、包装、运输和贮存

7.1 标志

7.1.1 出厂产品应注明生产厂名、商标、产品名称、产品代号、等级、标准编号、出厂日期或编号、工程名称等。

7.1.2 包装箱上必须有"向上"、"怕湿"、"易碎贵重物品"和"小心轻放"等安全警示标志。

7.2 包装

7.2.1 包装时应按材料品种、规格、等级等分别包装，并附产品合格证和有关技术资料。

7.2.2 包装质量应符合产品在正常条件下安全装卸和运输的要求。

7.3 运输

产品在运输过程中应防湿，严禁滚摔、碰撞。

7.4 贮存

7.4.1 产品宜在室内贮存，室外贮存应加遮盖。

7.4.2 产品应按品种、规格、等级等分别码放。

干挂石材幕墙用环氧胶粘剂 JC 887—2001

1 范围

本标准规定了干挂石材幕墙用环氧胶粘剂的分类、技术要求、试验方法、检验规则及标志、包装、运输和贮存。

本标准适用于干挂石材幕墙挂件与石材间粘结固定用双组分环氧型胶粘剂。

2 引用标准

下列标准所包含的条文，通过在本标准中引用而构成为本标准的条文。本标准出版时，所示版本均为有效。所有标准都会被修订，使用本标准的各方应探讨使用下列标准最新版本的可能性。

GB/T 2570—1995　　　　　树脂浇铸体弯曲性能试验方法
GB/T 2571—1995　　　　　树脂浇铸体冲击试验方法
GB/T 7124—1986（1996）　胶粘剂拉伸剪切强度测定方法（金属对金属）
GB/T 9966.1—2001　　　　天然饰面石材试验方法　干燥、水饱和、冻融循环后压缩强度试验方法
GB/T 12954—1991　　　　 建筑胶粘剂通用试验方法
JC/T 547—1994　　　　　 陶瓷墙地砖胶粘剂
JC 830.2—1998　　　　　 干挂天然花岗石饰面建筑板材及其不锈钢配件
　　　　　　　　　　　　 第二部分：干挂不锈钢配件

3 术语

干挂石材幕墙：由金属框架、不锈钢挂件和建筑石材组成的建筑外围护结构。

4 分类

4.1 品种

胶粘剂为双组分环氧型，按固化速度分为快固型（K）和普通型（P）。

4.2 产品标记

胶粘剂按下列顺序标记：名称、品种、标准号。

标记示例：

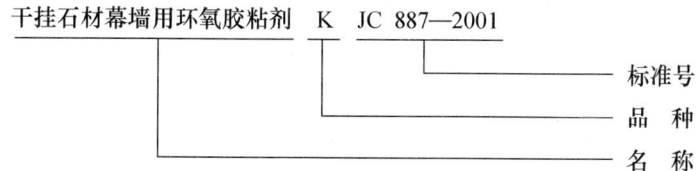

5 技术要求

5.1 外观

胶粘剂各组分分别搅拌后应为细腻、均匀粘稠液体或膏状物，不应有离析、颗粒和凝胶，各组分颜色应有明显差异。

5.2 物理力学性能

胶粘剂的物理力学性能应符合表1的规定。

表1 物理力学性能

序号	项目			技术指标	
				快固	普通
1	适用期*，min			5～30	>30～90
2	弯曲弹性模量，MPa ≥			2 000	
3	冲击强度，kJ/m^2 ≥			3.0	
4	拉剪强度，MPa ≥ 不锈钢-不锈钢			8.0	
5	压剪强度 MPa ≥	石材-石材	标准条件 48h	10.0	
			浸水 168h	7.0	
			热处理80℃，168h	7.0	
			冻融循环 50次	7.0	
		石材-不锈钢	标准条件 48h	10.0	

注：适用期指标也可由供需双方商定。

6 试验方法

6.1 试验基本要求

6.1.1 标准试验条件

试验室标准试验条件：温度（23±2）℃，相对湿度（50±5）%。

6.1.2 粘结试件基材

6.1.2.1 石材基材

应选用具有足够强度的石材，石材品种推荐用丰镇黑或济南青。基材尺寸为50mm×30mm×（20～25）mm，采用非抛光面粘结。

试件制备前，应用清水对石材进行清洗，然后在（105±2）℃烘箱内烘干2h后备用。

6.1.2.2 不锈钢基材

采用符合JC 830.2要求的奥氏体不锈钢材料，推荐用1Cr18Ni9Ti不锈钢。拉剪强度试件基材尺寸为100mm×25mm×2mm，压剪强度试件基材尺寸为50mm×30mm×（10～15）mm。

试件制备前，应先用 P120 砂布打磨被粘表面，并用丙酮进行清洗，干燥后备用。

6.1.3 试件制备

制备前，试样应在标准条件下放置 24h 以上。

按生产方给定的配比准确称量各组份试样后立即搅拌均匀，注意避免混入空气，然后尽快成型试件。

浇铸成型时，预先将模具薄涂一层脱模剂，快速将搅拌好的胶粘剂倒入，用刮刀抹压，然后刮平。

粘结成型时，将搅拌好的胶粘剂分别涂抹在两块粘结基材上，对合时轻轻揉压，确保粘结均匀。

拉剪强度试件胶接面积为 25mm×12.5mm。压剪强度试件胶接面积为 50mm×20mm。共成型四组石材-石材粘结试件和一组石材-不锈钢粘结试件，每组五个试件。

6.1.4 固化条件

制备好的试件应放置在标准条件下固化 48h 后测试或进行预处理。

6.2 外观

打开原包装容器，人工搅拌后目测检查。

6.3 适用期

按 GB/T 12954—1991 中 5.6 试验，恒温水浴温度为 (23±0.5)℃。

6.4 弯曲弹性模量

按 GB/T 2570 试验。采用标准试件，浇铸成型。

6.5 冲击强度

按 GB/T 2571 试验。采用无缺口小试件，浇铸成型。

6.6 拉剪强度

按 GB/T 7124 试验，试验结果取五个试件的算术平均值。

6.7 压剪强度

按 JC/T 547—1994 中 6.3.4 试验。

6.7.1 标准条件
试件在标准条件下固化 48h 后，分别测试石材-石材，石材-不锈钢的压剪强度。

6.7.2 浸水
试件在标准条件下固化 48h，接着在 (23±2)℃水中浸泡 168 h，在 10 min 内擦干试件表面水渍并进行测试。

6.7.3 热处理
试件在标准条件下固化 48h，接着在 (80±2)℃烘箱中放置 168h，在标准条件下冷却 2h 后测试。

6.7.4 冻融循环
试件在标准条件下固化 48 h 后，接着按 GB/T 9966.1—2001 中 4.3.1 进行冻融循环处理 50 次，在 10min 内擦干试件表面水渍并进行测试。

6.7.5 数据处理

试验结果取五个试件的算术平均值。如果出现可疑极值，按照粗大误差剔除准则，即 Dixon 准则取舍：若 $\frac{X_2-X_1}{X_5-X_1} \geq 0.642$，则舍去 X_1；若 $\frac{X_5-X_4}{X_5-X_1} \geq 0.642$，则舍去 X_5。其中 X_1、X_2、X_3、X_4、X_5 为测试值（MPa），且 $X_1<X_2<X_3<X_4<X_5$。

7 检验规则

7.1 出厂检验

生产厂应按本标准的规定,对每批产品进行出厂检验。检验项目为

a) 外观;

b) 适用期;

c) 石材-石材压剪强度(标准条件);

d) 石材-不锈钢压剪强度(标准条件)。

7.2 型式检验

有下列情况之一时,须按本标准第4章要求的项目逐项进行型式检验。

a) 新产品试制或老产品转厂生产的试制定型鉴定;

b) 正常生产时,每年至少进行一次;

c) 产品的原料、配方、工艺及生产装备有较大改变,有可能影响产品质量时;

d) 产品停产半年以上,恢复生产时;

e) 出厂检验结果与上次型式检验有较大差异时;

f) 国家质量监督机构提出进行型式检验要求时。

7.3 组批与抽样规则

7.3.1 组批

以同一品种,同一配比生产的每釜产品为一批。

7.3.2 抽样

在同批产品中分别随机抽取一组包装,样品总量不少于1kg。

7.4 判定规则

检验结果符合第4章全部要求时,则判该批产品合格。如果有两项或两项以上不合格,则判该批产品不合格。如果有一项不合格,允许在同批产品中加倍抽样进行单项复验,如该项仍不合格,则判该批产品不合格。

8 标志、包装、运输和贮存

8.1 标志

胶粘剂产品每个包装均须有标志。标志内容:

a) 胶粘剂产品名称(包括组分名称)、牌号、商标;

b) 产品标记;

c) 生产单位名称;

d) 生产批号及生产日期;

e) 净质量,外包装应注明包装数量;

f) 使用说明、保质期(或失效期);

g) 有毒害组分应有相应标志。

8.2 包装

胶粘剂应采用金属或塑料的密封容器包装,容量应留出必要的安全空间,按组分配套分装。容量可为1kg、2kg或其他供需双方商定的数量。成件包装可采用木箱或纸箱。

8.3 运输

胶粘剂产品运输前应检查包装容器的严密性。运输时应轻拿轻放，防止撞击、重压和倒置。

8.4 贮存

胶粘剂应在阴凉、干燥、通风的室内贮存，分类分批堆放，严禁曝晒。产品自生产之日起，贮存期不少于1年。超过保质期的产品经检验合格后方可使用。

人造石 JC/T 908—2013

1 范围

本标准规定了人造石（包括人造石实体面材、人造石石英石和人造石岗石等）的术语和定义、产品分类、规格尺寸、等级和标记、材料、要求、试验方法、检验规则以及包装、标志、运输和贮存等。

本标准适用于台面、墙、地面、吊顶材料、装饰性面材和板线等使用人造石实体面材、人造石石英石和人造石岗石，其他种类和用途的人造石及其制成品（如洗面盆和浴缸等）也可参照采用。

2 规范性引用文件

下列文件对于本文件的应用是必不可少的。凡是注日期的引用文件，仅注日期的版本适用于本文件。凡是不注日期的引用文件，其最新版本（包括所有的修改单）适用于本文件。

GB 178 水泥强度试验用标准砂

GB/T 2828.1 计数抽样检验程序 第1部分：按接收质量限（AQL）检索的逐批检验抽样计划

GB/T 2406.2 塑料 用氧指数法测定燃烧行为 第2部分：室温试验

GB/T 2479 普通磨料 白刚玉

GB/T 2567 树脂浇铸体性能试验方法

GB/T 3810.3 陶瓷砖试验方法 第3部分：吸水率、显气孔率、表观相对密度和容重的测定

GB/T 3810.4 陶瓷砖试验方法 第4部分：断裂模数和破坏强度的测定

GB/T 3854 增强塑料巴柯尔硬度试验方法

GB 6566 建筑材料放射性核素限量

GB/T 9966.1 天然饰面石材试验方法 第1部分：干燥、水饱和、冻融循环后压缩强度试验方法

GB/T 11942 彩色建筑材料色度测量方法

GB/T 13891 建筑饰面材料镜向光泽度测定方法

GB/T 16422.2 塑料实验室光源曝露试验方法 第2部分：氙弧灯（GB/T 16422.2—1999，idt ISO 4892—2：1994）

GB/T 17657—1999 人造板及饰面人造板理化性能试验方法

ISO 8486—1 粘合磨料 粒度组成的测定和标记 第1部分：粗磨粒从F4～F220（Bonded abrasives—Determination and designation of grain size distribution—Part 1：Macrogrits F4 to F220）

3 术语和定义

以下术语和定义适用于本文件。

3.1
人造石 artificial stone

以高分子聚合物或水泥或两者混合物为粘合材料，以天然石材碎（粉）料和/或天然石英石（砂、粉）或氢氧化铝粉等为主要原材料，加入颜料及其他辅助剂，经搅拌混合、凝结固化等工序复合而成的材料，统称人造石，主要包括人造石实体面材、人造石石英石和人造石岗石等产品。

3.2
人造石实体面材（简称实体面材，下称实体面材） artificial stone-solid surface materials

以甲基丙烯酸甲酯（MMA；俗称压克力）或不饱和聚酯树脂（UPR）为基体，主要由氢氧化铝为填料，加入颜料及其他辅助剂，经浇铸成型或真空模塑或模压成型的人造石，学名为矿物填充型高分子复合材料，简称实体面材。

注：该复合材料无孔均质；贯穿整个厚度的组成具有均一性；它们可以制成难以察觉接缝的连续表面，并可通过维护和翻新使产品表面回复如初。

3.3
人造石石英石（简称石英石或人造石英石，下称石英石，俗称石英微晶合成装饰板或人造硅晶石） artificial stone-agglomerated quartz

以天然石英石（砂、粉）、硅砂、尾矿渣等无机材料（其主要成分为二氧化硅）为主要原材料，以高分子聚合物或水泥或两者混合物为粘合材料制成的人造石，简称石英石或人造石英石，俗称石英微晶合成装饰板或人造硅晶石。

3.4
人造石岗石（简称岗石或人造大理石，下称岗石） artificial stone-agglomerated marble

以大理石、石灰石等的碎料、粉料为主要原材料，以高分子聚合物或水泥或两者混合物为粘合材料制成的人造石，简称岗石或人造大理石。

3.5
气孔 hole

加工过程中板材表面出现的开口孔洞。

4 产品分类、规格尺寸、等级和标记

4.1 分类

产品按主要原材料分三种类型：

a) 实体面材类：

以氢氧化铝为主要填料制成的人造石，产品按基体树脂分两种类型：

—— 丙烯酸类：聚甲基丙烯酸甲酯为基体的实体面材（压克力类，代号PMMA）；

—— 不饱和聚酯（包括乙烯基酯树脂等）类：不饱和聚酯树脂为基体的实体面材（不饱和类，代号UPR）。

b) 石英石类：

以天然石英石和/或粉、硅砂、尾矿渣等无机材料（其主要成分为二氧化硅）为主要原

材料制成的人造石。

　　c）岗石类：

以大理石、石灰石等的碎料、粉料为主要原材料制成的人造石。

4.2 规格尺寸

4.2.1 实体面材

板材按边长（长×宽）×厚分为三种标准规格尺寸型式，单位为毫米：

—— Ⅰ型：（2 440×760）×12.0；

—— Ⅱ型：（2 440×760）×6.0；

—— Ⅲ型：（3 050×760）×12.0。

注：其他边长与厚度尺寸也可由供需双方商定，其规格尺寸型式标记为Ⅳ型。

4.2.2 石英石

矩形产品常用规格尺寸如表1规定，其他规格尺寸由供需双方商定。

表1 矩形产品常用规格尺寸　　　　　　　　　单位为毫米

项目	尺　寸
边长	400、600、760、800、900、1 000、1 200、1 400、1 450、1 500、1 600、2 000、2 400（2 440）、3 000、3 050、3 600
厚度	8、10、12、15、16、18、20、25、30
注：其他边长与厚度尺寸也可由供需双方商定。	

4.2.3 岗石

矩形产品常用规格尺寸如表2规定，其他规格尺寸由供需双方商定。

表2 矩形产品常用规格尺寸　　　　　　　　　单位为毫米

项目	尺　寸
边长	400、600、800、900、1 000、1 200
厚度	12、15、16、16.5、18、20、30
注：其他边长与厚度尺寸也可由供需双方商定。	

4.3 等级

4.3.1 实体面材

产品按巴氏硬度、落球冲击分为优等A级和合格B级两个等级。

4.3.2 石英石

产品按规格尺寸允许偏差、角度公差、平整度、外观质量和落球冲击（仅限用于台面时）分为优等A级和合格B级两个等级。

4.3.3 岗石

产品按规格尺寸允许偏差、角度公差、平整度、外观质量分为优等A级和合格B级两个等级。

4.4 标记

4.4.1 实体面材

实体面材按产品中文名称、基体树脂英文缩写、规格尺寸代号、公称厚度、等级和本标准号的顺序标记。

示例：符合本标准，以聚甲基丙烯酸甲酯为基体，厚度为12.0 mm的Ⅰ型A级实体面材标记为：

人造石实体面材　PMMA/Ⅰ 12.0　A/JC/T 908—2013

4.4.2　石英石

石英石按产品中文名称、基体树脂英文缩写、规格尺寸、等级代号和本标准号的顺序标记。

示例：符合本标准，以不饱和聚酯树脂为基体，厚度为16 mm，边长为3 050 mm×1 450 mm的B级石英石标记为：

人造石石英石　UPR 3050×1450×16　B/JC/T 908—2013

4.4.3　岗石

岗石按产品中文名称、基体树脂英文缩写、规格尺寸、等级代号和本标准号的顺序标记。

示例：符合本标准，以不饱和聚酯树脂为基体，厚度为16.5 mm、边长为800 mm×800 mm的A级人造岗石标记为：

人造石岗石　UPR 800×800×16.5　A/JC/T 908—2013

5　材料

5.1　填料或色料

人造石所用的填料或色料应为满足本标准性能要求的合适材料。

5.2　树脂

5.2.1　实体面材树脂

人造石所用的聚甲基丙烯酸甲酯和/或不饱和聚酯树脂（包括乙烯基酯树脂等）应为满足本标准性能要求的合适材料。

5.2.2　石英石树脂

人造石所用的不饱和聚酯树脂和/或热塑性高分子聚合物应为满足本部分性能要求的合适材料。

5.2.3　岗石树脂

人造石所用的不饱和聚酯树脂和/或热塑性高分子聚合物应为满足本标准性能要求的合适材料。

6　要求

实体面材、石英石和岗石具体要求见表3。

表3　人造石要求

要求	人造石		
	实体面材	石英石	岗石
尺寸偏差	√	√	√
外观质量	√	√	√
巴氏硬度	√	—	—
莫氏硬度	—	√	√

续表

要求	人造石		
	实体面材	石英石	岗石
荷载变形和冲击韧性	√	—	—
吸水率	—	√	√
落球冲击	√	√（仅限用于台面时）	√
弯曲性能	√	√	√
压缩强度	—	√	√
耐磨性	√	√	√
线性热膨胀系数	√	√	√
色牢度与老化性能	√	—	—
光泽度	—	√	√
放射性防护分类控制	√	√	√
耐污染性	√	√（仅限用于台面时）	—
耐燃烧性能	√	—	—
耐化学药品性	√	√（仅限用于台面时）	—
耐热性	√	√（仅限用于台面时）	—
耐高温性能	√	√（仅限用于台面时）	—
注："√"表示有要求，"—"表示无要求。			

6.1 尺寸偏差

6.1.1 实体面材

6.1.1.1 规格尺寸偏差

6.1.1.1.1 长度、宽度偏差的允许值为规定尺寸的0%～0.3%。

6.1.1.1.2 厚度偏差的允许值为：大于6 mm的：不大于±0.3 mm；不大于6 mm的：不大于±0.2 mm。

6.1.1.1.3 其他产品的厚度偏差的允许值应不大于规定厚度的±3%。

6.1.1.2 对角线偏差

同一块板材对角线最大差值不大于5 mm。

6.1.1.3 平整度

6.1.1.3.1 Ⅰ、Ⅲ型：不大于0.5 mm；

6.1.1.3.2 Ⅱ型：不大于0.3 mm。

6.1.1.3.3 其他厚度产品的平整度公差的允许值应不大于规定厚度的5%。

6.1.1.4 边缘不直度

板材边缘不直度，不大于1.5 mm/m。

6.1.2 石英石

6.1.2.1 规格尺寸偏差

规格尺寸偏差如表4规定。

表4 规格尺寸允许偏差　　　　　　　　　　　　单位为毫米

项目	A级	B级
边长	0 −1.0	0 −1.5
厚度	+1.5 −1.5	+1.8 −1.8

6.1.2.2 角度公差

角度公差如表5规定。

表5 角度公差

板材长度（L） mm	技术指标 mm/m	
	A级	B级
L≤400	≤0.30	≤0.60
400＜L≤800	≤0.40	≤0.80
L＞800	≤0.50	≤0.90

6.1.2.3 平整度

平整度如表6规定。

表6 平整度

板材长度（L） mm	技术指标 mm/m	
	A级	B级
L≤400	≤0.20	≤0.40
400＜L≤800	≤0.50	≤0.70
800＜L≤1 200	≤0.70	≤0.90
L＞1 200	由供需双方商定	

6.1.2.4 边缘不直度

边长1.2 m以内的规格产品，板材边缘不直度不大于1.5 mm/m；边长大于等于1.2 m的产品，其板材边缘不直度由供需双方商定。

6.1.3 岗石

6.1.3.1 规格尺寸偏差

规格尺寸偏差如表 7 规定。

表 7 规格尺寸允许偏差 单位为毫米

项目	A 级	B 级
边长	0 −1.0	0 −1.5
厚度	+1.5 −1.5	+1.8 −1.8

6.1.3.2 角度公差

角度公差如表 8 规定。

表 8 角度公差

板材长度（L） mm	技术指标 mm/m	
	A 级	B 级
L≤400	≤0.30	≤0.60
400＜L≤800	≤0.40	≤0.80
L＞800	≤0.50	≤0.90

6.1.3.3 平整度

平整度如表 9 规定。

表 9 平整度

板材长度（L） mm	技术指标 mm/m	
	A 级	B 级
L≤400	≤0.20	≤0.40
400＜L≤800	≤0.50	≤0.70
800＜L≤1 200	≤0.70	≤0.90
L＞1 200	由供需双方商定	

6.1.3.4 边缘不直度

边长 1.2 m 以内的规格产品，边缘不直度不大于 1.5 mm/m；边长不小于 1.2 m 的产品，边缘不直度由供需双方商定。

6.2 外观质量

6.2.1 实体面材

板材外观质量应符合表 10 规定。

表10 实体面材外观质量

项目	要求
色泽	色泽均匀一致,不得有明显色差
板边	板材四边平整,表面不得有缺棱掉角现象
花纹图案[a]	图案清晰、花纹明显;对花纹图案有特殊要求的,由供需双方商定
表面	光滑平整、无波纹、方料痕、刮痕、裂纹,不允许有气泡及大于0.5 mm的杂质
拼接[b]	拼接不得有可察觉的接驳痕
[a] 仅适用于有花纹图案的产品。
[b] 仅适用于有拼接的产品。

6.2.2 石英石

6.2.2.1 同一批产品的色调应基本调和,花纹应基本一致,不得有明显色差。

6.2.2.2 板材正面的外观缺陷应符合表11的规定。

表11 石英石板材正面外观缺陷

名称	规定内容	技术指标	
		A级	B级
缺棱	长度不超过10 mm,宽度不超过1.2 mm(长度不大于5 mm,宽度不大于1 mm不计),周边每米长允许个数(个)	0	≤2(总数或分数)
缺角	面积不超过5 mm×2 mm(面积小于2 mm×2 mm不计),每块板允许个数(个)		
气孔	直径不大于1.5 mm(小于0.3 mm的不计),板材正面每平方米允许个数(个)		
裂纹	板材正面不允许出现,但不包括填料中石粒(块)自身带来的裂纹和仿天然石裂纹;底面裂纹不能影响板材力学性能		
注:板材允许修补,修补后不得影响板材装饰质量和物理性能。			

6.2.3 岗石

6.2.3.1 同一批产品的色调应基本调和,花纹应基本一致,不得有明显色差。

6.2.3.2 板材正面的外观缺陷应符合表12的规定。

表12 岗石板材正面外观缺陷

名称	规定内容	技术指标	
		A级	B级
缺棱	长度不超过10 mm,宽度不超过2 mm(长度不大于5 mm,宽度不大于1 mm不计),周边每米长允许个数(个)	0(允许修补)	≤1
缺角	面积不超过5 mm×2 mm(面积小于2 mm×2 mm不计),每块板允许个数(个)	0(允许修补)	≤2
气孔	最大直径不大于1.5 mm(小于0.3 mm的不计),板材正面每平方米允许个数(个)		≤1
裂纹	不允许出现,但不包括填料中石粒(块)自身带来的裂纹和仿天然石裂纹。		
注:大骨料产品外观缺陷由供需双方确定。			

6.3 巴氏硬度

实体面材 PMMA 类：A 级不小于 65、B 级不小于 60；实体面材 UPR 类：A 级不小于 60、B 级不小于 55。

6.4 莫氏硬度

石英石的莫氏硬度不小于 5；岗石的莫氏硬度不小于 3。

6.5 荷载变形和冲击韧性

Ⅰ、Ⅲ 型实体面材最大残余挠度值不应超过 0.25 mm，试验后表面不得有破裂；Ⅱ 型板和 Ⅳ 型板中厚度小于 12.0 mm 时不要求此性能。实体面材冲击韧性不小于 4.0 kJ/m^2。

6.6 吸水率

石英石的吸水率应小于 0.2%；岗石的吸水率应小于 0.35%。

6.7 落球冲击

6.7.1 实体面材

450 g 钢球，A 级品的冲击高度不低于 2 000 mm，B 级品的冲击高度不低于 1 200 mm、样品不破损。

6.7.2 石英石

石英石用于台面时，450 g 钢球，A 级品的冲击高度不低于 1 200 mm，B 级品的冲击高度不低于 800 mm，样品不破损。

石英石用于墙、地面时，225 g 钢球，1 200 mm 高度自由落下，样品不破损。

6.7.3 岗石

225 g 实心钢球，800 mm 高度自由落下，岗石样品不破损。

6.8 弯曲性能

6.8.1 实体面材

实体面材的弯曲强度不小于 40 MPa，弯曲弹性模量不小于 6.5 GPa。

6.8.2 石英石

石英石的弯曲强度大于 35 MPa。

6.8.3 岗石

岗石的弯曲强度不小于 15 MPa。

6.9 压缩强度

石英石的压缩强度不小于 150 MPa；岗石的压缩强度大于 80 MPa。

6.10 耐磨性

6.10.1 实体面材

实体面材耐磨性不大于 0.6 g。

6.10.2 石英石

石英石的耐磨性不大于 300 mm^3。

6.10.3 岗石

岗石的耐磨性不大于 500 mm^3。

6.11 线性热膨胀系数

6.11.1 实体面材

实体面材的线性热膨胀系数不大于$5.0\times10^{-5}℃^{-1}$。

6.11.2 石英石

石英石的线性热膨胀系数不大于$3.5\times10^{-5}℃^{-1}$。

6.11.3 岗石

岗石的线性热膨胀系数不大于$4.0\times10^{-5}℃^{-1}$。

6.12 色牢度与老化性能

实体面材试样与控制样品比较，不得呈现任何破裂、裂缝、气泡或表面质感变化。试样与控制样品间的色差不应超过2 CIE单位。

6.13 光泽度

石英石镜面板材镜向光泽度：高光板大于70，其他光泽度要求由供需双方商定；岗石镜面板材镜向光泽度：高光板＞70，40＜光板≤70和20＜低光板≤40。其他光泽度要求由供需双方商定。

6.14 放射性防护分类控制

人造石放射性应符合GB 6566中A类的规定。

6.15 耐污染性

6.15.1 实体面材

实体面材试样耐污值总和不大于64，最大污迹深度不大于0.12 mm。

6.15.2 石英石

当用作台面材料时，石英石耐污值总和不应超过64，最大污迹深度不大于0.12 mm；用于非台面材料的石英石，其耐污染性由供求双方商定。

6.16 耐燃烧性能

6.16.1 实体面材香烟燃烧

实体面材在与香烟接触过程中，或在此之后，不得有明火燃烧或阴燃。任何形式的损坏不得影响产品的使用性，并可通过研磨剂和抛光剂大致恢复至原状。

6.16.2 实体面材阻燃性能

实体面材的阻燃性能以氧指数评定，要求不小于40。

6.17 耐化学药品性

6.17.1 实体面材

实体面材试样表面应无明显损伤，轻度损伤用600目砂纸轻擦即可除去，损伤程度应不影响板材的使用性，并易恢复至原状。

6.17.2 石英石

当用作台面材料时，石英石试样表面应无明显损伤，轻度损伤用600目砂纸轻擦即可除去，损伤程度应不影响板材的使用性，并易恢复至原状；用于非台面材料的石英石，其耐化学药品性由供求双方商定。

6.18 耐热性

6.18.1 实体面材

实体面材试样表面应无破裂、裂缝或起泡。任何变色采用研磨剂或抛光剂可除去并接近板材原状，并不影响板材的使用。仲裁时，修复后样品与试验前样品的色差不应大于2 CIE单位。

6.18.2 石英石

当用作台面材料时，石英石试样表面应无破裂、裂缝或起泡。任何变色采用研磨剂或抛光剂可除去并接近板材原状，并不影响板材的使用。仲裁时，修复后样品与试验前样品的色差应不大于 2 CIE 单位；用于非台面材料的石英石，其耐加热性由供求双方商定。

6.19 耐高温性能

6.19.1 实体面材

实体面材试样表面应无破裂、裂缝或鼓泡等显著影响。表面缺陷易打磨恢复至原状，并不影响板材的使用。仲裁时，修复后样品与试验前样品的色差应不大于 2 CIE 单位。

6.19.2 石英石

当用作台面材料时，石英石试样表面应无破裂、裂缝或鼓泡等显著影响。表面缺陷易打磨恢复至原状，并不影响板材的使用。仲裁时，修复后样品与试验前样品的色差应不大于 2 CIE 单位；用于非台面材料的石英石，其耐高温性能由供求双方商定。

7 试验方法

7.1 尺寸偏差

7.1.1 规格尺寸偏差

实体面材和岗石板材的长度、宽度用精度为 0.1 mm 的钢平尺或能够满足精度要求的量具进行测量，测量板材的四边及各边的中点。

石英石板材的长度、宽度用精度为 1 mm 的量具（钢平尺）进行测量，测量板材的四边及各边的中点。

板材的厚度用精度为 0.02 mm 的游标卡尺进行测量，端部的测定点应距离板材边缘至少 10 mm，长、宽方向等距（但距边缘不超过 100 mm）各测定三点处的厚度。

7.1.2 对角线偏差

用精度为 1 mm 的钢平尺或能够满足精度要求的量具测量同一板材正面两对角的长度，计算两对角线长度之差。

7.1.3 角度公差

用内角垂直度公差为 0.13 mm，内角边长为 500 mm×400 mm 的 90°钢角尺检测。将角尺的短边紧靠板材的短边，长边贴靠板材的长边，用塞尺测量板材长边与角尺长边之间的最大间隙。当板材的长边小于或等于 500 mm 时，测量板材的任一对对角；当板材的长边大于 500 mm 时，测量板材的 4 个角。

以最大间隙的测量值表示板材的角度公差，测量值精确至 0.05 mm。

7.1.4 平整度

试样置于标准的平面上，将 1m 长的钢平尺的边缘放在板材的正平面上，然后用精度为 0.01 mm 的塞尺测量钢平尺边缘与板材边缘之间的最大缝隙。

7.1.5 边缘不直度

将 1 m 长的钢平尺的边缘紧靠在板材的边缘上，然后用精度为 0.01 mm 的塞尺测量钢平尺边缘到板材边缘的最大缝隙，四边分别测量，取其中最大值。

7.2 外观质量

7.2.1 将试验样品水平放置在照度 800 lx～900 lx 的环境中，实体面材观测距离为

750 mm～900 mm，石英石和岗石观测距离为1 350 mm～1 500 mm，观测角度为与水平面夹角45°～75°。

7.2.2 用50%黑色或蓝色、或与产品呈对比色的墨水溶液，以海绵或软棉布涂在试验样品正面，按7.2.1方式观测样品是否破裂、裂缝或起泡等。对观察到的需要测量尺寸的外观缺陷，用最小分度值为0.02 mm的游标卡尺测量其尺寸。其他检验项目的外观检验按本条进行。

7.3 巴柯尔（巴氏）硬度
实体面材巴柯尔硬度按GB/T 3854规定试验。

7.4 莫氏硬度
石英石和岗石莫氏硬度按附录A的规定试验。

7.5 荷载变形和冲击韧性

7.5.1 荷载变形

实体面材荷载变形按附录B的规定试验。

7.5.2 冲击韧性

实体面材冲击韧性按GB/T 2567的规定试验。

7.6 吸水率
将试样置于(55±5)℃的干燥箱内干燥至恒重，放入干燥器中冷却至室温。其余试验步骤按GB/T 3810.3的规定，采用真空法。

7.7 落球冲击

7.7.1 实体面材

将660 mm×810 mm试样的四角平稳卡在B.3.1规定的试验夹具上，450 g实心钢球，以一定的落差自由降落冲击试样中央，冲击点距试样中心点的距离不超过48 mm，测量表面无破裂和碎片的最大冲击落差。

7.7.2 石英石

用于台面材料的落球冲击按7.7.1条规定进行。

用于墙、地面时，试样尺寸300 mm×300 mm。将试样用厚度不小于10 cm的符合GB 178规定标准砂垫平，用225 g实心钢球以一定的落差自由降落冲击试样中央，观察试样有无破坏。

7.7.3 岗石

用于墙、地面时，试样尺寸300 mm×300 mm。将试样用厚度不小于10 cm的符合GB 178规定标准砂垫平，用225 g实心钢球以800 mm的落差自由下落冲击试样中央，观察试样有无破坏。

7.8 弯曲性能

7.8.1 实体面材

实体面材弯曲性能按GB/T 2567规定试验。接缝板试样的接缝应位于弯曲试验时的中部，接缝方向应与弯曲压辊的轴向平行。

7.8.2 石英石和岗石

石英石和岗石弯曲性能按GB/T 3810.4的规定试验。

7.9 压缩强度

将石英石或岗石试样切割成 50 mm×50 mm 的方块，用树脂胶粘剂将这些方块叠粘成厚度达到或稍高于 50 mm 的试块，胶粘剂厚度应尽可能薄。待胶粘剂完全固化后，按 GB/T 9966.1 规定方法，沿垂直于粘结面方向以 2 mm/min 速度匀速加载至破坏，记录最大载荷，以最大载荷除以受压面积即为抗压强度。

7.10 耐磨性

实体面材耐磨性按 GB/T 17657—1999 的 4.38 表面耐磨性能规定试验，采用 P120♯砂布、500 g 配重、500 r 的条件；石英石和岗石耐磨性按附录 C 的规定试验，结果表征采用体积法。

7.11 线性热膨胀系数

线性热膨胀系数按附录 D 的规定试验。

7.12 色牢度与老化性能

按 GB/T 11942 测量实体面材试样的色度并做好测量位置标记，按 GB/T 16422.2 规定进行老化试验，黑板温度为 (63±5)℃，辐射通量密度控制在 340 nm 下 0.35 W/m²。内、外滤光镜组合为高硅硼酸盐玻璃。不需控制湿度。经 200 h 老化试验后测量试样同一位置老化前后的色差。

7.13 光泽度

按照 GB/T 13891 的规定，在实体面材试件上足够多的地方测量光泽度值，但在每块试件上至少要测量四角和中心 5 个部位。试验中应保持试件生产方向的一致性。计算全部测量值的平均值，以此作为试验结果。

7.14 放射性防护分类控制

放射性防护分类控制按 GB 6566 的规定试验。

7.15 耐污染性

实体面材和用于台面材料的石英石耐染污性按附录 E 规定试验。

7.16 耐燃烧性能

7.16.1 实体面材香烟燃烧

从新开封的三种牌子的香烟中各取一支点燃，放置在样品上，点燃端向内，距样品边缘 50 mm，令香烟燃烧 (120±2) s 后，拿开香烟。试样不得有明火式燃烧或阴燃。待灼烧区域冷却，用软布或软毛刷擦净燃烧区，检查燃烧区域。若有明显污迹残留，使用 400 目砂纸与水打磨至污迹消失，观察打磨后有无影响试样的外观。

7.16.2 实体面材阻燃性能

氧指数按 GB/T 2406.2 规定试验。

7.17 耐化学药品性

实体面材和用于台面材料的石英石，耐化学药品性能按附录 F 规定试验。

7.18 耐热性

实体面材和用于台面材料的石英石，样品的有效直径至少为 250 mm，表面平整光滑。150 mm 直径，7 mm 厚铝板在 (185±5)℃烘箱内恒温 (15±0.5) min，取出放置在样品上保持 (10±0.5) min，然后除去。在同一试验位置，连续进行三次该程序。室温保持 4h 后，检查表面变化，诸如破裂、裂缝、变色等缺陷。仲裁时，应按 GB/T 11942 测量试验位置试验前后色差。

7.19 耐高温性能

实体面材耐高温性能按附录G规定试验。仲裁时，应按GB/T 11942测量试验位置试验前后色差。

8 检验规则

8.1 检验类型

产品检验按类型分为出厂检验和型式检验。

8.2 出厂检验

8.2.1 检验项目

8.2.1.1 实体面材检验项目

包括尺寸偏差、外观质量、巴氏硬度、落球冲击和香烟燃烧。

8.2.1.2 石英石检验项目

包括尺寸偏差、外观质量、莫氏硬度、吸水率和光泽度。

8.2.1.3 岗石检验项目

包括尺寸偏差、外观质量、莫氏硬度、吸水率和光泽度。

8.2.2 抽样与组批

同一配方、同一规格和同一工艺参数的产品每500片为一批，不足500片以一批计算。

a) 全检：尺寸偏差、外观质量进行逐个检查；

b) 抽检：巴氏硬度、莫氏硬度、落球冲击、香烟燃烧、吸水率和光泽度，每批产品取三片进行检验。

8.2.3 判定规则

8.2.3.1 全检项目全部合格，方可进行抽检；若有不超过5片的不合格产品，将其更换为合格产品，方可进行抽检；若有超过5片的不合格产品，则判该批不合格。

8.2.3.2 抽检项目全部合格，则判该批产品合格；如有一项以上不合格，则判该批产品不合格；若仅有一项不合格，应进行加倍抽样，不合格项目合格后，判该批产品合格，否则，判该批产品为不合格。

8.3 型式检验

8.3.1 检验项目

包括第6章规定的全部内容。

8.3.2 检验条件

在下列条件情况下进行型式检验：

a) 新产品试制定型鉴定；

b) 正式生产后，如结构、材料、配方、工艺发生重大变化；

c) 正常生产，累计产品达到100 000片或每年进行一次型式检验；

d) 出厂检验结果与上次型式检验结果有较大差异时。

8.3.3 组批与抽样

同一配方、同一规格、同一工艺参数和同一等级为一批。

同一批产品可采用GB/T 2828.1一次抽样正常检验方式，检验水平为Ⅱ，合格质量水平（AQL值）取为6.5，根据表13抽取样本。

表13 抽样判定表　　　　　　　　　　　　　　　　　　　　　　　　　　　　单位为件

批量范围	样本数	合格判定数（Ac）	不合格判定数（Re）
≤25	5	0	1
26～50	8	1	2
51～90	13	2	3
91～150	20	3	4
151～280	32	5	6
>280	40	7	8

8.3.4 判定规则

单一产品的所有检验结果均符合要求中相应等级时，则判定该产品符合该等级。

根据样本检验结果，若样本中发现的等级不合格数不大于合格判定数（Ac），则判定该批符合该等级；若样本中发现的等级不合格数不小于不合格判定数（Re），则判定该批不符合该等级。

9 标志、包装、运输和贮存

9.1 标志

每件人造石产品应标志如下内容：产品标记，生产厂名和/或商标、合格标记、生产日期或生产批号。

每件包装应标志如下内容：生产厂名、厂址、生产日期或生产批号、产品标记及不同产品的规格和数量。

9.2 包装

人造石产品应用木箱或其他合适材料包装，每件产品之间应用纸或塑料薄膜隔开，每件包装重量不超过 4 000 kg。

9.3 运输

人造石产品运输过程中应避免扔摔、冲击、日晒和雨淋，并须保持包装完整。

9.4 贮存

人造石产品应贮存于阴凉、通风干燥的库房内，距热源不小于 1 m，包装箱码放高度不得超过 2 m；贮存期超过半年时，应重新检测后方可交付使用。

附 录 A
（规范性附录）
莫氏硬度试验方法

A.1 适用范围

本方法适用于石英石和岗石莫氏硬度的测定。

A.2 方法原理

采用已知硬度的标准矿石手动刻划试样表面测定莫氏硬度。从小到大选用不同莫氏硬度值的标准矿石刻划试样表面，以试样表面刚好能产生明显划痕的最低硬度值作为试样的硬度检验结果。

A.3 标准划痕矿石

应符合表 A.1 的要求。

表 A.1 标准划痕矿石

标准矿石	滑石	石膏	方解石	萤石	磷灰石	长石	石英石	黄玉	刚玉	金刚石
莫氏硬度	1	2	3	4	5	6	7	8	9	10

A.4 试样

试样在不同部位板材中截取，表面必须平整光滑，尺寸应不少于 100 mm×100 mm，数量不少于 3 件。

A.5 步骤

将试样平稳放置坚硬的支撑物上，饰面朝上。

从小到大选用不同莫氏硬度值的标准矿石刻划试样表面，用矿石新刃口施力均匀垂直地对试样表面进行刻划（注意：对试样施力要适度，标准矿石的刃口不应该因施力过大破碎而形成双线状甚至是多线状刻划痕迹），在每件试样的四个不同位置各划一道。以刚好能产生明显划痕的最低硬度值作为检验结果。以试样所有测试值中的最低值作为试验结果。

A.6 测试报告

各试样中的最低硬度值为最终报告结果。

附 录 B
（规范性附录）
荷载变形试验方法

B.1 适用范围

本方法适用于实体面材荷载变形的测定。

B.2 方法原理

通过施加荷载，测量板材抗荷载变形的力学特性。

B.3 测试仪器

B.3.1 试验夹具：能提供 610 mm×760 mm 悬空区域的刚性四点支撑。

B.3.2 加载装置。

B.3.3 挠度仪：精度 0.02 mm。

B.4 试样

B.4.1 试样规格：660 mm×810 mm×厚度。

B.4.2 试样数量：2 块。

B.5 步骤

将试样卡紧在试验夹具上。

a）通过直径 200 mm 荷载分配盘加载，用厚 13 mm 泡沫橡胶或其他合适柔软材料衬垫在荷载分配盘与试样之间。首先加上预荷载 1 330 N 并保持 2.5 min，此时允许试验夹具框的初始移动和固定；

b) 除去预荷载（12.5±2.5）min 后，用挠度仪测量板中部的初始挠度值 l_0。重新施加 1 330 N 荷载 1.5 min～2.0 min；

c) 卸载 10 min 后，再次用挠度仪测量板中部的挠度值 l_1，测量精确至 0.02 mm，$\Delta l = l_1 - l_0$ 即为残余挠度值；

d) 记录试验结果。

B.6 测试报告

以两块试样试验结果算数平均值为荷载变形残余挠度值。

附 录 C
（规范性附录）
耐磨性试验方法

C.1 适用范围

本方法适用于石英石和岗石耐磨度的测定方法。

C.2 方法原理

本测试方法的原理是在标准条件下对人造石表面进行刮擦。

C.3 研磨材料

标准规定使用的研磨材料：根据 ISO 8486—1，要求使用颗粒尺寸为 F80 的刚玉（白色熔融铝氧化合物，也叫矾土，GB/T 2479 的刚玉等同 ISO 8486—1）作为测试用的研磨材料。一批研磨材料不能重复使用超过三次。

C.4 仪器

试验所用的磨损仪为如图 C.1 所示的类型，该仪器包括转动摩擦轮、带一个或两个控制阀（调节流量，使流向料流导向斗的研磨料流速均匀）的储料斗、夹紧定位手摇车、平衡重锤和测量转数的装置。

当使用两个控制阀时，一个用于控制刚玉的流量均匀，另一个控制阀是料流的开关。

转动摩擦轮的材质钢的硬度为 203 HB～245 HB。直径为（200±1）mm，边缘厚度（10±1）mm，转速 75 转/（60±3）s。

将移动的夹紧定位手摇车安装在轴承上，借助恒重的平衡重锤的力，使得试样被紧紧

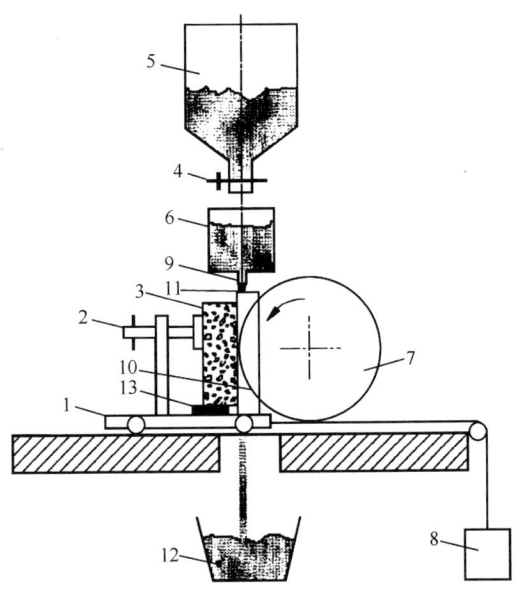

说明：
1——夹紧定位手摇车；　　2——固定螺杆；
3——试样；　　　　　　　4——控制阀；
5——储料斗；　　　　　　6——料流导向斗；
7——摩擦轮；　　　　　　8——平衡重锤；
9——流量导向槽缝；　　　10——凹槽；
11——研磨材料料流；　　　12——研磨材料收集器；
13——楔紧块。

图 C.1　磨损试验机原理

压向摩擦轮。

然后装有研磨料的储料斗向料流导向斗供料。

料流导向斗（圆柱形或长方形）应有一槽缝出料口，槽缝的长度为（9±1）mm，宽度可调节。如果用长方形料斗，应至少有一侧在长度方向上是倾斜的，料流导向漏斗的斗体在没有要求的方向上应当至少比槽缝大 10 mm。见图 C.2。

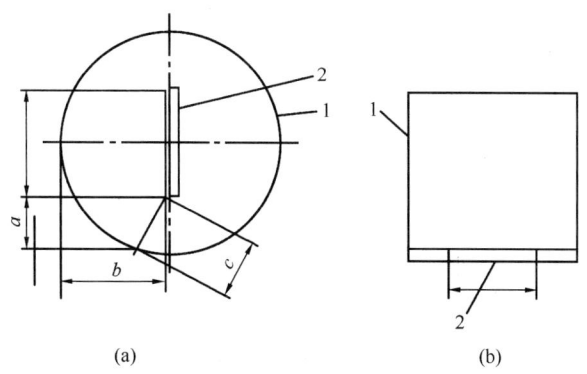

说明：
1——料流导向斗；
2——流量导向槽缝。
a、b、c＞10 mm。

图 C.2 槽缝在料流导向斗的位置
（a）圆柱形料流导向斗；（b）长方形料流导向斗

槽缝和摩擦轮轮轴之间的落差距离应当为（100±5）mm，并且研磨材料料流应当在轮的前缘后面 1 mm～5 mm 处。见图 C.3。

通过料流导向槽缝之后落到摩擦轮上的研磨料，其最小料流应控制在 100 g/100 转。研

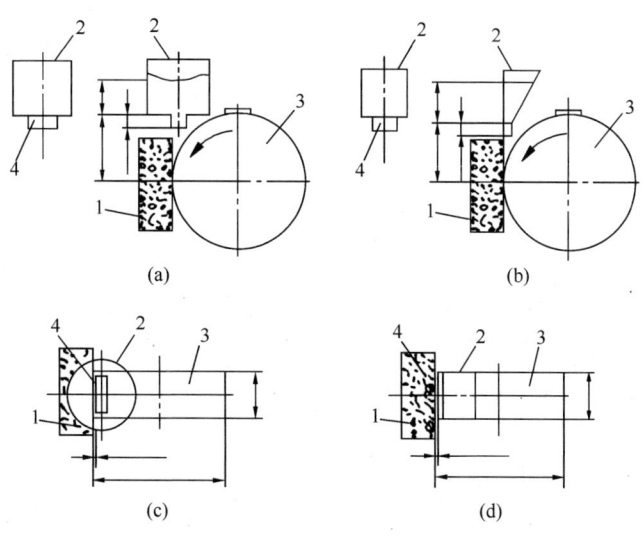

说明：
1——试样；　　2——料流导向斗；
3——摩擦轮；　4——流量导向槽缝。

图 C.3 槽缝相对摩擦轮的位置

磨料的流量应当是恒定的，并且研磨料在流量导向斗中的最低水平应为 25 mm。

此外，还需要以下仪器：可配备照明灯的放大镜，一把钢尺和一把数显游标卡尺。

C.5 仪器校正

在下列情况下需要对仪器进行校正：

a) 磨削 400 个槽之后；
b) 每两个月甚至更少的时间；
c) 换了新的操作人员时；
d) 更换了新的摩擦轮时。

检查研磨料流速的方式是：从大约 100 mm 的高处向一个带有高（90±10）mm 平滑边缘的刚性容器灌注研磨料，该刚性容器预先称好重量，并且容积已知（大约为 1 dm³）。灌注时，灌注人应当处在高处，保持大约 100 mm 的落差。当容器被灌满时，将料顶刮平，称量重量，根据已知的体积得到研磨料的质量，即密度。然后研磨料流过磨损机，在摩擦轮的下方，用一个预称重的容器将研磨料收集起来，在这个过程中检查刚玉的流量是否稳定在 100 g/100 转左右。

校准方法：采用标准的奥地利花岗石样品，摩擦轮在（60±3）s 的时间里摩擦轮转过 300 转，产生的凹槽的长度应为（32.0±0.5）mm。可以通过加大或减小平衡重力锤以增大或减小凹槽的长度。夹紧定位手摇车/平衡重力锤的装配应当避免产生不适当的摩擦。

依照程序，对凹槽的长度进行测量，精确到 0.1 mm。取三次测定结果的平均值为校准值。

如果已经和奥地利花岗石确立了良好的相关性，那么也可以用一种替代材料如熔融石英作参照样品。

在每一次的仪器校准过程中，都要检查样品支撑物的垂直度。

参照样品上的凹槽应为长方形，凹槽两边的长度差不能超过 0.5 mm。如果有必要，需检查：

a) 样品是否和摩擦轮保持垂直；
b) 夹紧定位手摇车和流量导向槽缝是否和摩擦轮轮轴相平行；
c) 研磨料料流是否恰好穿过槽缝；
d) 夹紧定位手摇车/平衡重锤的装配是否有不适当的摩擦。

C.6 试样制备

C.6.1 样品

取样一般不是实验室的责任，除非另有协议。应当采用托运的方式交付人造石。在任何可能的情况下，都要采取随机取样的方式。试样应具有代表性，切割成适宜的尺寸（最小 100 mm× 70 mm）。至少取六块试样，并且从具有同样材质和几何外形的一批同类产品中抽取。

C.6.2 试样的制备

试样必须是清洁和干燥的。

根据块材几何特性的规定，被测试样的上表面，在两个超过 100 mm 的垂直方向上，平整度的公差在±1 mm 以内。

如果上表面的纹理粗糙或者是平整度公差超出了允许的范围，该表面需要进行轻度磨抛直至得到符合公差的平滑表面。在开始测试之前，用硬刷清洁被测面，清除表面的粉末和颗粒，然后对表面进行涂覆染色（例如用油性记号笔），以方便测量凹槽。

C.7 步骤

C.7.1 试验方法

将干燥的刚玉（最大水分含量不超过重量的1%）灌满储料斗，将加紧定位手摇车移离摩擦轮。把试样定位在车上，使其与摩擦轮正切，并且使产生的凹槽离试样的任何边缘至少15 mm，用楔紧块固定试样，以使研磨料料流从它底下通过。将刚玉收集器放在摩擦轮的下面，把试样推向摩擦轮使试样和摩擦轮接触。打开控制阀，同步启动机器，使摩擦轮以75转/（60±3）s的转速运转。检查测试过程中刚玉流量的规律（应为大约100 g/100 转）。摩擦轮转过100转之后，停止研磨料流和摩擦轮，最好对每一个试样进行两次实验。

C.7.2 凹槽测量

将试样放在放大镜（至少2倍的放大镜）下，放大镜最好装有照明灯，以便于测量凹槽。用卡尺测量凹槽的弦长。

C.8 测试结果

耐磨度以磨料磨下的体积 V 来表征，如公式（C.1）所示，单位为立方毫米，精确到 $1\ \text{mm}^3$：

$$\left. \begin{array}{l} V = \left(\dfrac{\pi \cdot d}{180} - \sin\alpha \right) \cdot \dfrac{h \cdot d^2}{8} \\ \sin\dfrac{\alpha}{2} = \dfrac{L}{d} \end{array} \right\} \quad (C.1)$$

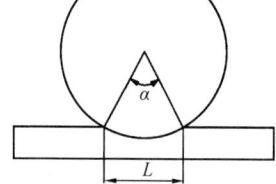

图 C.4 弦的定义

式中：

α——弦对摩擦轮的中心角（度），见图C.4。

d——摩擦轮的直径，单位为毫米（mm）；

h——摩擦轮的厚度，单位为毫米（mm）；

L——凹槽（磨坑）弦长，单位为毫米（mm）；

表C.1中给出了 L 和 V 的对应值。

表 C.1 L 和 V 的对应值

L mm	V mm³	L mm	V mm³	L mm	V mm³	L mm	V mm³	L mm	V mm³
20	67	30	227	40	540	50	1 062	60	1 851
20.5	72	30.5	238	40.5	561	50.5	1 094	60.5	1 899
21	77	31	250	41	582	51	1 128	61	1 947
21.5	83	31.5	262	41.5	603	51.5	1 162	61.5	1 996
22	89	32	275	42	626	52	1 196	62	2 046
22.5	95	32.5	288	42.5	649	52.5	1 232	62.5	2 097
23	102	33	302	43	672	53	1 268	63	2 149
23.5	109	33.5	316	43.5	696	53.5	1 305	63.5	2 202
24	116	34	330	44	720	54	1 342	64	2 256
24.5	123	34.5	345	44.5	746	54.5	1 380	64.5	2 310
25	131	35	361	45	771	55	1 419	65	2 365
25.5	139	35.5	376	45.5	798	55.5	1 459	65.5	2 422
26	147	36	393	46	824	56	1 499	66	2 479
26.5	156	36.5	409	46.5	852	56.5	1 541	66.5	2 537
27	165	37	427	47	880	57	1 583	67	2 596
27.5	174	37.5	444	47.5	909	57.5	1 625	67.5	2 656
28	184	38	462	48	938	58	1 689	68	2 717
28.5	194	38.5	481	48.5	969	58.5	1 713	68.5	2 779
29	205	39	500	49	999	59	1 758	69	2 842
29.5	215	39.5	520	49.5	1 030	59.5	1 804	69.5	2 906

附 录 D
（规范性附录）
线性热膨胀系数试验方法

D.1 适用范围

本方法适用于树脂型人造石线性热膨胀系数的测定。

D.2 仪器

D.2.1 热膨胀仪：加热速率控制在 3℃/min，温度幅度为从室温到至少 150℃之间。

D.2.2 游标卡尺或其他合适的测量工具。

D.2.3 鼓风干燥箱：工作温度可控制在（55±5）℃范围内。

D.2.4 干燥器。

D.3 试样

从板的中心部位取相互垂直的两条试样，长度适合于测试仪器，试样的两端应磨平并且相互平行。

如果有必要，试样的长度应不小于 50 mm，横断面的面积应大于 6 mm²。为确保支承面平整，可用砂纸打磨。横断面的任一边长应磨到小于 6 mm。

D.4 步骤

将室温控制在（20±1）℃。试样置于（55±5）℃的鼓风干燥箱内干燥 24 h，放入干燥器中冷却至室温。用游标卡尺测量试样长度 L_0，精确到 0.02 mm。将试样放入热膨胀仪中，记录此时的室温。然后启动热膨胀仪的加热程序，以 3℃/min 的速率从室温加热到 130℃。

在全部加热过程中，记录试样的长度，精确到 0.01 mm。

测定温度范围为室温到 60℃。

D.5 结果计算

填料粒度不大于 6 mm 时，线性热膨胀系数 α_1 按公式（D.1）计算（单位 $10^{-5}℃^{-1}$，精确到小数点后第一位）：

$$\alpha_1 = \frac{1}{L_0} \times \frac{\Delta L}{\Delta t} \tag{D.1}$$

式中：

L_0——室温下试样的长度，单位为毫米（mm）；

ΔL——试样在室温到 60℃之间的长度增长量，单位为毫米（mm）；

Δt——试样长度增长 ΔL 时的温度升高值，单位为度（℃）。

D.6 测试报告

D.6.1 试样的名称、品种、编号、数量。

D.6.2 试样的线性温度范围。

D.6.3 试样的线性热膨胀系数的平均值。

附 录 E
（规范性附录）
耐污染性试验方法

E.1 适用范围

本方法适用于实体面材和石英石耐污染性的测定。

E.2 方法原理

测试板材在与日常生活用品接触时，其表面颜色和质感的变化，通过评估计分，判断板材的耐污染性。

E.3 仪器和试剂

E.3.1 玻璃表面皿。

E.3.2 试剂：如表E.1所示。

表E.1 试剂

食用酱油	草莓汁
黑色液体鞋油	口红（对比色）
蓝色水溶性墨水	染发精（对比色）
甲紫溶液	红汞溶液（2%）
苹果汁	湿茶袋
食用米醋	—

E.4 试样及条件

每组试样数量足以进行十种试剂各两项对比试验。

试验应在（23±2）℃温度，（50±5）%相对湿度的环境条件下进行。

E.5 步骤

E.5.1 将表E.1所列的每种试剂放2滴在试样的表面，其中一滴用E.3.1的玻璃表面皿盖上，以防挥发。16 h后用干净柔软的棉布或纸巾擦去残余的试剂。

E.5.2 用自来水洗涤试样，并用软布或软毛刷以适当力度擦洗表面20次，用纸将水吸干，若试剂的颜色完全消失，则试样的耐污值为1。

E.5.3 仍存在污迹，再用酒精或石脑油擦洗20次，若污迹除去，则试样的耐污值为2。

E.5.4 仍存在污迹，用去污粉擦洗20次。冲洗干净后，吸干水分，若污迹除去，则试样的耐污值为3。

E.5.5 仍然存在污迹，再用去污粉擦洗40次，若污迹除去，则试样的耐污值为4；否则，耐污值为5。

E.5.6 耐污值为5的试样，需测量其污迹的深度，用600目砂纸磨擦污迹处，直至污迹消失，测量其深度，精确至0.02 mm。

E.6 测试报告

试样的耐污值是所有试剂耐污值总和（包括未盖和加盖玻璃表面皿的试验），最大污迹深度为所有磨擦深度的最大值。

附 录 F
(规范性附录)
耐化学药品性试验方法

F.1 适用范围

本方法适用于实体面材和石英石耐化学药品的测定。

F.2 方法原理

测试板材在与常用化学药品接触后,其表面损伤程度和可修复性,获取板材耐化学药品腐蚀的基本数据。

F.3 仪器和化学药品

F.3.1 玻璃表面皿。

F.3.2 化学药品:如表 F.1 所示。

表 F.1 化学药品

酒精	甲苯
醋酸正戊酯	醋酸乙酯
家用氨水溶液(10%,体积比)	洗涤剂
柠檬酸(10%,质量比)	磷酸钠(5%,质量比)
尿素(6%,质量比)	醋
家用过氧化氢溶液(3%)	松节油

F.4 试样及条件

每组试样足以进行 15 种化学试剂各二项对比试验。

试验应在 (23±2)℃温度,(50±5)%相对湿度的环境下进行。

F.5 步骤

由表 F.1 所列试剂中各取 2 滴施加在试样上,进行两项试验,一项加盖玻璃表面皿,一项未加盖。16 h 后,除去玻璃盖,擦去残余试剂。在室温下悬置 24 h,用肉眼观察表面损伤程度。

F.6 测试报告

试样表面应未受到明显损伤,轻度损伤应可用 600 目号砂纸轻擦即能除去;损伤程度应不会影响板材的使用性,并易修复至原状;否则为不合格。

附 录 G
(规范性附录)
耐高温性试验方法

G.1 适用范围

本方法适用于实体面材和石英石耐高温性的测定。

G.2 方法原理

通过板材在与高温物体接触状态下,经过一定时间后,其颜色和表面质感的变化,测定其耐高温性能。

G.3 仪器

G.3.1 铝制平底加热容器:底和壁厚均为 2 mm～3 mm,直径 90 mm～100 mm,高 65 mm～75 mm。

G.3.2 平板加热炉。

G.3.3 浴锅蜡。

G.3.4 热电偶或温度计：100℃～250 ℃,精度±1 ℃。

G.3.5 荧光灯：光强在 800 lx～1 100 lx。

G.4 试样

G.4.1 试样规格：200 mm×200 mm×厚度。

G.4.2 试样数量：2 块。

G.5 试验步骤

G.5.1 测试前仔细检查试样表面的颜色和质感状况,并做记录。

G.5.2 填充浴锅蜡至加热容器顶缘下 12 mm 处,通过平板加热炉加热升温至 185℃后,移开容器,让其冷却至（180±1）℃,将容器放置在试样上,保持 20 min。

G.5.3 移去容器,使试样在室温下放置 24 h。

G.5.5 用石脑油或酒精擦洗试样表面。

G.5.6 将试样放置于平桌上,在 G.3.5 规定的荧光灯下,用肉眼观测,观测距离为 750 mm～900 mm,观察角度为 45°～75°（与水平面夹角）,转动试样,从各个方向观察试样,应避免在直接阳光下或其他不规范条件下作业。

G.5.6 记录观测结果。

G.6 测试报告

耐高温性能测试报告的项目包括气泡、裂纹、断裂和泛白现象。测试结果报告如下：

a) 无影响——颜色和质感无变化；

s) 轻微影响——颜色和质感的变化只能在某些特殊的角度和方向观察到；

t) 适度影响——颜色和质感的变化可在任何角度和方向观察到,但没有显著改变试样的原始状况；

u) 显著影响——试样的颜色和质感发生了明显变化,包括破裂、裂缝或鼓泡。

天然花岗石墓碑石 JC/T 972—2005（2017）

1 范围

本标准规定了天然花岗石墓碑石（以下简称墓石）产品的术语和定义、分类、技术要求、试验方法、检验规则以及标志、包装和储运等。

本标准适用于天然花岗石墓碑石产品，其他碑石类产品也可参照采用。

2 规范性引用文件

下列文件中的条款通过本标准的引用而成为本标准的条款。凡是注日期的引用文件，其随后所有的修改单（不包括勘误的内容）或修订版均不适用于本标准，然而，鼓励根据本标准达成协议的各方研究是否可使用这些文件的最新版本。凡是不注日期的引用文件，其最新版本适用于本标准。

GB 191　包装储运图示标志

GB/T 9966.1—2001　天然饰面石材试验方法　第1部分：干燥、水饱和、冻融循环后压缩强度试验方法

GB/T 9966.3—2001　天然饰面石材试验方法　第3部分：体积密度、真密度、真气孔率、吸水率试验方法

GB/T 9966.6—2001　天然饰面石材试验方法　第6部分：耐酸性试验方法

GB/T 13890　天然饰面石材术语

GB/T 13891　建筑饰面材料镜向光泽度测定方法

GB/T 17670　天然石材统一编号

GB/T 18601—2001　天然花岗石建筑板材

3 术语和定义

下列术语和定义适用于本标准。

3.1

墓石　tombstone

用天然石材加工成的立在坟墓前面或后面的石碑套件，一般由墓碑和外栅组成，上面刻有相关文字、图案和造型。

3.2

锈斑　spot of rust

石材表面存在的黄褐色斑迹。

3.3

水波纹　wave-lines

由于加工质量问题在抛光面上形成的一种波浪纹缺陷。

3.4

磨痕、划痕　grinding mark
抛光面上存在的磨削和/或划伤痕迹。

3.5

色差　chromatism
色调、花纹的差异。

3.6

烧痕　baking mark
加工过程中温度超过临界点所出现的表面烧伤。

3.7

轮廓度　contour
加工轮廓与图样要求轮廓的吻合性。

3.8

风化　airslake
由于长期的风吹日晒、雨水冲刷、生物的破坏等作用，天然石材受到的破坏或发生的变化。

3.9

抗风化性　airslaking resistance
天然石材具备承受风化作用的能力。

4 产品分类与命名标记

4.1 按地域分类

　　a）日本式（JPN）；
　　b）中国式（CHN）；
　　b）欧美式（WES）；
　　c）韩国式（KOR）。

4.2 等级

按墓石的石质质量、加工质量和形位尺寸极限偏差分为优等品（A）、一等品（B）、合格品（C）三个等级。

4.3 命名与标记

4.3.1 命名顺序

荒料产地名称、花纹色调特征描述、石材种类、产品种类。

4.2.2 编号、标记顺序

编号采用 GB/T 17670 的规定，标记顺序为：编号、类别、规格尺寸、等级、标准号。

4.3.3 标记示例

示例：福建晋江巴厝白日本式优等品墓碑石标记为：
　　　　G3503 JPN A　规格 JC/T 972—2005

5 技术要求

5.1 石质质量

5.1.1 石质质量要求应符合表1及5.1.3的规定。

表1

项目	规定内容	优等品	一等品	合格品
色斑	可见部位面积不超过 10 mm×10 mm（面积小于 5 mm×2 mm 不计），黑色石材不允许有白胆，每个抛光面上允许个数（个）	不允许	2	3
色线	抛光部位	不允许		
锈斑	可见部位	不允许		
色差	可见部位		基本一致	轻微

5.1.2 有特殊要求时，可由供需双方商定。

5.1.3 墓石不允许有裂纹存在。

5.2 加工质量

5.2.1 加工质量应符合表2的规定。

表2

项目	测量部位		优等品	一等品	合格品
镜向光泽度（光泽单位）	抛光面	黑色石材 ≥	95	90	85
		其他石材 ≥	90	85	80
棱角缺陷	任意部位		不允许		
烧痕	抛光面		不允许		
划痕、磨痕	抛光面		不允许		
水波纹	抛光面		不允许		轻微

5.2.2 有特殊要求时，可由供需双方商定。

5.3 形位尺寸

5.3.1 形位尺寸极限偏差应符合表3的规定。

表3　　　　　　　　　　　　　　　　　　　　　　　　　　单位为毫米

项目	规定内容		优等品	一等品	合格品
轮廓度	与图样基本吻合且对称		1.00	1.50	2.00
平面度	每米范围内不超过		0.50	0.80	1.20
角度			0.80	1.20	1.50
倒角			±0.5		±1.0
外形尺寸	墓碑尺寸偏差		+0.5 −0.5	−0.5 −1.5	−1.5 −2.5
	外栅部件偏差		0 −1.5		−1.5 −2.0

5.3.2 有特殊要求时，可由供需双方商定。

5.4 物理性能

5.4.1 天然花岗石墓石的物理性能技术指标应符合表4的规定。

表4

项目	指标
体积密度/g/cm³　≥	2.60
吸水率/%　　≤	0.40

5.4.2 客户指定的特殊品种其物理性能可按双方约定。

5.5 抗风化性

5.5.1 耐酸性：经二氧化硫气体腐蚀后的物理性能应符合表5的规定。

表5

项目	要　求
镜向光泽度下降率/%　≤	20
表面特征变化	不得出现明显的坑窝和锈斑

5.5.2 抗冻系数：冻融循环后压缩强度值与水饱和压缩强度值的百分比值不得低于85%。

6 试验方法

6.1 石质质量

距产品1.5m处巡回目测，用游标卡尺测量缺陷的长度、宽度，测量值精确到0.1 mm。

6.2 加工质量

距产品1.5m处巡回目测确定缺陷；并采用60°入射角，按GB/T 13891的规定检验镜向光泽度。

6.3 形位尺寸

6.3.1 轮廓度：造型对称件放在同一水平台面上拼合组装，用塞尺测量造型轮廓与样板靠模之间的最大间隙。

6.3.2 平面度：将平面度公差为0.10 mm的钢平尺自然贴放在被检平面的两条对角线上，用塞尺测量尺面与被检面的间隙，钢平尺的长度应大于被检面对角线的长度，当被检面对角线长度大于1 000 mm时，用长度为1 000 mm的钢平尺沿对角线分段检测。以最大间隙的测量值表示工件的平面度公差。测量值精确到0.05 mm。

6.3.3 直角度：用内角垂直度公差为0.13 mm，内角边长为500 mm×400 mm以上的90°钢直角尺。将角尺短边紧靠被测面的短边，长边紧靠被测面的长边，用塞尺测量工件与角尺长边之间的最大间隙。当工件的长边小于或等于500 mm时，测量工件的任一对对角，当工件的长边大于500 mm时，测量工件的四个角。测量值精确到0.05 mm。

6.3.4 倒角：用游标卡尺测量倒角面的宽度。测量值精确到0.02 mm。

6.3.5 外形尺寸：用游标卡尺或能满足精度要求的量器具测量工件的长度、宽度和高（厚）度。长度、宽度分别在板材的三个部位测量（见图1），高（厚）度测量4条边的中点（见图2）。分别用偏差的最大值和最小值表示长度、宽度、高（厚）度的尺寸偏差。测量值精确到0.1 mm。

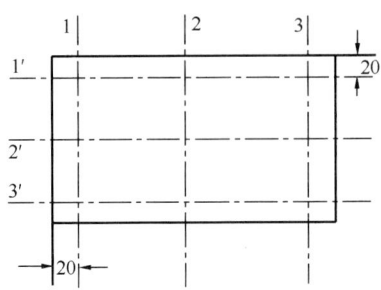

图1 工件长度、宽度测量位置

1、2、3——宽度测量线；
1'、2'、3'——长度测量线。

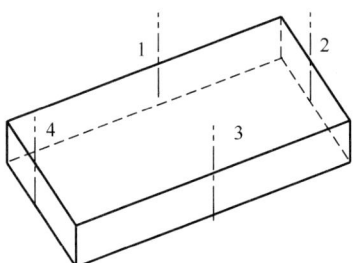

图2 工件高（厚）度测量位置

1、2、3、4——高（厚）度测定点。

6.3.6 体积密度、吸水率按 GB/T 9966.3 的规定进行试验。

6.3.7 抗冻系数

按 GB/T 9966.1 的方法测出水饱和、冻融循环后试样的压缩强度值，用冻融循环后压缩强度平均值除以水饱和压缩强度平均值，用百分比表示，保留二位有效数字。

6.3.8 耐酸性按 GB/T 9966.6 方法进行。

7 检验规则

7.1 出厂检验

7.1.1 检验项目

石质质量，加工质量，形位尺寸极限偏差。

7.1.2 组批

同一品种、类别、等级的墓石为一批。应符合5.1、5.2和5.3的规定，否则更换工件后进行重组。

7.1.3 抽样

墓石为全数检验。

7.1.4 判定

单套墓石的所有检验结果均符合技术要求中相应等级时，则判定该套产品符合该等级；否则按最低等级判断。

7.2 型式检验

7.2.1 检验项目

第5章技术要求中的全部项目。

7.2.2 检验条件

有下列情况之一时，进行型式检验：

a) 新建厂投产；
b) 荒料、生产工艺有重大改变；
c) 正常生产时，每一年进行一次；
d) 国家质量监督机构提出进行型式检验要求。

7.2.3 组批

同出厂检验。批量及提出和识别批的方式由检验方和生产方协商确定。

7.2.4 抽样

石质质量、加工质量、形位尺寸极限偏差的抽样同出厂检验；吸水率、体积密度、抗冻系数、耐酸性的试样可从荒料中制取。

7.2.5 判定

体积密度、吸水率、耐酸性、抗冻系数的试验结果中，有一项不符合5.4及5.5的要求时，则判定该批墓石为不合格品，其他项目检验结果的判定同出厂检验。

8 标志、包装、储运

8.1 标志

8.1.1 墓石应注明：企业名称、商标、产品名称、等级、类别。

8.1.2 包装箱上必须有"向上"和"小心轻放"的标志。并符合 GB/T 191 中的规定

8.1.3 对组装顺序有要求的墓石，应标明安装序号。

8.2 包装

8.2.1 按墓石类别、等级分别包装，并附产品合格证，其内容包括产品名称、类别、等级、批号、检验员、出厂日期。

8.2.2 包装时应采取防震、减震措施，工件不应在包装箱内摇摆，整体包装应有遮盖防湿措施。

8.2.3 包装质量应符合产品在正常条件下安全装卸、运输的要求。

8.3 储运

8.3.1 应放置于通风干燥处，室外贮存应加遮盖。

8.3.2 运输途中要平稳安全，严禁滚摔、碰撞。

建筑装饰用天然石材防护剂 JC/T 973—2005（2017）

1 范围

本标准规定了天然石材防护剂产品的术语和定义、分类和命名标记、技术要求、试验方法、检验规则、标志、包装、贮存与运输以及安全涂覆及防护等。

本标准适用于建筑装饰用天然石材的防护剂。

2 规范性引用文件

下列文件中的条款通过本标准的引用而成为本标准的条款。凡是注日期的引用文件，其随后所有的修改单（不包括勘误的内容）或修订版均不适用于本标准，然而，鼓励根据本标准达成协议的各方研究是否可使用这些文件的最新版本。凡是不注日期的引用文件，其最新版本适用于本标准。

GB 3186 涂料产品的取样

GB/T 9966.3—2001 天然饰面石材试验方法 第3部分：体积密度、真密度、真气孔率、吸水率试验方法

GB/T 13890 天然饰面石材术语

GB 18581 室内装饰装修材料 溶剂型木器涂料中有害物质限量

GB 18582 室内装饰装修材料 内墙涂料中有害物质限量

JC/T 902 建筑表面用有机硅防水剂

3 术语和定义

GB/T 13890 确立的以及下列术语和定义适用于本标准。

3.1

石材防护剂

防止天然石材产生白华、水斑、锈斑等病变现象，能够有效降低石材的吸水率，提高石材的耐污性和耐蚀性的溶液。

3.2

白华

在用水泥粘结石材时，水泥中的碱性物质通过石材内部的毛细孔到达石材表面，干燥后留下的白粉状物质。

3.3

水斑

用水泥湿法粘贴石材时，吸湿性物质渗入石材内部后，使石材表面产生不易自然干燥的湿痕。

3.4

锈斑

含铁物质进入石材内部或石材中的铁化合物与环境中的化学物质发生反应，在石材表面形成黄色或黄褐色的斑迹。

4 产品分类与命名标记

4.1 分类

4.1.1 按照溶剂类型分

4.1.1.1 水剂型（SJ）：以水为分散介质的防护剂。

4.1.1.2 溶剂型（RJ）：以有机溶剂为分散介质的防护剂。

4.1.2 按照功能分

4.1.2.1 防水型（FS）：能阻止水及水性污染物渗入石材内部的防护剂。

4.1.2.2 防油型（FY）：能阻止油及油性污染物渗入石材内部的防护剂。

4.1.3 按使用部位分

4.1.3.1 饰面型（SM）：用于干挂石材（六面）、湿贴石材装饰面（包含四个侧面）的防护剂。

4.1.3.2 底面型（DM）：用于粘贴石材底面的防护剂。

4.2 等级

饰面型防护剂按防水性分为优等品（A）、一等品（B）、合格品（C）三个等级。

4.3 命名与标记

4.3.1 命名顺序

产品代号或名称、溶剂类型、功能、使用部位。

4.3.2 标记顺序

产品代号或名称、溶剂类型、功能、使用部位、等级、标准号。

4.3.3 标记示例

示例：溶剂型优等品××××防水型饰面防护剂标记如下：

命名：××××溶剂型防水型饰面防护剂

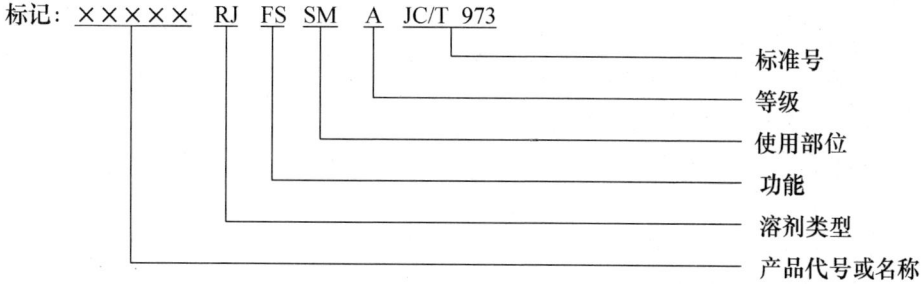

5 技术要求

5.1 饰面型

5.1.1 用饰面型防护剂进行石材防护时，应保持石材颜色基本不变，用户有特殊要求时除外。

5.1.2 饰面型防护剂防水性、耐污性应符合表1规定。

表1

项 目		优等品	一等品	合格品
防水性/%		防水性≥85	70≤防水性＜85	50≤防水性＜70
a 耐污	食用植物油 b	0		1
	蓝黑墨水			

a 客户对污染源有特殊要求时，可按客户要求进行。
b 防水型防护剂可不进行此项检验。

5.1.3 饰面型水剂型防护剂 pH 范围应在 3~13 之间。

5.1.4 饰面型防护剂稳定性要求应无分层、漂油和沉淀。

5.1.5 饰面型防护剂耐酸性、耐碱性应大于等于 40%；其中天然大理石防护可不进行耐酸性检验。

5.1.6 饰面型防护剂耐紫外线老化性应大于等于 40%。

5.2 底面型

5.2.1 底面型防护剂抗渗性试验应无水斑出现。

5.2.2 底面型防护剂水泥粘结强度下降率不大于 5.0%。

5.3 水剂型防护剂有害物质限量

挥发性有机化合物（VOC）≤200 g/L。

5.4 溶剂型有害物质限量

苯含量≤0.5%、甲苯和二甲苯总和含量≤10%。

6 试验方法

6.1 pH 值

用精密 pH 试纸测定。

6.2 稳定性

取 10 mL 样品两份分别放入两支试管中，置于电动离心机的相对两面，以 3000 r/min 的速度旋转 5 min，取出试管，观察有无分层、漂油和沉淀。

6.3 防水性

见附录 A。

6.4 耐污性

见附录 B。

6.5 水泥粘结强度的下降率

见附录 C。

6.6 耐酸性

见附录 D。

6.7 耐碱性

见附录 E。

6.8 耐紫外线老化性

见附录F。

6.9 抗渗性

按照附录A中A.3.1至A.3.3将底面和四个侧面防护后的150 mm×150 mm×20 mm 5块石材，底面朝下平放于盛有水泥砂浆（水泥和砂子按1：2.5用水进行配制）的容器（容积为160 mm×160 mm×25 mm宽边盒子，内衬240 mm×240 mm塑料薄膜）顶部，水泥砂浆没至石材厚度的约1/2处，用塑料胶带将石材侧面外露部分和容器的周边进行密封，放置7 d，每隔1 d，观察一次试样表面颜色变化和有无水斑出现，记录表面异常状况。

6.10 水剂型防护剂有害物质限量

挥发性有机化合物（VOC）的测定按GB 18582中附录A进行。

6.11 溶剂型有害物质限量

苯、甲苯和二甲苯的测定按GB 18581中附录A进行。

7 检验规则

7.1 出厂检验

7.1.1 检验项目

饰面型防护剂为pH值、稳定性、耐污性、防水性。

底面型防护剂为稳定性、抗渗性。

7.1.2 组批

同一类型，同一等级3000 kg为一批，不足3000 kg视为一批。

7.1.3 抽样

产品按照GB/T 3186取样，混合均匀，取两份试样各为1 kg，一份作为备份，一份用作检验。

7.1.4 判定

产品的所有检验结果均符合技术要求及相应等级时，则判定该产品符合该等级。

根据检验结果，若有一项不符合该等级时，应对备份样品进行复检，如复检结果仍不符合该等级，则判定该批产品不符合该等级。

7.2 型式检验

7.2.1 检验项目

第5章技术要求中的全部内容。

7.2.2 检验条件

有下列情况之一时，进行型式检验：
a) 新产品最初定型时；
b) 产品配方、工艺及原材料有较大改变时；
c) 产品停产半年以上恢复生产时；
d) 正常生产时每一年一次；
e) 国家质量监督机构提出进行型式检验要求。

7.2.3 组批

同出厂检验。

7.2.4 抽样

同出厂检验。

7.2.5 判定

试验结果中有一项不符合第 5 章的要求时,判定该批产品为不合格品。

8 标志、包装、贮存与运输

产品的标志、包装、贮存与运输应符合 JC/T 902 中第 7 章的规定。

9 安全涂覆及防护

9.1 涂刷时应尽量选择涂刷法并在室外进行,如在室内进行必须保持通风良好。

9.2 涂刷时施工人员应穿戴好必要的防护用品。

9.3 涂覆完成后继续保持室内空气流通,房间在使用前应空置一段时间。

附 录 A
（规范性附录）
防水性试验方法

A.1 设备及器具

A.1.1 干燥箱:温度可控制在 60 ℃±2 ℃范围内。

A.1.2 天平:最大称量 1 000 g,感量 10 mg。

A.1.3 干燥器。

A.2 试样

取 100 mm×100 mm×20 mm 的天然石材样品 14 块（建议使用 G3503 天然花岗石）。

A.3 测试步骤

A.3.1 将防护剂按照防护剂产品说明书或委托单位的要求进行准备。

A.3.2 用 0.25 mm 碳化硅砂将试样六面磨平,清水洗净,置于 60℃±2℃的干燥箱内干燥 48 h,取出,放入干燥器中冷却至室温。其中 5 块作为参比样品保存于干燥器中,另 9 块为试验样品。

A.3.3 取 9 块试验样品,用沾满防护剂的毛刷,对每块试验样品的六个面进行均匀涂覆,平放于底部垫有玻璃棒的瓷盘中,室温下自然干燥 1 h,将与玻璃棒相接触的石材表面向上放置,室温下继续干燥 1 h,再按以上步骤涂刷一遍,在湿度不大于 60% 的室温下自然干燥 48 h。

A.3.4 将参比样品和试验样品按 GB/T 9966.3—2001 中 4.1.1、4.1.2、5.2 的规定进行吸水率试验和计算,烘干温度为 60 ℃±2 ℃。分别计算参比样品和试验样品的吸水率平均值。

A.4 结果计算

防水性按式（A.1）计算:

$$K = \frac{A-B}{A} \qquad\qquad (A.1)$$

式中：

K ——防水性，单位为百分数（%）；
A ——参比样品的吸水率平均值，单位为百分数（%）；
B ——试验样品的吸水率平均值，单位为百分数（%）。

A.5 试验报告

试验报告应包括以下内容：

a) 试验按本标准进行；
b) 参比样品、试验样品的吸水率平均值及该组试验的防水性；
c) 防护剂名称、防护剂外观描述、石材品种及名称。

注：若产品有使用说明或客户提出不同要求时，按客户要求或产品说明进行涂刷，并在试验报告中予以注明。

附 录 B
（规范性附录）
耐污性试验方法

B.1 器皿

B.1.1 干燥箱：温度可控制在 60 ℃±2 ℃范围内。

B.1.2 25 mL 滴瓶。

B.1.3 干燥器。

B.2 污染试剂

B.2.1 食用植物油。

B.2.2 蓝黑墨水。

B.3 试样

取 100 mm×100 mm×20 mm 的天然石材样品 12 块（建议使用 G3503 天然花岗石）。

B.4 测试步骤

B.4.1 将防护剂按照防护剂产品说明书或委托单位的要求进行准备。

B.4.2 用 0.25 mm 碳化硅砂将试样六面磨平，用清水洗净，置于 60 ℃±2 ℃的烘箱内干燥 48 h，取出，放入干燥器中冷却至室温。6 块作为参比样品保存于干燥器中，另 6 块作为试验样品按照附录 A 中 A.3.1 至 A.3.3 进行防护。

B.4.3 污染测试

将防护后的试验样品和参比样品水平放置，将每种污染试剂分别滴加两滴在 3 块样品的中心部位（防止崩溅），室温下放置 1 h 后，在流动清水中冲洗并用软布轻擦，待表面干燥后，观察表面污染状况，取污染最严重的样品污染状况作为试验结果。

B.5 判定

0——表示试样表面无污染；
1——表示试样表面轻微污染；
2——表示试样表面严重污染。

B.6 试验报告

试验报告应包括以下内容：
a) 试验按本标准进行；
b) 防护剂名称、判定、防护剂外观描述。

附 录 C
（规范性附录）
水泥粘结强度下降率试验方法

C.1 范围
本试验规定了经防护后和未经防护的天然饰面石材对水泥砂浆粘结强度对比试验所用的设备、量具、试样、试验步骤和计算。

C.2 设备、量具及材料
C.2.1 试验机：测量精度±1%，试样破坏载荷在设备示值的20%～90%范围内。
C.2.2 游标卡尺：精度为0.02 mm。
C.2.3 水泥：符合GB 175—1999中425水泥。
C.2.4 连接件：连接试验机与试样的挂件。
C.2.5 砂：实际工程用砂。

C.3 试样
长度300 mm，宽度300 mm，厚度为实际使用厚度；取样品10块，其中经涂覆防护剂与未涂覆防护剂各一组，每组5块。

C.4 试验步骤
C.4.1 石材试验面粗糙程度与实际工程使用相同。
C.4.2 水泥砂浆按1∶2.5（水泥∶砂子）或实际使用配比进行配制并搅拌均匀。
C.4.3 将试样背面向上平放在地面上，在试样背面涂15 mm～20 mm厚的水泥砂浆，保证水泥砂浆和试样背面接触充分，避免空鼓。在试样中心预埋连接件，再在上面覆盖25 mm～30 mm厚的水泥砂浆层，凝固成100 mm×100 mm正方形砌块。
C.4.4 在室温下养护14d，养护期内保持水泥砂浆层湿润。
C.4.5 养护结束后将试样放置在试验机上，夹紧上下卡具（如图C.1所示），以0.5 mm/min的速率对试件施加载荷至试件破坏，记录破坏载荷值（F），精确到10 N。

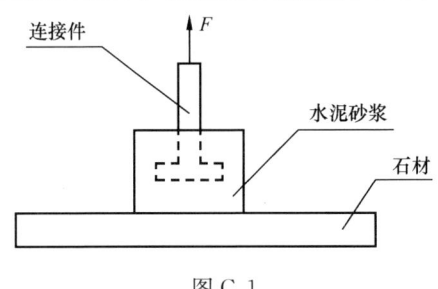

图C.1

C.4.6 用游标卡尺测量试样与水泥粘结面的长宽尺寸，精确至0.1 mm。

C.5 计算公式

C.5.1 粘结强度

粘结强度按式（C.1）计算：

$$P = \frac{F}{l \times b} \tag{C.1}$$

式中：

P——粘结强度值，单位为兆帕（MPa）；
F——破坏荷载，单位为牛顿（N）；
l——粘结面长度，单位为毫米（mm）；
b——粘结面宽度，单位为毫米（mm）。

粘结强度值保留两位有效数字。

C.5.2 粘结强度下降率

粘结强度下降率按式（C.2）计算：

$$P' = \frac{P_1 - P_2}{P_1} \tag{C.2}$$

式中：

P'——粘结强度下降率，单位为百分数（％）；
P_1——未涂覆防护剂的粘结强度算术平均值，单位为兆帕（MPa）；
P_2——涂覆防护剂的粘结强度算术平均值，单位为兆帕（MPa）。

粘结强度下降率结果保留两位有效数字。

C.6 试验报告

试验报告应包括以下内容：

a) 试验按本标准进行；
b) 分别计算出涂覆防护剂与未涂覆防护剂的粘结强度算术平均值及粘结强度下降率；
c) 该组试件的单块被破坏状况；
d) 石材品种及名称、防护剂名称、防护剂外观描述。

附 录 D
（规范性附录）
耐酸性试验方法

D.1 器具

D.1.1 干燥箱：温度可控制在60℃±2℃范围内。

D.1.2 天平：最大称量1000g，感量10mg。

D.1.3 塑料容器。

D.2 试液

1％（V/V）硫酸溶液。

D.3 试样

取进行完防水性试验的试验样品3块。

D.4 测试步骤

D.4.1 将进行完防水性试验的湿态下的试验样品直接放入体积分数为1‰的硫酸溶液中浸泡48 h，液面高出试样的上表面约50 mm。

D.4.2 取出试样，用清水清洗干净，按照GB/T 9966.3中4.1.1、4.1.2、5.2的规定进行吸水率试验和计算，烘干温度为60℃±2℃。

D.5 结果计算

耐酸性按式（D.1）计算：

$$E = \frac{E_1 - E_2}{E_1} \tag{D.1}$$

式中：

E——耐酸性，单位为百分数（％）；

E_1——参比样品的吸水率平均值，单位为百分数（％）；

E_2——试验样品浸酸后的吸水率平均值，单位为百分数（％）。

耐酸性试验结果保留两位有效数字。

D.6 试验报告

试验报告应包括以下内容：

a) 试验按本标准进行；

b) 参比样品的吸水率平均值，试验样品浸酸前、后的吸水率平均值；

c) 防护剂名称、防护剂外观描述、石材品种及名称。

附 录 E
（规范性附录）
耐碱性试验方法

E.1 设备

E.1.1 干燥箱：温度可控在60℃±2℃范围内。

E.1.2 天平：最大称量1 000 g，感量10 mg。

E.1.3 塑料容器。

E.2 试液

过饱和氢氧化钙溶液：温度为23℃±2℃时，100 g水中溶解1 g氢氧化钙。

E.3 试样

取进行完防水性试验的试验样品3块。

E.4 测试步骤

E.4.1 将进行完防水性试验的湿态下的试验样品直接放入过饱和氢氧化钙溶液中浸泡48 h，液面高出试样的上表面约50 mm。

E.4.2 取出试样，用清水清洗干净，按照GB/T 9966.3中4.1.1、4.1.2、5.2的规定进行吸水率试验和计算，烘干温度为60℃±2℃。

E.5 结果计算

耐碱性按式（E.1）计算：

$$J = \frac{J_1 - J_2}{J_1} \tag{E.1}$$

式中：

J——耐碱性，单位为百分数（%）；
J_1——参比样品的吸水率平均值，单位为百分数（%）；
J_2——试验样品浸碱后的吸水率平均值，单位为百分数（%）。

耐碱性试验结果保留两位有效数字。

E.6 试验报告

试验报告应包括以下内容：

a) 试验按本标准进行；
b) 参比样品的吸水率平均值，试验样品浸碱前、后的吸水率平均值；
c) 防护剂名称、防护剂外观描述、石材品种及名称。

附 录 F
（规范性附录）
耐紫外线老化性试验方法

F.1 器具

装有500 W直管高压汞灯的耐紫外线老化箱，灯管与箱体平行。

F.2 试样

取进行完防水性试验的试验样品3块。

F.3 测试步骤

将做完防水性试验的湿态下的试验样品直接放入500 W直管高压汞灯紫外线老化箱内，灯管与箱体平行，试样与灯管的距离为500 mm左右，试样表面空间温度为45℃±2℃，恒温照射300 h后，取出试样，在温度23℃±2℃、相对湿度45%～70%条件下放置2 h，称量其质量，精确至0.02 g，然后按照GB/T 9966.3中4.1.2、5.2的规定进行吸水率试验和计算，烘干温度为60 ℃±2 ℃。

F.4 结果计算

耐紫外线老化性按式（F.1）计算：

$$F = \frac{F_1 - F_2}{F_1} \tag{F.1}$$

式中：

F——耐紫外线老化性，单位为百分数（%）；
F_1——参比样品的吸水率平均值，单位为百分数（%）；
F_2——经老化处理后试验样品的吸水率平均值，单位为百分数（%）。

耐紫外线老化性试验结果保留两位有效数字。

F.5 试验报告

试验报告应包括以下内容：
a) 试验按本标准进行；
b) 参比样品的吸水率平均值，试验样品经老化处理前、后的吸水率平均值；
c) 防护剂名称、防护剂外观描述、石材品种及名称。

非结构承载用石材胶粘剂 JC/T 989—2016

1 范围

本标准规定了非结构承载用石材胶粘剂的术语和定义、分类和标记、要求、试验方法、检验规则以及标志、包装、运输和贮存。

本标准适用于石材定位、修补、勾缝等不承受结构性载荷的胶粘剂。

2 规范性引用文件

下列文件对于本文件的应用是必不可少的。凡是注日期的引用文件，仅注日期的版本适用于本文件。凡是不注日期的引用文件，其最新版本（包括所有的修改单）适用于本文件。

GB/T 2567—2008 树脂浇铸体性能试验方法

GB/T 18601 天然花岗石建筑板材

GB/T 21526—2008 结构胶粘剂 粘接前金属和塑料表面处理导则

HG/T 3075 胶粘剂产品包装、标志、运输和贮存的规定

3 术语和定义

下列术语和定义适用于本文件。

非结构承载用石材胶粘剂 structural load-unbearing stone adhesive

以不饱和聚酯树脂和/或环氧树脂等为基体树脂、可添加适当的其他改性材料，经与固化剂反应固化而产生粘结作用，不承受结构性载荷的石材用胶粘剂，又称云石胶。

4 分类和标记

4.1 分类

按产品性能分为Ⅰ型和Ⅱ型。

4.2 产品标记

4.2.1 代号

产品通常以双组分分装：基体树脂组分代号为A；固化剂组分代号为B。

4.2.2 标记

产品按产品名称、类型、组分代号、标准号的顺序进行标记。

示例：Ⅰ型云石胶，其基体树脂组分的标记为：

非结构承载用石材胶粘剂（云石胶）Ⅰ A JC/T 989—2016

其固化剂组分的标记为：

非结构承载用石材胶粘剂（云石胶）Ⅰ B JC/T 989—2016

5 要求

5.1 外观

产品应为色泽均匀、细腻的黏稠膏状体，无明显的粗颗粒，搅拌无困难，各组分的颜色或包装应有明显区别。

5.2 物理性能

产品的物理性能指标应符合表1的要求。

表 1 物理性能

项 目			技术指标	
			Ⅰ型	Ⅱ型
适用期[a]/min			3～10	
弯曲弹性模量/MPa			≥3 000	≥2 000
对粘弯曲强度/MPa			≥18.0	≥16.0
冲击韧性/(kJ/m^2)			≥3.0	≥2.0
压剪粘结强度/MPa	石材-石材	标准条件	≥10.0	≥8.0
		高温处理	≥10.0	≥8.0
		热水处理	≥7.0	≥5.0
		碱处理	≥8.0	≥5.0
		冻融循环处理	≥8.0	≥5.0
	石材-不锈钢	标准条件	≥10.0	≥8.0
[a] 可由供需双方商定。				

6 试验方法

6.1 试验条件

标准试验条件为温度(23±2)℃，相对湿度(50±5)%。试验前，试样、基材应在该环境下放置 24 h 以上。

6.2 基材

6.2.1 石材基材

采用符合 GB/T 18601 性能要求且弯曲强度不小于 20 MPa 的石材，以切割面为粘结面，建议的石材品种为丰镇黑或济南青，尺寸、数量见表2。

试件制备前，将石材清洗干净，然后在(105±2)℃烘箱内烘干 2 h，晾至常温后备用。

表 2 石材的尺寸与数量

项 目	基材尺寸/mm	基材数量/块
对粘弯曲强度	150×100×25	10
压剪粘结强度	50×30×(20～25)	55

6.2.2 不锈钢基材

采用 1Cr18Ni9Ti 奥氏体不锈钢。基材尺寸为 50 mm×30 mm×(10～15)mm，数量 5 块。

试件制备前，将不锈钢按 GB/T 21526—2008 中 6.1.1 的规定进行干磨，砂布使用

P120，清洗剂使用异丙醇。

6.3 试验器具

6.3.1 简支梁式摆锤试验机：符合GB/T 2567—2008中5.4.3.2和5.4.3.3的规定；

6.3.2 万能试验拉力机：最大载荷不小于10 kN，试验机级别不小于1级；

6.3.3 抗压试验机：最大载荷不小于20 kN，试验机级别不小于1级；

6.3.4 天平：实际分度值为0.01 g，等级不低于⑪级；

6.3.5 秒表：分辨力为0.1 s，等级不低于合格级；

6.3.6 电热鼓风干燥箱：温度均匀度±2℃，温度波动度±2℃；

6.3.7 低温箱：温度均匀度±1℃，温度波动度±1℃；

6.3.8 游标卡尺：示值误差为±0.02 mm；

6.3.9 压剪粘结强度试验夹具：参见附录A。

6.4 外观

用玻璃棒手动搅拌样品各个组分，目测样品的颜色、外观及状态。

6.5 试样配制

以产品说明书的明示比例作为试验配比；若产品的配比是一个范围，则以该配比范围的中值作为试验配比。

按试验配比，准确称量各组分试样后迅速搅拌混合均匀，搅拌时间不超过1 min，搅拌过程中应注意避免混入空气。

6.6 适用期

按6.5规定配制50 g试样。从两组分混合时开始计时，搅拌结束后不断用刮刀按压试样，读取试样黏度明显上升的时间，并以该时刻作为产品适用期的结果。试验结果精确至1 min。

6.7 试件制备

6.7.1 浇铸成型试件

浇铸成型的模具应预先薄涂一层脱模剂，快速将搅拌好的样品倒入，用刮刀填实抹平，样品初步固化后应及时脱模。

制备成型的试件尺寸与数量见表3。

表3 浇铸成型的试件尺寸与数量

项　目	尺　寸 /mm	数　量 /件
弯曲弹性模量	120×15×4	5
冲击韧性[a]	120×15×10	10
[a] 试件应符合GB/T 2567—2008表1中无缺口型试件要求。		

6.7.2 粘结成型试件

快速将搅拌混合均匀的试样分别满涂在两块粘结基材上，对合时轻轻揉压，确保粘结均匀，胶层厚度控制在0.5 mm～1 mm。用于试件制备的试样，应在达到产品适用期1 min前使用。到期仍未使用的试样不能用于试件制备，需另行配制。

对粘弯曲强度试件粘结面积为 100 mm×25 mm，压剪粘结强度试件粘结面积为 30 mm×30 mm，粘结成型试件的试件尺寸结构如图 1、图 2 所示。试件数量见表 4。

表 4 粘结成型的试件数量

项 目			数 量 /件
对粘弯曲强度			5
压剪粘结强度	石材-石材	标准条件	5
		高温处理	5
		热水处理	5
		碱处理	5
		冻融循环处理	5
	石材-不锈钢		5

单位为毫米

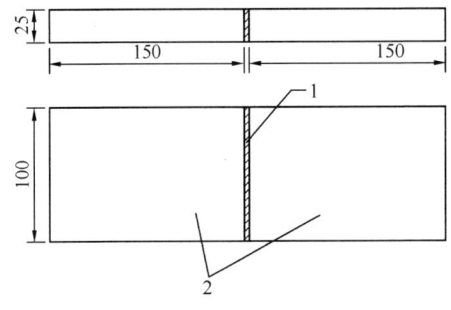

说明：
1——胶粘剂；
2——粘结基材。

图 1 对粘弯曲强度试件示意图

单位为毫米

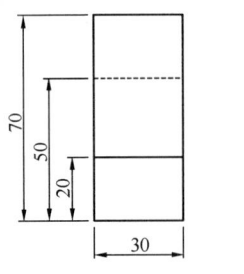

说明：
1——胶粘剂；
2——粘结基材。

图 2 压剪粘结强度试件示意图

6.8 养护条件

制备的试件应在标准试验条件下养护168 h后方可进行试验。

6.9 弯曲弹性模量

按照GB/T 2567—2008中5.3的规定进行。

6.10 对粘弯曲强度

将弯曲支架下支座之间的距离调整为250 mm，上支座之间的距离调整为125 mm，误差在±1.0 mm内。在试件上下两面分别标记出支点位置，并按标记将其对中放在上下支架之间。如图3所示。

单位为毫米

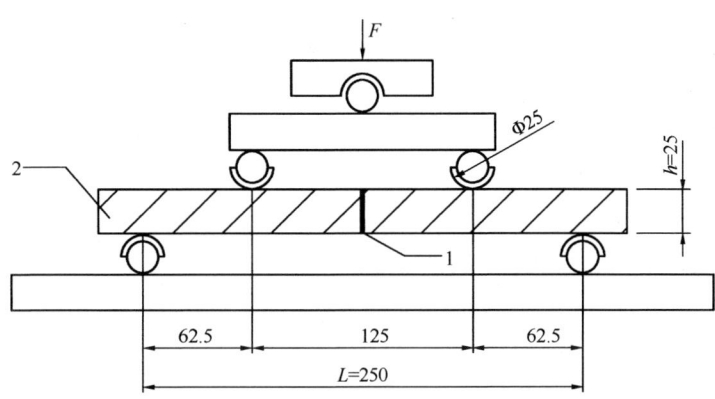

说明：
1——胶粘剂；
2——试件。

图3 四点弯曲强度示意图

以每分钟（1 800±50）N的速率对试件施加载荷至试件破坏。记录最大载荷值（F）。精确至10 N。用游标卡尺测量试样断裂面的宽度（b）和厚度（h），精确至0.1 mm。

对粘弯曲强度按公式（1）计算：

$$P = \frac{3FL}{4bh^2} \tag{1}$$

式中：

P——弯曲强度，单位为兆帕（MPa）；
F——最大载荷，单位为牛顿（N）；
L——下支点间距离，单位为毫米（mm）；
b——试件宽度，单位为毫米（mm）；
h——试件厚度，单位为毫米（mm）。

以每组试件的算术平均值作为该样品的对粘弯曲强度，数值修约到0.1 MPa。

6.11 冲击韧性

按照GB/T 2567—2008中5.4的规定进行，跨距选择70 mm。

6.12 压剪粘结强度

6.12.1 石材-石材压剪粘结强度

6.12.1.1 标准条件下压剪粘结强度

用游标卡尺测量每个试件的粘结面尺寸,计算粘结面面积。将试件安装在试验机的压剪夹具中,并保证安装试件的粘结面与材料试验机的力线一致。以 5 mm/min 的速度加载直至试件破坏,记录最大载荷,然后按下式计算压剪粘结强度。

$$\tau = \frac{F}{S} \tag{2}$$

式中:

τ——压剪粘结强度,单位为兆帕(MPa);

F——最大载荷,单位为牛顿(N);

S——粘结面面积,单位为平方毫米(mm^2)。

以 5 个试件测量值的算术平均值作为结果,计算结果修约到小数点后一位。

对异常数据,按粗大误差剔除准则(Dixon 准则)进行处理:将 5 个试件压剪粘结强度的测试值分别以 X_1、X_2、X_3、X_4、X_5 表示,且 $X_1<X_2<X_3<X_4<X_5$。若 $\frac{X_2-X_1}{X_5-X_1} \geq 0.642$,则舍去 X_1;若 $\frac{X_5-X_4}{X_5-X_1} \geq 0.642$,则舍去 X_5。

6.12.1.2 高温处理后压剪粘结强度

将试件在 (80 ± 2)℃ 条件下恒温 168 h,取出后在标准试验条件下放置 4 h,再按 6.12.1.1 进行。

6.12.1.3 热水处理后压剪粘结强度

将试件浸于 (55 ± 2)℃ 下的蒸馏水中 168 h,取出后在标准试验条件下放置 4 h,再按 6.12.1.1 进行。

6.12.1.4 碱处理

将试件浸于饱和 $Ca(OH)_2$ 溶液中 168 h,取出后迅速用清水冲去试件表面残留液体,在标准试验条件下放置 4 h,再按 6.12.1.1 进行。

6.12.1.5 冻融循环处理后压剪粘结强度

将试件首先在 (20 ± 2)℃ 的水中浸泡 4 h,然后进行冻融循环:将试件在 (-20 ± 2)℃ 下放置 4 h,再在 (20 ± 2)℃ 的水中浸泡 4 h,如此为一个冻融循环,按上述步骤进行 25 次循环。取出试件在室温下放置 4 h,再按 6.12.1.1 进行。

6.12.2 石材-不锈钢压剪粘结强度

按 6.12.1.1 进行。

7 检验规则

7.1 检验分类

7.1.1 出厂检验

出厂检验项目包括外观、适用期、冲击韧性、石材-不锈钢压剪粘结强度、对粘弯曲强度。

7.1.2 型式检验

型式检验的项目包括第 5 章规定的所有要求。有下列情况之一时应进行型式检验:

a) 新产品或者产品转厂生产的试制定型鉴定;

b) 正式生产后，原料、配比、工艺有较大改变；
c) 正常生产时，应每年进行一次型式检验；
d) 产品停产半年后，恢复生产时；
e) 出厂检验结果与上次型式检验有较大差异时。

7.2 组批规则与抽样方案

7.2.1 组批规则

采用相同生产原料、工艺和设备，连续生产的20 t产品为一批，不足20 t的按一批计算。间断生产时，每釜投料为一批。双组分产品按组分配套组批。

7.2.2 抽样方案

从同一批产品中随机抽取两组产品进行检验。

7.3 判定规则

若检验结果全部符合第5章规定的要求时，判该批产品合格；

若检验结果中有一项不符合第5章规定的要求时，采用备用样品进行单一不符合项的双倍复验，若复验结果全部合格，判该批产品合格，否则，判该批产品不合格；

若检验结果中有两项或多项不符合第5章规定的要求时，判该批产品不合格。

8 标志、包装、运输和贮存

8.1 标志

产品的每一件最小包装上均应注明产品标志，产品标志应符合HG/T 3075的要求。

产品标志应包括标记、净质量、配比、适用期、贮存条件、厂名厂址、生产日期和批号、贮存期、出厂检验标记或出厂检验合格证等。

8.2 包装

产品应按组分分别密封包装，各组分的包装外观应有明显区别，便于识别，并符合HG/T 3075的要求。

8.3 运输和贮存

产品的运输和贮存应符合HG/T 3075的要求。在运输和贮存中应轻拿轻放，防止撞击、重压、倒置等，不应破坏产品包装的密封性。产品应分类分批贮存在阴凉、干燥、通风处，严禁高温和曝晒，贮存期从生产之日起不少于1年。

附 录 A
（资料性附录）
压剪粘结强度试验夹具示意图

A.1 装配图

夹具基本结构如图A.1所示。

A.2 零件图

夹具各零部件结构如图A.2所示。

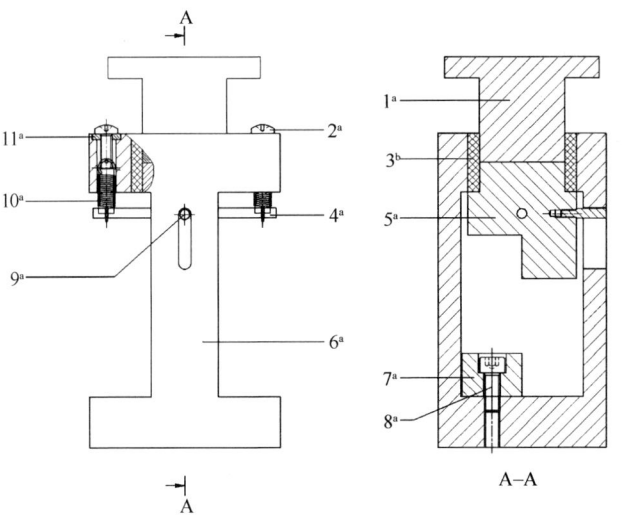

说明：
1——活塞；
2——销子；
3——活塞环；
4——定位棒2；
5——上垫块；
6——支撑架；
7——下垫块；
8——螺钉；
9——定位棒1；
10——弹簧；
11——垫片。
a——钢材；
b——黄铜。

图 A.1　夹具装配图

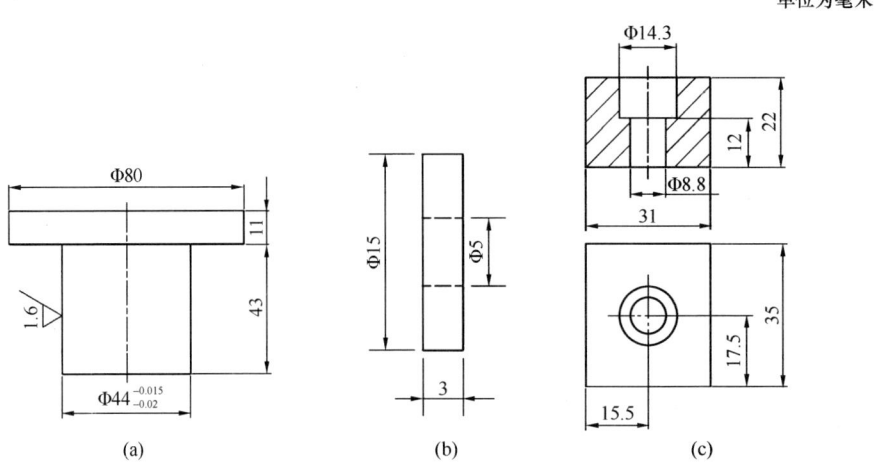

(a) 活塞；(b) 垫片；(c) 下垫块

图 A1.2　夹具零件图（一）

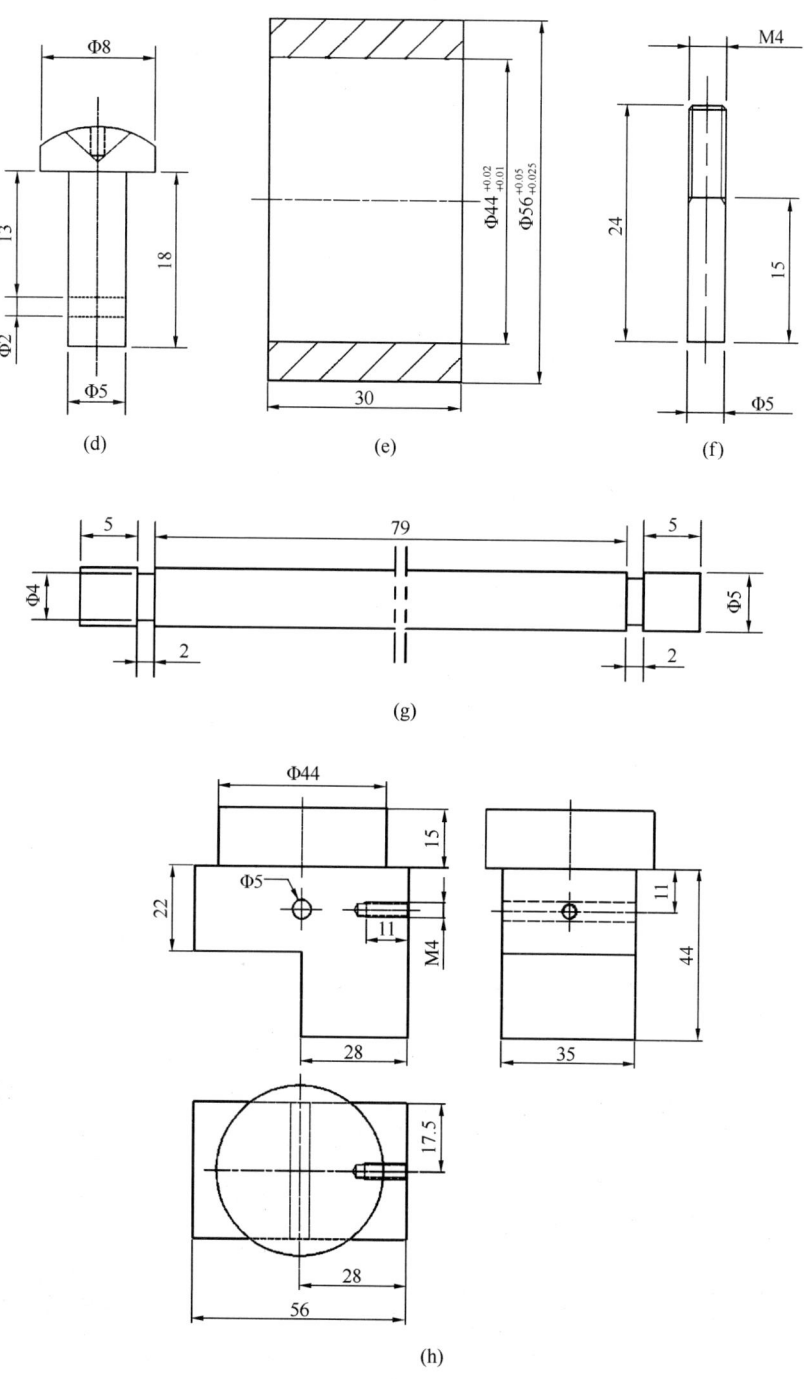

(d) 销子；(e) 活塞环；(f) 定位棒 1；(g) 定位棒 2；(h) 上垫块

图 A1.2 夹具零件图（二）

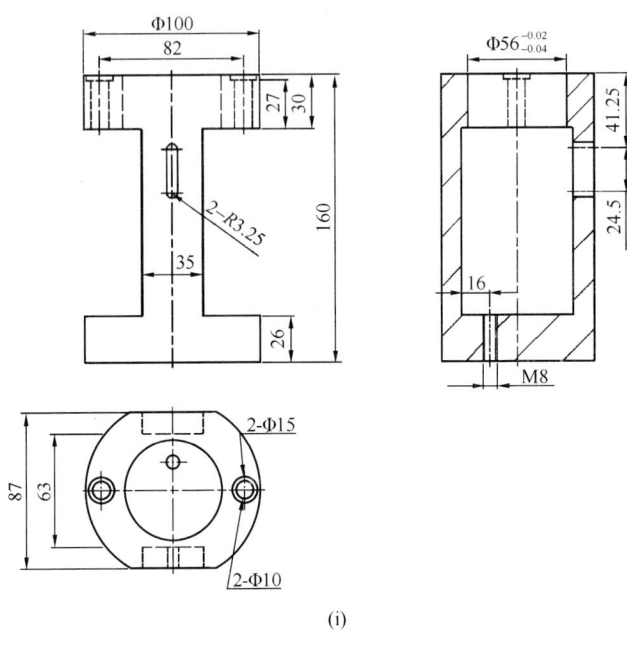

(i) 支撑架

图 A1.2 夹具零件图（三）

建筑装饰用仿自然面艺术石 JC/T 2087—2011

1 范围

本标准规定了建筑装饰用仿自然面艺术石（以下简称艺术石）的术语和定义、分类和标记、要求、试验方法、检验规则以及标志、包装、运输和贮存等。

本标准适用于以硅酸盐水泥、轻质骨料为主要原料经浇铸成型的饰面装饰材料。

2 规范性引用文件

下列文件对于本文件的应用是必不可少的。凡是注日期的引用文件，仅所注日期的版本适用于本文件。凡是不注日期的引用文件，其最新版本（包括所有的修改单）适用于本文件。

GB/T 191　包装储运图示标志

GB/T 9966.1　天然饰面石材试验方法　第1部分：干燥、水饱和、冻融循环后压缩强度试验方法

GB/T 9966.2　天然饰面石材试验方法　第2部分：干燥、水饱和弯曲强度试验方法

GB/T 9966.3　天然饰面石材试验方法　第3部分：体积密度、真密度、真气孔率、吸水率试验方法

GB/T 16259　建筑材料人工气候加速老化试验方法

GB/T 18601　天然花岗石建筑板材

JC 830.1　干挂饰面石材及其金属挂件　第1部分：干挂饰面石材

3 术语和定义

下列术语和定义适用于本文件。

3.1

拐角　angle

用于装饰墙角、柱或墩边角的艺术石的转角。

4 分类和标记

4.1 分类

4.1.1 粘贴面为矩形的艺术石，代号为（Z）；

4.1.2 粘贴面为其他形状艺术石，代号为（S）；

4.2 标记

艺术石按产品名称、分类和标准编号的顺序标记。

示例1：粘贴面为其他形状艺术石标记如下：

　　　　艺术石　S　JC/T 2087—2011

示例2：粘贴面为矩形的艺术石标记如下：

　　　　艺术石　Z　JC/T 2087—2011

5 要求

5.1 外观质量

装饰面的外观质量应符合表1规定。有特殊要求，由供需双方协商确定。

表1

缺陷名称	规定内容	技术要求
气孔	直径不超过2 mm，每平方厘米允许个数	2个
缺损	长度不超过15 mm，宽度不超过15 mm或面积不超过180 mm^2（长度小于5 mm，宽度小于5 mm不计）单块饰面上允许个数	2个
裂纹	每块板允许条数	0个

5.2 尺寸偏差

5.2.1 Z类艺术石规格尺寸允许偏差应符合表2规定。如有特殊要求，由供需双方协商确定。

表2　　　　　　　　　　　　　　　　　　　　　　　　　　　单位为毫米

项目	技术指标		
	≤300	300～600	>600
长度	±5.0	±10.0	由供需双方协商确定
宽度	±4.0	±7.0	

5.2.2 拐角的角度偏差为±5°。有特殊要求，由供需双方协商确定。

5.3 性能

性能技术指标应符合表3的规定。

表3

项目		技术指标
体积密度/（g/cm^3）	≤	1.70
吸水率/%	≤	7
压缩强度/MPa	≥	15.0
弯曲强度/MPa	≥	4.0
抗冻性/%	≥	80
热稳定性		外观质量、颜色无变化
耐人工气候老化性		

6 试验方法

6.1 外观质量和尺寸偏差

6.1.1 外观质量

按GB/T 18601试验方法进行。

6.1.2 尺寸偏差

按 GB/T 18601 试验方法进行。

6.1.3 拐角

6.1.3.1 样品：取三块样品为一组；

6.1.3.2 样品置于平整的试验台上，将石材角度测量仪置于样品上方，如图1，测量仪的X点与样品的角重合，固定住测量仪的角度盘，旋转XY边分别靠在角的两边，每靠一边对应在角度盘上有一角度值，将两边对应点（a与a'为对应点）上的角度读数相减，即可得到该样品的上面角度，测量值精确到0.1°；以同样的方法测量样品下面角度，以样品两面角度平均值为单块样品角度；三块样品的平均值为报告的样品角度，结果精确到1°。

6.2 体积密度、吸水率

6.2.1 样品制备：按照所检样品的原料配比及防护方法制成 70 mm×70 mm×70 mm 正方体试件，允许尺寸偏差±2 mm，五件为一组。

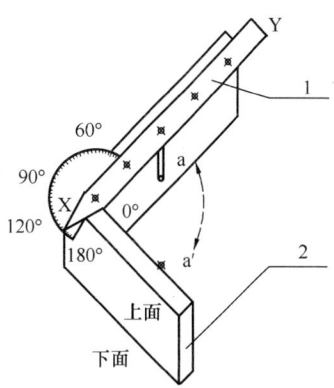

图1 角度测量示意图

说明：
1——石材角度测量仪；
2——样品。

6.2.2 按 GB/T 9966.3 中体积密度、吸水率的试验方法进行。

6.3 压缩强度

6.3.1 样品制备：按照所检样品的原料配比制成 70 mm×70 mm×70 mm 正方体试件，允许尺寸偏差±2 mm，五件为一组，试件两个受力面应平行、光滑、相邻面夹角应为 90°±0.5°。

6.3.2 按 GB/T 9966.1 中水饱和压缩强度的试验方法进行。

6.4 弯曲强度

6.4.1 样品制备：按照所检样品的原料配比制成（200 mm×100 mm×实际厚度 h）长方体试件，允许尺寸偏差±2 mm，五件为一组，试件两个受力面应平整且平行，正面与侧面夹角应为 90°±0.5°，试件不得有裂纹、缺棱和缺角。

6.4.2 采用实际厚度的三点弯曲进行试验，试验跨距 100 mm，如图2，其他要求同 GB/T 9966.2 中水饱和弯曲强度的试验方法。

6.5 抗冻性

6.5.1 样品制备：按照所检样品的原料配比制成 350 mm×100 mm×30 mm 长方体试件，允许尺寸偏差±2 mm，五件为一组，取两组样品。试件两个受力面应平整且平行，正面与侧面夹角应为 90°±0.5°，试件不得有裂纹、缺棱和缺角。

6.5.2 按 JC 830.1 中抗冻系数的试验方法进行。

6.6 热稳定性

6.6.1 样品制备：分别从三块样品上制取饰面尺寸不小于 100 mm×50 mm 的试件六块，三块一组，一组作

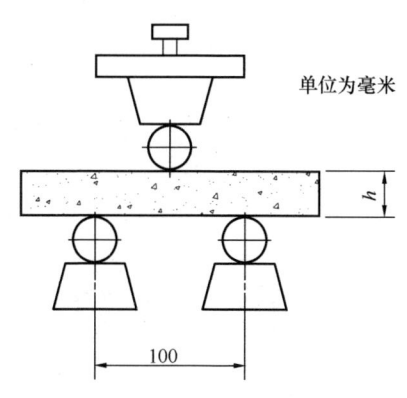

图2 弯曲强度试验示意图

说明：
h——实际厚度。

为参比样品保存在室温下,一组作为试验样品。

6.6.2 将试验样品放入120 ℃±5 ℃干燥箱中,放置3 h后取出,在室温下放置1 h后再放入120 ℃±5 ℃干燥箱中3 h,3个循环后,在柔和的自然光线下目测对比参比样品与试验样品的表面外观质量及颜色,记录试验样品表面外观质量及颜色的变化。

6.7 耐人工气候老化性

6.7.1 样品制备:分别从三块样品上制取饰面尺寸不小于100 mm×50 mm的试件六块,三块为一组,其中一组为试验样品,另一组为参比样品。制备试件所用产品为工程实际使用产品,表面涂料的施涂、涂层厚度和干燥方法应与实际工程使用的方法相同。

6.7.2 按GB/T 16259试验条件进行试验,试验时间为300 h。

6.7.3 将试验后样品与参比样品在柔和的自然光线下目测对比外观质量和颜色变化。

7 检验规则

7.1 出厂检验

7.1.1 检验项目

外观质量、尺寸偏差。

7.1.2 组批

同一品种、类别艺术石为一批。

7.1.3 抽样

根据表4抽取样本。

7.1.4 判定

单块艺术石的所有检验结果均符合技术要求时,则判定该块艺术石合格。

根据样本检验结果,若样本中发现的不合格数小于或等于合格判定数(A_c),则判定该批产品合格;若样本中发现的不合格数大于或等于不合格判定数(R_e),则判定该批产品不合格。

表4 单位为块

批量范围	样本数	合格判定数(A_c)	不合格判定数(R_e)
≤25	5	0	1
26~50	8	1	2
51~90	13	2	3
91~150	20	3	4
151~280	32	5	6
281~500	50	7	8
501~1 200	80	10	11
1 201~3 200	125	14	15
≥3 201	200	21	22

7.2 型式检验

7.2.1 检验项目

第5章要求的全部项目。

7.2.2 检验条件

在下列情况之下进行型式检验：
a) 新建厂投产；
b) 生产工艺有重大改变；
c) 当配方发生改变时；
d) 正常生产时，每年进行一次；

7.2.3 组批

同出厂检验。

7.2.4 抽样

7.2.4.1 外观质量、尺寸偏差的抽样同出厂检验。

7.2.4.2 热稳定性及耐人工气候老化性的样品从检验批中随机抽取双倍数量样品，其余检验项目从平行样品中抽取。

7.2.5 判定

体积密度、吸水率、压缩强度、弯曲强度、抗冻性、热稳定性、耐人工气候老化性检验结果中，均符合第5章相应要求时，则判定该批艺术石以上项目合格；有两项及以上不符合第5章相应要求时，则判定该批艺术石为不合格；有一项不符合第5章相应要求时，利用备样对该项目进行复检，复检结果合格时，则判定该批艺术石以上项目合格；否则判定该批艺术石为不合格。其他项目检验结果的判定同出厂检验。

8 标志、包装、运输和贮存

8.1 标志

8.1.1 艺术石外包装应注明：企业名称、商标、标记及执行标准号；须有"向上"和"小心轻放"的标志并符合GB/T 191中的规定。

8.1.2 对安装顺序有要求的应在每块艺术石上标明安装序号。

8.2 包装

8.2.1 按艺术石品种分别包装，并附产品合格证（包括产品名称、规格、批号、检验员、出厂日期）；

8.2.2 艺术石饰面相对且加垫。

8.2.3 包装应满足在正常条件下安全装卸、运输的要求。

8.3 运输

艺术石运输过程中应防碰撞、滚摔。

8.4 贮存

8.4.1 艺术石应在室内贮存，室外贮存应加遮盖。

8.4.2 按艺术石品种、规格或工程安装部位分别码放。

广场路面用天然石材 JC/T 2114—2012

1 范围

本标准规定了广场路面用天然石材的术语和定义、分类、规格、等级和标记、技术要求、试验方法、检验规则以及标志、包装、运输和贮存等。

本标准适用于广场、道路及人行道使用的天然石材。

2 规范性引用文件

下列文件对于本文件的应用是必不可少的。凡是注日期的引用文件，仅注日期的版本适用于本文件。凡是不注日期的引用文件，其最新版本（包括所有的修改单）适用于本文件。

GB/T 9966.1—2001　天然饰面石材试验方法　第1部分：干燥、水饱和、冻融循环后压缩强度试验方法

GB/T 9966.3—2001　天然饰面石材试验方法　第3部分：体积密度、真密度、真气孔率、吸水率试验方法

GB/T 13890　天然石材术语

GB/T 17670　天然石材统一编号

GB/T 18601—2009　天然花岗石建筑板材

GB/T 19766—2005　天然大理石建筑板材

JC/T 1050　地面石材防滑性能等级划分及试验方法

JTG E41—2005　公路工程岩石试验规程

3 术语和定义

GB/T 13890界定的以及下列术语和定义适用于本文件。

3.1

广场石　square slabs

用来铺设在广场的天然石材，宽度一般大于厚度的两倍以上。

3.2

路面石　setts

用来铺设在道路或人行道的天然石材。

3.3

路缘石　kerbs

作为道路或人行道缘饰的天然石材，主要有直线路缘石和弯曲路缘石，直线路缘石长度一般大于300 mm，弯曲路缘石长度一般大于500 mm。

3.4

精细面　fine textured

表面的凸起和凹陷高度差低于0.5 mm的表面，例如磨光、打磨、金刚石锯或盘加工成

的表面。

3.5

　　细面 honed

　　表面的凸起和凹陷高度差在 0.5 mm～2 mm 的表面，如粗磨、砂锯加工成的表面。

3.6

　　粗面 coarse textured

　　表面的凸起和凹陷高度差大于 2 mm 的加工面，例如经敲、钻、凿等而形成的纹理面。

4 分类、规格、等级和标记

4.1 分类

4.1.1 按照产品用途分为广场石、路面石和路缘石。

4.1.2 按照石材材质种类分为花岗石、大理石、石灰石、砂岩和板石。

4.2 规格

广场路面用天然石材的规格系列见表1，特殊要求由供需双方商定。

表1 广场石规格尺寸　　　　　　　　　　　　　　　单位为毫米

长度、宽度系列	150、200、300、400、500、600、700、800、900、1 000、1 200、1 500、1 800
边长系列（多边形）	50、100、150、200、250、300
厚（高）度系列	50、75、100、150、200、250、300、350、400

4.3 等级

按照尺寸偏差、外观质量分为 A 级和 B 级两个等级。

4.4 标记

4.4.1 名称：采用 GB/T 17670 规定的名称或编号。

4.4.2 标记顺序为：名称、分类、规格、等级、标准编号。

示例：用莱州樱花红花岗石荒料加工的 900 mm×600 mm×50 mm、A 级广场石标记如下：

　　　　　　樱花红（G3767）广场石 900×600×50　A　JC/T 2114—2012

5 技术要求

5.1 尺寸偏差

5.1.1 广场石的尺寸偏差应符合表2的规定，特殊要求由供需双方协商确定。

5.1.2 路面石的尺寸偏差应符合表3的规定，特殊要求由供需双方协商确定。

5.1.3 路缘石的尺寸偏差应符合表4的规定，特殊要求由供需双方协商确定，路缘石的常见截面形状见图1。

表2 广场石尺寸偏差技术要求　　　　　　　　　　　　单位为毫米

项目		技术要求	
		A	B
长度、宽度偏差	≤700	±1	±2
	>700	±3	±5

续表

项目			技术要求	
			A	B
端面为劈裂面时边长偏差			±5	±8
厚度偏差	≤60		±3	±4
	>60		±4	±5
平面度公差	长度≤500	细面或精细面	2.0	3.0
		粗面	4.0	5.0
	长度>500且≤1 000	细面或精细面	3.0	4.0
		粗面	5.0	6.0
	长度>1 000	细面或精细面	4.0	6.0
		粗面	6.0	8.0
对角线差	<700		3	5
	≥700		5	8

表3 路面石尺寸偏差技术要求　　　　　　　　　　　　　　　单位为毫米

项目		技术要求	
		A	B
长度、宽度（或边长）偏差	两个细面或精细面间	±3	±5
	细面或精细面与粗面间	±5	±8
	两个粗面间	±8	±10
厚度偏差	两个细面或精细面间	±5	±10
	细面或精细面与粗面间	±8	±15
	两个粗面间	±10	±20
表面平面度公差	细面或精细面	2.0	3.0
	粗面	3.0	5.0
端面垂直度公差	厚度≤60	2.0	5.0
	厚度>60	5.0	10.0

表4 路缘石尺寸偏差技术要求　　　　　　　　　　　　　　　单位为毫米

项目		技术要求	
		A	B
长度、宽度偏差	两个细面或精细面间	±2	±3
	细面或精细面与粗面间	±4	±5
	两个粗面间	±8	±10
高度偏差	两个细面或精细面间	±5	±10
	细面或精细面与粗面间	±10	±15
	两个粗面间	±15	±20
斜面尺寸偏差[a]	精细面	±2	±5
	细面	±5	±5
	粗面	±10	±15
平面度公差[b]	细面或精细面	2.0	3.0
	粗面	5.0	6.0
垂直度公差		5.0	7.0
[a] 适用于带有斜面的路缘石。 [b] 适用于直线路缘石。			

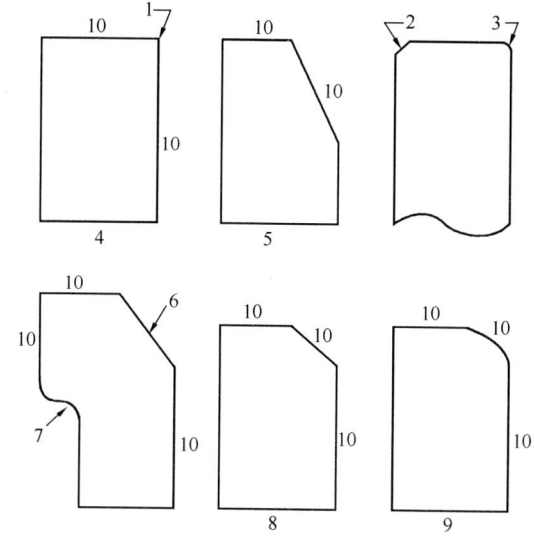

说明:
1——实际加工中进行倒角或圆弧;
2——倒角;
3——圆弧;
4——矩形;
5——斜坡;
6——倒角或斜角;
7——内注面;
8——倒角或斜角;
9——倒圆角;
10——表面。

图1 路缘石常规截面形状

5.1.4 表面棱应进行倒角处理,倒角一般不超过2.0 mm,特殊要求由供需双方协商确定。

5.2 外观质量

同一批石材应无明显色差,花纹应基本一致。外观缺陷应符合表5的要求。

表5 外观缺陷技术要求

缺陷名称	规定内容	技术要求 A	技术要求 B
缺棱	长度不超过15 mm,宽度不超过5.0 mm(长度小于5 mm,宽度小于2.0 mm不计),周边每米长允许个数(个)	1	2
缺角	沿边长,长度≤15 mm,宽度≤15 mm(长度≤5 mm,宽度≤5 mm不计),每块允许个数(个)		
裂纹	长度不超过两端顺延至边总长度的1/10(长度小于20 mm的不计),每块允许条数(条)		
色斑	面积不超过20 mm×30 mm(面积小于10 mm×10 mm不计),每块允许个数(个)	2	3
色线	长度不超过两端顺延至边总长度的1/10(长度小于40 mm的不计),每块允许条数(条)		

5.3 防滑性能

石材表面防滑系数应不小于0.5。

5.4 理化性能

5.4.1 石材材质的物理性能应符合表6的规定。

表6 物理性能技术要求

项目			技术指标				
			花岗石	大理石	石灰石	砂岩	板石
吸水率/%		≤	0.60	0.50	3.00	3.00	0.25
干燥	压缩强度/MPa	≥	100.0	52.0	55.0	68.9	—
水饱和							
干燥	抗折强度/MPa	≥	8.0	6.9	6.9	6.9	20.0
水饱和							
耐磨性/（1/cm³）		≥	25	10	10	8	8
抗冻性/%		≥	80				
坚固性/%		≤	0.5				

5.4.2 石材应按照用途进行表面化学处理，并在出厂时予以注明。

6 试验方法

6.1 尺寸偏差

6.1.1 用精度为1mm的钢直尺或能满足精度要求的量器具测量石材的长度、宽度和厚度（或高度）。长度、宽度分别在板材的三个部位测量（见图2），厚度或高度测量4条边的中点部位（见图3）。分别用测量值与标称值之间偏差的最大值和最小值表示长度、宽度、厚度（或高度）的尺寸偏差，测量值精确到1 mm。

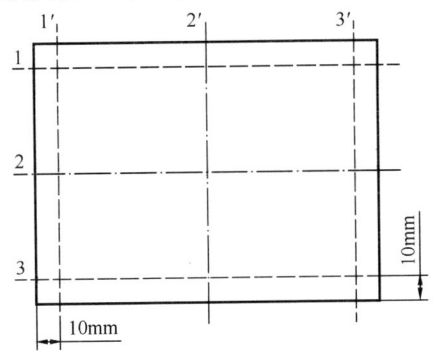

说明：
1、2、3——长度测量线；
1'、2'、3'——宽度测量线。

图2 石材长宽测量示意图

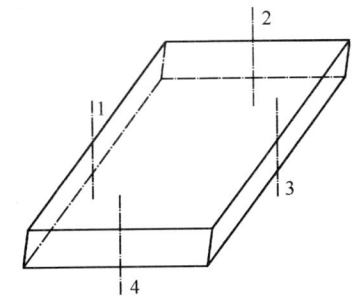

说明：
1、2、3、4——厚度测量线。

图3 石材厚度或高度测量示意图

6.1.2 用精度为1 mm的钢直尺或能满足精度要求的量器具在上下表面测量石材的多边形边长，多边形石材的厚度测量点在每条边长的中线。分别用测量值与标称值之间差值的最大值和最小值表示边长和厚度尺寸偏差，测量值精确到1 mm。

6.1.3 用精度为1 mm的钢直尺或能满足精度要求的量器具在路缘石左右两个端面测量带有斜面路缘石的斜面尺寸，分别用测量值与标称值之间差值的最大值和最小值表示尺寸偏差，测量值精确到1mm。

6.1.4 将平面度公差为 0.1 mm 的 1 000 mm 钢平尺分别自然贴放在距棱边 10 mm 处和被检表面的两条对角线上，用塞尺测量尺面与板面的间隙。当被检面边长或对角线长度大于 1 000 mm 时，用钢平尺沿边长和对角线分段检测，重叠位置不小于钢平尺长度的三分之一。以最大间隙的测量值表示测量表面的平面度公差，测量值精确到 0.1 mm。

6.1.5 用精度为 1 mm 的钢直尺或能满足精度要求的量器具在石材表面测量两条对角线长度，测量值精确到 1 mm，用差值的最大值表示对角线差。

6.1.6 用内角垂直度公差为 0.13 mm，内角边长为 500 mm×400 mm 的 90°钢角尺。将角尺短边紧靠石材的上表面，长边贴靠石材的端面或侧表面，用塞尺测量端面或侧表面与角尺长边之间的最大间隙。测量位置应选择在中线和距边缘 10 mm 的三个位置，以最大间隙的测量值表示石材的垂直度公差，测量值精确到 0.1 mm。

6.1.7 用平面度公差为 0.1 mm 的 600 mm 钢平尺平靠在石材的表面，用精度为 0.02 mm 的游标卡尺或能满足精度要求的量器具测量倒角距表面的距离，测量位置应选择在中线和距边缘 10 mm 的三个位置，以最大测量值表示石材的倒角，测量值精确到 0.1 mm。

6.2 外观质量

将石材样品平放在光线充足的地方，距样品约 2 m 处目测色差和花纹。目测并用精度为 0.02 mm 的游标卡尺检验缺棱、缺角、裂纹、色斑、色线等缺陷。

6.3 防滑性能

按 JC/T 1050 的要求进行。

6.4 理化性能

6.4.1 岩矿检验按 GB/T 18601—2009 附录 A 的试验方法进行。

6.4.2 吸水率按 GB/T 9966.3—2001 的试验方法进行。

6.4.3 干燥、水饱和压缩强度按 GB/T 9966.1—2001 的试验方法进行。

6.4.4 干燥、水饱和抗折强度按 JTG E41—2005 中 T 0226—1994 的试验方法进行。

6.4.5 耐磨性试验按 GB/T 19766—2005 附录 A 的试验方法进行。

6.4.6 广场石和路缘石的抗冻性试验按 JTG E41—2005 中 T 0226—1994 和 T 0241—1994 的试验方法，冻融循环 50 次的抗折强度平均值与饱水抗折强度平均值比值的百分数作为抗冻性；路面石的抗冻性试验按 GB/T 9966.1—2001 的试验方法进行，冻融循环 50 次的压缩强度平均值与水饱和压缩强度平均值比值的百分数作为抗冻性。

6.4.7 坚固性试验按 JTG E41—2005 中 T 0242—1994 的试验方法进行。

7 检验规则

产品检验按类型分为出厂检验和型式检验。

7.1 出厂检验

7.1.1 检验项目

尺寸偏差、外观质量。

7.1.2 组批

同一品种、类别、等级、同一供货批的石材为一批。

7.1.3 抽样

根据表 7 抽取样本。

表 7   单位为块

批量范围	样本数	合格判定数（Ac）	不合格判定数（Re）
≤25	5	0	1
26～50	8	1	2
51～90	13	2	3
91～150	20	3	4
151～280	32	5	6
281～500	50	7	8
501～1 200	80	10	11
1 201～3 200	125	14	15
≥3 201	200	21	22

7.1.4 判定

单块石材的所有检验结果均符合技术要求中相应等级时，则判定该块石材符合该等级。

根据样本检验结果，若样本中发现的等级不合格数小于或等于合格判定数（Ac），则判定该批符合该等级；若样本中发现的等级不合格数大于或等于不合格判定数（Re），则判定该批不符合该等级。

7.2 型式检验

7.2.1 检验项目

检验项目包括本标准第 5 章中规定的全部项目。

7.2.2 检验条件

在下列情况下进行型式检验：

a) 新建厂投产；
b) 荒料、生产工艺有重大改变；
c) 正常生产时，每年进行一次。

7.2.3 组批

同一品种、类别、等级、同一供货批的石材为一批。

7.2.4 抽样

尺寸偏差、外观质量的抽样同出厂检验。

其余项目的检验样品从检验批中随机抽取并制备双倍试验数量的试样。

7.2.5 判定

单块石材的尺寸偏差、外观质量检验结果均符合技术要求中相应等级时，则判定该块石材该项目合格，否则判为不合格。根据样本检验结果，若样本中发现的等级不合格数小于或等于合格判定数（Ac），则判定该批石材该项目合格；若样本中发现的等级不合格数大于或等于不合格判定数（Re），则判定该批石材为不合格。

防滑性、吸水率、压缩强度、抗折强度、耐磨性、抗冻性、坚固性的试验结果中，均符合第 5 章相应要求时，则判定该批石材该项目合格；有两项及以上不符合第 5 章相应要求时，则判定该批石材为不合格；有一项不符合第 5 章相应要求时，利用备样对该项目进行复检，复检结果合格时，则判定该批石材以上项目合格；否则判定该批石材为不合格。

8 标志、包装、运输和贮存

8.1 标志

8.1.1 石材外包装应注明：企业名称、商标、标记；须有"向上"和"小心轻放"的标志。

8.1.2 对安装顺序有要求的石材，应在每块石材上标明安装序号。

8.2 包装

8.2.1 按石材分类、等级等分别包装，并附产品合格证（包括产品名称、规格、等级、批号、检验员、出厂日期）；石材间应加垫。

8.2.2 包装应满足在正常条件下安全装卸、运输的要求。

8.3 运输

石材运输过程中应防碰撞、滚摔。

8.4 贮存

8.4.1 石材室外贮存应加遮盖。

8.4.2 按石材分类、规格、等级或工程安装部位分别码放。

参 考 文 献

[1] EN 1341：2001 Slabs of natural stone for external paving —— Requirements and test methods

[2] EN 1342：2001 Setts of natural stone for external paving —— Requirements and test methods

[3] EN 1343：2001 kerbs of natural stone for external paving —— Requirements and test methods

石材马赛克 JC/T 2121—2012

1 范围

本标准规定了石材马赛克的术语和定义、分类、规格、一般要求、技术要求、试验方法、检验规则以及标志、包装、运输和贮存等。

本标准适用于建筑装饰用的石材马赛克。

2 规范性引用文件

下列文件对于本文件的应用是必不可少的。凡是注日期的引用文件，仅注日期的版本适用于本文件。凡是不注日期的引用文件，其最新版本（包括所有的修改单）适用于本文件。

GB 6566　建筑材料放射性核素限量

GB 18583　室内装饰装修材料　胶粘剂中有害物质限量

GB/T 13890—2008　天然石材术语

3 术语和定义

GB/T 13890—2008 界定的以及下列术语和定义适用于本文件。

3.1
石材马赛克　stone mosaic

用于建筑装饰用的由多颗表面面积不大于 50 cm^2 石粒与背衬粘贴成联的石材砖。

3.2
背衬　back material

为了便于铺贴，粘贴在石材砖背面的板状、网状或其他类似形状的衬材。

3.3
线路　line

一联石材砖内石粒间的行间距和列间距。

3.4
联长　piece length

每联石材砖的边长。

3.5
定型石材马赛克　normal stone mosaic

每颗石粒均为规则形状的石材马赛克。

3.6
非定型石材马赛克　especial stone mosaic

每联砖中石粒呈不规则形状的石材马赛克。

4 分类、规格

4.1 分类
按形状分为定型和非定型两种。

4.2 规格
马赛克石粒边长均不大于10 cm，表面面积不大于50 cm²；砖联分正方形、长方形和其他形状；特殊要求可由供需双方商定。

5 一般要求

5.1 石材马赛克中花岗石颗粒的放射性应符合GB 6566的规定。

5.2 石材马赛克中使用的胶粘剂有害物质应符合GB 18583的规定。

6 技术要求

6.1 尺寸偏差
6.1.1 定型石材马赛克尺寸偏差应符合表1的规定。

表1 单位为毫米

项 目	偏 差
石粒的长度、宽度、厚度	±0.5
线路和联长	±1.0

6.1.2 非定型石材马赛克石粒尺寸偏差和线路、联长的尺寸偏差由供需双方协商确定。

6.2 外观质量
6.2.1 石材马赛克石粒正面不应有影响装饰效果的缺陷。

6.2.2 同一色调石材马赛克联内及联间色差应基本一致。

6.3 背衬的粘接性
石材马赛克与背衬经粘接性试验后，不应有石粒脱落。

6.4 网格面积
背衬使用背网时，网格面积应为最小石粒底面面积的50%～75%。

7 试验方法

7.1 尺寸偏差

7.1.1 用最小读数为0.02 mm的游标卡尺测量单颗石粒中心部位的长度、宽度和厚度。分别用测量值的最大值和最小值与标称值的偏差表示长度、宽度、厚度的尺寸偏差。测量值精确到0.1 mm。

7.1.2 将成联马赛克样品平放在平台上，用最小读数为0.02 mm的游标卡尺测量线路的最大间距和最小间距。测量值的最大值和最小值分别与标称值的偏差表示线路尺寸偏差。测量值精确到0.1 mm。

7.1.3 将成联马赛克样品平放在平台上，用最小读数为0.1 mm的游标卡尺分别测量距联边10 mm处的两端边长和中心线上的边长。用测量值的最大值和最小值分别与标称值的偏差表示联长尺寸偏差。测量值精确到 0.1 mm。
7.2 外观质量
7.2.1 将成联样品平放在光线充足的地方，距砖约 0.5 m 处，目测检验外观缺陷。
7.2.2 将 9 联砖按 3 排 3 列排列，平放在光线较充足的地方，距砖约 1.5 m 目测检验色差。
7.3 背衬的粘接性
将成联石材马赛克正面向上，用两手捏住联一边的两角垂直提起，轻微晃动，然后自然放平。反复 3 次，检查马赛克有无石粒脱落。
7.4 网格面积
用满足精度要求的量具分别测量网格面积和马赛克颗粒的底面面积，读数准确至 1 mm。用网格面积和马赛克颗粒的底面面积的百分比表示网格面积相对于马赛克颗粒的底面面积的大小。结果保留两位有效数字。

8 检验规则

8.1 检验分类
产品检验分为出厂检验和型式检验。
8.1.1 出厂检验
出厂检验项目为本标准中第 6 章规定的全部项目。
8.1.2 型式检验
型式检验项目包括第 5 章和第 6 章规定的项目。在下列情况进行型式检验：
a) 正常生产，每半年进行一次；
b) 工艺变化时随时检验。
8.2 抽样规则
8.2.1 组批
相同品种、相同型号的产品 25 m² ~ 300 m² 为一批，小于 25 m² 时，由供需双方商定。
8.2.2 抽样
从每批中随机抽取 3 m²，然后从 3 m² 中随机抽取满足表 2 各项规定的样本量。

表 2

检验项目		单位	样本量	合格判定数	不合格判定数
尺寸偏差	石粒长度、宽度、厚度	颗	40	3	4
	线路	联	15	1	2
	联长	联	15	1	2
外观质量	外观缺陷	联	3	≤5%[a]	>5%[a]
	色差	联	9	0	1
背衬的粘接性		联	3	0	1
网格面积		联	3	0	1
放射性		千克	6	0	1
有害物质		桶	3	0	1
[a] 指 3 联试样中不合格石粒数占石粒总数的百分数。					

8.3 判定
8.3.1 对本标准规定的全部项目进行一次抽样检验。
8.3.2 根据表 2 样本检验结果，若样本中发现的不合格数小于或等于合格判定数，则判定该批产品该项目合格;若样本中发现的不合格数大于或等于不合格判定数,则判定该批产品该项目不合格。

8.3.3 每批产品中所有项目均合格时,则判定该批产品合格;否则判定该批产品不合格。

9 标志、包装、运输和贮存

9.1 标志

标志应包含以下内容:

a) 生产企业名称、商标、生产批号;
b) 产品名称、规格数量、重量;
c) 防潮和易碎品标志。

9.2 包装

9.2.1 产品用纸箱包装,在箱内应有防潮材料。如有空隙过大,必须用软物充填。

9.2.2 每箱内必须有产品合格证和产品使用说明。

9.3 运输

产品运输时要轻拿轻放,严禁受潮。

9.4 贮存

产品贮存时严禁受潮。

艺术浇注石 JC/T 2185—2013

1 范围

本标准规定了艺术浇注石的术语和定义、分类、代号和标记、要求、试验方法、检验规则以及标志、包装、运输、贮存和随行文件等。

本标准适用于建筑墙面、人行地面、庭院和园林装饰用产品。

2 规范性引用文件

下列文件对于本文件的应用是必不可少的。凡是注日期的引用文件，仅注日期的版本适用于本文件。凡是不注日期的引用文件，其最新版本（包括所有的修改单）适用于本文件。

GB/T 1766—2008　色漆和清漆　涂层老化的评级方法

GB/T 9780—2005　建筑涂料涂层耐沾污性试验方法

GB/T 12988—2009　无机地面材料耐磨性试验方法

GB/T 14684　建设用砂

GB/T 16259—2008　建筑材料人工气候加速老化试验方法

JC/T 446—2000　混凝土路面砖

3 术语和定义

下列术语和定义适用于本文件。

3.1

艺术浇注石　architectural cast stone

以水泥、石膏、树脂等无机和/或有机胶粘材料为成型材料，可添加适当集料、增强材料、色料等，经浇注成型，具有艺术装饰效果的产品。

3.2

规格产品　conventional architectural cast stone

按一定的外形尺寸生产的产品。

3.3

非规格产品　unconventional architectural cast stone

除规格产品外的其他产品。

3.4

重复性　repetition

单位面积的产品中，形状、尺寸和外观相同的产品的比例。

4 分类、代号和标记

4.1 分类和代号

4.1.1 按产品的主要成型材料的材质分为：

——水泥基产品,代号为 ACSC;
——石膏基产品,代号为 ACSG;
——树脂基产品,代号为 ACSR。

4.1.2 按产品的外形分为:
——规格产品,代号为 C;
——非规格产品:代号为 U。

4.1.3 按产品的使用环境分为:
——室外用产品,代号为 A;
——室内用产品,代号为 B。

4.1.4 按产品使用部位分为:
——墙面、庭院和园林用产品,代号为 W;
——地面用产品,代号为 G。

4.2 标记

按产品的主要成型材料的材质、使用环境、使用部位、外形(规格产品应包括规格尺寸)分类以及标准编号顺序进行标记。

示例 1:室外墙面用的非规格水泥基产品,其标记为:
ACSC-A-W-U JC/T 2185—2013

示例 2:室内墙面用的规格为 300 mm×300 mm 的石膏基产品,其标记为:
ACSG-B-W-C300×300 JC/T 2185—2013

示例 3:室外园林用的非规格树脂基产品,其标记为:
ACSR-A-W-U JC/T 2185—2013

5 要求

5.1 外观质量

产品装饰面的颜色、质感、风格、花纹、形状等应一致或符合供需双方的商定,装饰面缺陷应符合表 1 的规定。

表 1

缺陷		技术要求
缺损	尺寸[a]	≤15 mm
	数量	≤2 处/块
气孔	尺寸[b]	≤2 mm
	数量	≤3 个/25 cm^2
飞边毛刺		不明显
裂纹		无
杂质		不明显
污染		不明显
[a] 小于 5 mm 的不计。 [b] 小于 0.5 mm 的不计。		

5.2 尺寸偏差

规格产品的尺寸偏差应符合表2的规定，对尺寸偏差有特殊要求的可由供需双方商定。

表2

项目		技术要求
边长[a]L/mm	L≤300	±5
	300＜L≤600	±10
	L＞600	由供需双方商定
翘曲度[b]/mm		≤10
[a] 适用于将铺贴后产品之间接缝作为装饰效果的产品。		
[b] 适用于粘贴面为平面的产品。		

5.3 性能

产品的性能应符合表3的规定。

表3

项目		技术要求		
		ACSC类	ACSG类	ACSR类
体积密度/(g/cm³)		符合标称值	符合标称值	符合标称值
吸水率/%		≤16	≤10	≤2
抗冲击性		无破裂	无破裂	无破裂
耐碱性		外观无明显变化	外观无明显变化	外观无明显变化
耐污染性/级		≥4	≥4	≥4
抗冻性[a]		无破坏	—	无破坏
耐人工气候老化性[a]		无破坏，粉化≤1级，变色≤1级	—	无破坏，粉化≤1级，变色≤1级
耐干湿循环性能		无破坏、无明显变色	—	无破坏、无明显变色
泛霜/级		≥2	—	—
干燥收缩率/%		≤0.090	—	≤0.010
热稳定性		—	—	无明显变化
抗折强度[b] MPa	标准状态	平均值≥3.5，最小值≥3.0		
	抗冻性试验后[a]	平均值≥2.8	—	—
抗压强度[b] MPa	标准状态	平均值≥30.0，最小值≥25.0		
	抗冻性试验后[a]	平均值≥24.0	—	—
耐磨性[b]/mm		≤35	—	—
[a] 室内用产品不要求。				
[b] 非人行地面用产品不要求。				

5.4 重复性

对重复性有要求的产品，重复性应符合供需双方的商定。

6 试验方法

6.1 试件数量

试件数量见表4。若利用同一样品进行不同项目的试验且之间不会对试验结果产生相互影响时,样品可共用;除试验方法规定或受设备限制需进行必要的切割外,尽量用整块产品进行试验。

表 4

项目		试件数量 块
外观质量		10[a]
尺寸偏差		10
体积密度		5
吸水率		5
抗冲击性		5
耐碱性		5
耐污染性		5
抗冻性		5
耐人工气候老化性		3
耐干湿循环性能		5
泛霜		5
干燥收缩率		5
热稳定性		3
抗折强度	标准状态	5
	抗冻性试验后	5
抗压强度	标准状态	5
	抗冻性试验后	5
耐磨性		5
重复性		一个装饰单元
[a] 当样品总面积不足 1 m² 时,取 1 m²。		

6.2 标准试验条件及试样状态调节

标准试验条件为温度(20±5)℃、相对湿度(60±15)%。试验前,应将试样在该条件下放置 24 h,除特殊规定外,试验也应在该条件下进行。

6.3 外观质量

在非阳光直射的自然光条件下进行目测试验,但抽取和摆放试件者不参与目测试验。将试件在地面拼放成一面,站在距拼成的板面边缘 1.5 m～2.0 m 处目测。对目测到的各种缺陷,使用最小分度值不大于 0.5 mm 的测量器具测量其最大尺寸。

6.4 尺寸偏差

6.4.1 边长

用最小分度值为 1 mm 的长度量具在棱边处分别测量试件的边长,以全部试件各边长的测量值与标称值之间的极限值误差作为试验结果。

6.4.2 翘曲度

将试件的背面放在平面上,用最小分度值不大于1 mm的长度测量器具测量试件背面周边与平面之间的最大间隙。以全部试件测量值中的最大值作为试验结果。

6.5 体积密度、吸水率

可从每块样品上切割一块大约100 mm×100 mm的试件,在（65±5）℃（石膏基产品为（40±5）℃）烘干到恒重后放在干燥器中冷却至室温,用感量不低于0.1 g的天平称量试件的干燥质量,将试件完全浸没在水中48 h（石膏基产品为2 h）后取出,用浸水后拧干的毛巾擦去试件表面的水分,立即称量试件吸水后的质量。取一根适当质量的能保证用其捆扎后的试件能完全沉入水中的金属丝,用金属丝捆扎试件后悬挂并使试件完全浸入在水中,称量捆扎试件悬挂在水中的质量,去掉试件后称量同一金属丝在水中的质量（与捆扎试件时金属丝浸入水中的量相同）。按公式（1）计算试件的吸水率,按公式（2）计算试件的体积密度。分别以全部试件吸水率的平均值和体积密度的平均值作为试验结果。

$$M = \frac{m_1 - m_0}{m_0} \times 100 \quad (1)$$

$$D = \frac{m_0}{m_1 + m_3 - m_2} \times \rho \quad (2)$$

式中:

M——吸水率,%;

D——体积密度,单位为克每立方厘米（g/cm³）;

m_0——试件的干燥质量,单位为克（g）;

m_1——试件吸水后的质量,单位为克（g）;

m_2——捆扎试件在水中的质量,单位为克（g）;

m_3——金属丝在水中的质量,单位为克（g）;

ρ——室温下水的密度,近似取1 g/cm³。

6.6 抗冲击性

用最小分度值不大于0.5 mm的厚度测量器具测量试件最薄处的厚度值。将试件正面向上平放在符合GB/T 14684的砂中并用砂垫实,砂层厚度至少10 cm。用225 g重的实心钢球以规定落差自由落下冲击试件的最薄处一次,观察冲击后试件有无破裂,试件冲击点表面的局部破损不计。树脂基产品落差为600 mm;水泥基和石膏基产品,最小厚度大于20 mm时落差为300 mm,最小厚度不大于20 mm时产品落差为150 mm。以全部试件中抗冲击性能最差的结果作为试验结果。

6.7 耐碱性

取一团长和宽均约为50 mm的多层棉纱布,浸满质量百分数为3%的氢氧化钠溶液后敷贴在试件表面,保持试验处处于湿润状态。静置24 h后取下纱布并用水冲洗试件表面至少1 min,将试件在（65±5）℃（石膏基产品为（40±5）℃）下烘干,目测敷贴处表面有无明显变色、起泡、粉化等异常的外观变化。以全部试件中外观异常变化最严重者作为试验结果。

6.8 耐污染性

样品过大时可将样品切割成约100 mm×200 mm的试件,按GB/T 9780—2005的规定采用涂刷法进行 5 次污染冲洗试验，将试件在（65±5）℃（石膏基产品为（40±5）℃）烘干，然后按下列步骤进行清洗和耐污染等级的判定。

　　a) 若目测无明显污染痕迹，判定耐污染等级为 5 级；

　　b) 若污染痕迹明显，用棉纱在流动的清水中擦洗试件表面 1min，然后经（65±5）℃（石膏基产品为（40±5）℃）烘干后目测，若无明显污染痕迹，判定耐污染等级为 4 级；

　　c) 若污染痕迹仍明显，用鬃毛刷在流动的清水中刷洗试件表面 1 min，再次经烘干后目测，若无明显污染痕迹，判定耐污染等级为 3 级；

　　d) 若污染痕迹仍明显，用棉纱沾中性洗涤剂擦洗试件表面 1 min，用清水冲净，再次经烘干后目测，若无明显污染痕迹，耐污染等级为 2 级。否则为 1 级。

　　以全部试件中耐污染性最差者作为试验结果。

6.9　抗冻性

目测试件表面状况，对已有缺陷处进行标记，然后将试件放在（20±10）℃的水中浸泡 48 h 后进行冻融循环：将试件在（−20℃±5）℃下恒温至少 4 h，取出立即放入（20±10）℃水中浸泡至少 4 h，取出待试件表面积水自然流尽，再放在（−20±5）℃下恒温至少 4h，如此共进行 25 次冻融循环。

目测试件有无产生的鼓泡、剥落、开裂等破坏情况。以全部试件中破坏最严重者作为试验结果。

6.10　耐人工气候老化性

从每块样品上切割一块适合设备尺寸要求的试件进行老化照射试验，余下部分留作比对样。

老化时间为 500 h，累积总辐射能不小于 990 MJ/m²，黑标准温度为（65±3）℃，相对湿度为（65±5）%，其余按 GB/T 16259—2008（方法 A）的规定进行。

观察老化后试件有无裂纹、鼓泡、剥落等破坏，距切割边 10 mm 内的破坏不计。将老化后的试件与比对样复原拼接摆放，按 GB/T 1766—2008 进行老化性能的评级，其中色差的评级采用目视比色法。以全部试件中老化性能最差者为试验结果。

6.11　耐干湿循环性能

将试件切割成两半，一半作为试验样，一半留作比对样。将试验样在水中浸泡 2 h，取出放在（65±5）℃的烘箱中恒温 22 h，如此 50 次循环后，将试验样与比对样复原拼接摆放，观察试验样有无开裂、剥落等破坏及明显变色，距切割边 10 mm 内的破坏不计。以全部试件中破坏和变色最严重者作为试验结果。

6.12　泛霜

在平底盘内平铺厚度不小于 30 mm 的建筑用砂，注入澄清的普通硅酸盐水泥溶液（按水灰比 20∶1 配制，取充分搅拌后澄清的液体）至液面与砂面齐平。将试件正面向上平放并轻压，使试件厚度的一半嵌入砂中。72 h 后按下列情况进行泛霜等级的评定。

　　a) 若试件表面有明显白色粉末析出现象，视为严重泛霜，评为 1 级；

　　b) 若试件表面白色粉末析出现象不易判定，用棉纱抹擦试件表面，若能观察到有析出物被擦拭掉，视为轻微泛霜，评为 2 级；

　　c) 若试件表面无白色粉末析出现象，且用棉纱抹擦试件表面也无明显变化时，视为不泛霜，评为 3 级。

以全部试件中泛霜最严重者作为试验结果。

6.13 干燥收缩率

试验采用最小分度值不大于 0.001 mm 的适当规格的长度变化测量装置（比长仪）进行。

将样品切割成宽度约 40 mm 的长条状，然后将长度方向的两端切割平整。取两个直径约 10 mm 的不锈钢球，测量其直径。依据球的直径在长条样品的两切割端面中心各钻一个孔，孔的深度略大于孔径。用不易受水影响的胶粘剂将钢球分别粘在孔中，钢球应与孔底接触，检查钢球粘接牢固后继续进行试验。

用最小分度值不大于 0.02 mm 的长度测量器具测量包含两个球在内的试件的总长度。将试件浸入（20±5）℃水中至少 72 h 后取出轻轻擦去表面的水分，用比长仪测量包含两个球在内的试件的长度读数。

将试件放入（65±5）℃的烘箱中至少干燥 72 h，取出冷却到环境温度，再次放到比长仪中测量包含两个球在内的试件的长度读数，按公式（3）计算该试件的干燥收缩率。

$$\varepsilon = \frac{l_1 - l_2}{l - d_1 - d_2} \times 100 \tag{3}$$

式中：

ε——干燥收缩率，％；

l_1——包含两个球在内的试件浸水后在比长仪中的长度读数，单位为毫米（mm）；

l_2——包含两个球在内的试件干燥后在比长仪中的长度读数，单位为毫米（mm）；

l——包含两个球在内的试件浸水前的总长度，单位为毫米（mm）。

d_1、d_2——两球的直径，单位为毫米（mm）。

以全部试件干燥收缩率的算术平均值作为试验结果。

6.14 热稳定性

将试件切割成两半，一半作为试验样，一半留作比对样。将试验样放入（80±2）℃干燥箱中恒温 3 h 后取出放置至室温，此为一个循环。三个循环后，将试验样与比对样复原拼接摆放，观察试验样有无明显的开裂、鼓泡、剥落、变色等变化。以全部试件中变化最严重者作为试验结果。

6.15 抗折强度

6.15.1 标准状态下的抗折强度

按 JC/T 446—2000 附录 B 的规定进行，分别取全部试件抗折强度的算术平均值和最小值作为试验结果。

6.15.2 抗冻性试验后的抗折强度

按 6.9 进行抗冻性试验，然后按 JC/T 446—2000 附录 B 的规定进行抗折强度试验。取全部试件抗折强度的算术平均值作为试验结果。

6.16 抗压强度

6.16.1 标准状态下的抗压强度

按 JC/T 446—2000 附录 A 的规定进行，分别取全部试件抗压强度的算术平均值和最小值作为试验结果。

6.16.2 抗冻性试验后的抗压强度

按6.9进行抗冻性试验，然后按JC/T 446—2000附录A的规定进行抗折强度试验。取全部试件抗折强度的算术平均值作为试验结果。

6.17 耐磨性

按GB/T 12988—2009的规定进行，取全部试件耐磨性的算术平均值作为试验结果。

6.18 重复性

将试件按产品说明摆放在一平面中，观察试件的形状、外观和外形尺寸，统计具有相同形状、外观和外形尺寸的试件数，按公式（4）计算试件的重复性。

$$\sigma = \frac{n}{s} \tag{4}$$

式中：

σ——重复性，单位为块每平方米（块/m^2）；

n——具有相同形状、外观和外形尺寸的试件数，单位为块；

s——装饰单元面积，单位为平方米（m^2）。

7 检验规则

7.1 检验分类与检验要求

7.1.1 出厂检验

每批产品均应进行出厂检验。检验项目包括：外观质量、尺寸偏差、吸水率、抗冲击性。

7.1.2 型式检验

型式检验项目包括第5章规定的全部技术要求项目。在下列情况下进行型式检验：

a) 新产品或老产品转产后的定型鉴定；
b) 正常生产时，每年进行一次型式检验；
c) 产品的原料、工艺有较大变化，可能影响产品性能时；
d) 产品停产半年后恢复生产时；
e) 出厂检验结果与上次型式检验有较大差异时。

7.2 组批与抽样

7.2.1 组批

以同一批原料、同一配方、相同工艺条件生产的产品10 000 m^2为一批，不足10 000 m^2的按一批计算。

7.2.2 抽样

从同一检验批中按6.1的规定随机抽取。

7.3 判定

检验结果全部符合标准的规定时，判该批产品合格。若有不合格项，可再从该批产品中抽取双倍样品对不合格的项目进行一次复查，复查结果全部达到标准规定时判定该批产品合格，否则判定该批产品不合格。

8 标志、包装、运输、贮存和随行文件

8.1 标志

产品包装上应有标志,标志包括:产品标记、明示面积、厂名厂址、商标、批号或生产日期及质量检验合格标志。

8.2 包装

包装的强度应保证产品运输、搬运及储存过程中不会损坏,应避免产品在箱中窜动。

8.3 运输

运输和搬运时应轻拿轻放,严禁摔扔,防止产品损伤。

8.4 贮存

产品应贮存在干燥通风处,避免高温及日晒雨淋。

8.5 随行文件

供方应向需方提供指导正确使用产品的说明。

石雕石刻品 JC/T 2192—2013

1 范围

本标准规定了石雕石刻品（以下简称产品）的术语和定义、分类、命名和标记、技术要求、试验方法、检验规则以及标志、包装、运输和贮存等。

本标准适用于天然石材加工的产品。

2 规范性引用文件

下列文件对于本文件的应用是必不可少的。凡是注日期的引用文件，仅注日期的版本适用于本文件。凡是不注日期的引用文件，其最新版本（包括所有的修改单）适用于本文件。

GB/T 191　包装储运图示标志

GB 6566　建筑材料放射性核素限量

GB/T 9966.1　天然饰面石材试验方法　第1部分：干燥、水饱和、冻融循环后压缩强度试验方法

GB/T 9966.2　天然饰面石材试验方法　第2部分：干燥、水饱和弯曲强度试验方法

GB/T 9966.3　天然饰面石材试验方法　第3部分：体积密度、真密度、真气孔率、吸水率试验方法

GB/T 9966.6　天然饰面石材试验方法　第6部分：耐酸性试验方法

GB/T 13890　天然石材术语

GB/T 13891　建筑饰面材料镜向光泽度测定方法

GB/T 18601—2009　天然花岗石建筑板材

GB/T 24264　饰面石材用胶粘剂

3 术语和定义

GB/T 13890界定的及下列术语和定义适用于本文件。

3.1

圆雕　cylindrical sculpture

可供各个方向观看的立体雕刻品。

3.2

浮雕　prominent sculpture

图像造型凸于石料表面的雕刻品。

3.3

沉雕　engraving sculpture

图像造型凹于石料表面的雕刻品。

3.4

影雕　knock sculpture

在石料的光面上琢出大小、深浅、疏密不同的微点，用不同色调、层次表现图像造型的雕刻品。

3.5

透雕　penetrate sculpture

在石料上利用镂空、穿透的手法制作的雕刻品。

3.6

图样　model

经供需双方确认的式样或图纸。

3.7

雕刻高度　carving height

产品正常摆放外形上下最大的垂直距离。

3.8

雕刻宽度　carving width

产品正常摆放外形左右最大的平行直线距离。

3.9

雕刻厚度　carving thickness

产品正常摆放外形前后最大的平行直线距离。

4　分类、命名和标记

4.1　产品分类

4.1.1　按雕刻材质分：

a) 花岗石雕刻（代号为 G）：以花岗石为材料的产品；

b) 大理石雕刻（代号为 M）：以大理石为材料的产品；

c) 石灰石雕刻（代号为 L）：以石灰石为材料的产品；

d) 砂岩雕刻（代号为 Q）：以砂岩为材料的产品；

e) 其他材质雕刻（代号为 T）：未列入商业分类的其他岩石为原料的产品。

4.1.2　按表面效果分：

a) 光面雕刻（代号为 J）：饰面光滑，具有光泽的产品；

b) 细面雕刻（代号为 Y）：饰面细腻，无光泽的产品，如机切面、磨砂面等；

c) 麻面雕刻（代号为 M）：饰面粗糙的产品，如剁斧面、砂粒面、荔枝面、火烧面等。

d) 粗面雕刻（代号为 C）：饰面凹凸不平的产品，如劈开面、蘑菇面、菠萝面等。

4.1.3　按雕刻形式分：

a) 圆雕（代号为 YD）：主要雕刻形式为圆雕的产品；

b) 浮雕（代号为 FD）：主要雕刻形式为浮雕的产品；

c) 沉雕（代号为 CD）：主要雕刻形式为沉雕的产品；

d) 影雕（代号为 SD）：主要雕刻形式为影雕的产品；

e) 透雕（代号为 TD）：主要雕刻形式为透雕的产品。

4.1.4　按外形加工质量分为 A 级和 B 级。

4.2　命名和标记

4.2.1 命名顺序

材质类别、表面效果、雕刻形式。

4.2.2 标记顺序

石雕石刻品按命名代号、规格尺寸、等级和标准号的顺序标记。

示例1：用天然花岗石雕刻成高度5 000 mm、宽度1 000 mm、厚度800 mm的光面B级圆雕产品的命名和标记如下：

命名：花岗石光面圆雕；

标记：GJYD 5000×1000×800 B JC/T 2192—2013。

示例2：用天然大理石雕刻成高度1 000 mm、宽度500 mm、厚度100 mm的粗面A级浮雕产品的命名和标记如下：

命名：大理石粗面浮雕；

标记：MCFD 1000×500×100 A JC/T 2192—2013。

5 技术要求

5.1 通则

5.1.1 产品的几何形状和加工工艺应符合图样的要求，特殊要求由供需双方协商确定。

5.1.2 产品的应用应符合相关安全要求，特殊要求需明示。

5.2 规格尺寸

A级产品规格尺寸的相对允许偏差应不超过1.0%，B级产品规格尺寸的相对允许偏差应不超过2.0%，特殊要求由供需双方协商确定。

5.3 外观质量

5.3.1 产品各部位的色调花纹应基本一致，特殊要求由供需双方协商确定。

5.3.2 产品的外观缺陷应符合表1的规定。

表1 外观缺陷技术要求

项目	A级	B级
裂纹	主要部位不允许	允许，但不影响整体外观和安全性
色斑	主要部位不允许	允许，但不影响整体外观
色线	主要部位不允许	允许，但不影响整体外观
凹坑	主要部位不允许	允许，但经修整后不影响整体外观
棱角缺陷	主要部位不允许	允许，但经修整后不影响整体外观

5.3.3 产品为实现设计要求允许技术性粘接，并注明粘接部位和粘接块数。粘接使用的胶粘剂产品应符合GB 24264标准的要求。

5.4 光泽度

光面产品的光泽度由供需双方协商确定。

5.5 材质物理性能

产品材质的物理性能应按相应的种类分别符合表2的规定，特殊要求由供需双方协商确定。

表2 材质物理性能技术指标

项目		花岗石雕刻	大理石雕刻	石灰石雕刻	砂岩雕刻	其他材质雕刻
体积密度/(g/cm³) ≥		2.56	2.60	2.56	2.40	2.16
吸水率/% ≤		0.60	0.50	3.00	3.00	7.5
干燥	压缩强度/MPa ≥	100	50	55	69	28
水饱和						
干燥	弯曲强度/MPa ≥	8.0	7.0	6.9	6.9	3.4
水饱和						
抗冻系数/% ≥		80	80	80	80	80

5.6 材质老化性能

室外使用产品材质的老化性能应符合表3规定，特殊要求由供需双方协商确定。

表3 材质老化性能技术指标

项目	指标
耐紫外线老化性（600 h）	外观质量无变化
耐酸性（28 d）	相对质量变化≤0.5%，且外观质量无变化
耐盐雾老化性（60次循环）	相对质量变化≤0.5%，且外观质量无变化

5.7 材质放射性

花岗石材质产品的放射性分类应符合GB 6566的规定。

6 试验方法

6.1 规格尺寸

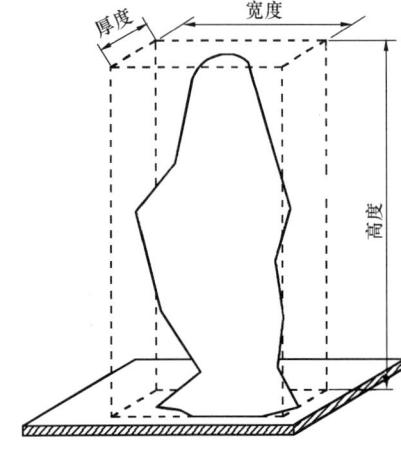

图1 高度、宽度、厚度测量示意图

用能够满足测量精度要求的量器具分别测量产品在雕刻高度、雕刻宽度、雕刻厚度三个方向的最大距离，见图1，测量值精确到1 mm，分别用测量值与标称值之间差值的绝对值除以相应的标称值表示雕刻高度、雕刻宽度、雕刻厚度三个方向的相对允许偏差，用三个方向的相对允许偏差最大值表示产品的相对允许偏差，用百分数表示，结果精确到小数点后一位。

6.2 外观质量

6.2.1 在能观察到产品全貌的最近距离处目测色调和花纹。

6.2.2 距观察部位1.5 m处目测外观缺陷。

6.2.3 近距离目测可见粘接部位和数量，如遇争议可使用远红外热成像仪等设备确定粘结部位和数量。

6.3 光泽度

使用弧面光泽度计，按GB/T 13891标准试验方法进行，测量点应选择曲面半径较大且重要的部位。

6.4 材质物理性能

6.4.1 材质分类

按GB/T 18601—2009中附录A的试验方法确定岩相，按GB/T 13890的分类方法确定商业分类。

6.4.2 体积密度、吸水率

按GB/T 9966.3的规定试验。

6.4.3 压缩强度

按GB/T 9966.1的规定试验。

6.4.4 弯曲强度

按GB/T 9966.2的规定试验。

6.4.5 抗冻系数

按GB/T 9966.1的试验方法测定水饱和压缩强度和冻融循环后压缩强度，用冻融循环后压缩强度值除以水饱和压缩强度值，用百分比表示，结果保留两位有效数字。

6.5 材质老化性能

6.5.1 耐紫外线老化性

将产品材质制成100 mm×100 mm×20 mm的试样，表面与雕刻品一致，尺寸偏差不大于±1.0 mm，四块为一组。一块试样留作比对样品，其余三块试样放在（20±2）℃的蒸馏水中浸泡48 h，取出后直接放入500 W直管高压汞灯紫外线老化箱内，灯管与箱体平行，试样与灯管的距离为500 mm左右，试样表面空间温度为（45±2）℃，恒温照射600 h后取出试样，与比对样品对照观察外观质量变化。

6.5.2 耐酸性

将产品材质制成100 mm×100 mm×20 mm的试样，尺寸偏差不大于±1.0 mm，四块为一组，表面不得有明显的裂纹、缺棱和掉角。一块试样留作比对样品，其余三块试样按照GB/T 9966.6的试验方法进行耐酸性试验。试验14 d后试样外观质量有明显变化时，记录外观变化情况并计算14 d相对质量变化；按照GB/T 9966.6试验方法继续进行耐酸性试验，最终记录28 d后的外观质量变化情况并计算28 d相对质量变化，报告28 d变化情况。

6.5.3 耐盐雾老化性

按附件A的方法进行。

6.6 材质放射性

花岗石材质产品的放射性分类按GB 6566标准试验方法进行。

7 检验规则

7.1 出厂检验

7.1.1 检验项目

规格尺寸、外观质量、光泽度。

7.1.2 组批

同一材质、形式、规格尺寸、等级为一批，单一产品独立成批。

7.1.3 抽样

产品为全数检验。

7.1.4 判定

单件产品的所有检验结果均符合要求中相应等级时,则判定该产品符合该等级。否则判定该批不符合该等级。

7.2 型式检验

7.2.1 检验项目

第5章(除5.1外)要求的全部项目。

7.2.2 检验条件

在下列情况下进行型式检验:

a) 新建厂投产;
b) 生产工艺有重大改变;
c) 当材质发生改变时;
d) 正常生产时,每年进行一次。

7.2.3 组批

同出厂检验。

7.2.4 抽样

规格尺寸、外观质量、光泽度项目为全数检验,其余项目的样品从检验批的材料中随机抽取并制取双倍的样品。

7.2.5 判定

体积密度、吸水率、压缩强度、弯曲强度、抗冻系数、耐紫外线老化性、耐酸性、耐盐雾老化性、材质放射性的试验结果中,均符合第5章相应要求时,则判定该批产品该项目合格;有两项及以上不符合第5章相应要求时,则判定该批产品为不合格;有一项不符合第5章相应要求时,利用备样对该项目进行复检,复检结果合格时,则判定该批产品以上项目合格;否则判定该批产品为不合格。

其他项目检验结果的判定同出厂检验。

8 标志、包装、运输和贮存

8.1 标志

8.1.1 产品应注明:企业名称、商标、产品名称、等级、类别。

8.1.2 包装箱上必须有"向上"和"小心轻放"的标志,并符合 GB/T 191 中的规定。

8.2 包装

8.2.1 按产品类别、等级分别包装,并附产品合格证,其内容包括产品名称、规格、类别、等级、批号、检验员、出厂日期。

8.2.2 单一产品应独立包装,并附产品合格证。

8.2.3 包装时应采取防震、减震措施,工件不应在包装箱内摇摆,整体包装应有遮盖防湿措施。

8.2.4 包装质量应符合产品在正常条件下安全装卸、运输的要求。

8.3 运输

产品在运输过程中应防碰撞、滚摔。

8.4 贮存

8.4.1 应有安全防护措施,避免造成人身、财产伤害。
8.4.2 应放置于通风干燥处,室外贮存应加遮盖。

附 录 A
(规范性附录)
耐盐雾老化性试验

A.1 范围

本附录规定了评估天然石材耐盐雾老化性试验所用的原理、仪器设备、试样制备、试验步骤、试验结果,适用于测定天然石材耐盐雾老化性的试验。

A.2 原理

试样放在雾化盐溶液的老化箱内 4 h,然后干燥 8 h,重复多次循环。

A.3 仪器设备

A.3.1 可完成盐雾和干燥交替循环的装置(见图 A.1),温度控制在(35±5)℃。

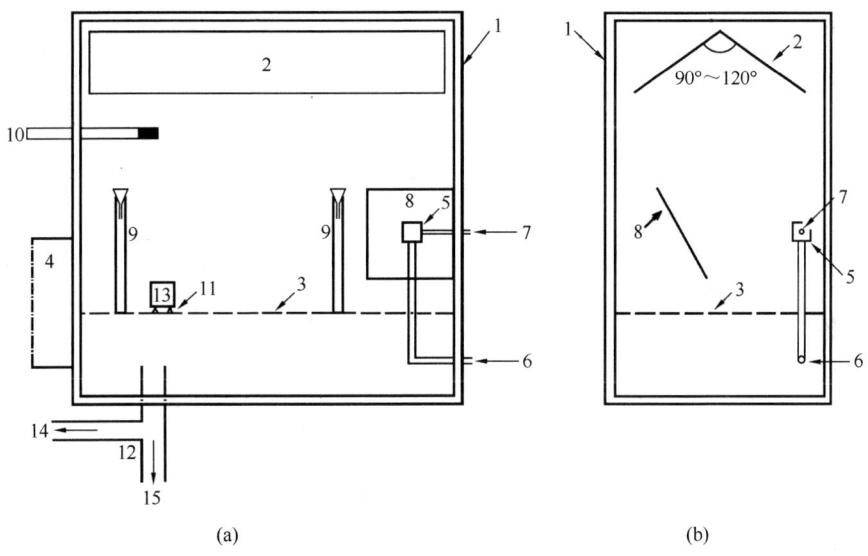

图 A.1 盐雾试验箱示意图
(a) 正面图;(b) 侧面图

说明:
1—密封箱;2—顶部;3—无腐蚀试样支撑板;4—温度控制器;5—喷雾嘴;6—盐溶液入口;7—空气入口;8—喷射偏离器;9—收集器;10—温度计;11—无腐蚀试样支撑;12—排水;13—试样;14—空气;15—溶液排出

A.3.2 将盐溶液喷射到箱内的喷雾系统,包括雾化喷嘴和偏转片,避免直接喷射到试样。

A.3.3 两个雾化收集器,水平收集面积约 8 000 mm² (即直径 100 mm 的带茎玻璃漏斗插到量筒里)。

A.3.4 鼓风干燥箱,可控温在(70±5)℃。

A.3.5 天平,精度为 0.1 g。

A.3.6 电导仪,能测量水的传导性以便准备盐溶液和蒸馏水。

A.3.7 氯化钠溶液,使用纯度等级不低于95%的氯化钠和在(25±2)℃时传导率低于或等于20 μS/cm的蒸馏水或去离子水配制,将(10±1)份质量的氯化钠溶于90份的蒸馏水或去离子水中,得到浓度为(100±10)g/L溶液,然后过滤或倒出。

A.4 试样制备

A.4.1 样品

试样应从同一批样品中选择具有代表性的至少6个试样用于测试。

A.4.2 试样尺寸

边长(50±1)mm的立方体。

A.4.3 清洗

试样表面应用去离子水洗干净。

A.4.4 干燥

在每个试样边缘应用永久的记号笔做好标记,便于方便观察材料状态。试样应在(70±5)℃条件下烘干至恒重。当间隔为(24±2)h之间测定到样品的质量变化不超过前一次测定到样品质量的0.1%时即认为样品已达恒重。然后冷却到室温称重,干燥样品的重量为初始值(M_0)。

A.5 试验步骤

A.5.1 正式试验前,应将两个盐雾收集器放入箱体,一个离喷嘴近,另一个远。至少喷盐雾16 h以上,最后检查每个收集器每小时收集溶液(1.0~2.0)mL。

A.5.2 将干燥试样放入箱体中,垫无腐蚀性支撑,如玻璃、塑料等。每个试样均分离,仅处于盐雾条件下,避免直喷或滴落区域。

A.5.3 在盐雾条件下放置4 h±15 min,关闭盐雾喷射系统,使试样在箱体内干燥8 h±15 min,为一个循环。循环期间,箱体内的温度保持在(35±5)℃。

A.5.4 测试需要进行60个循环,除非通过肉眼观察到至少有2个样品开裂或彻底碎裂,才可提前结束循环。

A.5.5 每隔15个循环,从箱体中取出试样肉眼观察。

A.5.6 试验结束后,轻轻地将试样取出,放入清水中去除沉积物,容器中水的体积应为试样总体积的2~3倍。清洗为缓慢过程,每天应更换新水,直到试样表面盐分彻底去除。当与试样接触的水的电导率不超过原始值的两倍时,作为彻底去除。

A.5.7 试样在(70±5)℃条件下烘干至恒重,冷却到室温后称重(M_n),并检查外观。

A.6 试验结果

结果是以质量损失和试样外观现象描述表示,是否存在开裂和其他有关退化现象。记号笔标记的变化可帮助检查此项目。

每个试样的质量损失百分数按公式(A.1)计算:

$$\Delta M = \frac{M_0 M_n}{M_0} \times 100 \qquad (A.1)$$

式中:

M_0——干燥样品的质量,单位为克(g);

M_n——n 次循环后干燥样品的质量,单位为克（g）；
ΔM——质量损失百分比,%。
以每个试样结果的算术平均值作为试验结果。

异型人造石制品 JC/T 2325—2015

1 范围

本标准规定了异型人造石制品的术语和定义，分类与标记，规则形体基本拼接块数，技术要求，试验方法，检验规则以及标志、包装、运输和贮存。

本标准适用于以异型人造石石英石（下称异型石英石，包括无机石英石）、异型人造石岗石（下称异型岗石，包括无机岗石）和异型人造石实体面材（下称异型实体面材）加工而成的建筑装饰用规则形体和非规则形体的异型人造石制品。

2 规范性引用文件

下列文件对于本文件的应用是必不可少的。凡是注日期的引用文件，仅注日期的版本适用于本文件。凡是不注日期的引用文件，其最新版本（包括所有的修改单）适用于本文件。

GB 191　包装储运图示标志

GB/T 2567　树脂浇铸体性能试验方法

GB/T 3810.4　陶瓷砖试验方法　第4部分：断裂模数和破坏强度的测定

GB/T 3854　增强塑料巴柯尔硬度试验方法

GB 6566　建筑材料放射性核素限量

GB/T 9966.1　天然饰面石材试验方法干燥、水饱和、冻融循环后压缩强度试验方法

GB/T 9966.3　天然饰面石材试验方法体积密度、真密度、真气孔率、吸水率试验方法

JC/T 908—2013　人造石

3 术语和定义

JC/T 908—2013界定的以及下列术语和定义适用于本文件。

3.1

人造石　artificial stone

以不饱和聚酯树脂（或热塑性高分子聚合物）、水硬性水泥或两者混合物为粘结剂，以天然石材和/或回收的废弃石材碎料（和/或粉体）、和/或天然石英石（砂、粉）、和/或氢氧化铝粉、和/或诸如碎陶瓷、碎玻璃、碎镜子等不同种类的添加物为主要骨料，经粘合搅拌混合、真空加压、振动成型、凝结固化等工序加工而成的石材，包括人造石实体面材、人造石石英石和人造石岗石等产品。该制造过程不可逆转。

[JC/T 908—2013，定义3.1]

3.1.1

人造石石英石（简称石英石，下称石英石）artificial stone-agglomeration quartz

以天然石英石（砂、粉）、硅砂、尾矿渣等无机材料（其主要成分为二氧化硅）为主要原材料，以高分子聚合物或水泥或两者混合物为粘合材料制成的人造石，简称石英石或人造石英石，俗称石英微晶合成装饰板或人造硅晶石。

[JC/T 908—2013，定义3.3]

3.1.2

人造石岗石（简称岗石或人造大理石，下称岗石） artificial stone-agglomeration marble

以大理石、石灰石等的碎料、粉料为主要原材料，以高分子聚合物或水泥或两者混合物为粘合材料制成的人造石，简称岗石或人造大理石。

[JC/T 908—2013，定义3.4]

3.1.3

人造石实体面材（简称实体面材，下称实体面材） artificial stone-solid surface materials

人造石实体面材，学名为矿物填充型高分子复合材料，它是以甲基丙烯酸甲酯（MMA；俗称压克力）或不饱和聚酯树脂（UPR）为基体，主要由氢氧化铝为填料，加入颜料及其他辅助剂，经浇铸成型或真空模塑或模压成型的人造石，简称实体面材。

[JC/T 908—2013，定义3.2]

3.2

规则形体 regular shape

3.2.1

曲面板 arc slab

具有一定曲率半径、一定厚度，且拼接后可组成柱体或其一部分的几何形体。外形见图1。

3.2.2

花线 decorative line

一边为曲率半径一定的单弧或多弧线、其他边为直线组成的几何截面，沿轴线或曲率半径一定的弧线延伸而成的装饰用板条。外形见图2。

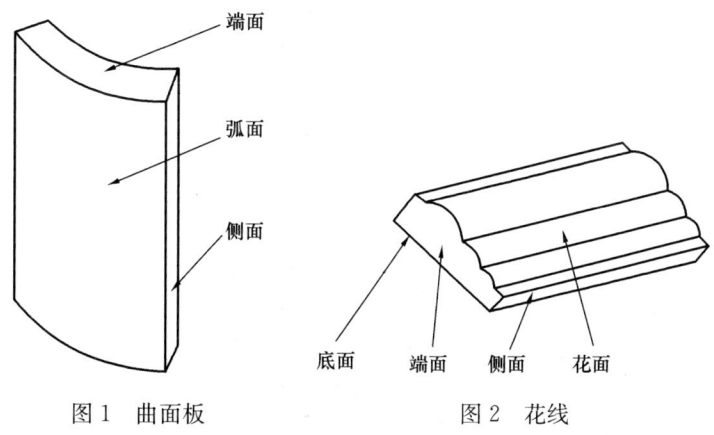

图1 曲面板　　　　图2 花线

3.2.3

柱体 cylinder

圆截面图形沿直线轨迹形成的几何形体。

3.2.4

球体 globe

半圆以其直径为旋转轴，旋转所围成的几何形体，球心到球面上任意一点的距离都相等。

3.3

非规则形体 irregular shape

3.3.1
组合非规则形体　combination irregular shape

由曲面板、花线、柱体和球体的两个及以上规则形体组合而成的非规则形体。

3.3.2
其他非规则形体　other irregular shape

除规则形体及组合非规则形体以外的几何形体,又称不规则异型体或造型体。

4 分类与标记

4.1 分类

4.1.1 材料分类

按材料类型划分为以下种类,见表1。

表1　按材料类型分类

材料类型	代号
石英石	ASAQ
岗石	ASAM
实体面材	ASSM

4.1.2 几何形状分类

按几何形状划分为以下种类,见表2。

表2　按几何形状分类

形状类型	代号	分类	代号
规则形体	RS	曲面板	AS
		花线	DL
		柱体	CY
		球体	GL
非规则形体	IS	组合形体	CIS
		其他非规则形体	OIS

4.1.2.1 曲面板

按装饰面种类、壁厚尺寸、母线及导线将曲面板划分为以下种类,见表3。

表3　曲面板分类

分类		代号
按装饰面种类	外曲面板	Ou
	内曲面板	In
按壁厚尺寸	等壁厚曲面板	Eq
	变壁厚曲面板	Va
按母线及导线	单曲面板	Si
	多曲面板	Mu

4.1.2.2 花线

按截面延伸轨迹将花线划分为以下种类,见表4。

表4 花线分类

分类		代号
截面延伸轨迹	直位花线	St
	弯位花线	Be

4.1.2.3 柱体

按内部结构、几何形状和拼接形式将柱体划分为以下种类,见表5。

表5 柱体分类

分类		代号
内部结构	实心柱体	S
	空心柱体	H
几何形状	普形柱体	O
	雕刻柱体	C
拼接形式	整体柱体	W
	拼接柱体	M

4.1.2.4 球体

按内部结构、几何形状和拼接形式将球体划分为以下种类,见表6。

表6 球体分类

分类		代号
内部结构	实心球体	So
	空心球体	Ho
几何形状	普形球体	Or
	雕刻球体	Ca
拼接形式	整体球体	Wh
	拼接球体	Mo

4.1.2.5 组合非规则形体和其他非规则形体

组合非规则形体和其他非规则形体分类由供需双方商定。

4.1.3 光泽度分类

异型石英石和异型岗石按光泽度分为:高光(Hi)、半哑光(Se)和哑光(Ma),具体参见附录A。

4.2 标记

4.2.1 曲面板

产品标记顺序表示方法规定如下:

示例1：用实体面材加工的正面圆弧半径为500 mm、正面弦长为707 mm、高度为840 mm的外等壁厚单曲面板标记为：

ASSM AS Ou Eq Si 500×707×840 JC/T 2325—2015

示例2：用岗石加工的正面圆弧半径为500 mm、正面弦长为707 mm、高度为840 mm的外等壁厚单曲面板标记为：

ASAM AS Ou Eq Si 500×707×840 JC/T 2325—2015

4.2.1.1 花线

产品标记顺序表示方法规定如下：

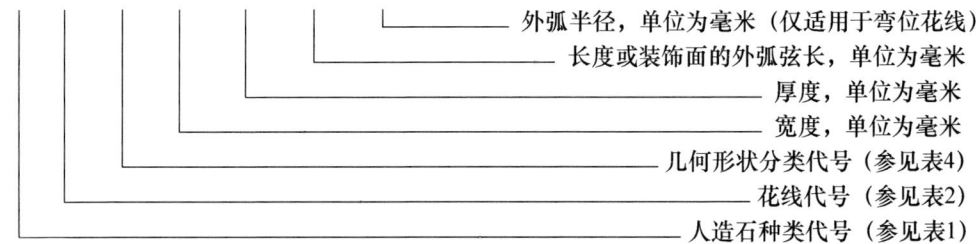

示例3：用岗石加工的宽度为150 mm、厚度为50 mm、长度为200 mm的直位花线标记为：

ASAM DL St 150×50×200 JC/T 2325—2015

示例4：用石英石加工的宽度为150 mm、厚度为50 mm、装饰面外弧弦长为200 mm、外弧半径为300 mm的弯位花线标记为：

ASAQ DL Be 150×50×200×300 JC/T 2325—2015

4.2.1.2 柱体

产品标记顺序表示方法规定如下：

示例5：用石英石加工的柱面圆弧直径为1 200 mm、高度为500 mm的实心普形整体柱体标记为：

    ASAQ CY S O W 1200×500 JC/T 2325—2015

示例6：用实体面材加工的柱面圆弧直径为1 200 mm、壁厚为200 mm、高度为500 mm的空心普形拼接柱体标记为：

    ASSM CY H O M 1200×200×500 JC/T 2325—2015

4.2.1.3 球体

产品标记顺序表示方法规定如下：

示例7：用实体面材加工的直径为1 200 mm的实心普形整体球体标记为：

    ASSM GL So Or Wh 1200 JC/T 2325—2015

示例8：用岗石加工的直径为1 200 mm、壁厚为100 mm的空心普形拼接球体标记为：

    ASAM GL Ho Or Mo 1200×100 JC/T 2325—2015

4.2.1.4 组合非规则形体和其他非规则形体

组合非规则形体和其他非规则形体标记顺序由供需双方商定。

5 拼接基本块数

规则形体沿圆周方向的拼接基本块数，见表1。非规则形体的基本拼接块数由供需双方商定。

表7 拼接基本块数

等效直径 mm	建议拼接块数 块
$\Phi \leqslant 600$	≤4
$600 < \Phi \leqslant 1\ 500$	≤6
$1\ 500 < \Phi \leqslant 2\ 500$	≤8
注：直径超过2 500 mm时由供需双方商定。	

6 技术要求

6.1 尺寸极限偏差

6.1.1 曲面板

6.1.1.1 曲面板外形尺寸的极限偏差应符合表2的规定，且标明壁厚及极限偏差范围。

表8 曲面板外形尺寸的极限偏差　　　　　　　　　　　单位为毫米

外形尺寸		极限偏差值
弦长	L≤500	±1
	500<L≤1 000	±2
	L>1 000	±3
壁厚		±1.8

6.1.1.2 两正面边线与端面的夹角应为90°，其极限偏差为±1°，见图3。

6.1.1.3 正面为外弧面时，接缝口切角 θ 应不大于90°；正面为内弧面时，接缝口切角 θ 应不小于90°，见图3。

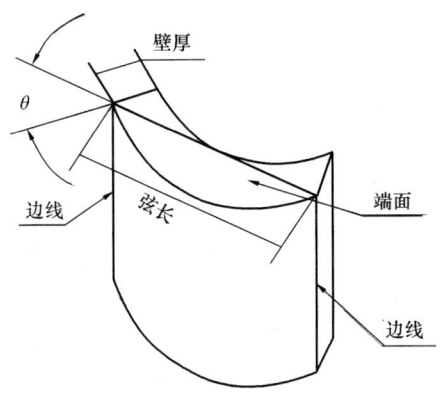

图3　曲面板的弦长、高度、壁厚等

6.1.2　花线

6.1.2.1 直位花线规格尺寸极限偏差应符合表9的规定。

表9　直位花线规格尺寸极限偏差　　　　　　　　　　单位为毫米

外形尺寸		极限偏差值
宽度（高度）	H≤200	±1.0
	H>200	±1.5
厚度		±1.8

6.1.2.2 整批或同类拼接直位花线截面形状应一致，其吻合度应符合表10的规定。

表10　整批或同类拼接直位花线截面形状吻合度　　　　单位为毫米

项　目	极限偏差值
吻合度	≤1.5

6.1.2.3 装饰面与两端面角度极限偏差和弯位花线尺寸极限偏差由供需双方商定。

6.1.3　柱体

6.1.3.1 普形柱体直径和高度极限偏差应符合表11的规定。

表 11 普形柱体直径和高度极限偏差　　　　　　　　　　　　　单位为毫米

外形尺寸		极限偏差值
直径	Φ≤300	±1
	Φ>300	±2

6.1.3.2 其他形式柱体尺寸极限偏差由供需双方商定。

6.1.4 球体

6.1.4.1 普形球体直径的极限偏差应符合表12的规定。

表 12 普形球体直径极限偏差　　　　　　　　　　　　　　　单位为毫米

外形尺寸		极限偏差值
直径	Φ≤300	±1
	Φ>300	±2

6.1.4.2 其他形式球体各直径的极限偏差由供需双方商定。

6.1.5 组合非规则形体和其他非规则形体

组合非规则形体和其他非规则形体的尺寸极限偏差由供需双方商定。

6.2 形状公差

6.2.1 曲面板

6.2.1.1 曲面板正面素线（含边线）的直线度为1.5 mm。

6.2.1.2 曲面板正面的线轮廓度为1.5 mm。

6.2.2 花线

6.2.2.1 直位花线线条应平直，无弯曲现象，其直线度和线轮廓度公差应符合表13的规定。

表 13 直位花线直线度和线轮廓度公差　　　　　　　　　　　单位为毫米

项　目	公差值
每米直线度	1.5
线轮廓度	2.0

6.2.2.2 弯位花线形状公差由供需双方商定。

6.2.3 柱体

6.2.3.1 普形柱体加工面素线直线度公差为2.0 mm。

6.2.3.2 普形柱体的上下两端面如与柱头、柱座等对接安装，则其外缘平面度公差为1.5 mm。

6.2.3.3 普形柱体的上下两端面与圆柱面的垂直度公差为1.5 mm。

6.2.3.4 其他形式柱体形状公差由供需双方商定。

6.2.4 球体

6.2.4.1 整体球体

整体球体的圆度公差应符合表14的规定。

表14 球体圆度公差　　　　　　　　　　　　　　　　　　　　　　　　　　　　　单位为毫米

外形尺寸		公差值
圆度	Φ≤300	1
	300<Φ≤1 000	2
	Φ>1 000	3

6.2.4.2 拼接球体

拼接球体的圆度公差由供需双方商定。

6.2.5 组合非规则形体和其他非规则形体

组合非规则形体和其他非规则形体的形状公差由供需双方商定。

6.3 外观质量

6.3.1 一般要求

色调应一致，过渡自然。根据安装位置，相邻同材料的颜色、纹路应基本协调、触感柔顺、曲线顺滑。允许粘接和修补，但不应影响产品的装饰质量和物理力学性能。

6.3.2 异型石英石

异型石英石规则形体的外观质量应符合表15的规定，非规则形体的外观质量可参照执行。

表15 异型石英石规则形体的外观质量

名称	规定内容	技术指标
缺棱	长度不超过10 mm，宽度不超过1.2 mm（长度≤5 mm，宽度≤1 mm不计），周边每米长允许个数	≤2个（总数或分数）
缺角	面积不超过5 mm×2 mm（面积小于2 mm×2 mm不计），每块板允许个数	
气孔	直径不大于1.5 mm（小于0.3 mm的不计），板材正面每平方米允许个数	
裂纹	板材正面不允许出现，但不包括填料中石粒（块）自身带来的裂纹和仿天然石裂纹；底面裂纹不能影响板材力学性能	

6.3.3 异型岗石

异型岗石规则形体的外观质量应符合表16的规定，非规则形体的外观质量可参照执行。

表16 异型岗石组合形体的外观质量

名称	规定内容	技术指标
缺棱	长度不超过10 mm，宽度不超过2 mm（长度≤5 mm，宽度≤1 mm不计），周边每米长允许个数	≤1个
缺角	面积不超过5 mm×2 mm（面积小于2 mm×2 mm不计），每块板允许个数	≤2个
气孔	最大直径不大于1.5 mm（小于0.3 mm的不计），板材正面每平方米允许个数	≤1个
裂纹	不允许出现，但不包括填料中石粒（块）自身带来的裂纹和仿天然石裂纹	

6.3.4 异型实体面材

异型实体面材规则形体的外观质量应符合表17的规定，非规则形体的外观质量可参照执行。

表17 异型实体面材规则形体的外观质量

项 目	要 求
色泽	色泽均匀一致，不允许有明显色差
板边	板材四边平整，表面不允许有缺棱掉角现象
花纹图案[a]	图案清晰、花纹明显；对花纹图案有特殊要求的，由供需双方商定
表面	光滑平整、无波纹、方料痕、刮痕、裂纹，不允许有气泡及大于0.5 mm的杂质
拼接[b]	拼接不允许有可察觉的接驳痕
[a] 仅适用于有花纹图案的产品。	
[b] 仅适用于有拼接的产品。	

6.4 物理力学性能

异型人造石制品物理力学性能应符合表18的规定。

表18 异型人造石制品物理力学性能

项 目		石英石	岗石	实体面材
体积密度/（g/cm³）		≥2.3	≥2.2	≥1.7
吸水率/%		<0.1	<0.35	—
干燥压缩强度/MPa		≥150	≥80	—
弯曲强度/MPa		≥35	≥15	≥40
硬度	莫氏硬度	≥5	≥3	—
	巴柯尔硬度	—	—	PMMA类≥63 UPR类≥58

6.5 放射性

石英石和岗石类异型制品放射性为A类。

7 试验方法

7.1 尺寸极限偏差

7.1.1 曲面板

曲面板弦长尺寸偏差用精度为1 mm的软尺或能够满足精度要求的量具进行测量。

曲面板壁厚尺寸偏差用精度为0.02 mm的游标卡尺或能够满足精度要求的量具测量。

两正面边线与端面夹角（见图3）偏差用2级精度400 mm×630 mm的90°钢角尺配合角度测量仪测量。

7.1.2 花线

花线的宽度、厚度用精度为0.02 mm的游标卡尺或能够满足精度要求的量具进行测量，宽度和厚度应分别测量两端端面。见图4。

吻合度测量：将同类拼接花线置于平台上，拼接后用钢平尺或塞尺测量。

7.1.3 柱体

柱体用精度为1 mm的软尺或能够满足精度要求的量具进行测量直径。

7.1.4 球体

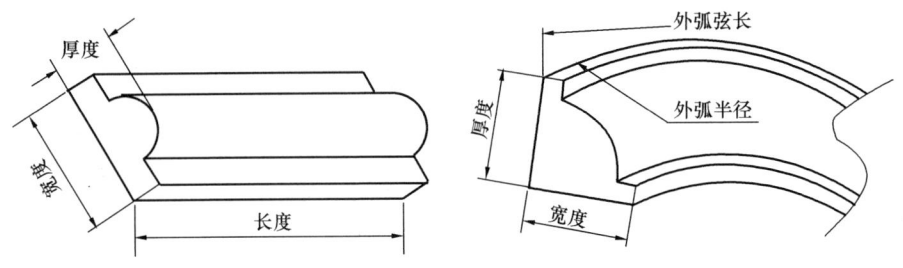

图 4 花线的长度、宽度、厚度

球体用精度为 1 mm 的软尺或能够满足精度要求的量具进行测量直径。

7.1.5 组合非规则形体和其他非规则形体

组合非规则形体和其他非规则形体的外形尺寸偏差可参见 7.1.1～7.1.4。

7.2 形状公差

7.2.1 曲面板

曲面板正面素线（含边线）直线度的测量：用直线度公差不大于 0.1 mm、长 1 000 mm 的钢平尺配合塞尺测量。

曲面板正面的线轮廓度测量：用与曲面板曲率相同的弦长为 500 mm、精度不低于 IT13 级的内弧或外弧样板配合塞尺测量，以最大值作为线轮廓度偏差。

7.2.2 花线

直位花线直线度的测量：用直线度公差不大于 0.1 mm、长 1 000 mm 的钢平尺紧贴被检花线的两边缘和造型面中间线，钢平尺放置平行于两长边，用塞尺测量尺面与花线间光面的间隙，以最大值作为直线度偏差，见图 5。

线轮廓度用与花线曲率相同的精度不低于 IT13 级的样板配合塞尺测量，以最大值作为线轮廓度偏差。

7.2.3 柱体

柱体抛光面素线直线度公差和柱体上下端面外缘平面度公差用钢平尺配合塞尺测量。

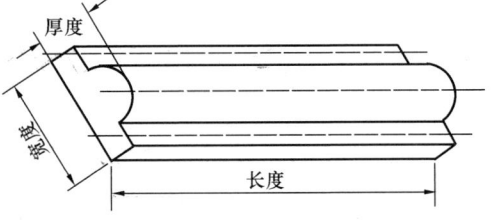

图 5 直位花线直线度

柱体的上下两端面与圆柱面的垂直度公差用 2 级精度 400 mm×630 mm 的 90°钢角尺配合塞尺测量。将钢角尺短边紧靠柱体的端面，用塞尺测量钢角尺长边与圆柱面之间的最大间隙。

7.2.4 球体

球体的圆度偏差采用 7.1.4 的方法测量周长并计算直径，进行对比。

7.2.5 组合非规则形体和其他非规则形体

组合非规则形体和其他非规则形体的形状公差测量方法可参见 7.2.1～7.2.4。

7.3 外观质量

7.3.1 曲面板

曲面板按 JC/T 908—2013 的规定进行测试。

7.3.2 花线

7.3.2.1 颜色花纹和纹路

7.3.2.1.1 单件花线

将选定的协议板与被检花线同时平放于地面上，距1.0 m处目测

7.3.2.1.2 拼接花线

将整套花线按序号拼成一体，距拼接台2.0 m处目测。

7.3.2.2 外观缺陷

7.3.2.2.1 实体面材和岗石类花线

将花线平置地面上，距花线2.0 m处明显可见的缺陷视为有缺陷，距花线2.0 m处不明显的视为无缺陷。

7.3.2.2.2 石英石类花线

将平尺紧靠有缺陷部位，用精度为0.1 mm的钢直尺测量缺陷的长度、宽度。

7.3.3 柱体

按JC/T 908—2013的规定。

7.3.4 球体

按JC/T 908—2013的规定。

7.3.5 组合非规则形体和其他非规则形体

外观质量由供需双方商定。

7.4 物理力学性能

7.4.1 体积密度

按GB/T 9966.3的规定。

7.4.2 吸水率

异型石英石制品和异型岗石制品吸水率按JC/T 908—2013的规定。

7.4.3 压缩强度

异型石英石制品和异型岗石制品干燥压缩强度按GB/T 9966.1的规定。当不能满足取样要求时，选取平行试样进行检测。

7.4.4 弯曲强度

异型实体面材制品弯曲强度按GB/T 2567的规定进行；异型石英石制品和异型岗石制品弯曲强度按GB/T 3810.4的规定。当不能满足取样要求时，选取平行试样进行检测。

7.4.5 硬度

7.4.5.1 莫氏硬度

异型石英石制品和异型岗石制品按JC/T 908—2013的规定。

7.4.5.2 巴柯尔硬度

异型实体面材制品按GB/T 3854的规定。

7.5 放射性

异型石英石制品和异型岗石制品按GB 6566的规定。

8 检验规则

8.1 检验分类

检验分为出厂检验和型式检验。

8.2 出厂检验

8.2.1 检验项目

检验项目为尺寸极限偏差、形状公差、外观质量和硬度；若为拼接后的异型产品，检验项目为拼接后产品的尺寸极限偏差、形状公差、外观质量和硬度；所有检验项目均为全数检验。

8.2.2 组批规则

以同一规格、同一品种的所有产品为一检验批；若为拼接产品，则以构成最终异型产品的同一规格为一检验批。

8.2.3 判定规则

单件产品的所有检验结果均符合本标准的要求时，判为合格品，否则为不合格品。

8.3 型式检验

8.3.1 检验项目

检验项目为技术要求中的全部要求。

8.3.2 检验条件

有下列情况之一时，应进行型式检验：

a) 新产品试制定型鉴定；
b) 正式生产后，如结构、材料、配方、工艺发生重大变化；
c) 正常生产，每年进行一次型式检验；
d) 出厂检验结果与上次型式检验结果有较大差异时。

8.3.3 组批与抽样

尺寸极限偏差、形状公差、外观质量项目、体积密度、吸水率、压缩强度、弯曲强度、硬度、光泽度等物理性能和放射性的组批与抽样为抽取一件产品。当产品不能满足取样要求时，选取平行试样。

8.3.4 判定规则

当所有项目全部合格时，判定为合格；有一项不符合本标准要求，判定为不合格。当外观质量不合格时，允许修补。

9 标志、包装、运输和贮存

9.1 标志

出厂产品应注明标记、商标、生产厂名、出厂日期或编号。

包装箱上应有"向上"、"怕湿"、"小心轻放"、"易碎物品"等安全警示标志，以及总件数、总重量、箱号等，并应符合 GB 191 的规定。

9.2 包装

应按品种、规格、编号分类放置包装，并附产品合格证、说明书、拼接安装示意图。

包装时应采取防震、减震措施，曲面板不应在包装箱内窜动。

9.3 运输

产品在运输中应防湿，严禁滚摔、碰撞。

9.4 贮存

产品宜在室内贮存，室外贮存时应有遮盖防潮措施。

产品应按品种、规格、或编号分别放置。码放时,应将正面加以保护,地面应平整、垛高适宜,确保安全。

附 录 A
(资料性附录)
光泽度的分类

A.1 范围

本附录适用于异型石英石和异型岗石的光泽度范围。

A.2 分类

根据石英石和岗石的生产加工情况,光泽度具体分为高光、半哑光和哑光。

A.3 要求

异型石英石和异型岗石光泽度要求见表 A.1。

表 A.1 异型石英石和异型岗石光泽度要求

光泽度	异型石英石	异型岗石
高光	＞70	＞70
半哑光	40～70	40～70
哑光	≤40	≤40

A.4 方法

异型石英石制品和异型岗石制品光泽度按 JC/T 908—2013 的规定。当不能满足取样要求时,选取平行试样进行检测。

石材复合板工艺技术规范 JC/T 2385—2016

1 范围

本规范规定了石材复合板工艺的术语和定义、生产、安装、验收的主要技术要求。

本规范适用于石材复合板产品的加工、安装、验收、养护过程。

2 规范性引用文件

下列文件对于本文件的应用是必不可少的。凡是注日期的引用文件，仅注日期的版本适用于本文件。凡是不注日期的引用文件，其最新版本（包括所有的修改单）适用于本文件。

GB/T 2794　胶粘剂黏度的测定　单圆筒旋转黏度计法

GB/T 24264　饰面石材用胶粘剂

GB/T 29059　超薄石材复合板

JCG/T 60001—2007　天然石材装饰工程技术规程

3 术语和定义

GB/T 29059 界定的以及下列术语和定义适用于本文件。

3.1

复合面　bonding-surface

面材与基材通过胶粘剂粘结的表面。

3.2

挂贴　hanging-installation

在湿贴过程中用金属挂件将复合板与结构体加固的一种安装方法。

4 生产要求

4.1 选材

4.1.1 面材

4.1.1.1 选择符合相应产品标准的石材品种。

4.1.1.2 所选面材的规格尺寸应满足加工要求。

4.1.1.3 如有特殊要求由供需双方协商确定。

4.1.2 基材

4.1.2.1 选择瓷质砖、石材、玻璃、蜂窝板等材质的基材，其物理性能应符合相应的产品标准技术要求。

4.1.2.2 所选基材规格尺寸应满足加工要求。

4.1.2.3 如有特殊要求由供需双方协商确定。

4.1.3 胶粘剂

4.1.3.1 选择符合 GB 24264 中复合用胶粘剂要求的产品。

4.1.3.2 胶粘剂产品的黏度按 GB/T 2794 规定的方法测定，应满足 15.0 Pa·s～20.0 Pa·s。

4.1.3.3 如有特殊要求由供需双方协商确定。

4.2 预处理

4.2.1 面材

4.2.1.1 将面材加工成符合工艺要求的尺寸。

4.2.1.2 应对易碎石材品种面材进行粘结保护。

4.2.1.3 应对复合面进行平整、定厚和粗糙面处理，特殊要求时可不进行粗糙面处理。

4.2.1.4 粗糙面处理后的复合面应清洁并进行干燥处理。

4.2.2 基材

4.2.2.1 将基材加工成符合工艺要求的尺寸。

4.2.2.2 应对复合面进行平整、定厚和粗糙面处理，特殊要求时可不进行粗糙面处理。

4.2.2.3 粗糙面处理后的复合面应清洁并进行干燥处理。

4.2.3 胶粘剂

4.2.3.1 胶粘剂按照产品说明书要求进行配比混合。

4.2.3.2 如需添加石粉、调色剂等填充料时，应将按比例分别加入胶粘剂的各组分搅拌均匀后再混合。

4.3 复合

4.3.1 在复合面上均匀涂覆胶粘剂，将面材与基材粘结，形成复合体。

4.3.2 将复合体进行逐级施压，并保持恒压固化。

4.3.3 多层复合体之间应使用缓冲垫。

4.3.4 需要时可进行升温固化。

4.4 加工

4.4.1 加工流程示意图如图1所示。

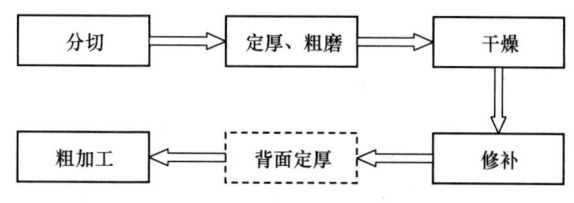

图1 加工流程示意图

4.4.2 按图2切割固化后的复合体。

4.4.3 对复合体面材表面进行定厚及粗磨。

4.4.4 进行干燥处理，待板面水分完全蒸发后用碎石和胶粘剂等修补面材表面的孔洞、裂纹、棱角等缺陷。

4.4.5 待修补胶粘剂完全固化后，如复合体发生变形应先进行背面定厚。

4.4.6 复合体面材表面进行研磨、抛光、裁切、倒角等精加工，加工质量应符合 GB/T 29059 要求，如有特殊要求由供需双方协商确定。

4.4.7 石材复合板质量及包装符合 GB/T 29059 要求。

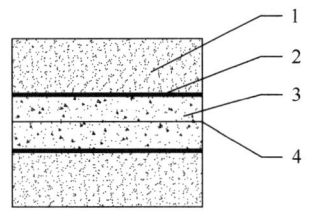

说明:
1——复合板基材; 3——复合板面材;
2——复合胶; 4——分切线。

图 2 分切示意图

5 安装要求

5.1 湿贴

5.1.1 湿贴适用于石材、瓷砖基材石材复合板地面装饰,以及安装高度小于 3 m 且石材复合板边长不大于 600 mm 时的墙面装饰。

5.1.2 铺贴前应对石材复合板进行防护处理。

5.1.3 过程符合 JCG/T 60001—2007 中 7.2 的要求。

5.2 干挂

5.2.1 干挂适用于铝蜂窝、陶瓷、石材、玻璃基材石材复合板墙面装饰。

5.2.2 干挂工艺示意图见图 3,符合 JCG/T 60001—2007 中 7.3 的要求。

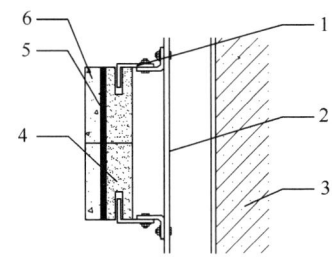

说明:
1——挂件; 4——复合板基材;
2——龙骨; 5——复合胶;
3——墙体; 6——复合板面材。

图 3 干挂示意图

5.3 挂贴

5.3.1 挂贴适用于边长大于 600 mm 的石材、瓷砖基材石材复合板墙面装饰,或装饰高度 3 m 以上、10 m(含)以下的无龙骨墙面装饰。

5.3.2 挂贴工艺示意图见图 4,石材复合板基材背面点涂与面积成正比的胶粘剂,粘贴到墙面后用水泥钉将预埋挂件与墙体连接,水泥钉外露长度应以不影响下一片石材复合板安装为宜。

5.3.3 其他要求符合 JCG/T 60001—2007 中 7.3 的要求。

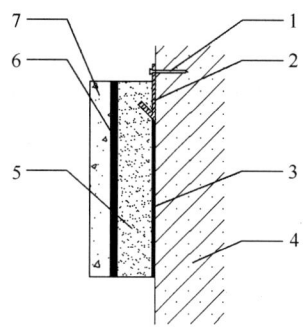

说明：
1——水泥钉；5——复合板基材；
2——挂件；6——复合胶；
3——专用胶粘剂；7——复合板面材。
4——墙体；

图 4 挂贴示意图

5.4 地面铺贴后处理

5.4.1 清洁板面。

5.4.2 垫层以及地面彻底干燥后，勾缝处理。

5.4.3 勾缝剂固化后，用研磨设备对石材复合板表面进行整体研磨。

5.4.4 整体研磨后需对石材复合板表面进行缺陷修补，并对板面进行清洁，至少固化 24 h，石材复合板表面彻底干燥后将防护剂均匀喷涂在表面上。

5.4.5 至少保持 24 h 干燥养护。如需进行二次喷涂，可以按产品说明进行。

5.4.6 其他要求按 JCG/T 60001—2007 中 7.2.2.8 的要求执行。

5.5 再结晶硬化处理

5.5.1 再结晶硬化处理流程图见图 5。

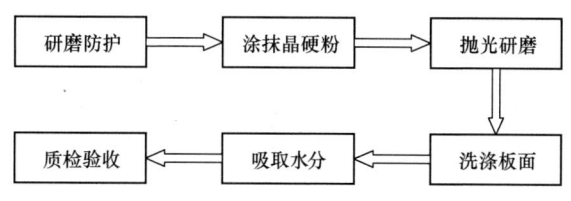

图 5 再结晶硬化处理流程图

5.5.2 其他要求按 JCG/T 60001—2007 中条文说明 9.3 要求执行。

6 验收要求

验收操作和验收要求按 JCG/T 60001—2007 中第 8 章的要求执行。

天然石材墙地砖 JC/T 2386—2016

1 范围

本标准规定了天然石材墙地砖的术语和定义、分类、规格、等级和标记、一般要求、技术要求、试验方法、检验规则以及标志、包装、运输和贮存。

本标准适用于室内墙地面湿贴用的规格天然石材板材。

2 规范性引用文件

下列文件对于本文件的应用是必不可少的。凡是注日期的引用文件，仅注日期的版本适用于本文件。凡是不注日期的引用文件，其最新版本（包括所有的修改单）适用于本文件。

GB/T 13890 天然石材术语

GB/T 17670 天然石材统一编号

GB/T 18600 天然板石

GB/T 18601—2009 天然花岗石建筑板材

GB/T 19766—2005 天然大理石建筑板材

GB/T 23452 天然砂岩建筑板材

GB/T 23453 天然石灰石建筑板材

GB/T 29059—2012 超薄石材复合板

JC/T 1050 地面石材防滑性能等级划分及试验方法

3 术语和定义

GB/T 13890界定的以及下列术语和定义适用于本文件。

3.1

石材墙地砖 stone tile for wall and floor

使用在室内采用湿贴施工的规格天然石材板材，长宽尺寸一般不大于600 mm×300 mm，且不小于100 mm×50 mm，厚度不大于12 mm。

3.2

光面砖 polished tile

表面经磨抛处理具有光泽的石材墙地砖，例如石材磨光板加工成的墙地砖。

3.3

粗面砖 rough tile

表面呈凹凸面或材质自然面的石材墙地砖，例如经水洗、喷砂、仿古、劈裂等表面加工工艺制成的墙地砖。

4 分类、规格、等级和标记

4.1 分类

4.1.1 按照产品表面加工分为光面砖（代号J）和粗面砖（代号C）。

4.1.2 按照产品用途分为墙砖（代号W）和地砖（代号F）。

4.1.3 按照石材材质种类分为花岗石砖（代号G）、大理石砖（代号M）、石灰石砖（代号L）、砂岩砖（代号Q）和板石砖（代号S）。

4.2 规格

天然石材墙地砖通用规格尺寸见表1，特殊要求由供需双方商定。

表1 天然石材墙地砖规格尺寸　　　　　　　　　　　　　　单位为毫米

墙砖系列（长×宽×厚）	地砖系列（长×宽×厚）
100×50×8	
100×100×8	
150×50×8	
150×100×8	100×100×10
150×150×8	200×200×10
200×100×10	300×300×10
200×200×10	400×200×12
300×100×10	400×400×12
300×150×10	450×300×12
300×200×10	600×300×12
300×300×10	
450×300×12	
600×300×12	

4.3 等级

按照尺寸偏差、外观质量分为A级和B级两个等级。

4.4 标记

4.4.1 石材品种名称：采用GB/T 17670规定的名称或编号。

4.4.2 标记顺序为：品种名称、产品用途、规格、分类、等级、标准编号。

示例：用云南米黄（M5326）大理石加工成的300 mm×300 mm×10 mm光面、A级墙砖标记示例如下：

云南米黄大理石（M5326）W300×300×10 JA JC/T 2386—2016

5 一般要求

5.1 石材墙地砖材质的体积密度、吸水率、压缩强度、弯曲强度应根据石材种类分别符合GB/T 18601、GB/T 19766、GB/T 23453、GB/T 23452、GB/T 18600的要求，特殊要求由供需双方协商确定。

5.2 石材墙地砖应按照用途进行表面防护处理。

6 技术要求

6.1 尺寸偏差

6.1.1 光面砖的尺寸偏差应符合表2的规定，特殊要求由供需双方协商确定。

表 2 光面砖尺寸偏差技术要求   单位为毫米

项 目	技术要求	
	A	B
长度、宽度偏差	±0.5	+0.5 −1.0
厚度偏差	±0.5	±1.0
平面度公差	0.3	0.5
对角线差	±0.7	±1.0

6.1.2 粗面砖的尺寸偏差应符合表3的规定，特殊要求由供需双方协商确定。

表 3 粗面砖尺寸偏差技术要求   单位为毫米

项 目	技术要求	
	A	B
长度、宽度偏差	±0.5	+0.5 −1.0
厚度偏差	±1.0	±1.5
对角线差	±0.7	±1.0

6.1.3 表面棱宜进行倒角处理，倒角一般不超过1.0 mm，特殊要求由供需双方协商确定。

6.2 外观质量

6.2.1 同一批石材墙地砖应无明显色差，花纹色调应基本调和。

6.2.2 外观缺陷应符合表4的要求。

6.2.3 石材墙地砖允许粘结和修补，粘结和修补后应不影响外观，不降低耐老化和耐冲击性能。

表 4 外观缺陷技术要求

缺陷名称	规定内容	技术要求	
		A	B
裂纹	长度不超过两端顺延至边总长度的1/10（长度小于10 mm的不计），每块允许条数（条）	0	1
缺棱	长度不大于4.0 mm，宽度不大于1.0mm（长度小于1.0 mm，宽度小于1.0 mm的不计），每块允许个数（个）	1	2
缺角	沿边长，长度不大于3.0 mm，宽度不大于3.0 mm（长度小于1 mm，宽度小于1 mm的不计），每块允许个数（个）	0	1
色斑	任何明显有别于周边花纹和色调的斑状、条纹状、条带状痕迹，每块砖允许个数（个）	0	0
砂眼	直径小于1.0 mm	无	不明显

6.3 耐老化性能

石材墙地砖的激冷激热加速老化强度试验后表面应无明显变化，质量损失率不大于1.0%。

6.4 耐冲击性能

石材墙地砖的耐断裂能量应不小于2.0J。

6.5 防滑性能

地砖表面防滑系数应不小于0.5。

6.6 耐磨性能

地砖的耐磨性应符合表5的规定。

表5 石材地砖耐磨性能技术要求

项 目	技术指标				
岩相分析（种类划分）	花岗石砖	大理石砖	石灰石砖	砂岩砖	板石砖
耐磨性（1/cm³）	≥25	≥10	≥10	≥8	≥8

7 试验方法

7.1 尺寸偏差

7.1.1 用测量精度不低于0.1mm的游标卡尺或能满足精度要求的量器具测量石材墙地砖的长度、宽度和厚度。长度、宽度分别在石材墙地砖的三个部位测量（见图1），厚度测量4条边的中点部位（见图2）。分别用测量值与标称值之间偏差的最大值和最小值表示长度、宽度、厚度的尺寸偏差，测量值精确到0.1mm。

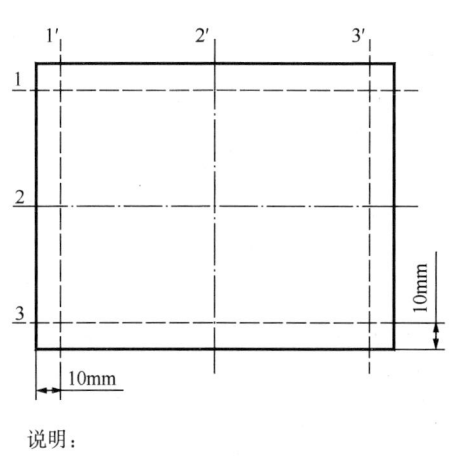

说明：
1,2,3——长度测量线；
1',2',3'——宽度测量线。

图1 石材墙地砖长宽测量示意图

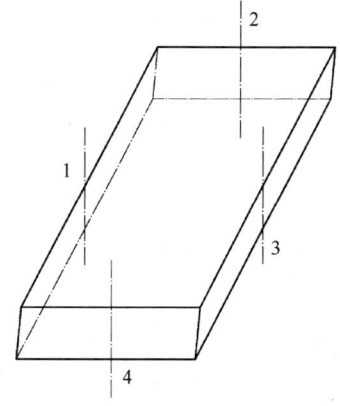

说明：
1,2,3,4——厚度测量线。

图2 石材墙地砖厚度测量示意图

7.1.2 将平面度公差为0.1mm的600mm或1000mm钢平尺分别自然贴放在距棱边10mm处和被检表面的两条对角线上，用塞尺测量尺面与板面的间隙。钢平尺长度应大于石材墙地砖对角线长度，以最大间隙的测量值表示测量表面的平面度公差，测量值精确到

0.1 mm。

7.1.3 用测量精度不低于 0.1 mm 的游标卡尺或能满足精度要求的量器具在石材墙地砖表面测量两条对角线长度,测量值精确到 0.1 mm,用差值的最大值表示对角线差。

7.1.4 用平面度公差为 0.1 mm 的钢平尺平靠在石材墙地砖的表面,用精度为 0.02 mm 的游标卡尺或能满足精度要求的量器具测量倒角距表面的距离,测量点应选择在中线和距边缘 10 mm 的三个位置,以最大测量值表示石材墙地砖的倒角,测量值精确到 0.1 mm。

7.2 外观质量

将石材墙地砖样品平放在光线充足的地方,距样品约 1.5 m 处目测色差和花纹色调。目测并用精度不低于 0.1 mm 的游标卡尺或能满足精度要求的量器具测量缺棱、缺角、裂纹、色斑、色线等缺陷。

7.3 耐老化性能

取规格尺寸为 200 mm × 200 mm × 实际厚度,偏差 ±2.0 mm 的试样 7 块,在 (105±5)℃ 鼓风干燥箱内烘干 (24±2)h,放干燥器内冷却至室温。选其中 1 个具有代表性的试样作为参比样品,放在干燥器中待用。测量其余 6 个试样的初始质量,测量精度不低于 10 mg,通过目测检查并记录所有的外观特征,如颜色、裂缝、孔洞等。

对 6 个干燥的试样进行如下周期性处理:在 (105±5)℃ 鼓风干燥箱中放置 (18±1)h,然后立即将其完全浸入到初始温度为 (20±5)℃ 的蒸馏水或去离子水中 (6±0.5)h,循环处理 20 次。

将试样在 (105±5)℃ 鼓风干燥箱内烘干 (24±2)h,放干燥器内冷却至室温。称取其试验后质量,测量精度不低于 10 mg,计算每个试样的质量变化,用百分数表示。取每组试样的算术平均值作为结果,精确到 0.1%。通过目测检验并与参比样品进行比较,记录所有的变化,如颜色的变化、污点的出现、溶涨、裂缝、剥层等。

7.4 耐冲击性能

取实际规格产品 5 块,按 GB/T 29059—2012 中 7.6.3 落球冲击强度的要求进行试验,起始高度为 0.2 m。耐断裂能量为试样破坏前最大高度(m)与重力加速度(9.806 m/s^2)的乘积,单位为焦耳(J)。结果取 5 块试样的算术平均值,精确到 0.1 J。

7.5 防滑性能

地砖表面防滑系数按 JC/T 1050 的要求进行。

7.6 耐磨性能

地砖的耐磨性按 GB/T 19766—2005 附录 A 的要求进行,石材的岩相分析按 GB/T 18601—2009 附录 A 的要求进行,石材种类划分根据岩相分析结果按 GB/T 13890 的规定进行。

8 检验规则

8.1 出厂检验

8.1.1 检验项目

尺寸偏差、外观质量。

8.1.2 组批

同一品种、类别、等级、同一供货批的石材墙地砖为一批。

8.1.3 抽样

根据表6抽取样本。

表6 抽样表　　　　　　　　　　　　　　　　　　　　　　　　　　单位为块

批量范围	样本数	合格判定数（A_c）	不合格判定数（R_e）
≤25	5	0	1
26～50	8	1	2
51～90	13	2	3
91～150	20	3	4
151～280	32	5	6
281～500	50	7	8
501～1 200	80	10	11
1 201～3 200	125	14	15
≥3 201	200	21	22

8.1.4 判定

单块石材墙地砖的所有检验结果均符合技术要求中相应等级时，则判定该块石材符合该等级。

根据样本检验结果，若样本中发现的等级不合格数小于或等于合格判定数（A_c），则判定该批符合该等级；若样本中发现的等级不合格数大于或等于不合格判定数（R_e），则判定该批不符合该等级。

8.2 型式检验

8.2.1 检验项目

第6章要求中的全部项目。

8.2.2 检验条件

有下列情况之一时，进行型式检验：

a）新建厂投产；
b）荒料、生产工艺有重大改变；
c）正常生产时，每一年进行一次。

8.2.3 组批

同一品种、类别、等级、同一供货批的石材墙地砖为一批。

8.2.4 抽样

尺寸偏差、外观质量的抽样同出厂检验。

其余项目的检验样品从检验批中随机抽取并制备双倍试验数量的试样。

8.2.5 判定

单块石材墙地砖的尺寸偏差、外观质量检验结果均符合技术要求中相应等级时，则判定该块石材墙地砖该项目合格，否则判为不合格。根据样本检验结果，若样本中发现的等级不合格数小于或等于合格判定数（A_c），则判定该批石材该项目合格；若样本中发现的等级不合格数大于或等于不合格判定数（R_e），则判定该批石材为不合格。

石材墙地砖的耐老化性能、耐冲击性能、防滑性能、耐磨性能的试验结果中，均符合第

6章相应要求时,则判定该批石材墙地砖该项目合格;有两项及以上不符合第6章相应要求时,则判定该批石材墙地砖为不合格;有一项不符合第6章相应要求时,利用备样对该项目进行复检,复检结果合格时,则判定该批石材墙地砖以上项目合格;否则判定该批石材墙地砖为不合格。

9 标志、包装、运输和贮存

9.1 标志

9.1.1 石材墙地砖外包装应注明:企业名称、商标、标记;应有"向上"和"小心轻放"的标志。

9.1.2 对安装顺序有要求的石材墙地砖,应在每块石材上标明安装序号。

9.2 包装

9.2.1 按石材墙地砖的品种、分类、等级等分别包装,并附产品合格证(包括产品名称、规格、等级、批号、检验员、出厂日期)。

9.2.2 石材墙地砖装饰面相对码放包装,石材间、层间应加垫。

9.2.3 具有追纹编号的石材墙地砖宜按使用部位整体包装。

9.2.4 包装应满足在正常条件下安全装卸、运输的要求。

9.3 运输

石材运输过程中应防碰撞、滚摔。

9.4 贮存

9.4.1 石材墙地砖室外贮存应加遮盖。

9.4.2 按石材墙地砖品种、分类、规格、等级或安装部位分别码放。

石材行业清洁生产技术规范 CSBZ 001—2013

1 范围

本规范规定了石材行业生产加工企业清洁生产的术语和定义、分类、技术要求和检验、计算及评价。

本规范适用于石材行业生产加工企业的清洁生产管理和审核、清洁生产潜力与机会的判断、清洁生产绩效评定和公告，也可作为环境影响评价和排污许可等环境管理的参考依据。

2 规范性引用文件

下列文件对于本文件的应用是必不可少的。凡是注日期的引用文件，仅所注日期的版本适用于本文件。凡是不注日期的引用文件，其最新版本（包括所有的修改单）适用于本文件。

GBZ/T 192.1—2007	工作场所空气中粉尘测定 第1部分：总粉尘浓度
GB/T 2589—2008	综合能耗计算通则
GB 3096	声环境质量标准
GB 12348	工业企业厂界环境噪声排放标准
GB/T 16157—1996	固定污染源排气中颗粒物测定与气态污染物采样方法
GB/T 18600	天然板石
GB/T 18601	天然花岗石建筑板材
GB/T 19766	天然大理石建筑板材
GB/T 23452	天然砂岩建筑板材
GB/T 23453	天然石灰石建筑板材
GB/T 23454	卫生间用天然石材台面板
GB/T 29059	超薄石材复合板
GB/T 24001	环境管理体系 要求及使用指南
JC 830.1—2005	干挂饰面石材及其金属挂件 第一部分：干挂饰面石材
JC/T 847.2、847.3—1999	异型装饰石材
JC/T 972	天然花岗石墓碑石
JC/T 2121	石材马赛克
JC/T 2114	广场路面用天然石材
JC/T 2192	石雕石刻品

3 术语和定义

下列术语和定义适用于本规范。

3.1 清洁生产 clean production

清洁生产指不断采取改进设计、使用清洁的能源和原料、采用先进的工艺技术与设备、改善管理、综合利用等措施，从源头削减污染，提高资源利用效率，减少或者避免生产、服务和产品使用过程中污染物的产生和排放，以减轻或者消除对人类健康和环境的危害。

3.2 综合电耗 integration electric wastage

综合电耗指在一年的统计期内，企业实际消耗的综合电能，用度（kW·h）统计。

3.3 综合能耗 integration energy wastage

综合能耗指在一年的统计期内，企业主要的生产系统、辅助生产系统和附属生产系统实际消耗的各种能源总和，经综合统计后折算成标准煤。

3.4 新鲜水用量 tap water capacity

新鲜水用量指石材加工企业每年在生产过程中所消耗的新鲜水量，用吨（t）统计。

3.5 石材年产量 annual output of stone product

石材生产加工企业在一年内生产的石材产品数量，用平方米（m^2）统计。建筑板材以实际生产量计算，异型和雕刻石材产品以所用荒料按每立方为 30 m^2 计算。

4 分级

清洁生产水平分为三级：

a) 一级：国际清洁生产先进水平；
b) 二级：国内清洁生产先进水平；
c) 三级：国内清洁生产基本水平。

5 要求

5.1 石材生产加工企业清洁生产应符合表1的要求。

表1 石材企业清洁生产指标要求

清洁生产水平	一级	二级	三级
一、生产工艺与装备			
应具备水循环利用系统、颗粒物收集系统、降噪设施			
二、资源能源利用指标			
1. 单位产品综合电耗/（kW·h/m^2） ≤	15	17	20
2. 单位产品综合能耗/（kgce/m^2） ≤	1.90	2.19	2.58
3. 单位产品新鲜水用量/（t/m^2） ≤	0.2	0.3	0.4
4. 生产废水回用率/% ≥	100	100	95
三、产品指标			
产品质量	应符合相应产品国家、行业标准或客户要求		
四、污染物产生指标			
1. 颗粒物浓度/（mg/m^3） ≤ （厂界无组织监控点）	0.5	0.8	1
2. 颗粒物浓度/（mg/m^3） ≤ （厂界有组织排放）	15	30	60
3. 颗粒物浓度/（mg/m^3） ≤ （生产车间内）	5	8	10

续表

清洁生产水平	一级	二级	三级
4. 厂界环境噪声/dB（A） ≤	1类声环境功能区：昼间55，夜间45 2类声环境功能区：昼间60，夜间50 3类声环境功能区：昼间65，夜间55		
五、废物回收和利用指标			
颗粒物、废弃料综合处置和利用率/% ≥	100	100	95
六、环境管理			
1. 环境法律法规	符合国家和地方有关环境法律、法规，污染物排放应达到国家和地方排放标准，总量减排和排污许可证管理要求		
2. 组织机构	建立健全专门环境管理机构和专职管理人员，开展环保和清洁生产有关工作，并负责对各种环保管理制度的落实和实施		
3. 环境审核	按照《清洁生产审核暂行办法》要求进行了审核；并按照GB/T 24001建立并运行环境管理体系并通过认证	按照《清洁生产审核暂行办法》要求进行了审核；并且按照GB/T 24001建立并运行环境管理体系，环境管理手册、程序文件及作业文件齐备，原始记录及统计数据齐全有效	
4. 生产过程环境管理	具有节能、降耗、减污的各项具体措施，生产过程有完善的管理制度		
5. 环境管理制度	环境管理制度健全，原始记录及统计数据齐全有效。对可能发生环境应急事故要有预案及措施		
6. 固体废物处理处置	建有固废暂存场（石粉全封闭、其他半封闭），并有防止扬尘、淋滤水污染、水土流失的措施		建有半封闭式固废暂存场

5.2 石材加工工业园区应设置统一的固体废物收集和处置系统，并建立雨污分流、污水处理系统。具有一定的监测能力，建立完善的应急方案。

6 检验、计算及评价

6.1 生产工艺与装备
现场观测评价。

6.2 资源能源利用指标

6.2.1 单位产品综合电耗
企业在一年的统计报告期内，生产、辅助和附属系统消耗的综合电能与石材年产量的比值。

6.2.2 单位产品综合能耗
企业在一年的统计报告期内，生产、辅助和附属系统消耗的各种能源总和，各种能源按照GB/T 2589—2008要求转换成标准煤。单位产品综合能耗按公式（1）计算：

$$E_{ui} = \frac{Q}{E_i} \quad \cdots\cdots\cdots\cdots\cdots\cdots\cdots\cdots\cdots\cdots\cdots\cdots \quad (1)$$

式中：

E_{ui}——单位产品综合能耗，kgce/m²；

Q——在一年的统计报告期内消耗的综合能耗（折标准煤），kgce；

E_i——石材年产量，m²。

注：石材生产加工企业在统计报告期内综合能耗计算的各种能源主要包括：一次能源，如原煤、天然气等；二次能源，如电力、柴油、汽油、燃料油、煤气、液化石油气等；耗能工质，如新水、氧气、乙炔等。各种能源的折标准煤系数按GB/T 2589—2008 的附录A和附录B执行。

6.2.3 单位产品新鲜水用量

在一年的统计时间内加工生产需补充的新鲜水用量（t）与石材产品生产量（m²）的比值。

6.2.4 生产废水回用率

废水回收利用率按公式（2）计算：

$$\eta = \frac{W_1}{W} \times 100 \quad \cdots\cdots\cdots\cdots\cdots\cdots\cdots\cdots\cdots\cdots \quad (2)$$

式中：

η——生产废水回用率，%；

W_1——在一年的统计时间内回收利用的废水量，m³；

W——在一年的统计时间内生产废水排出量，m³。

6.3 产品指标

按 GB/T 18600、GB/T 18601、GB/T 19766、GB/T 23452、GB/T 23453、GB/T 23454、GB/T 29059、JC 830.1—2005、JC/T 847.2、847.3—1999、JC/T 972、JC/T 2114、JC/T 2121、JC/T 2192 等相应的产品标准或客户要求进行。

6.4 污染物产生指标

6.4.1 颗粒物浓度

厂界有组织排放和厂界无组织排放监控点的颗粒物浓度按GB/T 16157—1996规定执行，生产车间内颗粒物（粉尘）浓度按GBZ/T 192.1—2007方法进行测试。

6.4.2 厂界环境噪声

声环境功能区及昼间、夜间的划分应符合GB 3096标准要求，环境噪声检测方法按GB 12348的规定执行。

6.5 颗粒物、废弃料综合处置和利用率

在一年的计量时间内，企业加工生产产生的废物处置和利用量与产生总量的比值，用百分比表示。

6.6 环境管理

按照《清洁生产审核暂行办法》和GB/T 24001要求进行审核和评价。

7 标准的实施

本规范由各级人民政府的工业管理部门、环境保护行政主管部门负责监督实施。

参 考 文 献

国家环境保护总局.GB/T 15190—1994 城市区域环境噪声适用区划分技术规范[S].北京：中国标准出版社，1994.

石材产业园区建设标准 CSBZ 002—2016

1 范围

本标准规定了石材产业园区的选址要求与总体布局，园区道路交通、供电系统、污水处理及供水系统建设，园区安全生产、清洁生产，园区人力资源配置、基本物业服务、环境保护管理和信息管理等内容及一般要求。

本标准适用于石材产业园区的建设、运营和管理。

2 规范性引用文件

下列文件对于本文件的应用是必不可少的。凡是注日期的引用文件，仅注日期的版本适用于本文件。凡是不注日期的引用文件，其最新版本（包括所有的修改单）适用于本文件。

GBZ 1—2010　工业企业设计卫生标准
GBZ 2.1—2007　工作场所有害因素职业接触限值 第1部分：化学有害因素
GBZ 2.2—2007　工作场所有害因素职业接触限值 第2部分：物理因素
GB 3096—2008　城市区域环境噪声标准
GB 5749—2006　生活饮用水卫生标准
GB 13495.1—2015　消防安全标志 第1部分：标志
GB 50016—2014　建筑设计防火规范
GB 50052—2009　供配电系统设计规范
GB 50053—2013　10kV及以下变电所设计规范
GB 50222—2001　建筑内部装修设计防火规范
GB/T 13869—2008　用电安全导则
GB/T 50087—2013　工业企业噪声控制设计规范
AQ 4220—2012　石材加工工艺防尘技术规范
AQ/T 9006—2010　企业安全生产标准化基本规范
CJJ 37—2012　城市道路设计规范
CSBZ 001—2013　石材行业清洁生产技术规范
JC/T 2203—2013　石材加工生产安全要求
JTG D30—2015　公路路基设计规范
JTG D40—2011　公路水泥混凝土路面设计规范

3 术语和定义

下列术语和定义适用于本标准。

3.1 石材产业园区　stone industrial park

指面向终端消费群体，包含石材荒料加工、大板精加工、规格板精加工、异型材精加工、销售服务、展示体验、仓储物流、检测及研发等功能的综合性园区。

3.2 清洁生产 cleaner production

清洁生产是指为使得工业生产中固体废物产生量减少，需积极地推行清洁生产审核制度，鼓励和倡导不断采取改进设计、使用清洁的能源和原料、采用先进的技术与设备、改善管理、综合利用等措施，从源头消减固体废物污染，提高资源利用效率，较少或避免生产、服务和产品使用过程中产生固体废物，以消除或减轻固体废物对人类健康或环境的危害。

3.3 地基承载力 endurance

指地基或地面每平方米能承受的最大压力。

3.4 污水分级处理系统 hierarchical sewage treatment system

指石材行业的一种污水处理设施，它通过2个以上（通常是3~4个）的沉淀池，使污水缓慢地逐级自然流动、沉淀，将污水转换为清水，并循环利用。

3.5 堆码 stacking

指将石材荒料和板材逐层向上堆叠。

3.6 板材排架 steel framework

指用以支撑石材板材立式放置，防止板材压损、倾倒的钢材支架，便于吊装、存放，具有陈列、展示功能。

4 园区选址与规划布局

4.1 园区选址要求

4.1.1 选址应符合当地产业布局和城市规划的要求，按照国家有关法律、法规及建设前期工作的规定进行。

4.1.2 交通运输、动力公用设施、废料场及环境保护工程等用地，应与园区用地同时规划。

4.1.3 选址应对原料及辅助材料的来源、产品流向、建设条件、经济、社会、人文、环境保护等各种因素进行深入的调查研究，并通过多方案技术经济比较，择优确定。

4.1.4 选址宜靠近市场中心，并应有方便、经济的交通运输条件，与园区外铁路、公路、港口的连接，应短捷，且工程量小。

4.1.5 选址应具有满足生产、生活及发展规划所必需的水源和电源。

4.1.6 应位于城镇、相邻工业企业和居住区全年最小频率风向的上风侧，不应位于窝风地段。

4.1.7 选址应满足企业近期所必需的场地面积，并应根据园区远期发展规划的需要，适当留有发展的余地。园区规模不宜低于350亩。

4.1.8 选址应有利于同邻近工业企业和依托城镇在生产、交通运输、动力公用、维修、综合利用和生活设施等方面的协作。

4.1.9 下列地段和地区不得选为厂址：
——地震断裂带和设防烈度高于九度的地震区；
——重要的供水水源卫生保护区；
——国家规定的风景区及森林和自然保护区；
——历史文物古迹保护区。

4.2 园区总体规划要求

4.2.1 一般规定

4.2.1.1 园区总体规划，应结合园区所在区域的技术经济、自然条件等进行编制，并应满足生产、运输、防震、防洪、防火、安全、卫生、环境保护和职工生活设施的需要，经多方案技术经济比较后，择优确定。

4.2.1.2 园区总体规划，应符合城镇总体规划的要求。尽可能与城镇或社区在生产、交通运输、动力公用、维修、综合利用及生活设施等方面配套共享。

4.2.1.3 园区、居住区、交通运输、动力公用设施、防洪排涝、废料场、排土场、环境保护工程和综合利用场地等，应同时规划。

4.2.1.4 园区分期建设时，总体规划应正确处理近期和远期的关系。近期集中布置，远期预留发展。

4.2.1.5 园区宜进行功能分区，可按照交易展示、加工、仓储物流、检测研发、辅料市场、生活配套等进行布局。

4.2.2 防护距离

4.2.2.1 园区企业与居住区之间，应按现行国家标准GBZ 1—2010《工业企业设计卫生标准》以及有关工业企业卫生防护距离标准的规定，设置卫生防护距离。卫生防护距离用地应尽量利用原有绿地、水塘、河流、山岗和不利于建筑房屋的地带。在卫生防护距离内不得设置经常居住的房屋，并应绿化。

4.2.2.2 园区总体规划，应符合现行国家标准GB 3096—2008《城市区域环境噪声标准》和GB/T 50087—2013《工业企业噪声控制设计规范》的规定。

4.2.3 交通规划

4.2.3.1 园区交通运输的规划，应符合总体规划要求，并应根据生产需要、当地交通运输现状和发展规划，结合自然条件与总平面布置要求，全面考虑，统筹安排；且应便于材料进出厂、经营管理，兼顾地方客货运输，方便职工通勤。

4.2.3.2 园区外部运输方式，应根据国家有关的技术经济政策、外部交通运输条件、物料性质、运量、流向、运输距离等因素，结合园区内运输要求，经多方案技术经济比较后，择优确定。

4.2.3.3 园区外道路的规划，应符合城镇规划或当地交通运输规划，并应合理地利用现有的国家公路及城镇道路。园区外道路与国家公路或城镇道路连接时，应使路线短捷，工程量小。

4.2.3.4 园区与居住区、火车站、码头以及邻近协作企业等，应有方便的交通联系。

4.2.3.5 园区外汽车运输和水路运输，在有条件的地区，宜委托当地交通运输部门及社会物流系统承运，或与本行业系统、邻近企业协作。

4.2.3.6 邻近江、河、湖、海的工业企业，且有通航条件，能满足工业企业运输要求时，应尽可能采用水路运输。

4.2.4 动力公用设施

4.2.4.1 园区生产补给用水宜优先取用地表水，条件不具备时，方可考虑自来水或地下水。生活饮用水采用自来水或地下水，并应符合现行国家标准GB 5749—2006《生活饮用水卫生标准》的规定。

4.2.4.2 园区内污水处理设施，宜位于园区和居住区全年最小频率风向的上风侧，并与园区和居住区保持必要的卫生防护距离。

4.2.4.3 总变电站位置的选择，应符合 GB 50053—2013《10kV 及以下变电所设计规范》，并且尽量靠近园区加工设备负荷大的一侧。

4.2.4.4 园区生活取暖尽量采用城市供暖系统，条件不具备时，可布置锅炉房或其他节能取暖设施以解决园区取暖问题。锅炉房布置应符合下列要求：

——宜布置在园区全年最小频率风向的上风侧，避免灰尘和有害气体对周围环境的影响；

——当采取自流回收冷凝水时，宜布置在地势较低，且不窝风的地段；

——给水净化站的布置，宜靠近水源地或水源汇集处；

——当布置在园区内时，应位于园区边缘、环境洁净、给水总管短捷，且至主要用户支管较短的地段。

4.2.5 园区生活配套

4.2.5.1 提供配套服务设施时，应综合考虑园区的位置、工作人口的结构、商务访客的性质和环境素质，合理确定配套的公共服务设施的用地位置及规模。

4.2.5.2 园区内宜规划小型生活配套，满足园区人员的日常生活需要，有必要的园区宜增设倒班房；

4.2.5.3 生产管理设施的布置，应位于园区全年最小频率风向的下风侧，并应布置在便于生产管理、环境洁净、靠近主要人流出入口、与城镇和居住区联系方便的地点。

4.2.5.4 园区内的生活设施，应根据工业企业规模和具体条件，可集中或分区布置。为车间服务的生活设施，应靠近人员较多的作业地点，或职工上、下班经由的主要道路附近。

4.2.5.5 园区出入口的位置和数量，应根据企业的生产规模、总体规划、园区用地面积及总平面布置等因素综合确定，其数量应不少于 2 个。主要人流出入口宜与主要货流出入口分开设置，并应位于园区主干道通往居住区或城镇的一侧。主要货流出入口应位于主要货流方向，并应与外部运输线路连接方便。

4.2.6 废料场

4.2.6.1 园区企业排弃的废料，应结合当地条件综合利用，减少堆存场地。需综合利用的废料，应按其性质分别堆存。

4.2.6.2 废料场应位于居住区和园区全年最小频率风向的上风侧，防止对周围环境污染；并应符合现行国家标准 GBZ 1—2010《工业企业设计卫生标准》和国家环境保护法的规定。

4.2.7 堆存场地

4.2.7.1 一般堆场、中转站采用露天堆放的形式。多雨水地区，宜搭建简易钢棚确保板材品质。

4.2.7.2 地坪要求平整、压实，应充分考虑堆场集中荷载后所选场地的地基承载力，荒料堆场尽可能利用石材边角废料进行场地平整，并有一定排水坡度。

4.2.7.3 堆场面积主要包括荒料、石材堆占地面积和装卸、运输作业线占地面积。荒料及石材中转场地应设置分区。堆料占地面积应满足贮存周期。装卸、运输作业线占地面积应有一定的作业线长度及车辆转弯半径所需的宽度，畅通的运输通道，整个园区的堆场应集中设置，便于管理，节约用地。

4.2.7.4 堆场应靠近园区内厂房集中区域，应考虑荒料堆场荒料的吊运，龙门吊的设置要与园区轨道相配套，以便于对荒料的施工作业。

4.2.7.5 根据来料运输方式、卸料方式、堆料方式、上料方式、荒料尺寸、荒料重量等选择起重设备。大板加工车间内板材的起吊由起重设备完成。

4.2.7.6 堆场应根据地下水位等地质条件，做好防水排水设计，避免石材长期浸泡于水中。荒料堆场应进行场地处理，荷载承重不低于 80kPa。

4.2.7.7 露天荒料堆场及室内荒料堆场的设计参照 GB 50897—2013《装饰石材工厂设计规范》执行。

4.3 园区总体平面布置要求

4.3.1 一般规定

4.3.1.1 总平面布置，应在总体规划的基础上，根据园区企业的性质、规模、生产流程、交通运输、环境保护，以及防火、安全、卫生、施工及检修等要求，结合场地自然条件，经技术经济比较后择优确定。

4.3.1.2 总平面布置，应符合下列要求：
——按功能分区，合理确定通道宽度；
——园区内建筑物、构筑物外形宜规整；
——功能分区内各项设施的布置应紧凑、合理；
——窨井的布置应避开车道，设计应便于日常维护和清理；
——井盖及雨水箅子的选择应考虑对重车的承压力。

4.3.1.3 总平面布置的预留发展用地，应符合下列要求：
——分期建设的园区，近、远期工程应统一规划。近期工程应集中、紧凑、合理布置，并应与远期工程合理衔接。
——远期工程用地宜预留在园区外，只有当近、远期工程建设施工期间隔很短，或远期工程和近期工程在生产工艺、运输要求等方面密切联系不宜分开时，方可预留在园区内。其预留发展用地内，不得修建永久性建筑物、构筑物等设施。

4.3.1.4 园区的通道宽度，应根据下列因素确定：
——通道两侧建筑物、构筑物及露天设施对防火、安全与卫生间距的要求；
——道路与叉车等工业运输线路的布置要求；
——各种工程管线的布置要求；
——绿化布置的要求；
——施工、安装与检修的要求；
——预留发展用地的要求。

4.3.1.5 总平面布置，应充分利用地形、地势、工程地质及水文地质条件，合理地布置建筑物、构筑物和有关设施，并应减少土（石）方工程量和基础工程费用。

4.3.1.6 总平面布置，应防止粉尘、振动和噪声对周围环境的危害。

4.3.1.7 总平面布置，应合理地组织货流和人流。

4.3.1.8 总平面布置应使建筑群体的平面布置与空间景观相协调，并应结合城镇规划及园区绿化，提高环境质量，创造良好的生产条件和整洁的工作环境。

4.3.2 生产设施

4.3.2.1 重型设备和有特殊工艺要求的生产装置等，应布置在土质均匀、地基承载力较大的地段，并按功能分区进行地面浇注。特种设备的选用应符合国家质检总局《特种设备目录》和《特种设备安全监察条例》的规定。对带水作业区域应设置有效的遮挡物及排水沟，防止作业地面湿滑。

4.3.2.2 产生高噪声的生产设施，宜相对集中布置。其周围宜布置对噪声较不敏感、有利于隔声的建筑物、构筑物和堆场等，其与相邻设施的防噪声间距，应符合国家现行的噪声卫生防护距离的规定。园区内各类地点及厂界处的噪声限制值和总平面布置中的噪声控制，应符合现行国家标准 GB/T 50087—2013《工业企业噪声控制设计规范》的规定。

4.3.2.3 易燃、易爆危险品生产设施的布置，应符合国家现行的有关标准的规定，应保证生产人员的操作安全及疏散方便。

4.4 运输路线布置

4.4.1 一般规定

4.4.1.1 运输线路的布置，应符合下列要求：
——按照合理的工艺流程，满足生产要求，保证物流顺畅、线路短捷、人流货流组织合理；
——有利于提高运输效率，改善劳动条件，运行安全可靠，并使园区内、外部运输、装卸、贮存形成一个完整的、连续的运输系统；
——合理地利用地形；
——便于采用先进技术和设备；
——经营管理及维修方便；
——运输繁忙的线路，应避免平面交叉。

4.4.1.2 园区分期建设时，运输线路的布置，应和远期预留线路统一规划，并适应工业企业远期生产发展和运输能力的需要。

4.4.2 道路布置要求

4.4.2.1 园区内道路的布置，应符合下列要求：
——满足生产、运输、安装、检修、消防及环境卫生的要求；
——满足功能分区，宜呈环形布置；
——与竖向设计相协调，有利于场地和道路的雨水排除；
——与厂外道路连接方便、短捷；
——建筑工程施工道路应与永久性道路相结合。

4.4.2.2 道路尽头设置回车场时，回车场面积应根据大型拖挂平板汽车最小转弯半径和路面宽度确定。

4.4.2.3 地磅房进车端的道路，应为平坡直线段，其长度不宜小于 2 辆车长，在困难条件下，不应小于 1 辆车长；出车端的道路，应有不小于 1 辆车长的平坡直线段。

4.4.2.4 消防通道的布置，应符合下列要求：
——与园区道路连通，且距离短捷；
——避免与铁路平交。当必须平交时，应设备用车道；两车道之间的距离，不应小于进入厂内最长列车的长度；
——通道的宽度，不应小于 3.5m。

4.5 管线综合布置

4.5.1 管线综合布置应与工业企业总平面布置、竖向设计和绿化布置统一进行。应使管线之间、管线与建筑物和构筑物之间在平面及竖向上相互协调、紧凑合理、有利厂容。

4.5.2 管线敷设方式的确定，应根据管线内介质的性质、园区地形、生产安全、交通运输、施工检修等因素，经技术经济比较后择优确定。

4.5.3 管线综合布置，应在满足生产、安全、检修的条件下节约用地。当技术经济比较合理时，应共架、共沟布置。

4.5.4 当园区分期建设时，管线布置应全面规划，近期集中，近远期结合。近期管线穿越远期用地时，不应影响远期用地的使用。

4.6 园区绿化布置

4.6.1 一般规定

4.6.1.1 绿化布置应根据环境保护及厂容、景观的要求，结合当地自然条件、植物生态习性、抗污性能和苗木来源，因地制宜进行布置，合理地确定各类植物的比例与配置方式。

4.6.1.2 绿化布置应充分利用园区非建筑地段及零星空地进行绿化，利用管架、栈桥、架空线路等设施的下面及地下管线带上面场地布置绿化，满足生产、检修、运输、安全、卫生及防火要求，避免与建筑物、构筑物、地下设施的布置相互影响。

4.6.2 绿化布置要求

4.6.2.1 绿化布置，应以下列地段为重点：
——进厂主干道及主要出入口；
——生产管理区；
——受西晒的生产车间及建筑物；
——受雨水冲刷的地段；
——园区生活服务设施周围；
——居住区。

4.6.2.2 生产管理区和主要出入口的绿化布置，应具有较好的观赏及美化效果。

4.6.2.3 地上管架、地下管线带、输电线路、屋外高压配电装置附近的绿化布置，应满足安全生产及检修要求。

4.6.2.4 道路两侧应布置行道树。主干道两侧可由各类树木、花卉组成多层次的行道绿化带。

4.6.2.5 道路弯道及交叉口、铁路与道路平交道口附近的绿化布置，应符合行车视距的有关规定。

4.6.2.6 在有条件的生产车间或建筑物墙面、挡土墙顶及护坡等地段，宜布置垂直绿化。

5 园区建设

5.1 园区道路交通建设

5.1.1 路基

路基设计按货车总重量 800～1000kN 设计，参照 CJJ 37—2012《城市道路设计规范》、JTG D30—2015《公路路基设计规范》、JTG D40—2011《公路水泥混凝土路面设计规范》执行。

5.1.2 路面

路面基层设计按 JTG D30—2015《公路路基设计规范》、JTG D40—2011《公路水泥混凝土路面设计规范》，路面承重根据园区具体情况进行设定，设计通行车辆总重不低于 800kN。

——主要道路：主干道道路宽度不少于 22m，集装箱货车往来频繁兼卸货的重要道路宽度不少于 16m。

——次要道路：道路红线宽度不少于 12m，其中车行道不少于 8m，两侧人行道不少于 4m。

——厂房内路面：厂房内车辆通行路面应选用防滑材料作防滑处理。卸货区路基路面应增强承载力。

5.1.3 配套交通设施

——园区内应有充裕的机动车停车位，满足小车和货车的分区停泊需求。

——园区内可增加三维立体减速标线、球面镜等交通安全设施，以达到安全效果，减速装置的设置应避免对石材的震荡性破坏。

5.2 供电系统规划建设

5.2.1 基于用电经济性考虑，变压器容量宜按照园区计算负荷的 70% 选取。

5.2.2 其他供电系统建设应参考 GB 50052—2009《供配电系统设计规范》和 GB 50053—2013《10kV 及以下变电所设计规范》。

5.3 污水处理及供水系统规划建设

5.3.1 园区污水处理系统应按园内功能分区设计。生产区域分级处理，宜以各生产车间内部分级沉淀池处理与园区污水集中处理相结合的方式解决。对于面积比较大的生产区域按照适度规模的原则分区布局独立的污水处理系统。车间内排水沟应加盖，盖板应便于移动。污水处理厂应充分考虑石材加工的特殊性，简化工艺流程，实现稳定、经济运行，废浆可循环利用。

5.3.2 水源选择：生产用水应充分采用循环水，以雨水、河水或自来水予以补给。

5.4 厂房规划建设

5.4.1 厂房檐口高度宜以 9.2m 设计建设。

5.4.2 厂房跨度宜以 24m 设计建设。

5.4.3 柱距宜为 8m。

5.4.4 一般地面承载力不低于 50kPa。

5.4.5 行吊轨顶标高宜按 7.5m 设计，行车服务长度应小于 75m，共轨行车同时行走数量应少于 4 台。

5.4.6 受风灾影响地区的石材加工企业厂房建设时，四周应合围作防风布置。

5.4.7 降雪地区的石材加工企业在厂房建设时，屋盖系统应综合采取加固支架结构、增加房顶坡度等措施，房屋顶宜采用东西向面坡，防止积雪压塌。

5.4.8 为满足生产需求，寒冷地区石材加工企业宜在车间内部设置取暖设备，有条件的园区可统一供暖。

5.4.9 厂房可双层设计建设。

6 安全生产

6.1 总则

安全生产要求参照 AQ/T 9006—2010《企业安全生产标准化基本规范》、GB/T 13869—2008《用电安全导则》、JC/T 2203—2013《石材加工生产安全要求》等相关标准的规定。

6.2 生产安全

6.2.1 特种设备的管理应满足以下要求：
—— 应年检且有维保单位；
—— 操作人员应持证上岗；
—— 吊车运行应考虑安全距离并采用安全措施；
—— 宜购买保险。

6.2.2 用电安全除应遵守 GB/T 13869—2008《用电安全导则》外，石材加工过程中，应防止生产用水引发的用电事故。

6.2.3 石材排架应满足以下要求：
—— 石材排架材质宜采用优质钢材；
—— 石材排架宽度及高度应不低于 1.2m；
—— 石材排架间距宜在 0.45～0.5m 之间。

6.2.4 板材堆码应满足以下要求：
—— 花岗石板材的堆放高度应不超过宽度的 2 倍；
—— 大理石板材堆放斜度不大于 15°；
—— 石材板材堆码应预留安全通道，且不少于 1.2m。
—— 寒冷地区宜将石材置于室内。

6.2.5 应加强胶水使用的规范和管理，在生产车间使用胶水工段应有严格的操作规程，并对易燃易爆化工产品的存放按照危险品规定保管。

6.2.6 寒冷地区石材企业明沟设计应位于厂房内，并增加必要的安全防护措施。

6.3 噪声

6.3.1 企业厂房内宜安装符合国家标准的消声、隔声、隔振、阻尼等控制噪声设备。

6.3.2 最大噪声控制在 65dB 以下。

6.3.3 噪声的检测分别在昼间、夜间两个时段测量。夜间有频发、偶发噪声影响时同时测量最大声级。

6.4 消防

6.4.1 园区内生产加工区域消防按照 GB 50016—2014《建筑设计防火规范》执行。

6.4.2 园区内生活办公区域消防按照 GB 50222—2001《建筑内部装修设计防火规范》执行。

6.4.3 按照国家标准 GB 13495.1—2015《消防安全标志 第1部分：标志》设置消防安全标志。

6.4.4 应按照 GB 50016—2014《建筑设计防火规范》及地方消防管理条例，并结合园区的火灾危险性，针对易燃易爆物品的特点进行合理的配置。消防栓箱不宜设在车间内；在生产区外应设地桩式消防栓,并配备消防车。

6.5 职业卫生防治

6.5.1 按照 AQ 420—2012《石材加工工艺防尘技术规范》及 GBZ 2.1—2007《工作场所有害因素职业接触限值 第 1 部分：化学有害因素》、GBZ 2.2—2007《工作场所有害因素职业接触限值 第 2 部分：物理因素》执行。

6.5.2 职业卫生防治工作应符合以下要求：
——应主动申报；
——卫生防治应做到资料完善，档案齐备；
——应配齐专兼职管理人员；
——严格按照相关标准和规范定期体检；
——个人防护工具应配备到位，并严格监督佩带执行情况。

7 清洁生产

7.1 园区内企业清洁生产管理

园区内企业清洁生产应符合中国石材协会标准 CSBZ 001—2003《石材行业清洁生产技术规范》的规定。

7.2 园区环境管理

7.2.1 园区应建立污水处理系统，具备一定的监测能力。

7.2.2 园区应设置统一的固体废物的收集和处置系统，并有防止扬尘、淋滤水污染、水土流失的措施。

7.2.3 园区应建立完善的应急预案。

7.2.4 园区应建立健全专门环境管理机构，配备专职管理人员，开展环保和清洁生产有关工作，并负责对各种环保管理制度的落实和实施。

8 园区管理与服务

8.1 管理服务机构

园区内应设立专业运营与管理服务机构，宜采用信息技术，创新营销服务方式。

8.2 人力资源配置

8.2.1 物业服务企业应根据园区的具体情况及合同约定，配备管理及服务人员和相应的服务设施。

8.2.2 服务人员应取得相应的物业服务从业资格证书或岗位证书，专业技术、操作人员应取得相应专业技术证书或职业技能资格证书。

8.3 基本物业服务

8.3.1 园区应设立统一的设备维修保养部门，确保供电、供水、污水处理等公共设施设备的正常运行。

8.3.2 提供全天候的公共秩序维护服务和安全防范服务。

8.3.3 提供规范的环境保洁服务，为客户提供整洁、卫生、安全、美观的环境。

8.3.4 提供绿地养护服务，保持区域整体的景观效果。

8.3.5 根据相关法律、法规，结合园区实际情况，对影响园区公共环境的各项环境因素进行识别和控制，制定环境管理措施。

8.3.6 对自然灾害、事故灾害、公共卫生事件和社会安全事件等突发公共事件建立突发事件应急处理预案，并组织实施培训、演习、评价和改进，事发时按规定途径及时报告客户和有关部门，并采取相应措施。

8.4 环境保护管理

8.4.1 建立节能和废弃物控制的制度，通过宣传等形式向园区内生产加工企业和相关方传达环境管理意识，减少环境污染，提高能源、资源利用效率。

8.4.2 对公共区域和业户日常垃圾、废弃物集中收集，交由具备专业许可的处理单位统一清运、处理。

8.4.3 监督园区内业户按国家规定做好化学危险品的储存、处置，发现违规处置行为时，应立即报告上级主管部门，并根据应急预案组织好应对工作。

8.5 信息及档案管理

8.5.1 园区应加强数据的采集与管理，包括货物进货统计、出货统计、工装统计、家装统计、货品分类统计。

8.5.2 园区应建有物业档案管理体系，有较完善的物业管理档案制度，物业承接验收资料、园区及其配套设施权属清册资料、设备设施维护管理资料、客户信息资料、日常管理资料完整规范。

参 考 文 献

[1] GB 3095—2012 环境空气质量标准
[2] GB 8978—2012 污水综合排放标准
[3] GB 12348—2008 工业企业厂界环境噪声排放标准
[4] GB 17501—1997 二次供水设施卫生规范
[5] GB 50289—1998 城市工程管线综合规划规范
[6] GB 50348—2004 安全防范工程技术规范
[7] GB 50763—2012 无障碍设计规范
[8] GA 503—2004 建筑消防设施检测技术规程
[9] CJJ 45—2006 城市道路照明设计标准
[10] JTG D50—2006 公路沥青路面设计规范
[11] 工业企业噪声卫生标准(卫生部/国家劳动总局，1979年08月31颁布)
[12] 突发公共事件总体应急预案(国务院2006年1月发布)
[13] 清洁生产审核暂行办法(国家发改委和环保总局发布，2004年10月实行)
[14] 建设工程质量管理条例(中华人民共和国国务院令第279号，2000年1月)
[15] 工程建设标准强制性条文(城市建设部分2013年版)
[16] 工程建设标准强制性条文(工业建筑部分2013年版)

天然石材矿山管理规范 CSBZ 003—2016

1 范围

本规范规定了天然石材矿山管理中的术语和定义、生产管理、技术管理、质量管理、安全及环保管理、设备及设施管理和综合管理要求。

本规范适用于装饰用途的花岗石、大理石、石灰石、砂岩等天然石材矿山,板岩矿山可以参照采用。

2 规范性引用文件

下列文件对于本文件的应用是必不可少的。凡是注日期的引用文件,仅注日期的版本适用于本文件。凡是不注日期的引用文件,其最新版本(包括所有的修改单)适用于本文件。

GB 6722　爆破安全规程

GB 16423　金属非金属矿山安全规程

GB/T 13890　天然石材术语

3 术语和定义

GB/T 13890 界定的和下列术语和定义适用于本规范。

3.1 露天矿山(露采矿山) open-pit mine

指暴露在地表或埋藏不深,采用露天开采方法进行开采的石材矿山,分为山坡露天矿山和凹陷露天矿山。

3.2 地下矿山(洞采矿山) underground mine

指矿体埋藏深,且围岩稳定、开采剥采比过大,或者地表需要保护而不宜采用露天开采方法,采用地下开采方法开采的石材矿山。

3.3 山坡露天矿山 mountain slope open-pit mine

开采水平位于露天开采境界地表封闭圈以上的露天矿山。

3.4 凹陷露天矿山 concave open-pit mine

开采水平位于露天矿开采境界地表封闭圈以下的称为凹陷露天矿山。

4 生产管理

4.1 管理制度建立

4.1.1 矿山应根据开采特点(露采或洞采矿山)、生产规模、开采工艺、工序要求、气候条件、作业面数量、开采设备及辅助设备的配置情况确定开采作业班次,并制定相应的生产作业班次及可衔接的管理规定。

4.1.2 制定作业班组交接班管理,人员分配、调配管理规定。

4.1.3 根据矿山所在地区平均工资标准、作业强度、技术含量、危险性等级等制定矿山人员的劳动生产定额和薪酬标准。

4.1.4 根据生产管理模式建立劳动报酬分配制度和生产奖惩制度。
4.1.5 应制定生产班组劳动纪律要求。

4.2 生产计划

4.2.1 生产计划编制

4.2.1.1 矿山生产应按计划进行,应根据上年度市场反馈的信息编制本年度生产计划和月度生产指标,并根据实时订单情况及时对年度和月度生产计划进行调整和修订。

4.2.1.2 按照年度生产计划对产量指标、采场建设工程量和采准工程量指标进行分解,落实到每个生产班组。

4.2.1.3 根据生产计划和市场指标及时调整和补充生产人员、机械设备和动力供应的能力。

4.2.1.4 根据年度生产计划的要求,确定和调整矿山生产作业时间。

4.2.1.5 为保障年度生产计划的落实,应提前做好采准资金和流动资金的预算和落实。

4.2.1.6 建立完整的、可保障矿山开采计划落实的管理措施,并根据实际情况及时补充和修订。

4.2.2 采掘计划编制

4.2.2.1 应根据年度生产计划要求,制定生产作业计划,落实生产计划中提出的产量和其他指标要求,并根据实时订单需求,及时调整、修订和补充生产作业计划。

4.2.2.2 应建立落实生产作业计划的实施管理措施,包括制定周作业计划、生产作业安排实施方案、检查制度和应急补救措施等。

4.3 采场作业管理

4.3.1 生产定额

4.3.1.1 按照劳动生产定额和薪酬标准下达计划、执行监督与修订。

4.3.1.2 根据劳动报酬分配制度和生产奖惩制度对全体人员进行计酬和奖励。

4.3.2 剥离与采准

4.3.2.1 应制定包括矿山建设、技改、扩建等阶段的基本建设及剥离管理要求,包括实施基建工程的组织架构、基础设施建设、人员招募及作业管理等内容。

4.3.2.2 根据年度剥离、采准计划制定与生产作业协调的总体施工方案及管理规定。

4.3.2.3 按照矿山设计要求和采准工艺制定露采矿山的月度采剥或洞采矿山的掘进作业方案及施工组织方案。

4.3.3 采矿

4.3.3.1 按照矿山设计要求、开采工艺及方法、开采设备和辅助设备的配置及能力、生产模式制定采掘作业方案和管理规定。

4.3.3.2 按照开采工序要求建立采掘作业工序、工种间的协调指挥管理机制。

4.3.3.3 根据 GB 6722 的要求制定矿山使用爆破器材作业的管理制度。

4.3.3.4 根据矿山生产规模、地理位置、开采工艺要求及开采设备特点制定矿山生产和生活的给水、排水、用水分配方案及管理规定。

4.3.3.5 根据矿山设备装机总功率、每种用电设备使用频繁程度、矿山所在地或自有电源供电能力等因素制定生产供电及照明用电管理规定。

4.3.3.6 制定包括荒料入库、存储、出库及外运等管理制度。

4.3.3.7 制定荒料损失及账面处理制度。

4.3.3.8 建立生产例会制度，安排和落实、检查安全生产及采掘作业进度计划实施。
4.3.3.9 建立矿山生产工作月度总结制度。

4.3.4 生产统计

4.3.4.1 建立矿山统计系统，设置专职或兼职统计岗位，负责生产数据和物料消耗收集和整理。
4.3.4.2 制定统计人员岗位职责。
4.3.4.3 生产统计内容应包括：剥离量、采掘量、荒料产量、排渣量、各种开采设备工作量、吊装搬运量以及设备工作时间、材料消耗等。
4.3.4.4 定期、定时进行统计数据汇总和分析，内容包括：开采荒料率、设备工作效率、材料消耗、油料、电力消耗、开采设备效率、吊装搬运效率和人均生产效率等。

5 技术管理

5.1 总则

矿山应建立包括地质、测量、采矿、机械设备在内的技术管理体系，矿山技术工作内容包括：

——矿山总体设计方案贯彻实施；
——开采工艺方案的制定或修正；
——储量核实与采掘计划；
——生产剥离和采准方案的制定及实施；
——矿山技术路线的制定及实施；
——开采工艺参数的制定和修正；
——采场动态测量及采场地质测量；
——制定开采进度及开采量；
——备采矿量的核实测量；
——根据矿区地质勘探报告和矿体地质变化情况、矿山生产计划和开采进度要求，制定矿山生产勘探计划和勘探方案；
——不同石材品种均衡开采计划和方案；
——矿区环境保护方案计划和实施；
——植被恢复阶段方案的编制和实施；
——技术改造计划方案的提出、编制及新技术、新工艺的引进；
——负责设备选型和制定矿山设备购置计划；
——对生产数据进行技术分析，反馈并提出问题的处理意见；
——洞采开拓、采准方案制定；
——洞采矿山安全矿柱预留位置及规格、形状确定；
——对洞采矿山掘进、运输、通风技术方案制定；
——对山坡露天矿山边坡的安全监测与管理制度；
——洞采及凹陷露天矿山的地压监测与管理制度；
——矿区水文地质、灾害地质及工程地质测量。

5.2 技术管理体系的建立

5.2.1 技术管理制度
5.2.1.1 建立技术档案管理制度。
5.2.1.2 制定技术岗位责任制。
5.2.2 数据分析管理制度
5.2.2.1 矿山应制定生产数据的技术分析、反馈和问题处理流程和规定。
5.2.2.2 建立生产事故技术分析和处理、应急措施规定。

6 质量管理

6.1 质量管理体系
矿山应建立包括生产过程中的工作质量检查和荒料质量验收在内的质量管理体系。

6.2 质量管理制度
6.2.1 根据质量管理体系的要求建立对应的质量管理制度。
6.2.2 制定荒料产品的质量验收企业标准。
6.2.3 制定各开采工序、生产环节工作质量要求及验收标准。
6.2.4 制定落实荒料产品质量验收标准、开采工作质量检查和验收的实施细则。

6.3 质量管理的内容
6.3.1 产品质量管理应包括：
——矿山产品的质量验收管理；
——生产工艺及工序工程中的质量管理；
——产品入出库的质量管理；
——入库生产主辅料的质量管理。

6.3.2 质量统计及分析包括：
——对开采工作质量检查验收结果进行分析，确定质量问题的原因；
——对荒料产品质量检验结果进行统计和分析，确定影响荒料产品质量的原因。

6.3.3 质量问题的处理包括：
——根据矿山产品质量管理规定的要求，配合产品质量统计及数据分析，制定产品质量问题反馈和处理流程；
——研究确定提高质量的措施；
——制定重大质量事故追责制度；
——制定产品质量和工作质量奖惩制度。

7 安全及环保管理

7.1 安全生产管理体系
7.1.1 矿山安全管理应符合 GB 16423 要求。
7.1.2 矿山应建立安全生产管理制度，建立健全安全管理机构。
7.1.3 矿山应建立安全生产监督机制，设立安全监督部门。
7.1.4 制定安全生产综合管理规章制度，以及安全办公会议制度。

7.2 安全生产制度
7.2.1 安全生产管理制度包括：

——制定矿山全面安全管理制度；
——应安装生产安全、财产安全的监控设施，日常维护制度；
——高边坡露采矿山和洞采矿山应安装岩石力学感应监测设施和空气质量监测设施，自动警报系统，制定相应管理制度；
——编制安全生产条例，制定各个生产作业岗位的安全操作规程；
——制定全员安全生产责任制。

7.2.2 安全生产监督管理制度包括：
——制定安全监察条例和安全监察员的管理制度；
——制定包括安全生产检查、生产工序安全监控、建设工程安全监督、建设工程设施安全设计、审查及竣工验收在内的各项安全生产监督管理制度；
——制定安全监督检查报告发布制度。

7.3 安全生产管理内容

7.3.1 生产作业的安全管理包括：
——生产作业过程中的安全检查、生产工序的安全监控、采场周围环境的安全监督管理；
——爆破施工、操作和爆破人员、爆破火工器材监督管理；
——洞采矿山作业场地和开采作业的安全管理及安全隐患监控管理；
——洞采矿山非作业临空面及支护矿柱的安全监控管理；
——凹陷开采、洞采矿山采场空气质量监控管理；
——生产设备、设施的使用安全管理；
——生活、办公等设施的安全管理；
——突发自然灾害及安全事故应急预案及管理。

7.3.2 设备安全管理包括：
——制定各种工程机械的安全操作规程；
——制定各种开采设备的安全操作规程；
——制定各种起重机械的安全操作规程；
——制定各种运输设备安全作业规程；
——制定供气、供电、供水及排水系统设备、设施安全操作及运行安全管理规程。

7.3.3 作业面和基础设施安全管理包括：
——矿山应在存在安全隐患地段和开采现场设置相应的安全防护设施；
——制定包括边坡安全、固定及临时道路安全、路基和路面及挡墙安全管理规定；
——制定高边坡露天和洞采作业场地岩石力学、位移量等监测数据的汇总、分析研究及采取应对措施的管理规定；
——制定动力线路安全、供水线路安全和压气、供气系统安全管理规定；
——分析碳酸盐石材矿床岩溶分布规律和岩溶地质测量，研究制定岩溶灾害事故应急预案；
——凹陷开采和洞采矿山应制定安全通风和安全排水系统管理规定。

7.3.4 荒料堆场安全管理包括：
——荒料堆场应设置警示牌、围栏（网）等相应的安全防护设施；

——制定包括临时和永久荒料堆场在内的安全管理规定。

7.3.5 排土场安全管理包括：
——设置警示牌、安全围栏（网）、动态监测等安全防护设施；
——制定排土场安全管理、安全监测及监督、稳定性运行管理及维护和保养规定；
——监测大气降水、冰冻、风灾对排土场及挡渣坝的影响，制定发生洪水及泥石流灾害应急预案。

7.3.6 火工品安全管理应根据 GB 6722 要求制定包括火工品的运输、储存、出库、使用和操作在内的管理规定。

7.3.7 安全设施管理包括：
——编制包括安全警示标志、临时及永久安全警戒线、设备使用安全防护设施、危险区围栏（网）及矿界安全管理在内的安全设施管理规定；
——制定矿山安全预案及相应装备管理制度；
——制定对各种安全设施的定期巡查制度。

7.3.8 安全预警和事故处理机制包括：
——制定矿山重大危险源和重大隐患的监控预警机制和整改流程；
——制定应对各类矿山事故的应急预案；
——制定职工伤亡事故的报告、处置规定；
——制定特别重大事故调查程序和行政责任追究管理规定。

7.3.9 生活设施安全管理包括：
——制定包括生产区、生活区、设施区、荒料场、渣土场、道路等在内的矿区治安保卫管理制度；
——制定矿山饮食卫生安全及医疗保障管理制度。

7.4 职业病防治

7.4.1 高粉尘设备应配备粉尘收集装置，如凿岩机、干切作业的串珠锯和链臂锯等。

7.4.2 按照国家安全生产监督管理总局令第 76 号《用人单位职业病危害防治八条规定》的要求，应为高粉尘作业工序部位作业人员配备防粉尘装备，防止操作者患矽肺病。

7.4.3 应为操作高噪声设备（如火焰切机、凿岩机等）人员、或在高噪声设备附近作业的其他人员配备降噪声防护装备。

7.5 环保管理

7.5.1 根据矿山需要，设置矿山环境管理部门，负责矿山环保管理工作。

7.5.2 根据矿山总体设计方案，建立矿区生产用水循环利用系统，制定相应管理制度。

7.5.3 制定矿山生产和生活废水排放及检测、矿山生活垃圾处理等管理制度。

7.5.4 根据植被恢复方案，制定植被恢复的计划和落实。

7.5.5 制定矿山岩粉、废石等固体废物的有组织排放措施和综合利用方案。

8 设备及设施管理

8.1 基础设施管理

8.1.1 制定矿山临时和永久运输道路、临时和永久荒料堆场、排土场的运行、维护管理制度。

8.1.2 制定矿山供电、供水、供气泵站、网络通讯设备和管线运行、维护管理制度。

8.1.3 制定矿山基础设施扩建计划、设计、审批、实施的管理规定。

8.2 设备管理

8.2.1 设备档案管理

建立矿山各种设备的维护保养、维修、调拨、转让、报废等内容的台账和档案管理规定。

8.2.2 设备使用管理

建立矿山各类设备的使用记录、维护保养、损坏报修、报废、设备调拨及租赁、转让管理规定。

8.2.3 设备的封存管理

8.2.3.1 建立年末假期（春节假期或雨季、冬季停采）设备封存的登记、维修、保养（与设备规定的大修和保养期可能不一致）、防护处理等规定，以及封存设备的拆封启用规定。

8.2.3.2 建立待安装、停用设备的管理及制度。

8.2.3.3 建立设备调拨、转让报告、审批、实施的管理制度。

9 综合管理

9.1 行政管理

9.1.1 管理架构制定

9.1.1.1 建立包括领导制度、管理框架脉络、矿山企业内部职务权限等在内的矿山组织架构及管理模式。

9.1.1.2 制定其他非行政组织管理权限和制度。

9.1.2 组织机构的建立

9.1.2.1 石材矿山应根据矿体特点、选择的开采工艺方法，建立矿山生产管理模式，建立矿山生产统一指挥系统，编制矿山生产组织框架图。

9.1.2.2 应根据开采工序、生产班次要求，设置开采作业班组。

9.1.2.3 根据矿山技术管理体系建立对应的技术管理部门。

9.1.2.4 根据矿山的质量管理体系建立质量管理部门。

9.1.2.5 根据矿山组织架构的要求，建立其他管理部门。

9.1.3 办公管理

9.1.3.1 制定包括考勤、行政办公和例会、文件、信函、合同等档案资料、办公室和其他办公设施管理、办公室物品管理（申购、领用、发放和登记等）、电讯、邮件管理（矿山企业办公邮件收发处理、通讯等）在内的矿山综合办公管理制度。

9.1.3.2 制定地方关系协调及接待管理制度。

9.1.3.3 根据矿山技术专业分工，配置各专业用工具和仪器。

9.1.3.4 配置电脑和计算机专业软件及其他配套办公设备。

9.1.3.5 制定专业技术工具、仪器及办公设备的管理制度。

9.1.4 岗位责任制

9.1.4.1 编制包括行政管理、员工档案管理和矿山企业合同管理在内的各项行政规章制度。

9.1.4.2 编制包括企业领导岗位、中层领导人员岗位、各个部门中的每个岗位的责任制。

9.1.5 人力资源管理

9.1.5.1 矿山应设置生产人员管理办公室或人力资源管理部门，负责矿山生产人员、辅助生产人员及后勤人员招募、解聘及劳动合同管理工作。

9.1.5.2 按照采矿设计要求确定生产岗位、辅助生产和后勤岗位，编制人员配置计划。

9.1.5.3 制定生产人员、辅助生产及后勤人员招募、录用标准、流程和管理规定。

9.1.5.4 根据矿山设计和开采工艺的要求，设立矿山技术岗位和配备专业技术人员。

9.1.5.5 建立包括地质、采矿、测量等专业的矿山技术队伍。

9.1.5.6 按照矿山生产组织管理岗位要求配置相应矿山管理人员，建立健全管理队伍。

9.1.5.7 矿山应设置质量管理部门，配备专业质检人员，负责矿山质量要求和质量管理制度的制定及贯彻实施。

9.1.5.8 编制人力资源综合管理（人事招聘与录用）、人事调整、员工考勤管理、员工综合教育培训、人事考评、工资及津贴及员工生活福利等在内的管理制度。

9.1.6 保险管理

建立企业员工的社保、医保、计划生育、工伤保险、劳务合同、劳务纠纷等在内的管理制度。

9.1.7 车辆管理

制定矿山非采面作业车辆（采购、接待、救护等车辆）的使用、车辆的保险、矿山车辆油料供应、车辆驾驶员管理及救护车辆等管理规定。

9.1.8 总务后勤管理

9.1.8.1 制定矿区办公、生产、生活区环境卫生管理规定。

9.1.8.2 制定包括生活物资采购、用餐制度、炊具和餐具管理在内的食堂管理规定。

9.1.8.3 制定包括宿舍、厕所、浴池、文体活动场所在内的生活设施管理规定。

9.1.8.4 制定生活物资采购及非生产物料仓储管理规定。

9.2 生产物料及仓储管理

9.2.1 物料申购管理

9.2.1.1 根据生产规模、矿山地理位置、开采工艺特点、生产设备种类及来源、气候条件制定生产物料的最小库存标准。

9.2.1.2 根据年度生产计划制定年度、季度和月度物料采购计划。

9.2.1.3 根据生产进度、物料消耗情况，及时调整半年度、季度或月度采购计划。

9.2.1.4 制定生产物料采购审批流程和相应审批制度。

9.2.1.5 制定生产物料的申请、采购、验收、入库、领用及账目管理规定。

9.2.2 物料采购管理

9.2.2.1 制定生产物料采购、储存、申请、审批和发放的管理流程。

9.2.2.2 制定物料采购计划的编制、审批、采购、出入库以及物料库存预警等管理规定。

9.2.2.3 建立物料供应商信誉评估机制。

9.2.3 生产物料仓储管理

9.2.3.1 制定生产物料仓储、申领、审批及领用管理规定。

9.2.3.2 制定物料仓库定期盘点制度。

9.3 销售管理

9.3.1 销售管理模式

9.3.1.1 根据矿山企业需要设置销售部门，组建管理销售队伍，负责荒料及矿山副产品的市场销售。

9.3.1.2 根据矿山产品特点，确定矿山产品的产品营销方式（直销、代销、赊销等）以及销售架构。

9.3.1.3 制定销售组织管理制度、销售人员工作准则。

9.3.1.4 制定销售激励政策。

9.3.2 销售市场信息管理

9.3.2.1 制定荒料市场情报搜集、信息反馈等管理制度。

9.3.2.2 建立荒料销售档案管理规定。

9.3.3 销售市场开发管理

制定客户开发、关系维护和售后服务管理制度。

9.4 财务及成本管理

9.4.1 财务管理模式及制度

9.4.1.1 根据《中华人民共和国会计法》和《企业会计准则》的规定建立矿山的财务管理体系，制定相应的财务管理制度。

9.4.1.2 制定日常办公、差旅、补助等报销制度。

9.4.2 固定资产管理

9.4.2.1 建立以财务部门为核心的，联手基建、后勤、设备等部门的固定资产管理体系。

9.4.2.2 建立固定资产的计划、购置、验收、登记、领用、使用、维修、报废等全过程的管理制度。

9.4.2.3 建立固定资产年度管理报告制度。

9.4.3 资金管理

9.4.3.1 根据年开采计划制定年度资金使用计划。

9.4.3.2 制定包括用款申请、审批、监控等管理制度在内的资金运行管理规定。

9.4.4 成本管理

内容包括：

——生产成本统计汇总；

——成本核算及分析；

——降低成本措施的提出和落实；

——成本财务数据的分析、处理及实施。

9.5 档案管理

9.5.1 档案资料室

档案资料室应负责收集、整理、存档包括行政文书、生产、技术、质检、安全、证照及合同协议等项目在内的全部矿山档案资料。

9.5.2 档案管理制度

建立包括生产、技术、质量、安全等项目在内的（包括电子资料、实物资料）所有资料的管理及归档制度，配备相应的档案管理人员。

9.6 培训及考核

9.6.1　生产技能培训

9.6.1.1　建立矿山技能培训和考核机构，制定矿山培训、考核计划。

9.6.1.2　建立矿山生产管理人员的管理技能培训和专业技能培训制度。

9.6.1.3　建立矿山生产操作人员的工作技能及操作技能培训制度。

9.6.1.4　建立与上述技能培训相配套的考核制度。

9.6.2　专业技术培训

9.6.2.1　应建立专业技术人员的业务培训、进修和考核管理机制。

9.6.2.2　建立专业技术总结、研讨和交流的制度。

9.6.2.3　建立专业技术职级晋升管理机制。

9.6.3　质量培训

9.6.3.1　制定矿山质检人员业务培训、进修及考核管理制度。

9.6.3.2　制定矿山生产人员的质量培训及定期考核管理制度。

9.6.4　安全培训

9.6.4.1　建立矿山全体员工的安全生产教育、培训、考核制度。

9.6.4.2　制定矿山生产作业人员职业卫生和职业病防护教育制度。

9.6.4.3　制定矿山特种作业人员、矿山救护人员的技术培训、安全操作资格培训及考核管理制度。

参 考 文 献

[1]　AQ2005—2005　金属非金属矿山排土场安全生产规则
[2]　AQ2007.1—2006　金属非金属矿山安全标准化规范　导则
[3]　AQ2007.2—2006　金属非金属矿山安全标准化规范　地下矿山实施指南
[4]　AQ2007.3—2006　金属非金属矿山安全标准化规范　露天矿山实施指南
[5]　AQ2007.4—2006　金属非金属矿山安全标准化规范　尾矿库实施指南
[6]　AQ2007.5—2006　金属非金属矿山安全标准化规范　小型露天采石场实施指南

石材护理技术规范 CSBZ 004—2016

1 范围

本标准规定了石材护理施工的术语和定义、材料、工具和设备、工艺流程、施工要求、检测方法及质量评定等。

本标准适用于建筑装饰用天然石材、合成石材及混凝土地坪的护理施工。

2 规范性引用文件

下列文件对于本文件的应用是必不可少的。凡是注日期的引用文件，仅所注日期的版本适用于本文件。凡是不注日期的引用文件，其最新版本（包括所有的修改单）适用于本文件。

GB/T 13890—2008　天然石材术语

GB/T 13891—2008　建筑饰面材料镜向光泽度测定方法

GB/T 32837—2016　天然石材防护剂

GB 50325　民用建筑工程室内环境污染控制规范

JC/T 1050—2007　地面石材防滑性能等级划分及试验方法

JCG/T 60001—2007　天然石材装饰工程技术规程

3 术语和定义

GB/T 13890—2008 界定的及下列术语和定义适用本标准。

3.1 一般术语

3.1.1 合成石材　agglomerated stone

以天然石材的碎石或粉末为骨料，用树脂或水泥的混合物等为粘结剂粘合在一起，经过一定的加工工艺，仿照天然石材的性能而制成的人造装饰材料。

3.1.2 石材护理　stone care

石材防护和石材日常保养维护，石材清洗病变治理和石材表面处理技术的统称。

3.1.3 石材护理工　stone care worker

从事石材护理工作的技术工人。

3.1.4 石材表面处理　stone re-surfacing process

提高装饰石材表面性能和装饰效果，对石材表面所进行的物理、化学处理工艺的统称。

3.1.5 石材防护　stone protection

防止天然石材产生白华、水斑、锈斑等病变现象，能够有效降低石材的吸水率，提高石材耐污性和耐蚀性的处理过程。

3.1.6 石材清洗　stone cleaning

利用物理或化学方法，或理化结合方法，对石材污染和病变进行治理的过程。

3.1.7 整体研磨 refinishing and polishing

对安装完成后的石材进行整体表面磨削处理,以有效地消除石材安装的缺陷,消除接缝高低差,提高石材装饰面的整体平整度和光泽度。

3.1.8 再结晶处理 recrystallized process

在机械的作用下借助磨擦产生的热量,使专用化学材料与石材表层结合或发生化学反应,生成新的更为坚硬致密的共混结晶层,以提高石材的光泽度和耐磨性。

3.1.9 石材翻新 stone restoration

用物理或化学方法,或理化结合的方法对已安装的石材进行表面处理,使污染、风化、失光、陈旧、破损的石材表面恢复到新的表面状态。

3.1.10 无缝化处理 seamless process

对装饰材料(如:石板材、地板砖、人造石、水磨石块等)的拼接缝,用填补、研磨、抛光等工艺处理,以提高装饰的整体效果。

3.1.11 日常护理 stone daily maintenance

将石材护理技术应用于石材日常清洁、保养、维护工作中。

3.2 石材防护术语

3.2.1 石材防护剂 stone sealer

能有效降低石材吸水率,提高石材耐污性和耐蚀性的材料,以防止石材发生病变和污染。

3.2.2 水剂型防护剂 water base sealer

以水为分散介质的防护剂。

3.2.3 溶剂型防护剂 solvent base sealer

以有机溶剂为分散介质的防护剂。

3.2.4 渗透型防护剂 impregnator

有较强浸润和渗入石材内部能力的石材防护剂。

3.2.5 底面型防护剂 back side sealer

用于石材底面和侧面的防护剂。

3.2.6 饰面型防护剂 surface sealer

用于石材装饰面的防护剂。

3.2.7 密封型防护剂 coating

在石材表面形成不透气密封层的防护剂。

3.2.8 增光护理剂 gloss finish sealer

具有增加石材光亮效果的护理材料。

3.2.9 润色增艳防护剂 enhancer sealer

对石材防护处理后,增加石材颜色的色饱和度效果的防护剂。

3.2.10 氟硅防护剂 fluorosilicone sealer

含有氟和硅元素的有机化合物防护剂。

3.2.11 防护剂的饱和吸收 saturated absorption of sealer

在温度25℃、湿度70%、自然通风条件下,防护剂润湿石材表面20min的使用量。

3.2.12 防护剂重涂性 repeated capacity of sealer
石材涂刷防护剂后再次涂刷防护剂的难易程度。

3.2.13 防护剂的耐候性 U.V. resistance sealer
指石材防护剂涂刷以后抵抗各种自然环境因素（如紫外线、酸雨等）破坏的能力。

3.2.14 防护剂的防污性能 stain proof sealer
指石材防护处理后，防止各种污染的能力。

3.3 石材污染及病变术语

3.3.1 石材污染 stone contamination
影响石材装饰效果的黏附在石材表面或渗透到石材微孔中的各种污染现象。

3.3.2 石材病变 stone problems
各种自然因素或人为因素造成的影响石材外观、内在品质或使用功能的现象。例如锈斑、水斑、盐斑、白华、有机物色斑、油斑、失光、退色、增色、起甲、粉化等。

3.3.3 石材泛碱 release carbonate residue
可溶性盐碱通过石材毛细孔吸收或迁移到达石材表面，结晶析出形成的白色花纹或花斑。

3.3.4 石材白华 stone efflorescence-white powdery
石材安装后，砂浆成分从石材拼接缝隙中渗出，在石材表面留下的白色含钙物质。

3.3.5 石材水斑 stone water marks
可溶性盐碱和砂浆中的凝胶成分渗入石材，在石材表面产生的不易自然干燥的湿痕。

3.3.6 石材锈斑 stone rust stain
石材中或渗入石材的含铁物质发生氧化反应，在石材表面形成的黄色或黄褐色的斑痕。

3.3.7 石材风化 stone efflorescence
石材受环境因素作用和侵蚀，使石材受到破坏的现象。如失光、变色、粉化、破碎、溶蚀等。

3.3.8 石材油斑 stone oil stain
油脂类物质渗入石材表面层形成的斑痕。如动植物油、润滑油和树脂等的污染。

3.3.9 石材色斑 stone colour stain
有色物质渗入石材表面层形成的有色斑痕。如茶水、咖啡、可乐、彩布条、烟蒂、墨水、金属氧化物等的污染。

3.4 石材清洗术语

3.4.1 石材物理清洗 mechanical & high pressure water jet cleaning
利用机械和力学原理，对石材的污染和病变进行治理的方法，如研磨、水喷射、蒸汽清洗、粒子喷射、激光清洗等。

3.4.2 石材化学清洗 chemical cleaning
利用化学品的作用，清除石材污染物的清洗技术，化学品的作用包括化学作用，如酸碱反应；物理作用，如吸附或溶解；生物化学作用，如酶分解等。

3.5 石材护理机械和磨料磨具术语

3.5.1 石材研磨机 stone repolishing machine
指可移动式的具有研磨功能的机械。

3.5.2 桥式研磨机 arm polishing machine
指具有力臂支撑能力的研磨机,俗称牛机。

3.5.3 多头研磨机 planetary grinding machine
具有两个或两个以上研磨磨头相对运转的研磨机。

3.5.4 单盘机 multi-functional polishing machine
具有一个研磨盘,同时具有清洗、研磨、抛光、结晶等多功能的机械。

3.5.5 手提切割机 marble cutting machine
用于切割石材或接缝的手提电动工具,又称云石机。

3.5.6 角向磨光机 hand polisher
可用于石材切割、磨抛边角位置的便携式电动工具,简称角磨机。

3.5.7 吸尘吸水机 cleaner
具有吸尘和吸水双重功能的电动一体式机械。

3.5.8 工业吸尘器 industrial cleaner
具有强大吸尘及防爆功能的分体或一体式吸尘机械。

3.5.9 磨料 polishing material
用于制作研磨工具的材料,分普通磨料和超硬磨料。

3.5.10 磨具 polishing tool
用磨料和结合剂制成的研磨工具。

3.5.11 磨块 polishing bulk
用磨料和硬质结合剂(如:菱苦土、氧化铝粉等)压制而成的块状或柱状的磨具。

3.5.12 研磨片 resin bond polishing disc
用磨料和结合剂混合压制,具有一定厚度的磨具,呈片状,包括硬片、软片,又称翻新片。

3.5.13 抛光片 polishing disc
用磨料(粒度1000～3000♯)和结合剂混合压制,具有抛光性能的研磨片。

3.6 石材护理辅助产品术语

3.6.1 云石胶 marble glue
用于石材加工护理时的修补、填补、定位、粘接的一种双组分非结构承载的胶粘剂,主要成分为不饱和聚脂树酯和固化剂。

3.6.2 填缝剂 grouts
以水泥基、树脂基为主要成分,用于接缝填补处理的填缝材料。

3.6.3 清缝片 cutting disc 0.2～0.5mm
用于清理石材接缝的刀具,和手提切割机或角磨机配合使用,一般片径在60～110mm,片厚不大于0.5mm。

3.6.4 切缝片 cutting disc 0.5～1.2mm
用于切割石材拼接缝的刀具,和手提切割机配合使用,一般片径100～110mm,片厚一般大于0.5mm。

3.6.5 结晶粉 crystallizer powder
含有化学成分和微细研磨成分,在摩擦作用下能与石材矿物质发生反应,生成共混结晶成分的粉状物，又称抛光粉。

3.6.6 结晶剂 crystallizer liquid

含有化学成分、微细磨料及树脂，在摩擦作用下能与石材矿物质发生反应，生成共混结晶成分的液态或浆状物质。

3.6.7 抛光垫 polishing pad

用树脂纤维和微细磨料制成的具有抛光性能的软质垫。

3.6.8 钢丝棉 steel wool

采用钢材拉制成的，具有抛光作用的纤维状材料。

4 石材防护要求

4.1 一般要求

4.1.1 室内外采用干挂、湿贴、挂贴等作业法安装施工的花岗石板材、大理石板材、砂岩板材、石灰石板材、板石板材、人造石板材等在施工前应进行防护施工。

4.1.2 防护施工宜在石材产品出厂前进行，也可在安装施工现场进行。安装施工中应对新裁切的石材侧面进行防护和养护施工后方可进行安装。

4.1.3 石材因病变治理进行清洗或整体打磨后应按照本节内容进行防护施工。

4.2 材料要求

4.2.1 防护剂应满足下列要求：

1）根据设计要求和石材防护目的，选择适当的防护剂产品；

2）防护剂产品的质量应符合 GB/T 32837—2016 标准的规定；

3）防护剂应有合格证及有效期内的检测报告、使用说明书，进口产品应有中文说明（包括：产地、生产商、生产日期、使用说明、国内代理厂商等内容）、报关单、商检单；

4）防护剂的有害物质含量应满足 GB 50325 的规定；

5）防护剂进场施工前，需核查防护剂厂牌、品种、型号、出厂日期，并开盖检查防护剂有无变色分层、漂油和沉淀。

4.2.2 石材应满足下列要求：

1）石材尺寸、平整度、光泽度及外观应符合设计及有关板材的质量标准；

2）有崩边、掉角、裂缝、孔洞应事先进行修补，有特殊要求的除外。

4.2.3 其他辅助材料应符合国家有关规定，并具有出厂合格证和使用说明书。

4.3 工具与设备要求

石材防护施工常备工具包括：铲刀、喷壶、毛刷、滚刷、毛巾、尘推杆、尘推支架、尘推套、扫帚、簸箕、水桶、水勺、涂水器等工具和设备。

4.4 施工流程

防护施工流程图如下：

施工前检查 → 制作防护实验样板 → 制定施工方案 → 石材码放 → 石材清洁 → 石材清洗 → 石材干燥 → 防护处理 → 质量检验

4.5 施工要求

4.5.1 施工前应作如下检查：

1）石材病变情况（如泛碱、水斑、色斑、污染等），如有病变，应先解决病变，并进行清洗；

2）石材的各种修补、开槽、特殊表面处理均已完成，外形、尺寸应符合设计要求；

3）有背部加强网的石材，应检查背网与石材的粘结强度，如粘结牢固，可不铲背网；

4）石材防护作业，应通风良好，无雨水、无粉尘，温度5～35℃，溶剂防护剂涂刷时应远离火源。

4.5.2 施工前，应将选定的防护剂与被防护的石材进行小样试验，以检验产品的可靠性，确保防护效果。

4.5.3 制定施工方案：

1）根据石材的理化性能、使用部位、所预防的污染源和防护实验样板选择相应的防护剂产品，制定施工方案和作业指导书；

2）对于有背胶的石材应选择专业的底面防护剂。

4.5.4 石材码放应符合下列要求：

1）石材应按架号或编号区分码放；

2）码放时，带好防护手套，需轻拿轻放；

3）如发生崩边、豁口和石材断裂应及时修复，不能修复时应更换石材；

4）摊铺平放石材时，应留有操作人员通道，石材与石材之间留有3cm以上间距，方便四边防护剂的涂刷。

4.5.5 石材干燥应符合下列要求：

1）石材应采用自然干燥或人工吹风方法干燥，不宜采用暴晒、火烤的方法干燥；

2）如石材干燥后温度过高应回温至35℃以下，方可进行防护作业；

3）石材干燥过程中应避免雨水淋湿、粉尘等污染。

4.5.6 石材清洁后石材表面应干净、干燥、无粉尘。

4.5.7 石材如有病变，应先治理病变，石材清洗施工应符合第5章的规定。

4.5.8 防护处理应符合下列规定：

1）依据防护样板决定涂刷顺序，在石材正面（装饰面）及侧边涂刷防护剂两遍：

（1）石材表层干燥后涂刷防护剂。防护剂涂刷可采用滚、涂、刷等方法，大面板先涂刷石材四周，然后涂刷中心部位，横竖方向各涂刷一遍，然后涂刷侧边。防护剂应均匀满涂，不得漏刷；

（2）防护剂的用量应满足石材的饱和吸收；

（3）按（1）程序进行第二遍涂刷，稍后擦去表面残留物和浮尘。

2）翻板：防护剂表面干燥后，即可进行翻板，翻板应轻翻轻放，不应损坏石材，依照原有架号码放，不应造成混乱，并清理背面；

3）按照1）程序涂刷底面防护剂两遍；

4）整理：按架号或编号架空码放整齐；

5）养生：石材涂刷防护剂后要有足够的养生时间。常态下养生48h（常态是指温度25℃湿度70%），温度每下降10℃，养生时间要增加到2至4倍。养生期间石材表面不应遇水或其他污染）。

4.5.9 质量检验应符合下列规定：

1) 检查石材各防护面是否有漏刷，如有应及时补刷；
2) 防护剂用量是否饱和，如没有应及时补刷；
3) 检查石材各防护面是否有痕迹及粉尘，如有应及时清理干净；
4) 防护剂的养生时间是否足够，如不够应继续养生；
5) 饰面防护剂的施工不应改变石材原有的颜色、纹理、表面加工效果（用户特殊要求除外）；
6) 底面防护后不得起皮，不得被锐物划伤；
7) 防护剂不应影响石材和背胶的粘结；
8) 底面涂刷防护剂的石材与基层应粘结牢固；
9) 防护剂的使用量应达到饱和吸收的指标。

4.6 施工检验

4.6.1 防护剂涂刷均匀程度检查方法采用水浸泡方法。

4.6.2 渗透防护剂渗入石材深度检查方法采用抽样沿对角线切开浸泡在水中的观测法。

4.6.3 防水性检查方法按照 GB/T 32837—2016 标准附录 A。

4.6.4 防污性检查方法按照 GB/T 32837—2016 标准附录 B。

4.6.5 与基层粘结强度检查方法按照 GB/T 32837—2016 标准附录 F。

5 石材清洗（病变治理）要求

5.1 一般要求

天然石材、人造石、水磨石等石材在出现了各种病变后应按本章要求进行处理。

5.2 材料要求

石材清洗（病变治理）产品包括石材清洗剂和各种辅助品，应符合下列要求：

1) 根据石材品种、饰面做法、石材污染源种类、污染物渗入情况以及客户要求选择石材清洗产品；
2) 清洗产品应有使用说明书、合格证；
3) 清洗产品使用前应检查清洗产品的类型，所选的清洗剂应符合 JCG/T 60001—2007 的有关规定。

5.3 工具与设备要求

清洗施工常备工具包括：铲刀、喷壶、毛刷、滚筒、毛巾、尘推杆、尘推支架、尘推套、扫帚、簸箕、水桶、水勺、涂水器等工具与设备。

5.4 施工流程

清洗施工流程图如下：

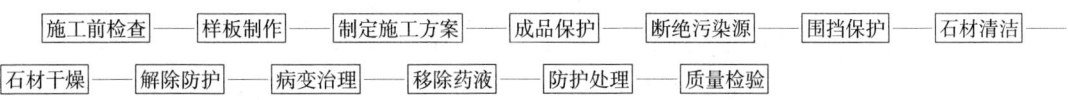

5.5 施工要求

5.5.1 施工前应作如下检查：

1) 石材品种、理化性能和面积；
2) 石材的铺贴位置，铺贴方式，是光面还是毛面；

3) 了解石材病变出现时间；
4) 了解石材病变的诱因及污染源；
5) 石材有没有涂刷过防护剂，防护剂的类型、品级；
6) 和客户沟通，询问治理要求，要达到的效果和结果，给出的治理时间，均应在合同中标明。

5.5.2 根据石材的品种、理化性能、材质状况，现场情况等，制作清洗样板，制定施工方案和作业指导书。

5.5.3 成品保护应符合下列规定：
1) 对于可移动的成品应移出施工区域；
2) 对于无法移动的成品，应使用白色的棉布、塑料膜或防撞板等进行包裹或遮挡：
（1）对于与病变石材相邻的不需要处理的石材遮挡保护；
（2）对施工区域周边药水可能接触到的建筑物、装饰物、花草树木、沟渠、土壤等遮挡保护；
（3）若现场因施工可能产生有害气体等，要做好全方位的成品遮挡保护（比如吊灯）；
（4）对于玻璃、木质、石材等物品易损的立面进行防撞保护。

5.5.4 根据石材病变的诱因，选择相应的方式进行隔绝污染源：
1) 石材水斑、泛碱、白华、水渍黄、锈黄等，要隔绝水源；
2) 石材油斑、油漆、色素、涂料等污染，要隔绝污染源。

5.5.5 清洁石材表面的杂物污垢，对需要清洗的石材面按照清洗剂的要求进行清洗。

5.5.6 石材干燥应符合下列规定：
1) 被处理的石材要保持干净、干燥，才能进行下一步处理；
2) 石材干燥应自然晾干，污染或潮湿严重的可采用干磨将石材表面孔隙打开后晾干。不应使用烘烤、高温、暴晒、火烤等干燥方法；
3) 干燥程度宜通过水份仪测试。

5.5.7 使用警示牌等挡住施工区域，防止人员误入造成石材损伤或污染。施工时，如有必要应拉起警戒线，并派专人守护。

5.5.8 解除防护应符合下列规定：
1) 对于做过防护的石材需进行防护解除，以保证药剂的渗入；
2) 应清楚防护剂具体的名称、类型、品级，以便解除；
3) 不清楚所使用的防护剂，应做小样进行排查，再进行解除。

5.5.9 病变治理（清洗）应符合下列规定：
1) 施工人员应戴好相应的防护用具（防护手套、口罩、护目镜等），并注意施工现场的通风换气；
2) 根据清洗剂的使用说明进行操作，一般分为涂刷法和敷贴法；
3) 产生的垃圾，按照产品要求进行处理。使用过氧化物清洗剂时，应准备塑料桶并加水，施工完成后施工废料应放入桶中，避免产生自燃；
4) 一旦施工损伤石材，应及时采取补救方法或更换石材；
5) 清洗剂存放，应远离火源、高温；
6) 施工时，应尽量减少用水量，做到量少次多地清洗，防止造成石材的二次污染；

7) 清洗剂接触皮肤或误服时，应及时进行清洗、就医。

5.5.10 用清水或中性药剂清洗，洗完后，在石材上滴点水，用pH试纸测试酸碱度，测试值应为中性。

5.5.11 防护处理应符合下列规定：
1) 对进行氧化还原处理过的石材，应作抗氧化处理；
2) 石材防护施工应符合第4章的规定。

5.5.12 质量检验应符合下列规定：
1) 石材清洗剂不应对石材造成污染、腐蚀、改变石材颜色，或其他形式的损害；
2) 石材清洗剂不应对石材产生内在破坏性影响，不应降低石材安全性能；
3) 治理后的石材应达到预期的效果（根据协议双方事先达成的共识，并以书面协议为准）。
4) 石材表面无尘土及附着物；
5) 石材表面无清洗剂残留。

5.6 检查方法

5.6.1 残留物检测方法采用pH试纸，润湿后贴敷石材表面，比色检查pH值。

5.6.2 石材安全性检测方法采用抽样，按石材有关试验方法标准进行。

5.6.3 除协议有特殊要求，其他项目测定均采用视觉识别方法，对看到的石材表面现象进行判定。

6 石材整体研磨要求

6.1 一般要求

6.1.1 整体研磨工艺适用于石材翻新处理，可保持石材亮丽如新的特色。

6.1.2 石材整体研磨工艺可作为石材施工安装的深化，可有效解决铺装过程中的高低差等安装质量问题。

6.1.3 整体研磨通常与防护、清洗和结晶处理工艺结伴进行，适用于大理石、花岗石、砂岩、石灰石、板石、可抛光人造石、水磨石、高温通体砖等地面。

6.2 材料要求

6.2.1 磨具应符合下列要求：
1) 采用菱苦土磨石、钻石磨片、金刚石磨块、陶瓷磨石、金属结合剂磨盘、碳化硅树脂磨石、金刚石软磨片、树脂结合剂磨盘等；
2) 磨具的号数通常分为30#、50#、150#、300#、500#、1000#、2000#、3000#系列，或30#、50#、100#、200#、400#、800#、1500#、3000#系列等，为叙述方便，本标准使用前一系列。

6.2.2 防护剂应符合4.2.1条的要求。

6.2.3 其他常用耗材包括：刀片、划针、碳刷、美纹纸、胶带、绝缘胶带、云石胶、固化剂、开缝片、成保膜等。

6.3 工具与设备要求

6.3.1 桥式研磨机或多头研磨机。

6.3.2 单盘机：石材单盘机的重量应在65kg以上，转速应在175r/min以上，动平衡要好、扭矩要大。

6.3.3 吸尘吸水机：马达功率 1000W 以上、容量 50～90L。

6.3.4 其他常用设备：楼台机、走边机、手抛机（可调速）、水磨机、开缝机、雕刻机等。

6.3.5 常用工具：螺丝刀、铲刀、油灰刀、喷壶、毛刷、毛巾、尘推、玻璃刮、涂水器、内六角扳手、活动扳手、闭口扳手、开口扳手、开缝机扳手、老虎钳、测电笔、万能表等。

6.4 施工流程

整体研磨施工流程图如下：

地面检查 — 样板制作 — 制定施工方案 — 成品保护 — 干磨、清理（可选）— 防护处理 — 开缝、补胶 — 粗磨整平 — 板面修补 — 细磨、精磨 — 防护处理 — 清场整理 — 质量检验

6.5 施工要求

6.5.1 施工前应进行下列检查，以书面形式记录并提交甲方：

1) 所需处理石材的品种、理化性能、材质状况等；
2) 石材所处环境，湿法铺装养生期不少于 28 天；
3) 石材平整度情况；
4) 石材空鼓情况；
5) 石材孔洞、裂纹（明裂、暗裂）、划痕、修补情况；
6) 石材破损、缺角等情况；
7) 石材病变情况（如泛碱、水斑、色斑等），应先解决病变再进行整体研磨施工，石材清洗施工应符合第 5 章的规定；
8) 石材防护情况，有无防护处理，具体的防护剂；
9) 石材缝隙黑缝，胶体变色、塌陷、脱落等情况。

6.5.2 应根据石材的品种、理化性能、材质状况等，制作研磨样板，制定施工方案和作业指导书。

6.5.3 成品保护应符合下列规定：

1) 对于可移动的成品应移出施工区域；
2) 对于无法移动的成品，进行用白色的棉布、塑料膜或防撞板等进行包裹或遮挡：
（1）对于相邻的不需要处理的石材遮挡保护；
（2）对于玻璃、金属、木质、涂料面等立面，木质、地毯、玻璃、金属、地插等地面，进行防水保护；
（3）施工区域周边药水可能接触到的建筑物、装饰物、花草树木、沟渠、土壤遮挡保护；
（4）现场因施工可能产生有害蒸汽，应做好全方位的成品遮挡保护（比如吊灯）；
（5）对于玻璃、木质、石材等易损的立面进行防撞保护；
（6）被处理石材不应进行密封性遮挡。

6.5.4 干磨、清理应符合下列规定：

1) 将地面石材清洁干净；
2) 根据石材的实际需求选用相应的磨片；
3) 研磨至板面无光泽。30♯、50♯研磨距离墙、柱、边 15cm，150♯研磨距离墙、柱、

边 5cm；

4) 研磨后，清理灰尘。

6.5.5 防护处理应符合下列要求：

1) 防护剂应符合 GB/T 32837—2016 标准 A 级品的要求；
2) 缝合线丰富的石材应选用溶剂型防护剂，其他可选择水剂型防护剂；
3) 涂刷前，将石材清理干净、干燥；
4) 涂刷时，用毛头或滚刷涂刷均匀；
5) 防护剂应在板面保持 20～40min 不干，满足石材的饱和吸收；
6) 涂刷后，常态下养生 48h（常态是指温度 25℃ 湿度 70%）。温度每下降 10℃，养生时间要增加到 2 至 4 倍。养生期间石材表面不应遇水或其他污染，养生完成后方可作其他施工。

6.5.6 开缝和补胶应符合下列规定：

1) 缝隙两边清理干净，切割片的厚度应根据石材间的缝宽来决定。依缝选片，取宽弃窄；
2) 切缝应保持一定的深度（3～5mm），留有足够的补胶深度；
3) 凡切割不到或者不规则的缝隙用划针或雕刻机处理；
4) 对于正在经营的场所应使用无尘开缝工艺；
5) 调胶应采用以胶调胶的原则，达到需要的颜色；
6) 胶在补缝前加入适量的固化剂，控制调胶量，避免浪费或质量下降；
7) 保证足量的胶补入缝隙中，并且补入缝隙的胶应鼓出板面。

6.5.7 粗磨应符合下列规定：

1) 根据地面石材的实际需求选用相应的磨片作为起始磨片；
2) 使用 30～150♯ 磨具，消除地面剪口、高低差及变形现象；
3) 粗磨应使用硬片进行研磨处理，提高石材的平整度；
4) 剪口整平不应低于整体平面。

6.5.8 对于板面的较小的裂纹、破损、孔洞、划痕等现象，在研磨 150♯ 时进行修补。

6.5.9 细磨应符合下列规定：

1) 使用 300♯ 磨具消除粗磨时产生的划痕，板面开始回色；
2) 使用 500♯ 磨具对板面细纹、晶体间隙进行修复。

6.5.10 精磨应符合下列规定：

1) 使用 1000～3000♯ 磨具进行研磨抛光处理，根据实际情况调整磨具的使用；
2) 精磨时，宜使用水磨软片进行研磨抛光处理，以提高石材板面的光泽度和清晰度。

6.5.11 防护处理应符合下列规定：

1) 防护剂应符合 GB/T 32837—2016 标准 A 级品的要求；
2) 防止石材在后期使用过程中受到污染从而引发石材的病变，影响石材的装饰效果；
3) 应涂刷溶剂型防护，如后续需要抛粉，在抛粉结束后再涂刷防护剂；
4) 养生期间石材表面不应遇水或其他污染。

6.5.12 清场整理应符合下列规定：

1) 拆除部分成品保护，如需后续施工保留必要的保护即可；

2) 将现场清洁干净、干燥，污水、垃圾处理干净；
3) 相应人员、设备、材料、工具等撤离现场。

6.5.13 质量检验应符合下列规定：
1) 整体平整度应符合：
（1）在施工范围内的整体平整度每 2m 不大于±1 mm；
（2）两块板材之间的高低落差（剪口）的平整度每 20 cm 内为±0 mm；
（3）被检测面应离墙、边、柱、角或其他阻挡物 15 cm 以外进行。
2) 整体板面视觉效果：
（1）距 0.5m 处目视，在顺光、逆光、正视、侧视下观察不能有明显磨痕或暗磨痕；
（2）距 0.5m 处目视，不能有可见整体研磨时产生的崩边锯齿状或磨痕；
（3）距 1.5m 处目视，不能有孔洞、凹陷、裂纹；
（4）距 1.5m 处目视，不能有黑缝、跳胶、断裂；
（5）边角及磨过与未磨过交接处，平整度过渡平缓，不应留有明显的凹痕及交接痕，光泽度与大面保持基本一致；
（6）距离施工面 2~3m 以外，顺光移动目视观测下，不能有明显的波浪状；
（7）施工完成后，板面不能有灼烧的痕迹；
（8）石材不应出现由施工产生的泛碱、水斑、黄变、锈变、污渍等病变现象。

6.6 检查方法

6.6.1 平整度测定方法：用 2m 靠尺，在 2m 范围内作米字形测量，在高低点落差用塞尺测量落差并记录数据；重复上述步骤，测定整体平面。

6.6.2 局部高低差（剪口）测定方法：主要测定石材拼装接缝处的高低差别，用 20cm 的靠尺，靠压在接缝处的高点，用塞尺测量落差并记录数据。

6.6.3 其他测定方法：均采用视觉识别方法，对看到的石材表面现象进行判定。

7 再结晶处理要求

7.1 一般要求

7.1.1 再结晶处理工艺适用于大理石、花岗石、砂岩、石灰岩、板岩、可抛光人造石、水磨石等地面石材，以修复表面受到的磨损，改善石材的表面耐磨性，提高硬度、光泽度、防滑能力。

7.1.2 再结晶处理工艺前通常需要整体研磨和防护等工艺，有病变时还需要清洗处理。

7.2 材料要求

7.2.1 石材结晶剂应符合下列规定：
1) 根据设计要求合理选择相应的结晶剂；
2) 石材结晶剂的使用应按照说明书正确使用；
3) 石材结晶剂应有合格证、生产日期及使用说明书；
4) 进口产品应有中文说明，包括：产地、生产商、生产日期、使用说明、国内代理厂商等内容；
5) 所选用的石材结晶剂中的有害物质含量，应满足 GB 50325 的规定。

7.2.2 钢丝棉：分为 0♯、1♯ 普通钢丝棉和 1♯ 不锈钢钢丝棉等，钢丝棉不可有杂丝、杂质、生锈和发黑等现象。

7.2.3 打磨垫：马毛垫、白垫、红垫，硬度应适合，不可掉色。

7.2.4 常用其他耗材：刀片、碳刷、美纹纸、胶带、绝缘胶带、云石胶、固化剂、开缝片、成保膜等。

7.3 工具与设备要求

7.3.1 单盘机：重量应在65kg以上，转速应在300r/min以下，动平衡要好，扭矩要大。

7.3.2 吸尘吸水机：马达功率1000～1200W，转速1500r/min，容量50～70L。

7.3.3 常用工具：螺丝刀（一字起、十字起）、铲刀、油灰刀（4寸、1.5寸）、空瓶子（废饮料瓶）、喷壶、毛刷、毛巾、尘推杆、尘推支架、尘推套、扫帚、簸箕、玻璃刮、水桶、水勺、划针、电线等。

7.3.4 常用配电设备：内六角扳手、活动扳手、闭口扳手、开口扳手、开缝机扳手、老虎钳、测电笔、万能表等。

7.4 施工流程

再结晶处理施工流程图如下：

地面检查 —— 样板制作 —— 制定施工方案 —— 成品保护 —— 清洁工作面 —— 再结晶处理 —— 清场整理 —— 质量检验

7.5 施工要求

7.5.1 施工前应进行下列检查，以书面形式记录并提交甲方：

1）石材的品种、理化性能、材质状况等；

2）石材所处环境；

3）石材孔洞、裂纹（明裂、暗裂）、划痕、修补情况；

4）石材破损、缺角等情况；

5）石材病变情况（如泛碱、水斑、色斑等），如有病变应先解决病变，石材清洗施工应符合第5章的规定；

6）石材缝隙黑缝，胶体变色、塌陷、脱落等情况；

7）经过整体研磨的石材要达到整体研磨验收的标准，参照第6章的规定；

8）满足无明显划伤、无破损、无风化，且表面光泽度不小于50光泽单位（Gs）；

9）达不到研磨标准的或未进行研磨处理的地面，需要进行研磨处理，研磨施工符合第6章的规定。

7.5.2 应根据石材的品种、理化性能、材质状况等，制作样板，制定施工方案和作业指导书。

7.5.3 成品保护应符合6.5.3的规定。

7.5.4 清洁工作面，保证石材地面干燥、无污染、无灰尘、无粘结胶等。

7.5.5 再结晶处理应符合下列规定：

1）应根据实际需求进行选择使用结晶材料；

2）含钙量较多的石材，可使用结晶粉进行处理；

3）钢丝棉抛光应使用0#、1#普通钢丝棉和1#不锈钢钢丝棉等抛光；

4）再结晶处理每遍的间隔时间最少15min。

7.5.6 清场整理应符合下列规定：

1）拆除所有成品保护；

2）其余应符合 6.5.12 的要求。

7.5.7 质量检验应符合如下规定：

1）再结晶处理后，应能够修复石材表面的细小划痕，石材目测应光润透泽，能够清晰地反映物体；

2）经过再结晶处理的石材表面防滑性应符合 JC/T 1050—2007 标准中安全的要求，见表2、表3中安全以上等级的规定；

表 2　防滑性能划分为三个等级

防滑等级	不安全	安全	非常安全
防滑系数	小于 0.50	0.50～0.79	不小于 0.80

表 3　地面防滑性能一般要求

使用范围	防滑系数	
	干燥	湿润
水平地面	不低于 0.50	不低于 0.50
斜坡地面	不低于 0.80	不低于 0.80

3）再结晶处理不可改变石材颜色，表面无石材结晶剂痕迹，无钢丝棉痕迹、磨痕和划伤等，整体干燥、干净，光泽度、清晰度统一；

4）再结晶处理应能够提高石材表面光泽效果；

5）石材达到再结晶前光度标准的，再结晶后，应达到以下光泽度要求：

（1）花岗石的光泽度应达到 80（Gs）以上；

（2）大理石的光泽度应达到 75（Gs）以上；

（3）微晶石的光泽度应达到 80（Gs）以上；

（4）人造合成石的光泽度应达到 70（Gs）以上；

（5）水磨石的光泽度应达到 60（Gs）以上；

（6）陶瓷砖的光泽度应达到 70（Gs）以上；

（7）特殊情况及特殊石材光泽度由双方协商决定。

7.6 检查方法

7.6.1 光泽度测定方法：按照 GB/T 13891—2008 标准方法，采用镜向光泽度测光仪，按仪器说明书，校正标准光泽度，在处理石材表面每 100 m² 测 10 个测点，将测点数据相加除以 10，得出平均光泽度数据。

7.6.2 地面石材防滑测定方法：按照 JC/T 1050—2007 标准要求进行。

7.6.3 其他测定方法：均采用视觉识别方法，对看到的石材表面现象进行判定。

8　石材日常维护及保养要求

8.1 日常维护及保养中再结晶处理

8.1.1 材料要求

参照第 7 章的要求。

8.1.2 工具与设备要求

参照第 7 章的要求。

8.1.3 施工流程

施工流程图如下：

地面检查 —— 样板制作 —— 制定施工方案 —— 具体施工 —— 清场整理 —— 质量检验

8.1.4 施工要求

8.1.4.1 施工前应进行下列检查，以书面形式记录并提交甲方：

1）所需处理石材的品种、理化性能、材质状况等；

2）石材所处环境，人流量、磨损情况等；

3）石材病变情况（如：泛碱、水斑、色斑等），如有病变应先解决病变，石材清洗施工应符合第 5 章的规定；

4）经过整体研磨的石材要达到整体研磨验收的标准，具体参照第 6 章的规定；

5）未进行整体研磨过的石材，或经过整体研磨过后，有一段时间没有进行过正常的日常保养维护的石材，应满足无划伤、无破损、无风化，且表面光泽度不小于 50 光泽单位（Gs）；

6）需要进行研磨处理的石材，研磨施工符合第 6 章的规定。

8.1.4.2 应根据石材的品种、理化性能、材质状况等，制作样板，制定施工方案和作业指导书，包括使用的材料、具体施工方法、保养的周期等。

8.1.4.3 具体施工要求如下：

1）成品保护：可参照 6.5.3 要求；

2）清洁工作面：推尘，石材必须干燥、无污染、无灰尘等；

3）再结晶处理：

(1) 作业时应注意作业场所的通风换气和流动人员的安全；

(2) 长期保养应注意变换使用结晶剂（粉、膏、浆、块）和打磨介质（钢丝棉、打磨垫）；

(3) 其他可参照第 7 章的规定。

4）清场整理按照 7.5.6 要求进行。

8.1.4.4 质量检验可参照第 7 章的规定。

8.1.5 检查方法

可参照第 7 章的规定。

8.2 日常维护与保养中清洁、保护

8.2.1 材料

8.2.1.1 防控地垫：强力刮沙除尘地垫、强力刮沙除尘吸水地垫、强力吸水吸油地垫。

8.2.1.2 尘推、静电吸尘液、中性清洗剂等。

8.2.2 工具与设备要求

8.2.2.1 吸尘吸水机：马达功率 1000～1200W、转速 1500r/min、容量 50～70L。

8.2.2.2 常用工具：铲刀、喷壶、毛刷、毛巾、尘推杆、尘推支架、尘推套、扫帚、簸箕、玻璃刮、水桶、水勺、电线等。

8.2.3 施工流程

施工流程图如下：

地面检查 —— 制定施工方案 —— 具体施工 —— 质量检验

8.2.4 施工要求

8.2.4.1 地面应作如下检查：

1）所需处理石材的品种、理化性能、材质状况等；

2）石材所处环境、人流量、磨损情况；

3）石材病变情况（如：泛碱、水斑、色斑等），如有病变应先解决病变，石材清洗施工应符合第5章的规定。

8.2.4.2 应根据石材的特性，包括品种、理化性能、材质状况等，制定施工方案和作业指导书，包含使用的材料、具体的防护措施、日常清洁方法、清洁的周期等。

8.2.4.3 具体施工要求如下：

1）日常地面防控：千人流量的地面要做到不少于三级的防控系统：

（1）防控区域：大门前、大堂内等客流集中地、室内的卫生间和厨房出菜口及电梯前；

（2）防控地垫的选择：

——室外：千人流量情况下，强力刮沙除尘（开放式）尼龙地垫；

——室内：强力刮沙除尘吸水（尼龙）地垫；

——雨雪天专用地垫：强力吸水吸油地垫；

——厨房专用耐油酸橡胶防滑地垫及出菜口处专用强力吸水渗油地垫；

——卫生间门前强力除尘吸水地垫。

2）日常地面清洁：

（1）推尘是用尘推对各种地面的除尘；

（2）沿直线推尘，先从一侧开始，尘推不可离地，不可来回拖拽；

（3）推尘时，尘推罩每行要重叠1/4，以防漏推；

（4）视人流量定制出推尘的间隔时间；

（5）尘推使用前将静电除尘剂喷洒在尘推上，密封12h后，晾干使用；

（6）尘推保持干净、干燥，及时清洗。

3）日常地面注意事项：

（1）不可接触非中性物质；

（2）不可随意上蜡；

（3）不可乱用非中性清洁剂；

（4）不可长期覆盖地毯、杂物等；

（5）要常保持通风干燥、干净、清洁，若有污染应立即清除；

（6）要定期进行石材防护处理。

8.2.5 检查方法

采用视觉识别方法，对看到的石材表面现象进行判定。

树脂型人造石材生产工艺技术规范 CSBZ 005—2017

1 总则

1.0.1 为提高我国树脂型人造石材（简称"人造石材"）生产技术水平，促进人造石材生产企业不断提高产品质量，推动人造石材行业的健康发展，特制定本规范。

1.0.2 本规范适用于采用真空压制成型的人造石材生产工艺。

1.0.3 人造石材生产工艺除参照本规范之外，尚应符合国家有关安全生产、劳动保护、消防、卫生和环境保护标准的规定。

2 术语

2.0.1 人造石材 Agglomerated stone

以块状、粒状和/或粉状的石料为主要骨料，有机和/或无机粘合剂为主要胶粘材料，混合后，经真空加压震动成型、固化和加工等工序制成的材料，又叫合成石材。

2.0.2 树脂型人造石材 Resinous agglomerated stone

以树脂为粘合剂的人造石材。

2.0.3 岗石 Agglomerated marble

以碳酸盐类石料为主要骨料和填料的人造石材，又称人造大理石或合成大理石。

2.0.4 岗石大骨料 Big aggregate for agglomerated marble

主要成分为碳酸盐矿物的骨料，主要颗粒尺寸大于18mm。

2.0.5 岗石粗骨料 Coarse aggregate for agglomerated marble

主要成分为碳酸盐矿物的骨料，主要颗粒尺寸大于6mm，最大颗粒尺寸不大于18mm。

2.0.6 岗石细骨料 Fine aggregate for agglomerated marble

主要成分为碳酸盐矿物的骨料，最大颗粒尺寸不大于6mm。

2.0.7 石英石 Agglomerated quartz

以石英类石料为主要骨料和填料的人造石材。

2.0.8 粉料 Powder

最大颗粒尺寸不大于0.1mm的石料。

2.0.9 固化剂（引发剂） Curing agent

引发树脂发生固化反应的化合物。

2.0.10 促进剂 Accelerator

一种能够促进树脂聚合反应和降低固化温度的化合物。

2.0.11 阻聚剂 Polymerization inhibitor

一种阻止或减缓树脂交联反应进程的化合物。

2.0.12 偶联剂 Coupling agent

一种增强树脂与填充料粘结性能的化合物。

2.0.13 吸油率 Oil absorption rate

树脂与石粉混合后，树脂能将全部粉料包裹粘在一起时，单位质量的石粉的最低树脂用量，就是吸油率。

2.0.14 料态 State of mixture

树脂与石粉混合搅拌后的状态。

3 原料

3.1 一般规定

3.1.1 人造石材生产原料的选择，应遵循资源综合利用的原则，优先使用天然石材开采、加工和使用过程中产生的边角料或废弃料，以及生产和使用人造石材过程中的固体废弃物。

3.1.2 人造石材的原料应符合绿色、环保、健康的要求，所有原料应符合《建筑材料放射性核素限量》GB 6566—2010 中放射性 A 类要求，甲醛、苯、甲苯、二甲苯释放和铅、汞、镉、砷、六价铬溶出应符合国家相关要求。

3.1.3 人造石材的原料宜选择方便获取的材料，并且符合就近取材的原则。

3.1.4 人造石材生产厂家应制定原材料质量控制规程，对原材料宜按照《化工产品采样总则》GB/T 6678 和《计数抽样检验程序》GB/T 2828 的规定进行抽样检验，按规程进行验收。

3.2 树脂型岗石原料

3.2.1 树脂型岗石（简称"岗石"）所用石料应符合下列规定：

1 可根据岗石外观和性能要求，采用大骨料、粗骨料、细骨料和粉料。

2 岗石用石料，主要由以下原料经粉碎而成：

1）方解石、白云岩等碳酸钙或碳酸镁质矿物；
2）天然大理石矿山开采中产生的碎石边角料；
3）大理石产品生产与应用过程中的回收料。

3 岗石大骨料和粗骨料应符合下列规定：

1）宜根据板面需要，直接采用指定颜色和花纹的天然石料破碎至指定尺寸；
2）岗石大骨料和粗骨料应符合表 3.2.1-1 的规定。

表 3.2.1-1 岗石大骨料和粗骨料的要求

项目	技术要求	试验方法
外观	与标准板的花色风格基本一致，石块之间颜色基本一致，风化石块、异色石块较少，无泥砂、塑料、木材等杂质杂料	目测
尺寸	岗石大骨料的石块尺寸应符合板面的设计要求	目测
打板颜色	与供需双方确定的标准板底色及花色风格基本一致	按本规范第 5 章的流程试制小板后对比颜色
打板强度	细骨料≥16MPa； 粗骨料≥12MPa； 大骨料打板强度应符合供需双方的约定	按本规范第 5 章的流程试制小板后，按 JC/T 908 标准测试强度
可抛光性	石块抛光后光泽度应符合供需双方的约定	GB/T 13891

4 岗石细骨料应符合表 3.2.1-2 的规定。

表 3.2.1-2　岗石细骨料的要求

项目		技术要求	试验方法
外观		无杂色颗粒，不同批次外观颜色基本一致	目测
粒度	0.833mm	3.327mm 方孔筛筛余＝0； 2.262mm 方孔筛筛余≤5.0%； 0.351mm 方孔筛筛下≤30.0%； 0.246mm 方孔筛筛下≤5.0%	采用泰勒标准筛，按 GB/T 14684 试验
	0.351mm	2.262mm 方孔筛筛余＝0； 1.651mm 方孔筛筛余≤5.0%； 0.246mm 方孔筛筛下≤30.0%； 0.175mm 方孔筛筛下≤5.0%	
	0.246mm	1.651mm 方孔筛筛余＝0； 0.833mm 方孔筛筛余≤5.0%； 0.175mm 方孔筛筛下≤30.0%； 0.147mm 方孔筛筛下≤5.0%	
	0.175mm	0.833mm 方孔筛筛余＝0； 0.351mm 方孔筛筛余≤5.0%； 0.147mm 方孔筛筛下≤30.0%； 0.104mm 方孔筛筛下≤5.0%	
	0.147mm	0.351mm 方孔筛筛余＝0； 0.246mm 方孔筛筛余≤5.0%； 0.104mm 方孔筛筛下≤30.0%； 0.074mm 方孔筛筛下≤5.0%	
	其他粒度	由人造石材生产厂家与石料供应商协商确定	
含水量（%）		≤0.2	GB/T 3007
打板颜色		$\Delta E_{ab}^* \leq 2.0$	以供需双方共同确定的样板为标准板，来样按本规范第 5 章的流程试制小板后，按 GB 11942 测量色差

5　岗石用粉料应符合表 3.2.1-3 的规定。

表 3.2.1-3　岗石用粉料的要求

项目		技术要求		试验方法
外观		颜色纯正，无杂色颗粒。不同批次外观颜色基本一致		目测
白度		指定值	±2	GB/T 5950
粒度	D_{50}（μm）	指定值	±3	GB/T 19077.1
	D_{90}（μm）	指定值	±6	
含水量（%）		≤0.2		GB/T 3007

续表

项目	技术要求	试验方法
打板颜色	$\Delta E_{ab}^* \leq 2.0$	以供需双方共同确定的样板为标准板，来样按本规范第5章的流程试制小板后，按 GB 11942 测量色差
吸油率（%）	≤20	GB/T 19281

注：指定值是由粉料生产厂家和人造石材生产厂家约定的标准值。

6 其他骨料或粉料应符合下列规定：

1）可根据板面需要，适当使用上述主材以外的骨料或粉料；

2）其他骨料或粉料的使用以不影响加工性能和成品的物理化学性能为宜；

3）其他骨料或粉料包括氢氧化铝粉、碎玻璃和碎镜片等。氢氧化铝粉应符合表 3.2.1-4 的规定；碎玻璃、碎镜片应符合表 3.2.1-5 的规定。

表 3.2.1-4 氢氧化铝粉的要求

项目		技术要求		试验方法
外观		白色粉末状，无杂色颗粒。不同批次外观颜色基本一致		目测
含水量（%）		≤0.2		GB/T 3007
打板颜色		$\Delta E_{ab}^* \leq 2.0$		以供需双方共同确定的样板为标准板，来样按本规范第5章的流程试制小板后，按 GB 11942 测量色差
粒度	D_{50}（μm）	指定值	±3	GB/T 19077
	D_{90}（μm）		±5	
Al_2O_3 含量（%）		64～67		GB/T 4734

注：指定值是由氢氧化铝生产厂家和人造石材生产厂家约定的标准值。

表 3.2.1-5 碎玻璃和碎镜片的要求

项目		技术要求	试验方法
外观	无色玻璃	无色透明，无杂色颗粒，无胶皮、纸皮、塑料、树皮或泥沙等异物，不同批次之间颜色和透明度基本一致，表面不允许有明显裂纹	目测
	碎镜片	正面透明，背面白色或灰色，无杂色颗粒，无胶皮、纸皮、塑料、树皮或泥沙等异物，不同批次之间颜色和透明度基本一致，表面不允许有明显裂纹	
	有色玻璃	颜色与样板上的颗粒颜色一致，无杂色颗粒，无胶皮、纸皮、塑料、树皮或泥沙等异物，不同批次之间颜色和透明度基本一致，表面不允许有明显裂纹	
粒度		玻璃颗粒尺寸应符合板面的设计要求	目测

3.2.2 岗石用不饱和聚酯树脂应符合表 3.2.2 的规定。

表 3.2.2 岗石用不饱和聚酯树脂的要求

项目	技术要求		试验方法
外观质量	颜色与供需双方约定的标准样品基本一致；无杂物，无液体分层等异状		GB/T 8237
酸值（mg/KOH）	指定值	±3.0	GB/T 2895
固含量（%）		±2.0	GB/T 7193
25℃时黏度（Pa.s）		±20%	GB/T 7193
凝胶和固化时间（min）		±30%	GB/T 7193
巴氏硬度	25~50		GB/T 3854
发热峰（℃）	170~220		附录 A
热变形温度（℃）	≥45		GB/T 1634
密度（g/cm^3）	1.0~1.2		GB/T 15223
弯曲强度（MPa）	≥80		GB/T 2567
弯曲弹性模量（MPa）	≥2500		GB/T 2567
拉伸强度（MPa）	≥45		GB/T 2567
拉伸弹性模量（MPa）	≥2200		GB/T 2567
断裂伸长率（%）	≥3		GB/T 2567
冲击韧性（kJ/m^2）	≥7		GB/T 2567
耐候性	$\Delta E_{ab}^* \leq 2.0$		固化后的树脂样块，按 GB/T 16422.2 试验 24h 后，按 GB 11942 测量色差

注1：指定值是由树脂生产厂家和人造石材生产厂家约定的标准值。
注2：特殊用途的树脂各项技术要求由供需双方协商确定。

3.2.3 岗石用固化剂应符合表 3.2.3 的规定。

表 3.2.3 岗石用固化剂的要求

项目		技术要求	试验方法
外观		溶液无色透明，无气泡连续冒出	目测
混溶性	与体系的混溶性	无浑浊现象	在树脂中加入 2% 的固化剂，搅拌 1min 后目测
	与水的混溶性	不相溶，完全分层	与水以 1:1（W）的比例混合搅拌均匀后，静置 5min，目测
	与苯乙烯的混溶性	相溶，不分层	与苯乙烯以 1:1（W）的比例混合搅拌均匀后，静置 5min，目测
闪点（℃）		65~104	GB/T 267
含水量（%）		≤5	GB/T 6283
过氧化物有效氧含量（%）		9.0~11.5	GB/T 32102 中规定的碘化钾-室温检测方法
pH 值		5.0~6.5	pH 试纸
结晶性		无结晶体析出	在 -20℃ 下静置 24h 后目测

3.2.4 岗石用促进剂应符合表 3.2.4 的规定。

表 3.2.4 岗石用促进剂的要求

项目	技术要求	试验方法
外观质量	紫色液体，与留样颜色基本一致	目测
钴含量	≥0.70	GB/T 23367.1

3.2.5 颜料应符合下列规定：

1 色粉应符合表 3.2.5-1 的规定；

表 3.2.5-1 色粉的要求

项目		技术要求		试验方法
外观		与标准样品对比外观颜色一致		目测
粒度	D_{50}（μm）	指定值	±3	GB/T 19077
	D_{90}（μm）		±5	
含水量（％）		≤0.2		GB/T 3007
对树脂凝胶时间的影响		与标准样对比±20％		GB/T 7193
对树脂发热峰的影响		与标准样对比±5％		附录 A
打板颜色		$\Delta E_{ab}^* \leq 2.0$		以供需双方共同确定的样板为标准板，来样按指定组分、加入规定量的色粉，按本规范第 5 章的流程试制小板后，按 GB 11942 测量色差
耐候性		$\Delta E_{ab}^* \leq 2.0$		按本规范第 5 章的流程试制小板，按 GB/T 16422.2 试验 24h 后，按 GB 11942 测量色差

注：指定值是由颜料生产厂家和人造石材生产厂家约定的标准值。

2 色浆应符合表 3.2.5-2 的规定；

表 3.2.5-2 色浆的要求

项目	技术要求		试验方法
外观	与标准样品对比外观颜色一致		目测
密度（g/cm³）	指定值	±0.1	GB/T 15223
与无水乙醇的互溶性	无明显分层		与无水乙醇按规定的比例互溶，静置 3h 后观察
打板颜色	$\Delta E_{ab}^* \leq 2.0$		以供需双方共同确定的样板为标准板，来样按指定组分、加入规定量的色浆，按本规范第 5 章的流程试制小板后，按 GB 11942 测量色差
耐候性	$\Delta E_{ab}^* \leq 2.0$		按本规范第 5 章的流程试制小板，按 GB/T 16422.2 试验 24h 后，按 GB 11942 测量色差

注：指定值是由颜料生产厂家和人造石材生产厂家约定的标准值。

3 钛白粉应符合表 3.2.5-3 的规定。

表 3.2.5-3 钛白粉的要求

项目		技术要求		试验方法
外观		与标准样品对比外观颜色一致		目测
含水量（％）		≤0.2		GB/T 3007
粒度	D_{50}（μm）	指定值	±3	GB/T 19077
	D_{90}（μm）		±5	
TiO_2含量（％）		93～97		GB/T 1706
打板颜色		$\Delta E^*_{ab} \leq 2.0$		以供需双方共同确定的样板为标准板，来样按指定组分、加入规定量的色粉，按本规范第5章的流程试制小板后，按 GB 11942 测量色差
耐候性		$\Delta E^*_{ab} \leq 2.0$		按本规范第5章的流程试制小板，按 GB/T 16422.2 试验24h后，按 GB 11942 测量色差

注：指定值是由钛白粉生产厂家和人造石材生产厂家约定的标准值。

3.3 树脂型石英石原料

3.3.1 树脂型石英石（简称"石英石"）石料应符合下列规定：
 1 石英石用石料可采用石英砂、硅砂、花岗岩或废瓷砖磨成的粒料或粉料；
 2 不得使用碳酸盐类矿物作为石英石原料；
 3 石英砂应符合表3.3.1-1的规定；

表 3.3.1-1 石英砂的要求

项目		技术要求	试验方法
外观		纯色，无杂色颗粒。不同批次外观颜色基本一致	目测
粒度	2.262mm～4.699mm	4.699mm 方孔筛筛余≤2.0％； 2.262mm 方孔筛筛下≤30.0％； 1.651mm 方孔筛筛下≤5.0％。	采用泰勒标准筛，按 GB/T 14684 试验
	0.991mm～2.262mm	2.262mm 方孔筛筛余≤2.0％； 0.991mm 方孔筛筛下≤30.0％； 0.833mm 方孔筛筛下≤5.0％。	
	0.589mm～0.991mm	0.991mm 方孔筛筛余≤2.0％； 0.589mm 方孔筛筛下≤30.0％； 0.351mm 方孔筛筛下≤5.0％。	
	0.351mm～0.589mm	0.589mm 方孔筛筛余≤2.0％； 0.351mm 方孔筛筛下≤30.0％； 0.246mm 方孔筛筛下≤5.0％。	
	0.208mm～0.351mm	0.351mm 方孔筛筛余≤2.0％； 0.208mm 方孔筛筛下≤30.0％； 0.124mm 方孔筛筛下≤5.0％。	

续表

项目		技术要求	试验方法
粒度	0.124mm～0.208mm	0.208mm方孔筛筛余≤2.0%； 0.124mm方孔筛筛下≤30.0%； 0.088mm方孔筛筛下≤5.0%。	采用泰勒标准筛，按GB/T 14684试验
	其他粒度	由人造石材生产厂家与石料供应商协商确定	
含水量（％）		≤0.2	GB/T 3007
打板颜色		$\Delta E_{ab}^* \leq 2.0$；通透性符合要求	以供需双方共同确定的样板为标准板，按本规范第5章的流程试制小板后，按GB 11942测量色差
耐酸度（％）		≥99％	GB/T 8488

4 花岗岩碎料应符合表3.3.1-2的规定；

表3.3.1-2 花岗岩碎料的要求

项目		技术要求	试验方法
外观		应符合产品板面花色要求	目测
粒度	2.262mm～4.699mm	4.699mm方孔筛筛余≤2.0%； 2.262mm方孔筛筛下≤30.0%； 1.651mm方孔筛筛下≤5.0%	采用泰勒标准筛，按GB/T 14684试验
	0.991mm～2.262mm	2.262mm方孔筛筛余≤2.0%； 0.991mm方孔筛筛下≤30.0%； 0.833mm方孔筛筛下≤5.0%	
	0.589mm～0.991mm	0.991mm方孔筛筛余≤2.0%； 0.589mm方孔筛筛下≤30.0%； 0.351mm方孔筛筛下≤5.0%	
	0.351mm～0.589mm	0.589mm方孔筛筛余≤2.0%； 0.351mm方孔筛筛下≤30.0%； 0.246mm方孔筛筛下≤5.0%	
	0.208mm～0.351mm	0.351mm方孔筛筛余≤2.0%； 0.208mm方孔筛筛下≤30.0%； 0.124mm方孔筛筛下≤5.0%	
	0.124mm～0.208mm	0.208mm方孔筛筛余≤2.0%； 0.124mm方孔筛筛下≤30.0%； 0.088mm方孔筛筛下≤5.0%	
	其他粒度	由人造石材生产厂家与石料供应商协商确定	
含水量（％）		≤0.2	GB/T 3007
打板颜色		与标准板对比基本一致	按本规范第5章的流程试制小板后目测颜色
耐酸度（％）		≥99％	GB/T 8488

5 石英粉应符合表3.3.1-3的规定；

表3.3.1-3 石英粉的要求

项目		技术要求		试验方法
外观		白色粉状，无黑色、黄色等杂色颗粒。不同批次外观颜色基本一致		目测
白度		指定值	±2	GB/T 5950
粒度	D_{50}（μm）	指定值	±3	GB/T 19077
	D_{90}（μm）		±5	
含水量（%）		≤0.2		GB/T 3007
打板颜色		$\Delta E_{ab}^* \leq 2.0$；通透性符合要求		以供需双方共同确定的样板为标准板，来样按本规范第5章的流程试制小板后，按 GB 11942 测量色差
吸油率（%）		≤20，超细石英粉的吸油率可根据供需双方的约定		GB/T 19281
耐酸度（%）		≥99%		GB/T 8488
注：指定值是由石英粉生产厂家和人造石材生产厂家约定的标准值，一种牌号的石英粉只允许有一个指定值。				

6 其他骨料或粉料主要包括碎玻璃和碎镜片等硬度较高且能增加装饰效果的材料。碎玻璃、碎镜片应符合表3.2.1-5的的规定。

3.3.2 石英石用不饱和聚酯树脂应符合表3.3.2的规定。

表3.3.2 石英石用不饱和聚酯树脂的要求

项目	技术要求		试验方法
外观质量	颜色与供需双方约定的标准样品基本一致；无杂物，无液体分层等异状		GB/T 8237
酸值（mg/KOH）	指定值	±3.0	GB/T 2895
固含量（%）		±2.0	GB/T 7193
25℃时粘度（Pa.s）		±20%	GB/T 7193
凝胶和固化时间（min）		±30%	GB/T 7193
巴氏硬度	35～50		GB/T 3854
发热峰（℃）	190～240		附录A
热变形温度（℃）	≥50		GB/T 1634
密度（g/cm³）	1.0～1.2		GB/T 15223
弯曲强度（MPa）	≥85		GB/T 2567
弯曲弹性模量（MPa）	≥3000		GB/T 2567
拉伸强度（MPa）	≥50		GB/T 2567
拉伸弹性模量（MPa）	≥2800		GB/T 2567

续表

项目	技术要求	试验方法
断裂伸长率（％）	≥2.5	GB/T 2567
冲击韧性（kJ/m²）	≥7	GB/T 2567
耐候性	$\Delta E_{ab}^* \leq 2.0$	固化后的树脂样块，按GB/T 16422.2试验24h后，按GB 11942测量色差

注1：指定值是由树脂生产厂家和人造石材生产厂家约定的标准值。
注2：特殊用途的树脂各项技术要求由供需双方协商确定。

3.3.3 石英石用中温固化剂应符合表3.3.3的规定。

表3.3.3 石英石用中温固化剂的要求

项目		技术要求	试验方法
外观		溶液无色透明，无气泡连续冒出	目测
混溶性	与体系的混溶性	允许有丝状现象，不允许有浑浊	在树脂中加入2%的固化剂，搅拌1min后目测
	与水的混溶性	不相溶，完全分层	与水以1:1（W）的比例混合搅拌均匀后，静置5min，目测
	与苯乙烯的混溶性	相溶，不分层	与苯乙烯以1:1（W）的比例混合搅拌均匀后，静置5min，目测
含水量（％）		≤0.5	GB/T 6283
过氧化物有效氧含量（％）		7.0～9.0	GB/T 32102中规定的碘化钾-氯化铜催化试验方法
pH值		5.0～6.5	pH试纸

3.3.4 石英石用偶联剂应符合表3.3.4的规定。

表3.3.4 石英石用偶联剂的要求

项目	技术要求	试验方法
外观质量	无色透明液体	目测
纯度（％）	指定值±2.0	GB/T 9722
弯曲强度	按指定组分、加入树脂用量2%的偶联剂打板，弯曲强度≥35MPa	JG/T 463中规定的弯曲强度试验方法

3.3.5 石英石用颜料应符合本规范3.2.5条的规定。

4 组分

4.1 一般规定

4.1.1 组分表应包括下列内容：
  1 各原料的规格和用量；
  2 投料顺序；
  3 各原料的产地和生产厂家。

4.1.2 不同地域、不同厂家、不同花色及不同气候条件下的工艺配方各不相同,人造石材生产厂家应在保证质量的前提下,制定符合自身生产条件的工艺配方。

4.1.3 调配组分配方时宜保持试制工艺和条件不变。

4.1.4 产品颜色的配制宜采用在纯色原料的基础上添加其他色料或色浆调配的方法进行。

4.1.5 颜色配制的基本原则宜采用三基色原则。

4.2 组分的确定原则

4.2.1 石料和石粉的选择应符合下列规定:

1 岗石用石料的选择应符合下列规定:

1)大骨料宜根据标准板的花色选择相同颜色和纹理的天然石块状料,破碎成指定尺寸后使用;

2)细骨料和粉料宜选择纯色(纯白、纯黑等)石料,以红、黄和黑等颜料调配出指定的颜色;

3)选取符合板面要求的岗石用石料后,还应检测各项性能,其各项指标应符合本规范3.2.1条的相关规定。

2 石英石用石料的选择应符合下列规定:

1)石英砂和石英粉宜选用纯白石料,以红、黄和黑等颜料调配出指定的颜色;

2)普通石英石产品,宜根据环保和成本的要求,选择白度和透度一般的石英砂或石英粉;或根据指定板面的花色选择花岗岩回收碎料或玻璃料;

3)白度较高的板面,宜选择白度高的石英砂或石英粉;

4)对板面立体质感要求较高的产品,宜选用透明度较高的未风化石英矿物;

5)选取符合板面要求的石英石用石料后,还应检测各项性能,其各项指标应符合本规范3.3.1条的相关规定。

4.2.2 石料和石粉用量的确定应符合下列规定:

1 根据板面花色效果、质感和细腻度的要求,确定石料的粒径和用量;

2 根据堆积密度最大的原则,确定各种粒径的石料和石粉的用量比例。

4.2.3 树脂用量的确定应符合下列规定:

1 在配方中,在满足成品的各项物理化学性能和确保形成设计花色所需料态的前提下,树脂的用量越低越好;

2 在实验室中,用简易搅拌器将原料混合,再以小型真空振动压板机压制密实。记录树脂用量。然后按照大规模生产比实验室试制树脂用量降低5%~10%的原则,通过试产最终确定树脂用量。

4.2.4 固化剂和促进剂用量的确定应符合下列规定:

1 方料法生产工艺固化剂和促进剂用量的确定应符合下列规定:

1)固定固化剂和促进剂的用量比例(以占树脂用量的百分比表示),以凝胶和固化时间满足生产的可操作时间,且方料不炸裂,达到规定的固化时间后外观质量及各项性能指标符合标准为宜;

2)应随着环境温度的变化相应调整固化剂和促进剂的用量,宜建立温度与固化剂和促进剂用量的对照表,按照表中的规定确定每次生产的固化剂和促进剂用量。

2 压板法生产中,在树脂牌号不变的情况下,可固定固化剂的用量比例(以占树脂用量的百分比表示），固化剂的用量以凝胶和固化时间满足生产的可操作时间，固化后外观质量及各项性能指标符合标准为宜。

3 当骨料、粉料或颜料中含加速树脂凝胶和固化的物质时，应相应降低固化剂的用量比例或考虑使用阻聚剂；当骨料、粉料或颜料中含有减缓树脂凝胶和固化的物质时，应相应提高固化剂的用量比例。固化剂用量的调整幅度，以方料凝胶和固化时间基本不变，完全固化后性能指标基本不变为宜。

4.2.5 偶联剂的确定应符合下列规定：

1 含有石英砂的组分中，宜加入相应比例的偶联剂；
2 偶联剂的用量比例，以成品板材弯曲强度达到设定值的最小用量为宜。

4.2.6 颜料用量的确定应符合下列规定：

1 在实验室中，用简易搅拌器将原料混合，再以小型真空振动压板机压制密实，然后与标准板比对和不断调整颜料用量，最终将颜色最为接近标准板的颜料用量确定为工艺配方的基准颜料用量；

2 由于每批颜料的色度可能存在波动，因此每批次生产前，都应在实验室中进行试制，对该批次的颜料用量进行微调，确定该批次生产的精确颜料用量。

4.2.7 依据上述原则确定生产组分，制成生产投料单。

4.2.8 生产过程中，出现因石料或石粉颗粒级配的波动（在进货验收标准规定的范围内波动），或其他因素导致的料态波动，生产管理人员可根据现场料态的实际状况，微调组分中树脂、石料的用量，调整幅度应在规定的范围内，按照"少量多次"的原则，逐步调整到位。

5 试制

5.1 一般规定

5.1.1 挑选适合用于人造石材生产的原石或固体废弃物，破碎至指定的粒径后进行调配试制。

5.1.2 每批次生产之前，应在实验室内，通过小型生产设备进行试制，精确制定该批生产的组分和工艺参数。

5.1.3 应按确定的工艺制作试板，并对试板进行试验，判定试板的性能是否满足产品的性能要求。

5.1.4 试制合格后，可在生产线上进行小批量试产。

5.2 试制规范

5.2.1 人造石材试制设备应包括：

1 小型水泥胶砂搅拌机；
2 真空度不低于－96kPa的小型真空振动压板机，压制的试板尺寸宜为300mm×300mm左右；
3 可在80℃左右恒温的小型烘箱；
4 单切机；
5 小型手扶式抛光机。

5.2.2 应按如下流程进行试制：

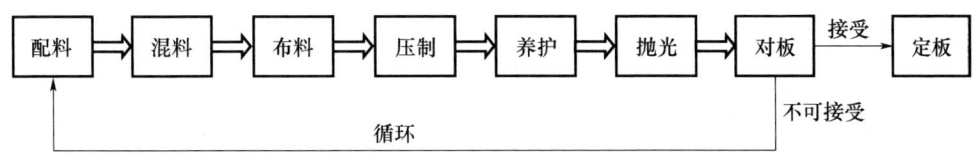

5.2.3 按下列要点进行试制：

1 配料应符合下列规定：

1）按照组分表中的规定，将石料、树脂、固化剂（或有促进剂、偶联剂）、颜料按照规定的投料顺序，投入到搅拌机中；

2）每次试制的组分及其投料顺序，应作书面记录。

2 将配好的物料投入到小型水泥胶砂搅拌机中搅拌均匀，搅拌时间不宜少于5min。每次搅料后应及时清洗搅拌机及其搅拌桨。

3 根据花色需要，将搅好的料采用手工方式均布在小型真空振动压板机的模具内。

4 将模具送入压板机的指定位置，降下压头。抽至不低于－96kPa的真空度后开启振动压制，压制时间不宜低于3min。

5 压制完毕，可立即进行脱模。

6 将脱掉模具的小板送入小型烘箱中，设定保温80℃，恒温养护时间不少于1h。

7 按粗磨、细磨、抛光的顺序对试制板进行抛光，使试板的光泽度达到设定值。

8 将完成抛光的试制小板与标准板进行颜色及外观质量的比对，如果超出可接受范围，应调整组分，重新试制，直至达到可接受范围。

9 对试板的性能进行检测，各项性能指标应达到成品标准的规定，以此时的配方和工艺作为试产的配方和工艺。如任一指标达不到成品标准的规定，应调整组分，重新试制，直至颜色和外观质量以及所有性能指标均达到成品标准的规定。

6 生产

6.1 一般规定

6.1.1 莫氏硬度不超过5的人造石材产品，宜采用方料法生产；莫氏硬度为5或5以上的人造石材产品，宜采用压板法生产。

6.1.2 原料的存放和使用应符合相关化学品的MSDS的要求，确保安全和质量。各类生产原料应在标识的有效期内使用。

6.1.3 人造石材生产参数的设定应遵循经济、高效和确保质量的原则。

6.1.4 大规模生产之前，应以本厂的生产设备，完成一次小批量试产，对组分、物料、设备、工艺路线、生产环境、工作程序、测试程序、产品参数以及产品可靠性等进行验证。

6.1.5 每批次生产都应遵循试制—试产—批量生产的流程。

6.2 方料法生产工艺

6.2.1 方料法生产过程至少应包括以下设备：

1 大型真空搅拌机和小型搅拌机；

2 输送系统；

3 真空度不低于－96kPa的大型真空振动方料成型机；

4 成型模具；

5 排锯或其他切割设备；

6 能够实现自动定厚、粗磨和抛光连续作业的抛光线；

7 其他加工设备；

8 搬运设备。

6.2.2 应按如下流程进行方料法生产：

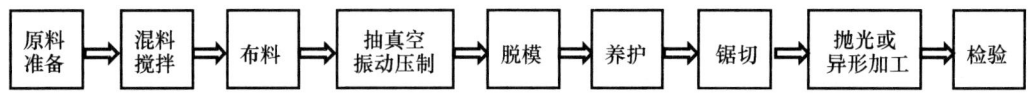

6.2.3 原料准备应符合下列规定：

1 岗石用石料的准备应符合下列规定：

1）挑选适合用于岗石生产的原石或固体废弃物，使用颚式破碎机、锤式破碎机及磨粉设备进行破碎和粉磨。应按如下流程进行破碎和粉磨：

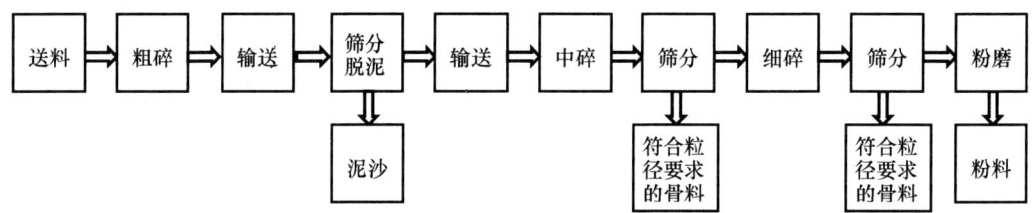

2）宜采用滚筒加磨料的方式对大骨料进行滚圆加工。

3）粉料投入生产前，宜使用偶联剂进行表面改性处理。

4）岗石用石料存放时应注意防水防潮。

5）每一个批次的生产之前，应通过经济有效的方式，将满足一个批次生产所需的石料预混合均匀。宜利用较大的空间完成预混合操作。

2 石英石用石料的准备应符合下列规定：

1）挑选适合用于石英石生产的原石或固体废弃物，使用颚式破碎机、锤式破碎机及粉磨设备进行破碎和粉磨。应按如下流程进行破碎和粉磨：

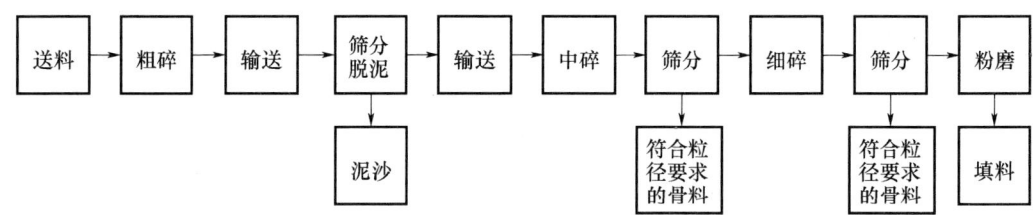

2）石英石用石料存放时应注意防水防潮。

3）每一个批次的生产之前，应通过经济有效的方式，将满足一个批次生产所需的石料预混合均匀。宜利用较大的空间完成预混合操作。

3 其他骨料和粉料，可直接从专业厂家购买符合质量要求的材料，存放在专门的仓库内，并注意防水防潮。

4 树脂的准备应符合下列规定：

1）可直接从专业树脂生产厂家购买符合要求的树脂，并以专用盛放器具运送到厂，存放在专门的树脂仓库内；

2）树脂仓库应保持阴凉和通风，库温不宜超过30℃；

3）树脂存放过程中应保持包装密封，与氧化剂及酸类物质等分开存放，且应远离火种、热源；

4）树脂仓库应采用防爆型照明和通风设施，库内不得使用易产生火花的机械设备和工具；

5）树脂的厂内运输宜采用管道输送和计量，厂内储存宜采用大罐储存。

5　固化剂的存放应符合下列规定：

1）固化剂应密封包装，在单独的仓库内存放，不得与促进剂或其他还原剂混放，并远离火种和热源；

2）固化剂仓库应干燥、通风和隔热，无阳光直射。岗石固化剂库温不得超过25℃，石英石固化剂库温应控制在-30℃到20℃；

3）搬运固化剂时应轻拿轻放，不得剧烈晃动和撞击；

4）固化剂仓库应采用防爆型照明和通风设施，库内不得使用易产生火花的机械设备和工具。

6　促进剂的存放应符合下列规定：

1）促进剂应密封包装，在单独的仓库内存放，不得与固化剂或其他氧化剂混放，并远离火种和热源；

2）促进剂仓库应保持阴凉和通风，库温不宜超过30℃；

3）促进剂仓库应采用防爆型照明和通风设施，不得使用易产生火花的机械设备和工具。

7　偶联剂的存放应符合下列规定：

偶联剂应避光存放，避免接触水和水汽，库温不宜超过25℃。

8　颜料的准备应符合下列规定：

1）颜料应密封包装，储存在阴凉干燥处。

2）使用颜料前应使用符合精度要求的电子天平准确称量备用。

3）色浆宜稀释后使用。

6.2.4　混料搅拌应符合下列规定：

1　按照组分表的规定取料和计量。

2　按下列要点进行多色产品的混料搅拌：

1）按照组分表规定的用量和投料顺序，将石料、树脂和颜料等投入到搅拌机中。有多个颜色时，不同花色的料应按规定投入不同的搅拌机；

2）将不同的小型搅拌机中混合均匀的原料按工艺要求在大型搅拌机中进行混合搅拌；

3）启动大型搅拌机的混合搅拌过程，并记录时间。搅拌桨的转速和搅拌时间应符合工艺规定，现场操作人员可根据料态的干湿程度灵活调节，并可在搅拌前期、中期和后期设定不同的搅拌桨转速；

4）关闭大型搅拌机弧门，开始抽真空。抽真空的时间不宜少于12min，真空度不宜低于-96kPa。

3　单色产品的混料搅拌在一台大型搅拌机中进行。其他要求与多色产品的混料搅拌相同。

6.2.5 布料应符合下列规定：

1 使大型搅拌机和下方的成型模具同时处于真空状态，真空度不宜低于－96kPa，打开大型搅拌机的下料口，开始下料；

2 装载成型模具的轨道车以一定的速度在下料口处往复式运动，将混合好的物料均布在成型模具内。

6.2.6 抽真空振动压制应符合下列规定：

1 布料完毕，启动装载成型模具的轨道车，将成型模具载入压制室；

2 开启振动压制，压制时间以8min为宜，可根据料态适当调整压制时间；

3 压制全程应在真空状态下进行，真空度不宜低于－96kPa。

6.2.7 脱模应符合下列规定：

1 提升压头，打开密封门泄真空；

2 使用专用工具将成型模具送出压制室，对方料进行修边，然后将模具连同其中的方料吊运至指定区域进行养护。待方料凝胶后可进行脱模。脱模时间以12h～24h为宜。

6.2.8 脱模后的方料，应继续静置养护直至完全固化。养护时间不宜少于10d，养护时间的长短可随树脂品种的不同以及环境温度的变化而调整。

6.2.9 锯切应在方料养护期结束后进行。可采用排锯或其他切割设备将方料锯切成指定厚度的板材或其他必要的形状。

6.2.10 抛光及晶面处理应符合下列规定：

1 对锯切的板材进行定厚、粗磨、细磨和抛光；

2 岗石大骨料产品宜对板面上天然石块的砂眼及裂纹等缺陷进行补胶，然后进行抛光；

3 可根据客户的需求，对表面进行晶面处理；

4 抛光或晶面处理后板材和异型产品的光泽度应符合相应的技术要求。

6.2.11 采用专用异型加工设备，将方料锯切出来的块状料或异型料，按图纸加工成指定尺寸和形状的异型产品，并对需要上光的部位，采用磨抛机械或水砂纸擦磨的方式进行打磨抛光。

6.2.12 检验方法应符合下列规定：

1 以目测的方式检查产品的外观质量，用光泽度仪检测产品的表面光泽度；

2 使用卷尺、游标卡尺、角度尺和平尺等量具，对规格尺寸、角度偏差、平面度偏差和直线度等进行测量并记录；

3 每生产批次应抽取规定数量的成品样块，使用专用检测仪器和设备，对样块进行物理和化学性能检测；

4 岗石的检测结果应符合《人造石》JC/T 908或供需双方约定标准的规定，主要性能指标应符合表6.2.12-1的规定；

表6.2.12-1 岗石的主要性能指标

项目	技术要求		
	细骨料岗石	粗骨料岗石	大骨料岗石
吸水率（%），≤	0.15	0.20	由供需双方协商确定
弯曲强度（MPa），≥	16	12	
压缩强度（MPa），≥	90	90	
落球冲击高度，225g钢球	800mm不破损	800mm不破损	

续表

项目	技术要求		
	细骨料岗石	粗骨料岗石	大骨料岗石
耐磨度（mm），≤	39		
莫氏硬度，≥	3		
线性热膨胀系数（1/℃），≤	地面：2.3×10^{-5} 墙面干挂法、点挂法、干粘法：4.0×10^{-5} 墙面湿贴法：2.3×10^{-5} 台面：4.0×10^{-5}		
放射性核素限量	A类		
光泽度	由供需双方协商确定，可按如下分类： 高光板：光泽度≥70 光板：70＞光泽度≥20 亚光板：光泽度＜20		

5 石英石的检测结果应符合《建筑装饰用人造石英石板》JG/T 463 或供需双方约定标准的规定，主要性能应符合表 6.2.12-2 的规定。

表 6.2.12-2 石英石的主要性能指标

项目	技术要求		
	墙面	地面	台面
吸水率（%），≤	0.05		
弯曲强度（MPa），≥	35		30
压缩强度（MPa），≥	—	150	—
耐磨性能（g/cm²），≤	3.5×10^{-3}		7.0×10^{-3}
莫氏硬度，≥	5		
抗落球冲击性能（J）≥	3.5		
线性热膨胀系数（1/℃），≤	湿贴法：2.3×10^{-5} 干挂法、点挂法、干粘法：4.0×10^{-5}	2.3×10^{-5}	4.0×10^{-5}
尺寸稳定性能（mm），≤	0.06		—
放射性核素限量	A类		
光泽度	由供需双方协商确定，可按如下分类： 高光板：光泽度≥70 光板：70＞光泽度≥20 亚光板：光泽度＜20		

6.3 压板法生产工艺

6.3.1 压板法生产过程，至少应包括以下设备：
 1 搅拌机；
 2 混料盘；
 3 布料装置；

4 真空度不低于-96kPa的真空振动板材成型机；
5 固化炉；
6 能够实现定厚、粗磨和抛光的抛光线；
7 搬运设备。

6.3.2 压板法生产工艺流程应符合下图的规定：

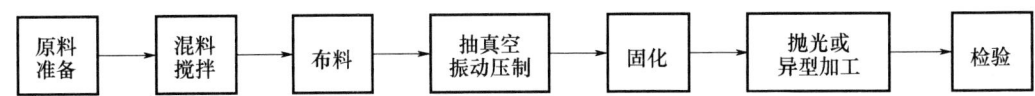

6.3.3 按本规范6.2.3条的规定准备好压板法生产用原料。

6.3.4 按下列要点进行混料搅拌：

1 按照组分表的规定取料和计量；

2 按照组分表规定的用量和投料顺序，将石料、树脂和颜料等投入到指定的搅拌机中，分别搅拌均匀。单色产品使用一个搅拌机即可；

3 开搅拌机弧门，同时下料至混料盘。根据工艺要求设定混料盘的合理转速和混料时间。

6.3.5 混料完成后，下料至压板法模具内，采取人工布料或自动布料的方式，按照工艺规定的纹路布料，并确保布设平整。

6.3.6 使用抽真空设备，除去混合料中的空气，真空度达到-96kPa或更高后，启动压制程序。

6.3.7 压制完成后泄真空，将板材送入隧道窑式固化炉或立式平板固化炉内固化。固化炉温宜控制在80℃左右；设置板材合理的行进速度，使板材的固化时间为60min～90min，使板材达到工厂指定的固化程度。

6.3.8 抛光及晶面处理应符合下列规定：

1 对板材一面进行粗磨后，对另一面进行定厚、粗磨和抛光连续加工，同时完成切边过程；

2 可根据客户的需求，对表面进行晶面处理；

3 抛光或晶面处理后板材和异型产品的光泽度应符合与客户的约定标准或企业内控标准。

6.3.9 采用专用异型加工设备，依照图纸对板材进行倒边、磨圆边或开孔等异型加工，并对需要上光的部位，采用磨抛机械或水砂纸擦磨的方式进行打磨抛光。

6.3.10 按本规范6.2.12条的规定进行检验。

6.4 生产作业环境及废弃物处置

6.4.1 树脂、石料等原材料的输送和投料环节应在封闭状态下进行。

6.4.2 人造石材生产厂家应建有净水设施，对废水进行净化处理后循环使用；未能循环使用的废水，应经过处理后达到GB 8978《污水综合排放标准》的规定方可排放。

6.4.3 固体废弃物宜回收利用，经适当处理后重新投入生产。无法回收利用的固废，宜交由专业固废处理公司作无害处理。

6.4.4 雕刻、干磨和干式切割等产生粉尘的区域，应安装水洗收尘设备，确保生产车间内达到GB 16207《车间空气中大理石粉尘卫生标准》和GBZ 2—2002《工业场所有害因素职业接触限值》中对大理石粉尘和二氧化硅粉尘浓度限量的规定。

6.4.5 废泥浆应经过压滤，分离为固废和废水后，分别按本规范6.4.2条和6.4.3条的规定进行处理。

6.4.6 生产作业人员的劳动保护措施应符合下列规定：

1 相关工作岗位的人员应佩戴具有滤尘功能的劳保用品；
2 生产场所应通风透气。

附录 A 人造石材树脂发热峰的测定

A.0.1 本附录规定的方法适用于岗石和石英石用不饱和聚酯树脂在85℃水浴恒温条件下的发热峰测定。

A.0.2 检测工具包括电子天平、电热恒温水浴锅、温度平衡记录仪（带热电偶）、量筒及内径50mm、高100mm、壁厚1.5mm的铁制圆罐。

A.0.3 按如下流程测定岗石树脂的发热峰：

1 打开电热恒温水浴锅，将水温升到85℃后保持恒温；
2 测试前在铁制圆罐内壁和热电偶表面均匀涂一层凡士林；
3 用单标移液管量取100mL树脂到铁制圆罐内，用刻度移液管加入3mL过氧化甲乙酮。用玻璃棒搅拌均匀，搅拌时间控制在10s以内，搅拌过程中不可触碰内壁，防止凡士林脱落；
4 将温度平衡记录仪的热电偶插入到铁制圆罐内，并用铁架台固定。热电偶测温端头部应埋入树脂胶液中，操作时间控制在半分钟以内。之后立即将铁质圆罐连同热电偶一齐放入85℃的电热恒温水浴锅中；
5 立即启动温度平衡记录仪，使其自动打印记录样品温度与对应时间的变化曲线；
6 当样品达到最高温度后逐渐下降时，轻轻拔出热电偶。此时，该样品温度曲线最高点即为发热峰值；
7 待树脂冷却固化后脱模，从铁制圆罐内取出固化后的树脂。

A.0.4 按如下流程测定石英石树脂的发热峰：

1 打开电热恒温水浴锅，将水温升到85℃后保持恒温；
2 测试前在铁制圆罐内壁和热电偶表面均匀涂一层凡士林；
3 用单标移液管量取100mL树脂到铁制圆罐内，用刻度移液管加入1.5mL OT固化剂。用玻璃棒搅拌均匀，搅拌时间控制在10s以内，搅拌过程中不可触碰内壁，防止凡士林脱落；
4 将温度平衡记录仪的热电偶插入到铁制圆罐内，并用铁架台固定。热电偶测温端头部应埋入树脂胶液中，操作时间控制在半分钟以内。之后立即将铁质圆罐连同热电偶一齐放入85℃的电热恒温水浴锅中；
5 立即启动温度平衡记录仪，使其自动打印记录样品温度与对应时间的变化曲线；
6 当样品达到最高温度后逐渐下降时，轻轻拔出热电偶。此时，该样品温度曲线最高点即为发热峰值；
7 待树脂冷却固化后脱模，从铁制圆罐内取出固化后的树脂。

A.0.5 发热峰以℃计；应进行两次平行试验，两次试验结果的相对误差不超过10％，超过10％时应重新进行试验。取其算术平均值作为测定的最终结果。

本规范用词说明

1 为便于执行本规范条文时区别对待，对要求严格程度不同的用词说明如下：
1) 表示很严格，非这样做不可的用词：
正面词采用"必须"，反面词采用"严禁"。
2) 表示严格，在正常情况下均应这样做的用词：
正面词采用"应"，反面词采用"不应"或"不得"。
3) 表示允许稍有选择，在条件许可时首先应这样做的用词：
正面词采用"宜"，反面词采用"不宜"。
4) 表示有选择，在一定条件下可以这样做的用词，采用"可"。
2 条文中指明应按其他有关标准执行时，写法为"应按……执行"或"应符合……的规定（或要求）"。非必须按所指定标准执行时，写法为"可参照……执行"。

引用标准名录

1. 《工业场所有害因素职业接触限值》GBZ2—2002
2. 《石油产品闪点和燃点测定法（开口杯法）》GB/T 267
3. 《塑料 负荷热变形温度的测定 第1部分：通用试验方法》GB/T 1634.1
4. 《二氧化钛颜料》GB/T 1706
5. 《树脂浇铸体性能试验方法》GB/T 2567
6. 《计数抽样检验程序》GB/T 2828
7. 《塑料 聚酯树脂 部分酸值和总酸值的测定》GB/T 2895
8. 《耐火材料 含水量试验方法》GB/T 3007
9. 《增强塑料巴柯尔硬度试验方法》GB/T 3854
10. 《陶瓷材料及制品化学分析方法》GB/T 4734
11. 《建筑材料与非金属矿产品白度测量方法》GB/T 5950
12. 《化工产品中水分含量的测定 卡尔 费休法（通用方法）》GB/T 6283
13. 《建筑材料放射性核素限量》GB 6566
14. 《化工产品采样总则》GB/T 6678
15. 《不饱和聚酯树脂试验方法》GB/T 7193
16. 《纤维增强塑料用液体不饱和聚酯树脂》GB/T 8237
17. 《耐酸砖》GB/T 8488
18. 《污水排放综合标准》GB 8978
19. 《化学试剂气相色谱法通则》GB/T 9722
20. 《彩色建筑材料色度测量方法》GB 11942

21. 《建筑饰面材料镜向光泽度测定方法》GB/T 13891
22. 《建设用砂》GB/T 14684
23. 《塑料 液体树脂 用比重瓶法测定密度》GB/T 15223
24. 《车间空气中大理石粉尘卫生标准》GB 16207
25. 《塑料 实验室光源暴露试验方法 第2部分：氙弧灯》GB/T 16422.2
26. 《粒度分析 激光衍射法 第1部分：通则》GB/T 19077.1
27. 《碳酸钙分析方法》GB/T 19281
28. 《钴酸锂化学分析方法 第1部分：钴量的测定 EDTA滴定法》GB/T 23367.1
29. 《有机过氧化物含量的测定 碘量法》GB/T 32102
30. 《建筑装饰用人造石英石板》JG/T 463
31. 《人造石》JC/T 908

树脂型人造石材应用技术规程 CSBZ 006—2017

1 总则

1.0.1 为提高我国树脂型人造石材（简称"人造石材"）装饰装修应用的技术水平，促进人造石材应用的科学、规范、安全、经济，保证人造石材装饰装修的质量，促进人造石材行业的健康发展，特制定本规程。

1.0.2 本规程适用于建筑室内墙、柱面、地面、台面的树脂型岗石（简称"岗石"）和树脂型石英石（简称"石英石"）的设计、加工、施工、验收、维护和保养。

1.0.3 本规程应遵循安全、环保、实用、经济、美观的原则，并应符合现行国家标准《建筑工程施工质量验收统一标准》GB 50300、《建筑装饰装修工程质量验收规范》GB 50210 和《建筑地面工程施工质量验收规范》GB 50209 等。

1.0.4 人造石材装饰装修应用除应符合本规程之外，尚应符合施工安全、劳动保护、防火、防毒及其他国家现行有关标准的规定。

2 术语

2.0.1 人造石材 Agglomerated stone

以块状、粒状和/或粉状的石料为主要骨料，有机和/或无机粘合剂为主要成型材料，混合后，经真空加压震动成型、固化和加工等工序制成的材料，又叫合成石材。

2.0.2 树脂型人造石材 Resinous agglomerated stone

以树脂为粘合剂的人造石材。

2.0.3 岗石 Agglomerated marble

以碳酸盐类石料为主要骨料的人造石材，也称人造大理石或合成大理石。

2.0.4 大骨料岗石 Agglomerated marble with big aggregate

主要骨料尺寸大于 18mm 的岗石产品。

2.0.5 粗骨料岗石 Agglomerated marble with coarse aggregate

主要骨料尺寸大于 6mm、最大骨料尺寸不大于 18mm 的岗石产品。

2.0.6 细骨料岗石 Agglomerated marble with fine aggregate

最大骨料尺寸不大于 6mm 的岗石产品。

2.0.7 石英石 Agglomerated quartz

以石英类石料为主要骨料的人造石材。

2.0.8 双组分水泥基胶粘剂 Two-component cementitious adhesive

一种聚合物改性水泥砂浆，由水泥、细骨料、外加剂制成的粉剂，使用时与聚合物乳液拌合而成。

2.0.9 装修伸缩缝 Decorate slot

为消纳人造石材等因温度、湿度或其他因素变化而产生的变形需求以及消纳人造石材铺装中尺寸误差累积所设置的区域分隔缝。

2.0.10 硬底薄层法 Thin set installation

在完全固化并充分干燥的地面找平层上，使用双组分水泥基胶粘剂进行铺贴施工的地面施工方法。

2.0.11 软底法 Mud bed with bonding agent installation

地面找平层施工后无需等待找平层固化和充分干燥，直接使用单组分湿固化聚氨酯胶粘剂粘贴的地面施工方法。

2.0.12 干挂法 Anchor hang

墙面施工中，先将槽钢锚固在建筑承重结构上，与角钢链接形成钢骨架，再通过角码、挂件将人造石材牢固悬挂在钢骨架上形成饰面的一种施工方法。

2.0.13 点挂法 Point hang

将人造石材通过挂件直接与墙体结构点式连接形成饰面的一种施工方法，即省略钢骨架，直接把膨胀螺丝打入墙体，然后通过角码、干挂件与人造石材连接。

2.0.14 干粘法 Solvent based adhesive installation

采用非水性胶粘剂粘贴人造石材形成饰面的一种施工方法。

2.0.15 湿贴法 Water based adhesive installation

采用水性胶粘剂粘贴人造石材形成饰面的一种施工方法。

2.0.16 整体研磨 Overall polishing

对安装完成后的人造石材地面进行整体表面磨削处理，以消除人造石材接缝高低差，提高人造石材装饰面的整体平整度和光泽度。

2.0.17 晶面处理 Surface crystallization

为提高人造石材表面光泽度等特性而对人造石材表面进行的一种处理。

3 材料

3.1 一般规定

3.1.1 人造石材工程所用材料应符合国家现行标准的规定和设计要求。

3.1.2 人造石材工程所用材料应符合现行国家标准《民用建筑工程室内环境污染控制规范》GB 50325 及其他有关建筑装饰装修材料有害物质限量标准的规定，并应符合国家有关防火、安全和耐久性的规定。

3.1.3 人造石材工程所用材料应通过出厂检验。

3.2 人造石材

3.2.1 岗石应符合现行行业标准《人造石》JC/T 908 的有关规定，主要性能还应符合表3.2.1的规定。

表 3.2.1 岗石的主要性能指标

项目	技术要求		
	细骨料岗石	粗骨料岗石	大骨料岗石
吸水率（%），≤	0.15	0.20	由供需双方协商确定
弯曲强度（MPa），≥	16	12	
压缩强度（MPa），≥	90	90	
落球冲击高度，225g 钢球	800mm 不破损	800mm 不破损	

续表

项目	技术要求		
	细骨料岗石	粗骨料岗石	大骨料岗石
耐磨度（mm），≤	39		
莫氏硬度，≥	3		
线性热膨胀系数（1/℃），≤	地面：2.3×10^{-5} 墙面干挂法、点挂法、干粘法：4.0×10^{-5} 墙面湿贴法：2.3×10^{-5} 台面：4.0×10^{-5}		
放射性核素限量	A类		
光泽度	按如下分类，由制造商申明所属类别： 高光板：光泽度≥70 光板：70＞光泽度≥20 亚光板：光泽度＜20		

3.2.2 石英石应符合现行行业标准《建筑装饰用人造石英石板》JG/T 463 的有关规定，主要性能应符合表 3.2.2 的规定。

表 3.2.2 石英石的主要性能指标

项目	技术要求		
	墙面	地面	台面
吸水率（%），≤	0.05		
弯曲强度（MPa），≥	35		30
压缩强度（MPa），≥	—	150	—
耐磨性能（g/cm²），≤	3.5×10^{-3}		7.0×10^{-3}
莫氏硬度，≥	5		
抗落球冲击性能（J），≥	3.5		
线性热膨胀系数（1/℃），≤	湿贴法：2.3×10^{-5} 干挂法、点挂法、干粘法：4.0×10^{-5}	2.3×10^{-5}	4.0×10^{-5}
尺寸稳定性能（mm），≤	0.06		—
放射性核素限量	A类		
光泽度	按如下分类，由制造商申明所属类别： 高光板：光泽度≥70 光板：70＞光泽度≥20 亚光板：光泽度＜20		

3.3 金属件及连接材料

3.3.1 所用钢材应符合国家现行有关标准的规定，除不锈钢外所有钢材均应进行防腐处理。

3.3.2 采用的普通碳素钢应符合现行国家标准《碳素结构钢》GB/T 700 的有关规定。

3.3.3 焊接材料应采用符合现行国家标准《非合金及细晶粒钢焊条》GB/T 5117 规定的碳钢焊条。

3.3.4 紧固件及配套的卡件、垫片等应符合国家现行标准《紧固件 螺栓和螺钉通孔》GB/T 5277、《紧固件机械性能 螺栓、螺钉和螺柱》GB/T 3098.1、《紧固件机械性能 螺母》GB/T 3098.2 和《建筑用轻钢龙骨配件》JC/T 558 等的相关规定。

3.3.5 机械锚栓应符合现行行业标准《混凝土用膨胀型、扩孔型建筑锚栓》JG 160 的有关规定。

3.3.6 化学锚栓和植筋材料应符合现行行业标准《混凝土结构后锚固技术规程》JGJ 145 的有关规定。

3.3.7 专用尼龙锚栓的尼龙膨胀套管应采用原生的聚酰胺、聚乙烯或聚丙烯制造，不应使用再生材料。

3.3.8 干挂件和背栓宜采用材质符合现行国家标准《不锈钢和耐热钢 牌号及化学成分》GB/T 20878 的 S304 系列或 S316 系列的不锈钢制品，常用干挂件的规格和要求应符合本规程附录 A 的规定。

3.4 胶粘剂

3.4.1 环氧胶粘剂（干挂胶）应符合现行行业标准《干挂石材幕墙用环氧胶粘剂》JC 887 的有关规定，主要性能应符合表 3.4.1 的规定。

表 3.4.1 环氧胶粘剂主要性能指标

项目		技术要求	试验方法
不挥发物含量（%）		≥99	JC 887
弯曲弹性模量（MPa）		≥2000	
拉剪强度（MPa）		≥8.0	
压剪强度（MPa）	人造石材—人造石材（标准条件）	≥10.0	
	人造石材—人造石材（浸水）	≥7.0	
	人造石材—不锈钢	≥10.0	

3.4.2 中性硅酮结构胶应符合现行国家标准《建筑用硅酮结构密封胶》GB 16776 的有关规定。

3.4.3 云石胶应符合现行行业标准《非结构承载用石材胶粘剂》JC/T 989 的有关规定，主要性能应符合表 3.4.3 的规定。

表 3.4.3 云石胶主要性能指标

项目		技术要求	试验方法
对粘弯曲强度（MPa）		≥16.0	JC/T 989
压剪粘结强度（MPa）	人造石材—人造石材（标准条件）	≥8.0	
	人造石材—人造石材（热水处理）	≥5.0	
	人造石材—不锈钢（标准条件）	≥8.0	

3.4.4 双组分水泥基胶粘剂应符合现行行业标准《陶瓷墙地砖胶粘剂》JC/T 547 的有关规定，主要性能还应符合表 3.4.4 的规定。

表 3.4.4 双组分水泥基胶粘剂材料主要性能指标

项目	技术要求	试验方法
拉伸胶粘原强度（MPa）	≥1.0	JC/T 547，粘结基材是混凝土板和工程所用人造石材
浸水后拉伸胶粘强度（MPa）	≥1.0	
热老化后拉伸胶粘强度（MPa）	≥1.0	
晾置时间，20min后拉伸胶粘强度（MPa）	≥0.5	
早期拉伸胶粘强度，24h（MPa）	≥0.5	
横向变形（mm）	≥2.5	JC/T 547

3.4.5 单组分湿固化聚氨酯胶粘剂应符合现行行业标准《陶瓷墙地砖胶粘剂》JC/T 547 的有关规定，主要性能还应符合表 3.4.5 的规定。

表 3.4.5 单组分湿固化聚氨酯胶粘剂主要性能指标

项目	技术要求	试验方法
拉伸胶粘原强度（MPa）	≥1.0	JC/T 547，粘结基材是混凝土板和工程所用人造石材
浸水后拉伸胶粘强度（MPa）	≥1.0	
热老化后拉伸胶粘强度（MPa）	≥1.0	
晾置时间，20min后拉伸胶粘强度（MPa）	≥0.5	
剪切变形量（mm）	≥2	按 JC/T 547 中压缩剪切试验方法。粘结基材是混凝土板和工程所用人造石材。在剪切力的作用下，胶粘剂与人造石材脱离时的变形量即为剪切变形量

3.5 填缝、接缝材料

3.5.1 中性硅酮耐候密封胶应符合现行国家标准《石材用建筑密封胶》GB/T 23261 的有关规定，主要性能应符合表 3.5.1 的规定。

表 3.5.1 中性硅酮耐候密封胶主要性能指标

项目	技术要求	试验方法
定伸粘结性	无破坏	GB/T 23261
浸水后定伸粘结性	无破坏	
质量损失（%）	≤5.0	
污染性（mm）	≤2.0	

3.5.2 反应型树脂填缝剂应符合现行行业标准《陶瓷墙地砖填缝剂》JC/T 1004 的有关规定，主要性能应符合表 3.5.2 的规定。

表 3.5.2 反应型树脂填缝剂主要性能指标

项目	技术要求	试验方法
外观	色度高、质感细腻，可根据人造石材颜色定制填缝剂颜色	目测
可抛光性	地面整体打磨抛光后，距离2m远目测缝隙的亮度和颜色，填缝剂与缝两边的人造石材的颜色无明显差别	目测
耐磨损性（mm³）	≤250	JC/T 1004
标准试验条件下的抗折强度（MPa）	≥10	JC/T 1004
标准试验条件下的抗压强度（MPa）	≥25	JC/T 1004
收缩值（mm/m）	≤1.5	JC/T 1004
240min吸水量（g）	≤0.1	JC/T 1004
位移能力（%）	±20	GB/T 23261

3.5.3 人造石材台面接缝专用拼接胶水主要性能应符合表3.5.3的规定。

表 3.5.3 人造石材台面接缝专用拼接胶水主要性能指标

项目	技术要求	试验方法
颜色	与待拼接的人造石材颜色一致	目测
粘结强度	人造石材拼接后的弯曲强度，与原板的弯曲强度相比，降低幅度不应超过20%	JG/T 463中规定的弯曲强度检测方法

3.6 护理材料

3.6.1 人造石材护理材料不应造成石材本身颜色的明显改变，不应对人造石材产生后期腐蚀和内在的破坏性影响及其他形式的损害。

3.6.2 人造石材晶面处理剂的主要性能应符合表3.6.2的规定。

表 3.6.2 人造石材晶面处理剂主要性能

项目	技术要求	试验方法
人造石材晶面处理后的光泽度	≥70	GB/T 13891
耐磨度（g/100r）	≤0.08	GB/T 17657
耐污性	0级或1级	GB/T 32837
摩擦系数	≥0.50	JGJ/T 331

4 设计

4.1 一般规定

4.1.1 人造石材装饰装修设计，应根据建筑物的类别、使用功能、建筑美学、所处环境及人造石材不同品种的理化性能，在经济、技术等方面综合分析的基础上，进行装饰面层艺术效果设计、细部节点构造设计、钢骨架设计和材料选择。

4.1.2 人造石材的表面处理方式和处理效果应与建筑所处环境、用途等协调。

4.1.3 人造石材的设计除应符合本规程的要求外，还应符合现行国家标准《民用建筑设计通则》GB 50352 和《建筑模数协调标准》GB/T 50002 等的有关规定。

4.1.4 人造石材的尺寸宜标准化、模数化，尺寸和分缝应与建筑物柱网尺寸的模数配合，墙、柱面和地面的分缝宜对缝或有规律设置。

4.1.5 同一装饰区域的同一品种花色的人造石材，宜选同一批次、同一色号的产品，参照不同品种人造石材的物理化学性能，按不同使用部位区分主次、合理使用。

4.1.6 板块的铺砌应进行排版设计。

4.1.7 纹理特殊或呈现方向性的人造石材产品设计时宜注明纹理走向和追纹要求。

4.1.8 采用粘结组合而成的异型产品，每部分都应设置固定安装点。过小的部件不能与主体结构连接时，应采用环氧胶粘剂粘结。

4.1.9 设计时应保证建筑结构变形缝处的变形功能和饰面的完整美观，还应符合下列规定：

1 应在变形缝处设置合适的变形缝装置，并明确变形缝装置的材质和构造；

2 人造石材及其各构造层、钢骨架在结构变形缝处应断开，并与结构变形缝的位置贯通一致；

3 应根据国家现行有关标准设置阻火带和止水带。

4.1.10 留设的墙、顶、地面的装修伸缩缝应满足人造石材和基层材料的变形需要。

4.1.11 人造石材装饰设计应与其他专业配合，绘制综合布置图，人造石材上各专业设备及末端应布置合理、有规律，开孔位置应避开钢骨架。

4.1.12 吊顶不宜直接采用人造石材。

4.1.13 无障碍设计应符合现行国家标准《无障碍设计规范》GB 50763 的有关规定。

4.1.14 台面的设计应防止水进入柜体。

4.2 构造设计

4.2.1 钢骨架的设计应符合国家现行标准《建筑结构荷载规范》GB 50009、《建筑抗震设计规范》GB 50011、《钢结构设计规范》GB 50017 和《金属与石材幕墙工程技术规范》JGJ 133 的有关规定。

4.2.2 钢骨架宜采用 Q235 普通碳素钢型钢，有特殊需要时可采用不锈钢型钢。

4.2.3 钢立柱设计应符合下列规定：

1 钢立柱宜采用槽钢，若采用结构用冷弯空心型钢时，最小壁厚不应小于 3mm；

2 钢立柱应与主体结构连接固定。当主体结构为混凝土时，应采用直径不小于 10mm 的不锈钢膨胀锚栓或电镀锌膨胀锚栓将钢立柱锚固在混凝土上，锚固点宜位于混凝土锚固部位的中部，距混凝土边缘不少于 50mm，锚固钻孔直径和钻孔深度应符合所选用的膨胀锚栓产品技术要求，有效锚固深度不小于 50mm；

3 有抗震要求时，钢立柱除与主体结构连接固定外，还应与墙体中的钢筋混凝土系梁连接固定；对无系梁的混凝土空心砌块或蒸压加气混凝土砌块墙体，可参考附录 B 选用专用建筑锚栓或简易锚件与墙体的混凝土空心砌块或蒸压加气混凝土砌块连接；

4 当钢立柱上端无法与结构直接连接时，可采用型钢转换系统进行转接；

5 钢立柱的长细比不应大于 200，常用钢型材立柱侧向最大支撑点间距应符合表 4.2.3 的规定。

表 4.2.3 常用钢型材立柱侧向最大支撑点间距

项目	型钢						
	□40×3	□50×4	[6.3	[8	[10	[12.6	[14
最小回转半径（cm）	1.49	1.85	1.19	1.27	1.41	1.57	1.70
理论侧向支撑点间距（m）	2.98	3.69	2.38	2.54	2.82	3.14	3.40
建议施工控制侧向支撑点间距（m）	≤2.8	≤3.5	≤2.2	≤2.4	≤2.7	≤3.0	≤3.3

4.2.4 角钢钢横梁的断面不应小于40mm×40mm×4mm，挠度应小于跨度的1/200。钢横梁两端与钢立柱宜采用焊接或螺栓连接固定。采用单边贴角焊缝时，焊缝高度不应小于3mm。

4.2.5 不锈钢干挂件壁厚不应小于3mm，宽度不应小于40mm。

4.2.6 人造石材墙面干挂、点挂开槽和开孔应符合下列规定：

1 短槽式槽口应平行于人造石材面板，槽宽宜为6mm或7mm；短槽的有效长度 a 不应小于100mm，也不宜大于140mm；在有效长度内槽口的深度不宜小于20mm；槽边缘距离人造石材面板两端部的距离 L 不应小于板材厚度的3倍，且不应小于85mm，也不宜大于180mm；挂件中心间距不应大于700mm，如图4.2.6-1所示。尺寸＞1200mm的人造石材（规格板、线条等），应在长度方向上开3个以上的槽，中间槽内填充环氧胶粘剂，两端槽内填充中性硅酮结构胶，如图4.2.6-2所示；

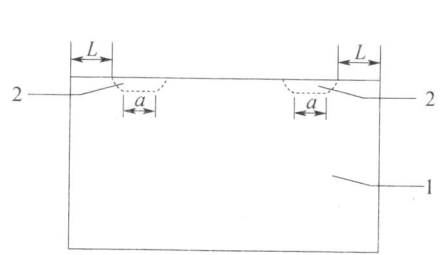

图 4.2.6-1 短槽位置和尺寸示意图
1—人造石材；2—短槽；a—短槽的有效长度；
L—槽边距离两端部的距离

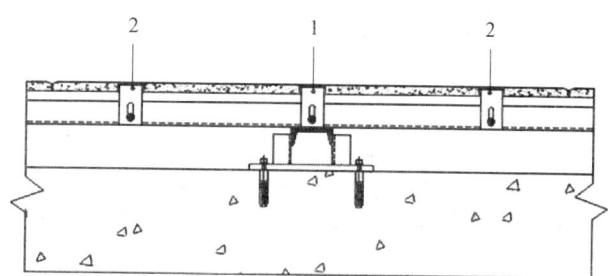

图 4.2.6-2 尺寸超过1200mm的人造石材挂装示意图
1—中间槽内填充环氧胶粘剂；
2—两端槽内填充中性硅酮结构胶

2 背栓孔应垂直于人造石材背面，孔径和扩孔部分的尺寸应与背栓尺寸相匹配，孔深不应大于石材面板厚度的2/3，但不应小于7mm。背栓孔边距人造石材的边缘不宜大于300mm，也不宜小于60mm，背栓间距不宜大于800mm。背栓直径不应小于6mm；

3 背槽式槽口应垂直于人造石材背面，槽口长宜为挂件宽度的1.5倍～2倍，宽宜为挂件厚度加2mm，深度不应大于石材面板厚度的2/3但不应小于10mm。锚固件纵向中心设计位置距离板材边缘不大于130mm，锚固件横向中心设计位置距离板材边缘由现场需要确定。

4.2.7 槽、孔宜在加工厂内使用专用设备进行加工。

4.3 墙、柱面设计

4.3.1 人造石材墙、柱面铺装时，设计厚度不宜小于15mm。

4.3.2 人造石材墙、柱面的安装方法包括干挂法、点挂法、干粘法、湿贴法，应根据设计效果、墙体材料、使用环境、使用部位等选择适宜的安装方法。

1 高度超过3m的墙、柱面，应采用干挂法，包括短槽式干挂、背栓式干挂和背槽式干挂等，如图4.3.2所示，应根据产品形状、受力方式等选择适宜的样式。

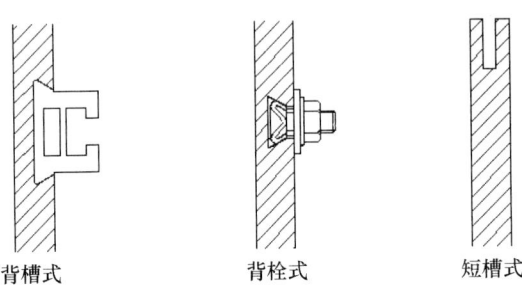

图4.3.2　三种干挂样式示意图

2 高度不超过3m的室内墙、柱面可采用干挂法、点挂法、干粘法、湿贴法，且应符合下列规定：

1）当室内空间较为狭小时，可采用点挂法。单件人造石材面积应小于1m²。室内红砖墙、混凝土墙可使用普通膨胀螺栓点挂上墙，空心砖、泡沫混凝土、EPS/XPS保温系统等墙体应使用专用锚栓。膨胀螺栓或专用锚栓安装后应不松动；

2）干粘法宜选择环氧胶粘剂和中性硅酮结构胶配合使用，中心部位涂布环氧胶粘剂，边角150mm范围内涂布中性硅酮结构胶；

3）人造石材边长不大于400mm时，可采用湿贴法。

4.3.3 墙、柱面人造石材板块之间宜留缝2mm～3mm；大面积铺装时，纵横每5m～8m宜留5mm～8mm的装修伸缩缝，墙面顶部宜留置不小于3mm的装修伸缩缝。

4.3.4 人造石材圆柱可设计成多块圆弧板拼接而成，人造石材圆弧板的分块数量和高度，宜综合考虑成本、美观、搬运方便、施工便利性等因素。

4.3.5 墙面上有大型壁灯时，应配合电气专业完成灯具预埋件安装和面板开孔尺寸、位置的设计。

4.3.6 双帘防火卷帘门竖轨处，竖轨与土建结构间及两条竖轨间的间隙应按下列规定设计防火封堵：

1 防火封堵构造系统的填充料及其保护性面层材料应采用不燃材料；

2 封堵后的耐火极限应符合现行国家标准《建筑设计防火规范》GB 50016的有关规定；

3 防火封堵构造应有防止封堵材料脱落的措施，具备自重承载能力和耐久性；

4 可采用密度不小于100kg/m³的岩棉或矿棉进行封堵，封堵时需压实，厚度不应小于100mm。

4.4 地面设计

4.4.1 根据对硬度、耐磨度要求的不同，可针对性地设计为岗石或石英石。

4.4.2 地面图案设计应符合下列规定：

1 地面图案整体尺寸应与周边材料尺寸协调，并和墙（柱）的阳角或建筑轴线位置配合一致；

2 设计图案应按比例绘制，图案复杂的宜绘制彩色图，应标出图案的纵横轴线和轴心位置并标明所用材料名称；

3 水刀切割加工图案应有缩小比例的图案详图并标明分块尺寸位置；

4 拼花地面图案中的细小材料，宜在工厂加工中与相邻人造石材拼装成组合板材。

4.4.3 地面防滑设计应符合现行行业标准《建筑地面工程防滑技术规程》JGJ/T 331 的有关规定。

4.4.4 地面铺贴的人造石材边长不宜大于 800mm。

4.4.5 人造石材地面铺贴用胶粘剂应按下列规定选择：

 1 普通环境下铺贴人造石材，宜采用硬底薄层法，使用双组分水泥基胶粘剂；

 2 潮湿环境、地暖环境下铺贴人造石材，宜采用软底法，使用单组分湿固化聚氨酯胶粘剂。

4.4.6 采用双组分水泥基胶粘剂铺贴的人造石材厚度不宜小于 20mm；采用单组分湿固化聚氨酯胶粘剂铺贴的人造石材厚度不宜小于 15mm。

4.4.7 留缝设计应符合下列规定：

 1 人造石材铺贴时，板块之间应留缝不小于 2mm。在寒冷地区出入口附近 3m～5m 范围内宜适当加大留缝宽度。填缝材料宜采用 3.5.2 中规定的反应型树脂填缝剂；

 2 大面积铺装时，除应保留建筑物原有的建筑结构变形缝外，纵横每 5m～8m 宜设置 5mm～8mm 的装修伸缩缝，墙角、柱根处留置的装修伸缩缝不宜小于 3mm。

4.4.8 可根据工程性质、质量要求和艺术效果的需要，提出整体研磨、晶面处理的工艺要求。

4.5 楼梯设计

4.5.1 楼梯设计前应根据建筑结构图纸，对结构楼梯尺寸进行现场复测。

4.5.2 弧形楼梯设计应符合下列规定：

 1 弧形楼梯装饰设计深化图的圆心应与结构设计的圆心重合。

 2 弧形楼梯最内和最外装饰面尺寸应按结构设计尺寸内缩和外扩约 100mm。

 3 弧形楼梯的踏步设计应符合下列规定：

 1）踏步应按同心圆径向分格，每个踏步的夹角和高度应一致；

 2）内侧距扶手中心 250mm 处的踏板宽度不应小于 220mm；

 3）踏板分块线应与立板分块线对齐；踏步立板面应与侧板分块线对齐；

 4）踏步与墙面之间宜留不小于 3mm 的缝；

 5）踏板宜采取拉防滑槽或镶嵌防滑条等防滑措施。

 4 弧形楼梯的护栏和扶手设计应符合下列规定：

 1）护栏立柱之间的净距不应大于 110mm；

 2）扶手的高度，自踏步中心线起至扶手上皮不宜低于 900mm。

 5 弧形楼梯侧板和盖板设计应符合下列规定：

 1）护栏内、外侧圆弧板的竖缝应与踏步立板分缝协调一致；

 2）盖板的分缝宜与护栏的立柱位置协调一致。

 6 设计应绘制护栏和圆弧板的立面展开图。

4.5.3 直跑楼梯设计应符合下列规定：

 1 直跑楼梯最内和最外装饰面尺寸应按结构设计尺寸内缩和外扩约 100mm。

 2 直跑楼梯的踏步设计应符合下列规定：

 1）踏步的高度、宽度应均匀一致，踏步宽度不应小于 220mm；

 2）踏板分块线应与立板分块线对齐；踏步立板面应与侧板分块线对齐；

3) 踏板与墙面之间宜留不小于 3mm 的缝;
4) 踏步宜采取拉防滑槽或镶嵌防滑条等防滑措施。

3 直跑楼梯的护栏和扶手设计应符合下列规定:
1) 护栏立柱之间的净距不应大于 110mm;
2) 扶手的高度,自踏步中心线起至扶手上面不宜低于 900mm;靠楼梯井一侧水平扶手超过 500mm 长时,高度不应低于 1050mm。

4 直跑楼梯的侧板和盖板设计应符合下列规定:
1) 护栏内、外侧板的竖缝应与踏步立板分缝协调一致;
2) 盖板的分缝宜与护栏的立柱位置协调一致。

4.6 窗台板设计

4.6.1 窗台板设计前应根据建筑结构图纸,对窗台尺寸进行现场复测。

4.6.2 窗台板长度超过 2.4m 时宜分段。

4.6.3 窗台板的设计宽度宜大于窗台的宽度,凸出内墙面部分宜粘结加厚条。

4.6.4 窗台板靠室内的端面应倒斜边、磨圆边或加工成其他安全造型并抛光。

4.6.5 窗台板靠墙的两端留缝应不小于 3mm;窗台尺寸超过 2m 时,靠墙两端留缝应不小于 5mm。

4.6.6 铺贴窗台板应使用高柔性胶粘剂粘结,不得直接使用水泥砂浆粘结。

4.7 橱柜台面设计

4.7.1 橱柜台面应依据柜体尺寸和水管、煤气灶的位置进行设计,且应现场复测厨房尺寸。

4.7.2 橱柜台面长度超过 2.4m 时宜分段;L 型橱柜台面不应加工成整体,应拆分成两段拼接。

4.7.3 宜在面板底部设计垫条或衬板并与面板粘结成整体。

4.7.4 接缝应避开洗碗机、碗柜、消毒柜等区域。

4.7.5 接缝距离水槽、炉灶应不小于 150mm。

4.7.6 盆孔边距离台面板边缘不宜小于 80mm。

4.7.7 橱柜台面厚度不超过 20mm 时,所有非靠墙的边部宜设计加厚边,加厚边底面宜设置止水槽。

4.7.8 橱柜台面靠墙一边应设置上挡水板,上挡水板高度不宜小于 50mm,也不宜大于 100mm。

4.7.9 橱柜台面及其加厚边、挡水板边角和开孔不应有尖锐边角。

4.7.10 橱柜台面短边与墙壁之间留缝不应小于 3mm;橱柜直线长度超过 2m 时,短边与墙壁之间留缝不应小于 5mm。

4.8 洗手台设计

4.8.1 洗手台应依据柜体尺寸和水管的位置进行设计,且应现场复测卫生间尺寸。

4.8.2 人造石材洗手台长度超过 2.4m 时宜分段。

4.8.3 盆孔边距离台面板边缘不应小于 50mm。

4.8.4 人造石材洗手台所有非靠墙的边部,宜设计加厚边,必要时可设置下挡水板。

4.8.5 人造石材洗手台及其加厚边、挡水板边角和开孔不应有尖锐边角。

4.8.6 人造石材洗手台短边距墙壁不应小于 3mm;洗手台直线长度超过 2m 时,短边距墙壁不应小于5mm。

5 加工

5.1 一般规定

5.1.1 人造石材的加工应在工厂进行，加工中按照图样对人造石材进行排板和编号，使同一装饰面及相邻部位色调、花纹基本一致，造型、规格尺寸以及孔槽加工等应符合设计要求。设计有拼接时，拼接部位应自然顺畅，图案一致。

5.1.2 加工过程中不要撕去人造石材表面的保护膜。若有污水渗入膜下，应将膜下的水擦干。

5.1.3 人造石材加工过程中应防止出现崩边角、开裂等损伤，成品的局部缺陷可进行修补，修补不得影响人造石材的装饰效果。

5.1.4 加工好的人造石材除需要现场拼接的部位外不应有尖锐边角。

5.1.5 加工完成的人造石材应存放于通风良好的室内，直立存放，倾斜度不应大于10°，下边缘宜采用弹性材料衬垫，并采取防损伤、防水、防污染等保护措施。

5.2 金属构件加工

5.2.1 用于固定钢立柱的连接件宜采用符合国标要求的50mm×50mm×5mm等边角钢加工，并应符合下列规定：

1 连接件的材质应符合设计要求；
2 连接件的外观应平整，不得有裂纹、毛刺、凹凸、翘曲、变形等缺陷；
3 连接件的形状和尺寸应根据工程实际需求加工。调节长孔的宽度不应小于12mm，长孔边沿距连接件边沿不应小于10mm；
4 所有焊接处焊渣应清除干净，涂刷二道防锈漆；
5 所有镀锌防腐处理的型材，切割、打孔后应涂刷防锈漆；
6 连接件应采取有效的防腐处理，当采用热镀锌时，锌膜厚度应大于40μm并应符合现行国家标准《金属覆盖层钢铁制作热镀锌层技术要求及试验方法》GB/T 13912的有关规定。

5.2.2 钢立柱及钢横梁的冲孔、裁切等加工宜在工厂进行，不得采用电焊切割、烧孔。钢立柱及钢横梁的加工应符合现行国家标准《钢结构工程施工质量验收规范》GB 50205的规定，并应符合下列规定：

1 钢材截料前应校直调整，钢型材直线度允许偏差为1/500；
2 钢立柱、钢横梁不应有加工变形，加工尺寸允许偏差应符合表5.2.2的规定。

表5.2.2 钢横梁、钢立柱加工尺寸允许偏差

单位：mm

项目	允许偏差
钢立柱长度	+1.0 −2.0
钢横梁长度	+0.5 −1.0

5.2.3 弧形钢横梁加工应符合下列规定：
   1 可采用冷弯加工，弯加工后构件表面应平滑，不得有皱折、凹凸、裂纹；
   2 冷弯加工弧形钢横梁外形加工的尺寸允许偏差应符合表5.2.3的规定。

表5.2.3 弧形钢横梁加工的尺寸允许偏差

单位：mm

项目	允许偏差	
	500<r≤800	r>800
弯曲半径 r	≤3	≤4
扭曲度	≤3	≤3
内、外弧凹陷度	≤2	≤2

5.2.4 钢构件表面防锈处理应符合现行国家标准《钢结构工程施工质量验收规范》GB 50205的有关规定。

5.3 墙、地面人造石材规格板加工

5.3.1 人造石材规格板的加工尺寸允许偏差应符合表5.3.1的规定。

表5.3.1 人造石材规格板尺寸偏差要求

单位：mm

项目		技术要求		检查方法
		高光、光面、亚光板材	粗面板材	
尺寸允许偏差（mm）	长度、宽度	0 −1.0	0 −1.0	JC/T 908 JG/T 463
	厚度	±1.5	±2.0	
平面度公差（mm）	L≤600	≤0.50	≤0.80	
	600<L≤1000	≤0.80	≤1.20	
	L>1000	由供需双方协商确定		
角度公差（mm）	L≤600	≤0.4	≤0.5	
	L>600	≤0.6	≤0.8	
边直度（%）		±0.15		
注：粗面是指荔枝面、斧凿面等特殊处理过的板面。				

5.3.2 人造石材规格板的外观质量应符合表5.3.2的规定。

表5.3.2 人造石材规格板外观质量要求

单位：个

缺陷名称	规定内容	技术要求
气孔	直径大于1.5mm，不允许有；直径不大于1.5mm（小于0.2mm不计），板材正面每平方米允许个数（个）	2
斑印	面积大于4cm²，不允许有；面积不大于4cm²（小于1cm²不计），板材正面每平方米允许个数（个）	1

续表

缺陷名称	规定内容	技术要求
花纹与色差	花色与标准板的颜色和特征无明显差异;应保证同一装饰区域内无明显色差	
缺棱、缺角	板材正面不允许出现	
裂纹	板材正面不允许出现,但不包括骨料中石粒(块)自身带来的裂纹和仿天然石裂纹;底面裂纹不能影响板材力学性能	
杂质	正面不允许	
注:杂质是指由外界混入的与板材材质不一致的材料。		

5.4 人造石材圆弧板加工

5.4.1 人造石材圆弧板的加工尺寸允许偏差应符合表5.4.1的规定。

表5.4.1 人造石材圆弧板尺寸偏差要求

项目		技术要求	检查方法
尺寸允许偏差(mm)	弦长	0 −1.0	GB/T 19766
	高度	0 −1.0	
	厚度	厚度最小处≥18	
直线度(mm)	≤800	0.8	
	>800	1.0	
线轮廓度(mm)		1.0	
端面角度(mm)		0.6	
侧面角α		≥90°	

5.4.2 人造石材圆弧板的外观质量应符合表5.4.2的规定。

表5.4.2 人造石材圆弧板外观质量要求

单位:个

名称	规定内容	技术要求
气孔	直径大于1.5mm,不允许有;直径不大于1.5mm(小于0.2mm不计),线条正面每平方米允许个数(个)	2
斑印	面积大于4cm²,不允许有;面积不大于4cm²(小于1cm²不计),线条正面每平方米允许个数(个)	1
花纹与色差	花色与标准板的颜色和特征无明显差异;应保证拼接成整条的圆柱花色一致,无明显色差	
光泽度	目测,不低于标准样板的光泽度,且表面平整,无波浪起伏	
罗马槽	槽宽、槽间距、槽深度目视均匀,槽的数量与图纸一致。槽内光度与圆弧板表面一致,槽内平滑,无波浪起伏。槽顶端应圆滑,避免尖角	
缺棱、缺角	正面不允许出现	

续表

名称	规定内容	技术要求
裂纹	正面不允许出现，但不包括骨料中石粒（块）自身带来的裂纹和仿天然石裂纹；底面裂纹不能影响板材力学性能	
杂质	正面不允许	
注：杂质是指由外界混入的与板材材质不一致的材料。		

5.5 人造石材线条加工

5.5.1 人造石材直位线条加工尺寸允许偏差应符合表5.5.1的规定。

表5.5.1 人造石材直位线条尺寸偏差要求

单位：mm

项目		技术要求	检查方法
尺寸允许偏差	长度	0 −1.5	JC/T 847.2
	宽度	+1.0 −2.0	
	厚度	+1.0 −2.0	
吻合度		1.0	
直线度		1.0	
线轮廓度		1.5	

5.5.2 人造石材线条的外观质量应符合表5.5.2的规定。

表5.5.2 人造石材线条外观质量要求

单位：个

名称	规定内容	技术要求
气孔	直径大于1.5mm，不允许有；直径不大于1.5mm（小于0.2mm不计），线条正面每米允许个数（个）	2
斑印	面积大于4cm²，不允许有；面积不大于4cm²（小于1cm²不计），线条正面每米允许个数（个）	1
花纹与色差	花色与标准板的颜色和特征无明显差异；应保证有拼接关系的线条产品无明显色差	
光泽度	目测不低于标准样板的光泽度，且表面平整，无波浪起伏	
缺棱、缺角	正面不允许出现	
裂纹	正面不允许出现，但不包括骨料中石粒（块）自身带来的裂纹和仿天然石裂纹；底面裂纹不能影响板材力学性能	
杂质	正面不允许	
注：杂质是指由外界混入的与板材材质不一致的材料。		

5.6 干挂和点挂槽、孔的加工

5.6.1 短槽的加工应符合下列规定：
 1 按照设计深化图纸规定的尺寸和位置进行开槽加工；
 2 短槽的位置和尺寸偏差应符合表5.6.1的规定；

表5.6.1 短槽的位置和尺寸偏差要求

单位：mm

项目	技术要求	检查方法
短槽中心位置左右偏差	±2.0	卷尺和游标卡尺测量
短槽的长度	±2.0	
短槽的宽度	±0.5	
短槽的深度	+5.0 0	
短槽侧边到面板装饰面距离	±0.5	

 3 槽内应干燥、无毛刺、无粉尘，槽内杂物应清理干净。

5.6.2 背栓开孔的加工应符合下列规定：
 1 按照设计深化图纸规定的尺寸和位置进行开孔加工；
 2 孔的位置和尺寸偏差应符合表5.6.2的规定；

表5.6.2 孔的位置和尺寸偏差要求

单位：mm

项目	技术要求	检查方法
孔中心位置左右偏差	±2.0	卷尺和游标卡尺测量
孔径	以插入配套螺栓时松紧适度为宜	
孔的深度	+5.0 0	

 3 孔内应干燥、无毛刺、无粉尘，槽内杂物应清理干净。

5.6.3 背槽的加工应符合下列规定：
 1 按照设计深化图纸规定的尺寸和位置进行开槽加工；
 2 背槽的位置和尺寸偏差应符合表5.6.3的规定；

表5.6.3 背槽的位置和尺寸偏差要求

单位：mm

项目	技术要求	检查方法
背槽中心位置左右偏差	±2.0	卷尺和游标卡尺测量
槽口的长度	±2.0	
槽口的宽度	±0.5	
槽口的深度	+5.0 0	

3 槽口应打磨成45°倒角，槽内应干燥、无毛刺、无粉尘，槽内杂物应清理干净。

4 背槽挂件的植入宜在加工厂内完成。应按如下流程植入背槽挂件：

1）将背槽内外清理干净，确认槽内处于干燥状态；

2）使用环氧胶粘剂将槽口灌满灌实，将锚固件放入背槽内。在环氧胶粘剂完全固化前应保持埋入的挂件定位不能变动。

5.7 人造石材实心柱体加工

5.7.1 人造石材实心柱的加工尺寸允许应符合表5.7.1的规定。

表5.7.1 人造石材实心柱体尺寸偏差要求

项目		允许偏差		检查方法
		A类	B类	
尺寸允许偏差（mm）	直径φ φ≤100	±1.0	±1.5	JC/T 847.3
	100<φ≤300	±2.0	±3.0	
	300<φ≤1000	±3.0	±4.0	
	φ>1000	±4.0	±5.0	
	高度H H≤1500	±2.0	±3.0	
	1500<H≤3000	±3.0	±4.0	
	3000<H≤6000	±4.0	±5.0	
加工面素线直线度（mm/m）		0.5	1.0	
上下两端面外缘平面度（mm）		0.5	1.0	
上下两端面与圆柱面的垂直度（mm）		0.5	1.0	

5.7.2 人造石材实心柱体的外观质量应符合表5.7.2的规定。

表5.7.2 人造石材实心柱体外观质量要求

单位：个

名称	规定内容	技术要求
气孔	直径大于1.5mm，不允许有；直径不大于1.5mm（小于0.2mm不计），线条正面每平方米允许个数（个）	2
斑印	面积大于4cm²，不允许有；面积不大于4cm²（小于1 cm²不计），线条正面每平方米允许个数（个）	1
花纹与色差	花色与标准板的颜色和特征无明显差异；应保证柱身、柱头、柱座花色一致，无明显色差	
光泽度	目测，不低于标准样板的光泽度，且表面平整，无波浪起伏	
罗马槽	槽宽、槽间距、槽深度目视均匀，槽的数量与图纸一致。槽内光度与圆弧板表面一致，槽内平滑，无波浪起伏。槽顶端应圆滑，避免尖角	
缺棱、缺角	正面不允许出现	
裂纹	正面不允许出现，但不包括骨料中石粒（块）自身带来的裂纹和仿天然石裂纹；底面裂纹不能影响板材力学性能	
杂质	正面不允许	
注：杂质是指由外界混入的与板材材质不一致的材料。		

5.8 人造石材台面加工

5.8.1 人造石材台面产品包括窗台板、橱柜台面、洗手台及其他台面产品等。

5.8.2 人造石材台面的加工尺寸允许偏差应符合表5.8.2的规定。

表5.8.2 人造石材台面尺寸偏差要求

单位：mm

项目	技术要求
长度、宽度允许偏差	单件：±2 其中：拼接位置宽度差≤0.3
开孔孔径允许偏差	±1
开孔位置允许偏差	单孔：≤2 多孔：同方向偏移≤2；不同方向偏移，限移位≤2mm且孔距偏差≤2
边部造型	造型符合图纸要求，且同一台面造型应均匀一致，宽窄相差不应大于1

5.8.3 人造石材台面的外观质量应符合表5.8.3的规定。

表5.8.3 人造石材台面外观质量要求

名称	规定内容
花纹与色差	花色与标准板的颜色和特征无明显差异；拼接关系的台面之间无明显色差
光泽度	按与客户协商的光泽度执行，且表面平整，无波浪起伏
拼接效果	距离1m目测基本看不到拼接缝
气孔	正面不允许
斑印	正面不允许
缺棱、缺角	正面不允许
裂纹	正面不允许出现，但不包括骨料中石粒（块）自身带来的裂纹和仿天然石裂纹；底面裂纹不能影响板材力学性能
杂质	正面不允许
注：杂质是指由外界混入的与板材材质不一致的材料。	

5.8.4 未做造型且非紧贴墙壁的侧边，应磨边和倒棱处理，倒棱宽度宜为1mm或按照设计要求。台面开孔的边缘应倒棱处理，孔内应平滑无毛刺。

5.8.5 人造石材台面加工完成后，应将具有拼接关系的台面进行试拼，拼接缝应严密吻合。

5.8.6 人造石材台面设计有垫条或衬板的，垫条或衬板的尺寸和数量应符合设计要求。垫条或衬板材料宜使用加工人造石材剩余的边角料切割制成，或使用PVC板材，出厂前粘贴于台面底部指定位置。

5.9 人造石材拼花加工

5.9.1 人造石材拼花板的单件加工尺寸偏差应符合表5.9.1的规定。

表 5.9.1 单件尺寸偏差要求

单位：mm

项目	允许偏差	
	手工拼花	水刀拼花
长度、宽度	0 −1.0	0 −0.5
与设计曲线的吻合度	0 −1.0	0 −1.0
平面拼花板材厚度	±1.5	

5.9.2 人造石材拼花的整体加工尺寸偏差应符合表 5.9.2 的规定。

表 5.9.2 整体尺寸偏差要求

单位：mm

项目	允许偏差						混合拼花
	手工拼花			水刀拼花			
	$L \leqslant 400$	$400 < L \leqslant 1500$	$L > 1500$	$L \leqslant 800$	$800 < L \leqslant 1500$	$L > 1500$	$L > 5000$
长度	0 −1.0	0 −1.0	0 −2.0	0 −1.0	0 −1.0	0 −2.0	+5.0 −5.0
宽度	0 −1.0	0 −1.0	0 −2.0	0 −1.0	0 −1.0	0 −2.0	+5.0 −5.0
曲线吻合度	0 −1.0	0 −2.0	0 −3.0	0 −1.0	0 −2.0	0 −3.0	+5.0 −5.0
注：L 是指拼花尺寸范围。							

5.9.3 人造石材拼花的接缝宽度允许偏差应符合表 5.9.3 的规定。

表 5.9.3 接缝宽度允许偏差

单位：mm

项目	允许偏差	
	手工拼花	水刀拼花
直线拼接缝宽度	≤0.3	≤0.3
弧线拼接缝宽度	≤1.0	≤0.5

5.9.4 人造石材拼花板之间的图案接口错位允许偏差应符合表 5.9.4 的规定。

表 5.9.4 图案接口错位允许偏差

单位：mm

项目	允许偏差
手工小拼花、水刀拼花及直径不大于 4000mm 的圆形拼花	≤0.5
手工大拼花及直径大于 4000mm 的圆形拼花	≤1.0

5.9.5 人造石材拼花相邻板块应手感过渡平滑,无明显高低差。
5.9.6 人造石材拼花正面外观质量要求应符合表5.9.5的规定。

表5.9.5 正面外观质量要求

单位:个

名称	规定内容	技术要求
花纹与色差	花色与标准板的颜色和特征无明显差异;整体风格符合设计要求,相同材料有拼接关系的,应无明显色差	
光泽度	按与客户协商的光泽度执行,且表面平整,无波浪起伏	
气孔	直径大于1.5mm,不允许有;直径不大于1.5mm(小于0.2 mm不计),线条正面每平方米允许个数(个)	2
斑印	面积大于4cm²,不允许有;面积不大于4cm²(小于1cm²不计),线条正面每平方米允许个数(个)	1
缺棱、缺角	正面不允许出现	
裂纹	正面不允许出现,但不包括骨料中石粒(块)自身带来的裂纹和仿天然石裂纹;底面裂纹不能影响板材力学性能	
杂质	正面不允许	
注:杂质是指由外界混入的与板材材质不一致的材料。		

5.9.7 人造石材拼花产品底部的残留胶应及时清除。

5.10 人造石材雕刻品加工

5.10.1 人造石材雕刻品的加工尺寸应符合图纸的标示。
5.10.2 人造石材雕刻品的外观质量应符合表5.10.2的规定。

表5.10.2 人造石材雕刻品外观质量要求

名称	规定内容
光泽度	符合设计要求
立体感	雕刻深度及立体感基本符合效果图或实物样板
图案和纹理	图案符合设计要求;纹理清晰、流畅、自然
缺棱、缺角	正面不允许出现
裂纹	正面不允许出现,但不包括骨料中石粒(块)自身带来的裂纹和仿天然石裂纹

5.11 人造石材马赛克加工

5.11.1 板状人造石材马赛克的加工尺寸允许偏差应符合本规程5.3.1的规定。
5.11.2 联状人造石材马赛克联的联长、线路、石粒厚度允许偏差应符合表5.11.2的规定。

表 5.11.2 人造石材马赛克联的联长、线路、石粒厚度允许偏差

单位：mm

项目		允许偏差
联长	<300	±2.0
	≥300	±3.0
线路	<2.0	±0.5
	≥2.0	±0.8
石粒厚度		±0.5

5.11.3 人造石材马赛克图案拼花接口错位允许偏差应符合表 5.11.3 的规定。

表 5.11.3 人造石材马赛克图案拼花接口错位允许偏差

单位：mm

规格	允许偏差
$L \geq 600$；$B \leq 200$	≤0.5
$600 < L \leq 2000$；$B > 200$	≤1.0
$2000 < L \leq 6000$	≤1.5
注：L 为长度，B 为宽度。	

5.11.4 人造石材马赛克外观质量应符合下列规定：
1　外观协调，过渡自然，无明显缺陷，图案及色调符合设计要求；
2　同一色调的人造石材马赛克的颜色基本一致，无明显色差；
3　线路流畅，宽度基本均匀一致。直线线路平直度不大于 1mm/m；
4　石粒粘结牢固无脱落，无明显崩边、崩角、裂纹、色斑、坑窝、划痕等。

5.12　人造石材楼梯加工

5.12.1　楼梯的平面板材加工尺寸允许偏差应符合本规程 5.3.1 条的规定，外观质量应符合本规程 5.3.2 条的规定。

5.12.2　弧形楼梯的盖板和侧板加工尺寸允许偏差应符合表 5.12.2 的规定，外观质量应符合本规程 5.4.2 条的规定。

表 5.12.2　弧形楼梯盖板和侧板加工尺寸允许偏差

项目			允许偏差	检查方法
尺寸	盖板	宽度（mm）	0 −1.0	卡尺测量
		侧面弧线吻合度（mm）	±1.0	标准弧形模板加塞尺测量
	圆弧板	弦长（mm）	0 −1.0	钢直尺测量
		高度（mm）	0 −1.5	钢直尺测量
		饰面弧线吻合度（mm）	≤0.3	标准弧形模板加塞尺测量
		饰面素线直线度（mm/m）	0.3	钢直尺加塞尺测量

续表

项目		允许偏差	检查方法
盖板与圆弧板拼缝	拼缝直线度（mm/m）	0.5	钢直尺加塞尺测量
	水平与垂直方向拼缝角度（mm）	≤1.0	角度尺和塞尺测量
	拼缝弧线吻合度（mm）	≤0.3	标准弧形模板加塞尺测量
	拼接口吻合度（mm）	±1.0	钢直尺加塞尺测量

5.13 包装、运输和储存

5.13.1 根据人造石材所用部位、形状规格、数量、运输方式、运输距离、运输路况、储存场地等情况选择合适的包装材料、包装方式以及运输与装卸方式。

5.13.2 随包装附上人造石材的质检合格材料、安装说明书和装箱清单；人造石材上的编号标识应清晰。

5.13.3 包装箱应安放稳固，每箱重量不宜超过 1.5t。箱内做好防撞伤、防磕伤的隔离缓冲措施，并做好产品的固定措施，防止产品在箱中窜动。

5.13.4 产品装箱前，应在产品装饰面覆上一层保护膜。

5.13.5 圆弧板应直立装箱，并且在紧靠的圆弧板中间加垫缓冲材料隔垫，不能靠紧的弧形板加垫夹板条防护。

5.13.6 人造石材产品应每件做好覆膜包装措施。

5.13.7 应在产品保护膜或外包装箱的醒目位置标明"禁止淋雨和暴晒"、"小心轻放"、"朝上"等图文信息。

5.13.8 人造石材的搬运和运输应符合下列规定：

1 轻装轻放，不得摔滚撞击；
2 运输中保持平稳，不得超载、超速；
3 人造石材安放稳固，防止倾倒和窜动，直立码放时不得使人造石材正面棱角先着地；
4 人造石材单块面积超过 $0.25m^2$ 时应直立搬运。大型产品用起重工具搬运时，其受力边棱应加装衬垫；
5 木箱包装的产品，用起重设备装卸时，每次宜吊装一箱；
6 装车码放应按照储存的要求进行。

5.13.9 人造石材宜储存在室内。储存于室外时应有遮盖措施，防止日晒雨淋。

6 施工

6.1 一般规定

6.1.1 进场的人造石材应避免日晒雨淋和泡水，储存于室外时，应做好遮盖措施。搬运时应轻拿轻放，不得摔扔。

6.1.2 施工现场应确保通风良好，环境温度5℃～35℃（24h 内）。温度太高或太低都应采取相应保温措施；低于 0℃或者高于40℃宜停止施工。

6.1.3 大面积施工前宜选择适当位置进行一定面积的局部施工，对所用的材料、施工工艺及施工质量等确认。

6.1.4 切割人造石材应采取降噪防尘措施。

6.1.5 调配胶粘剂和填缝剂时，操作人员应佩戴防护口罩、手套、眼镜等劳保用品。

6.1.6 云石胶只可用于修补和临时定位，不可用于结构粘结。

6.2 施工准备

6.2.1 施工前应根据现场实际情况进行各专业洽商，对装饰设计图进行深化，并配合完成材料加工。

6.2.2 施工前应根据现场实际情况编制施工组织设计或专项方案。

6.2.3 应以纵横控制线和标高、坐标控制点为统一基准，对工程实施统一的测量放线。

6.2.4 施工前应做好下列材料准备工作：

1 进场材料应具有合格证和检测报告，并对尺寸规格和外观质量等进行检查，环氧胶粘剂和其他按规定需进行现场复试的材料应进行见证检验；

2 材料不应在楼板中部集中码放，应尽量沿承重墙或承重梁位置整齐码放且不应超过楼板承载力；

3 人造石材储存时应依照安装顺序排列，储存架应有足够的刚度和承载力。

6.2.5 作业条件应满足下列要求：

1 作业范围内的主体结构和机电隐蔽安装工程验收合格。有防水要求的工序应施工完成并验收合格，抹灰、地面垫层、预埋在垫层内的电管及穿通地面的管线均已完成，门窗洞、阳台等应处理完成；

2 基准点、线已完成交接并经复核验线；

3 施工脚手架搭设完成并经验收合格。

6.3 变形缝施工

6.3.1 建筑结构变形缝处的装修材料和构造做法应符合设计要求，其构造层不应跨越建筑结构变形缝。

6.3.2 宜选用金属框架高度可调节的成品变形缝，金属框架应采用膨胀锚栓与主体结构固定，固定点间距不宜大于300mm。

6.3.3 安装成品变形缝的金属框架前应清理缝内杂物，弹控制线，变形缝的饰面与变形缝金属框架粘结应牢固，盖板与石材饰面层高度差应符合设计要求，接槎无错缝，金属框架与人造石材结合部位缝隙宜采用中性耐候硅酮密封胶填缝。

6.3.4 人造石材施工时应保护变形缝金属框架不受损坏。

6.3.5 应按照设计要求安装阻火带和粘贴止水带。

6.4 人造石材墙、柱面施工

6.4.1 人造石材墙、柱面施工应符合下列一般要求：

1 墙、柱面人造石材的安装，应按照由下而上，先门和窗洞口小板，后墙、柱面大板的顺序。对于窗边人造石材的安装，应按照窗下石、窗台石、窗侧石、窗顶石的顺序进行；

2 铺装时应按照设计要求留缝；

3 墙、柱面人造石材施工过程中应及时将表面清理干净，并采取保护措施；

4 过小的部件不能与主体结构连接时，应先采用环氧胶粘剂与大的部件粘结，必要时增加金属加强筋；

5 凸出墙面的大型装饰线条、外挑的大柱头、倾斜安装的人造石材等，应增加机械锚固措施或有其他可靠的防倾覆和防坠落的措施；

6 人造石材墙、柱面上有特殊壁灯时，应按照灯具实际尺寸和固定方式安装；宜先装好壁灯底板以及配套件，开好电线出线洞，再与电工配合安装人造石材。若灯具未确定，宜待灯具到场后再按实际情况安装该块人造石材。

6.4.2 干挂法施工应符合下列规定：

1 开槽和开孔宜在加工厂内进行。

2 按照石材样板图，在地面及墙面分别弹出底层人造石材位置线和墙面人造石材分块线。

3 按设计要求安装好钢骨架。钢骨架的安装应符合现行中国工程建设协会标准《建筑装饰室内石材工程技术规程》CECS 422 的规定。

4 按下列要点进行短槽式干挂：

1）短槽式干挂示意图如图 6.4.2-1 所示。连接件及挂件应满足三维可调；

2）将挂件用螺栓临时固定在横龙骨打眼处，最下一排和顶上一排宜采用单向不锈钢挂件，中间采用双向不锈钢挂件；

3）首先安装最底层人造石材。将人造石材逐块进行试挂，并适当调整螺栓，使挂件位置正确。然

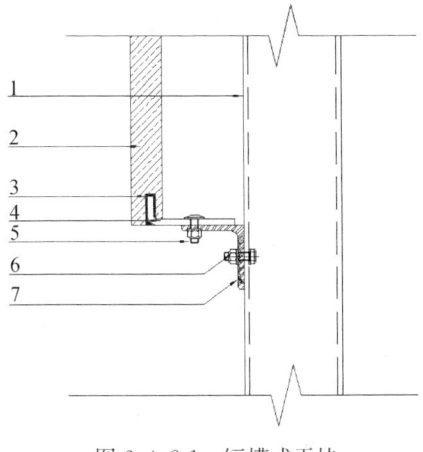

图 6.4.2-1 短槽式干挂
1—主龙骨；2—人造石材；3—环氧胶粘剂；
4—L形挂件；5—马车螺栓；6—螺栓；7—角钢

后将短槽内外清理干净，并确认槽内处于干燥状态，在下槽内抹满环氧胶粘剂并使之与槽口内壁粘结良好，将人造石材下槽对准挂件插入，左右调整人造石材使之符合分块线划定的位置后，在人造石材上槽内抹满环氧胶粘剂并使之与槽口内壁粘结良好，将上部的挂件插入抹满环氧胶粘剂的槽内。拧紧挂件螺栓；

4）可使用云石胶打点临时固定；

5）安装最底层人造石材时，应在下方用铝方通或厚木板作临时支托；

6）最底层安装完毕，用靠尺找垂直，水平尺找平整，方尺找阴阳角方正；

7）按顺序逐层安装人造石材。

5 按下列要点进行背栓式干挂：

1）背栓式干挂示意图如图 6.4.2-2 所示。连接件及挂件应满足三维可调；

2）将角码用螺栓临时固定在龙骨上；

3）将背栓孔内外清理干净，再将膨胀螺栓插入背栓孔，用专用工具紧固在人造石材背面。将背栓挂件安装到膨胀螺栓上；

4）首先安装最底层人造石材。将人造石材背面的背栓挂件对准角码插入，左右调整人造石材使之符合分块线划定的位置后，拧紧螺栓；

5）最底层安装完毕，用靠尺找垂直，水平尺

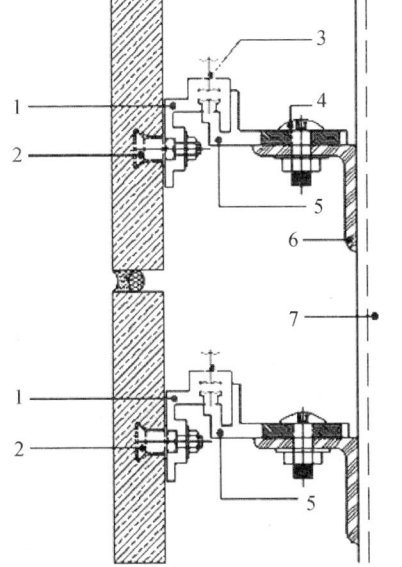

图 6.4.2-2 背栓式干挂
1—背栓式挂件；2—膨胀螺栓；
3—可调整螺栓；4—马车螺栓；
5—主托件；6—调节角码；7—龙骨

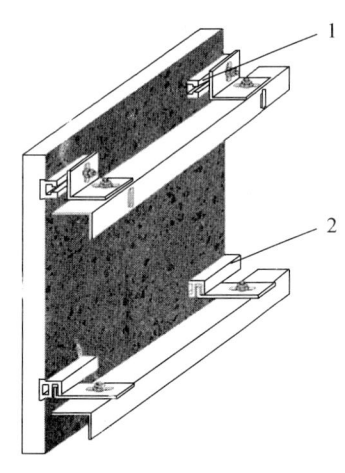

图 6.4.2-3 背槽式干挂
1—主挂件；2—副挂件

找平整，方尺找阴阳角方正；

6) 按顺序逐层安装人造石材。

6 按下列要点进行背槽式干挂：

1) 背槽式干挂示意图如图 6.4.2-3 所示。连接件及挂件应满足三维可调；

2) 将支撑件和角码用螺栓临时固定在龙骨上；

3) 首先安装最底层人造石材。将副挂件的锚固件槽内抹满环氧胶粘剂，对准已固定好的支撑件推入；将主挂件通过角码与角钢连接。左右调整人造石材使之符合分块线划定的位置后，拧紧螺栓；

4) 最底层安装完毕，用靠尺找垂直，水平尺找平整，方尺找阴阳角方正；

5) 按顺序逐层安装人造石材。

6.4.3 点挂法施工应符合下列规定：

1 点挂法示意图如图 6.4.3 所示。挂件与角码连接应三维可调；

2 点挂法基层质量应符合现行国家标准《建筑装饰装修工程质量验收规范》GB 50210 一般抹灰的要求；

3 点挂法无需安装钢骨架，直接在符合要求的墙体上打孔，把膨胀螺栓植入墙体，将人造石材通过短槽式、背栓式或背槽式挂件及连接件固定在膨胀螺栓上。

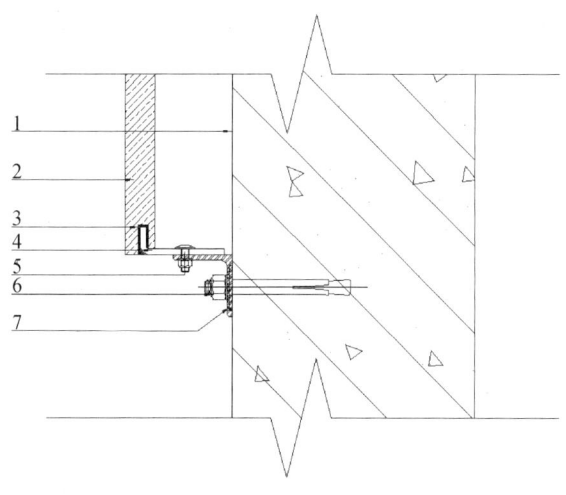

图 6.4.3 点挂法示意图
1—墙体；2—人造石材；3—环氧胶粘剂；4—L形挂件；
5—马车螺栓；6—膨胀螺栓；7—角码

6.4.4 干粘法施工应符合下列规定：

1 墙、柱体的基层表面平整度偏差应不大于 3mm，拉拔强度应不小于 0.5MPa。表面干净，无浮灰，无酥松；

2 施工前应对墙面进行"毛化"处理；

3 按照深化排版图纸，根据人造石材的规格尺寸在墙面上弹出水平和垂直控制线、分格线、分块线；

4 在人造石材背面以打点或涂成长条的方式涂胶，中心部位涂布环氧胶粘剂，每60mm～100mm一个胶点，每块人造石材面板最少5个胶点，每个胶点面积为40cm²～60cm²，厚度约6mm～10mm，每块人造石材面板上胶点的面积之和应不小于面板面积的十分之一。同时可调配云石胶，打点粘在人造石材面板背面，对人造石材进行临时定位。边角150mm范围内应涂布中性硅酮结构胶，如图6.4.4所示。环氧胶粘剂和云石胶不得出现在板材边缘150mm以内位置；

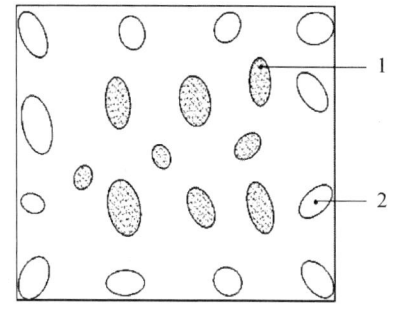

图6.4.4 干粘法示意图
1—环氧胶粘剂；2—中性硅酮结构胶

5 在墙面对应位置处涂抹少量中性硅酮结构胶或环氧胶粘剂，将背面涂好胶的人造石材面板，按弹好的安装位置线，自下而上粘贴上墙。墙面先贴两端，之后沿着拉好的通长线贴中间面板，用靠尺找平找直，调试平直后用缝卡临时固定。用橡胶锤轻敲涂胶的粘贴点位，使胶粘剂与墙面完全粘合；

6 边长大于800mm或厚度大于20mm的人造石材，还宜增加机械锚固措施；

7 门、窗、垭口等顶部的人造石材，还宜增加机械锚固措施。

6.4.5 湿贴法施工应符合下列规定：

1 墙、柱体的基层表面平整度偏差应不大于3mm，拉拔强度应不小于1.0MPa。表面干净，无浮灰，无酥松；

2 施工前应对墙面进行"毛化"处理；

3 按照深化排版图纸，根据人造石材的规格尺寸在墙面上弹出水平和垂直控制线、分格线、分块线；

4 在墙面上用10mm×10mm锯齿镘刀的直边，将双组分水泥基胶粘剂平整地涂抹一层，然后用镘刀的锯齿边梳理出饱满无间断的锯齿状条纹，厚度为3mm～4mm；

5 使用干抹布或毛刷清理人造石材粘贴面的浮灰、油脂、铁锈等影响粘结的附着物。在人造石材面板背面用12mm×12mm锯齿镘刀的直边，将双组分水泥基胶粘剂平整地涂抹一层，然后用镘刀的锯齿边梳理出饱满无间断的锯齿状条纹，厚度为3mm～4mm；

6 将人造石材面板按照自下而上的方式粘贴上墙，面板背面的锯齿状条纹方向应与墙面上的锯齿状条纹平行，并使锯齿状条纹的凹槽对凸槽进行粘结；

7 板材就位后用橡胶锤轻敲，用靠尺找平找直，调试平直后用缝卡临时固定；

8 边长大于400mm或厚度大于20mm的人造石材，还宜增加机械锚固措施；

9 门、窗、垭口等顶部的人造石材，还宜增加机械锚固措施；

10 胶粘剂终凝前，应采取有效可靠的侧向支护。

6.4.6 人造石材马赛克安装应符合下列规定：

1 联状马赛克的安装应符合下列规定：

1）应选用与人造石材马赛克背网胶相容的胶粘剂，采用本规程6.4.4条或6.4.5条规定的方法安装；

2）马赛克粘贴前基层应平整、干燥、洁净；

3）人造石材马赛克的厚度与周围面层材料的厚度差大于4mm时，基层应抹灰找平，不

得用粘贴材料直接在铺装时找平;

4) 安装后的缝宽、缝深应均匀一致,满足质量验收标准,表面应保持干净。

2 板状马赛克的安装宜按照本规程 6.4.2~6.4.5 条规定的方法进行,各板块均应与墙面可靠连接或粘结。

6.4.7 填缝应符合下列规定:

1 填缝宜使用中性耐候硅酮密封胶。装修伸缩缝内宜塞入泡沫棒再注入中性耐候硅酮密封胶。注胶应均匀一致,粘结应牢固;

2 湿贴法填缝宜在铺装完成 28d 或胶粘剂完全固化干燥后进行。

6.4.8 墙面安装完毕,应检查人造石材有无破损,并对破损处进行修补和打磨。

6.5 人造石材地面施工

6.5.1 人造石材地面施工应符合下列一般要求:

1 地面人造石材应按照由里到外的顺序铺设,从远离门口的一边开始,逐步退至门口;

2 人造石材波打线和踢脚线宜与地面板块对缝;

3 门窗附近要有挡雨及防积水措施;水、电、机具和安全防护措施齐备。

6.5.2 硬底薄层法施工应符合下列规定:

1 应在固化完全的硬质基层上施工,混凝土垫层养护 28d 以上、水泥砂浆层养护 14d 以上方可施工。

2 应使用双组分水泥基胶粘剂作为粘结材料。

3 硬质基层应符合下列规定:

1) 基层平整度偏差不应大于 3mm/2m,当基层平整度达不到要求时,宜采用聚合物水泥砂浆进行处理。

2) 施工面应无积水,基层含水率不宜大于 8%。

3) 基层表面应坚实、洁净,无油脂、涂料、粉尘等影响粘结的附着物。

4) 基层强度应符合下列规定:

① 混凝土垫层强度等级不得小于 C20;

② 找平砂浆层强度等级不得小于 M15,砂浆层厚度不宜小于 20mm,灰砂比 1:2 左右。

4 施工工艺流程应符合下图的规定:

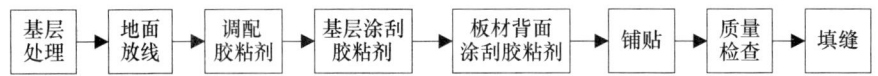

5 按下列要点进行施工:

1) 对基层表面进行"毛化"处理。

2) 依据施工图纸拉十字控制线,弹在基层上,并引至墙面底部。

3) 按照胶粘剂说明书调配好胶粘剂,搅拌均匀后使用。应根据产品的可操作时间和施工速度来合理配备单次拌料量。

4) 在基层上用 10mm×10mm 锯齿镘刀的直边,将双组分水泥基胶粘剂平整地涂抹一层,然后用镘刀的锯齿边将胶粘剂梳理出饱满无间断的锯齿状条纹,镘刀与基层表面呈 45°角,胶粘剂厚度控制在 3mm~4mm。

5) 使用干抹布或毛刷清理人造石材背面的浮灰、油脂、铁锈等影响粘结的附着物。在人造石材面板背面用 12mm×12mm 锯齿镘刀的直边，将双组分水泥基胶粘剂平整地涂抹一层，然后用镘刀的锯齿边将胶粘剂梳理出饱满无间断的锯齿状条纹，镘刀与面板呈 45°角，胶粘剂厚度控制在 3mm～4mm，板材边角胶粘剂应补足并倒角处理。

6) 将涂好胶粘剂的人造石材面板平稳放下，面板背面的胶粘剂锯齿状条纹方向应与基层上的锯齿状条纹平行，并使锯齿状条纹的凹槽对凸槽进行粘结。板材就位后充分揉压，调整好平整度。

7) 铺贴时人造石板块之间应按设计要求留缝，板缝之间宜采用缝卡固定，并按照设计要求留置装修伸缩缝，装修伸缩缝应深至基层。

8) 每铺贴 30m² 应逐件轻敲检查空鼓。如存在空鼓应立即重新铺贴。

9) 填缝宜在铺装完成 28d 或胶粘剂固化干燥后进行。填缝应符合下列规定：

① 清缝后将与人造石材同色的反应型树脂填缝剂填入缝中，填胶应均匀、饱满，粘结应牢固；

② 将装修伸缩缝清理至基层，地面护理施工前使用中性耐候硅酮密封胶填充；地面护理施工完成以后使用 U 形槽等缓冲物填充。

6.5.3 软底法施工应符合下列规定：

1 现场用拌合砂浆进行找平层施工后，使用单组分湿固化聚氨酯胶粘剂按下图规定的施工工艺流程进行施工：

2 按下列要点进行施工：

1) 清理混凝土垫层上的浮浆、落地灰、油污、涂料、密封剂等影响粘结强度的附着物，铲除凸起物。

2) 依据墙体水平基准线，在墙上弹出地面标高线。除卫生间外，同一楼层地面宜采用同一标高。

3) 按下列规定铺找平层：

① 在混凝土垫层上刷一层水灰比 0.4～0.5 的水泥素浆，刷涂面积不宜过大，随铺砂浆随刷；

② 铺设找平砂浆，厚度以放上人造石材板块时高出面层水平线 3mm～4mm 为宜。找平砂浆宜使用 32.5 以上普通硅酸盐水泥，砂宜使用中砂或粗砂，含泥量<3%，不得含有机杂物；灰砂比 1:2 左右，加水混合到"手握成形，手颠即散"的状态。铺好后用大杠刮平，再用抹子拍实找平；

4) 拉十字控制线，将需要铺贴的人造石材面板平放在找平砂浆上进行试铺，充分揉压振实；检查板材颜色、尺寸、边角平整度是否妥当，根据情况对板材进行调换。

5) 按下列要求涂刮胶粘剂：

① 按说明书准备好单组分湿固化聚氨酯胶粘剂；

② 将试铺板材揭开，在找平砂浆上对应板材四角处加少量胶粘剂；然后使用干抹布或毛刷清理人造石材背面的浮灰、油脂、铁锈等影响粘结的附着物，用 6mm×6mm 的锯齿镘刀涂刮胶粘剂，厚度控制在 2mm～3mm；板材边角胶粘剂应补足并倒角处理。

6) 将涂刮好胶粘剂的人造石材面板平稳地放到找平层上，充分揉压、敲实、调平，不得粗暴敲击。

7）铺贴时人造石板块之间应按设计要求留缝，板缝之间宜采用缝卡固定；并按照设计要求留置装修伸缩缝，装修伸缩缝应深至基层。

8）每铺贴 30m² 应逐件轻敲检查空鼓。如存在空鼓应立即重新铺贴。

9）填缝宜在铺装完成 28d 或胶粘剂固化干燥后进行。填缝应符合下列规定：

① 清缝后将与人造石材同色的反应型树脂填缝剂填入缝中，填胶应均匀、饱满，粘结应牢固；

② 将装修伸缩缝清理至基层，地面护理施工前使用中性耐候硅酮密封胶填充；地面护理施工完成以后使用 U 形槽等缓冲物填充。

6.5.4 地面铺贴完成后，应连续铺设石膏板、纤维板、硬纸板或复合木板等透气性保护垫层，防止后续作业的过程中划伤、污染和震动。铺贴施工完成后 3d 内不得上人踩踏，7d 内不得进行货物搬运、架设梯子、重型设备进场踩踏等交叉作业。

6.6 人造石材楼梯施工

6.6.1 按下列要求做好施工准备：

1 施工前，应按照楼梯结构图核实现场实际尺寸和偏差，测量定位各控制点、线；

2 弧形楼梯应定位圆心，并在地面上固定预制的弧形楼梯施工模板；

3 钢骨架的立柱宜采用小型型钢或冷弯空心型钢。

6.6.2 应按照安装踏板和立板、外侧板、内侧板、盖板、花瓶柱、扶手的顺序依次安装。

6.6.3 踏步的安装应符合下列规定：

1 踏板应按照本规程 6.5.2 条或 6.5.3 条的规定进行安装，安装过程中用水平尺调水平；

2 立板应按照本规程 6.4.4 条或 6.4.5 条的规定进行安装；

3 踏板和立板宜按由下而上或由上而下的顺序施工，并应按楼梯中线定位。

6.6.4 侧板和盖板的安装应符合下列规定：

1 施工时应先安装外侧板，外侧板应采用本规程 6.4.2 条或 6.4.3 条的规定进行安装，应按设计要求留置板缝并与踏步立板位置一致；

2 内侧板宜采用本规程 6.4.4 条或 6.4.5 条的规定进行安装。安装内侧板时，应以安装好的外侧板和盖板的设计宽度进行控制定位；

3 盖板应使用环氧胶粘剂与侧板粘结固定。

6.6.5 立柱和扶手的安装应符合下列规定：

1 楼梯栏杆的立柱宜定位在盖板的接缝处。宜在立柱底部和盖板对位处钻孔，孔内植入钢筋或螺栓等加固。立柱与盖板接触部位应打磨粗糙后以环氧胶粘剂粘结；

2 将扶手粘结于立柱上，扶手与立柱接触部位应打磨粗糙后以环氧胶粘剂粘结；

3 扶手安装完毕，宜对扶手的接缝处进行打磨修整，确保平滑过渡。

6.6.6 宜使用中性硅酮耐候密封胶填充踏步和墙面的缝隙，以及侧板板块之间的缝隙。

6.7 人造石材窗台板施工

6.7.1 窗台板施工应符合下列一般要求：

1 应使用中性硅酮结构胶、发泡胶、单组分湿固化聚氨酯胶粘剂将人造石材窗台板粘结于窗台上，填缝宜采用中性耐候硅酮密封胶等柔性材料；

2 人造石材窗台板与墙体、窗户之间宜留缝 3mm～5mm；

3 人造石材窗台板施工过程中，应及时清理污渍，不得浸水、泡水。

6.7.2 按下列要点进行施工：

1 检查现场窗台板尺寸和预安装位置尺寸，确保人造石材周围有 3mm～5mm 的空隙，如没有足够空隙，应对墙体或人造石材窗台板尺寸进行适当修正。为了避开柱子、防盗窗等凸出部位，可在人造石材窗台板上切割缺口。尺寸修整和切割缺口可用角磨机手工切割，切割时保持匀速，确保切割线呈直线，且边缘齐整平滑。阴角部位应修磨圆滑，不得出现尖角；

2 相邻两块人造石材窗台板之间，应预留 1.5mm～2mm 的缝；

3 基面应平整、结实，不符合要求的基面应进行找平处理；

4 将待安装的人造石材窗台板背面清理干净。涂布胶粘剂时，中性硅酮结构胶、发泡胶可采取条状涂布方式，5cm～10cm 一条；也可以点状布胶，每 10cm～15cm 一个点，每点尺寸 2cm×2cm 以上。涂布单组分湿固化聚氨酯胶粘剂时，可用锯齿镘刀涂刮，用量约 $3kg/m^2$；

5 将涂好胶的人造石材窗台板平稳放到预定位置，充分揉压振实，确保胶粘剂与人造石材窗台板及基层充分接触；

6 及时清理人造石材窗台板的周围缝隙和表面污渍，用同色中性耐候硅酮密封胶填充所有缝隙并清除余胶；

7 人造石材窗台板施工完成以后，应表面覆盖保护材料，并关好窗户，防止雨水浸泡窗台板。安装完成 1 周内的窗台板不得踩踏，并铺垫木夹板一类材料进行保护。

6.8 人造石材橱柜台面安装

6.8.1 安装前做好下列准备：

1 确保厨房地面、墙面以及顶部装修完成之后再进行橱柜台面的安装。

2 安装之前应检查安装现场及周围，终止产生灰尘等污染物一切活动，并将现场清扫干净。

3 检查垫条或衬板是否已经牢固粘结于橱柜台面底部。

4 将台面放在橱柜上试装并检查：

1）尺寸和造型应无误；

2）与墙体和柜体应贴合紧密；

3）拼接缝应严密吻合；

4）用水平尺检查，台面应水平；

5）台面短边与墙壁之间留缝应不小于 3mm。

6.8.2 按下列要点进行安装：

1 将背面带有垫条的人造石材台面直接放置于柜体之上，并调整好位置；或在垫条或衬板底部涂布中性硅酮结构胶，粘结于柜体上；

2 使用人造石材台面接缝专用拼接胶水将接缝填平密实，将台面调整到位并挤压贴紧，确保接缝处严密吻合，手摸无高低差；

3 用中性硅酮结构胶将后挡水条背面与墙面、后挡水条底部与台面粘结牢固；

4 后挡水条与台面及墙面的阴角处涂布中性硅酮耐候密封胶。打胶应速度恒定、挤胶力度适中、胶线均匀平滑；

    5 橱柜台面和煤气灶之间，应安装隔热垫隔离；

    6 安装过程中应及时对明显的灰尘进行清理。

6.9 人造石材洗手台安装

6.9.1 安装前做好下列准备：

    1 洗手台的安装应在卫生间内地面、墙面以及顶部装修完成之后再进行。

    2 检查洗手台面板加厚条，应粘结牢固，挡水板的尺寸及数量应无误。

    3 将洗手台放在浴室柜上试装并并进行下列检查：

    1）尺寸和造型应无误；

    2）与墙体或柜体、洗手盆等应贴合紧密；

    3）用水平尺检查，台面应水平。

    4 对台面、挡水板与柜体或洗手盆配合不到位之处进行打磨等细微调整。

6.9.2 按下列要点进行安装：

    1 在洗手台底部涂布中性硅酮结构胶，粘结于柜体上；

    2 洗手台如有分段拼接，应使用人造石材台面接缝专用拼接胶水将接缝填平密实，将台面调整到位并挤压贴紧，确保接缝处严密吻合，手摸无高低差；

    3 用环氧胶粘剂将下挡水板粘结牢固。粘结过程中可用云石胶打点定位固定；

    4 用中性耐候硅酮密封胶将台上盆与洗手台面板之间的缝隙进行密封；用中性硅酮结构胶将台下盆与洗手台面板粘结固定，且台下盆应有钢架支撑措施；

    5 台面与墙壁接缝处涂布中性硅酮耐候密封胶。打胶应速度恒定、挤胶力度适中、胶线均匀平滑；

    6 安装过程中应及时对明显的灰尘进行清理。

6.10 人造石材护理施工

6.10.1 人造石材护理施工应符合下列一般要求：

    1 人造石材地面施工完成后，可视剪口和划痕是否严重、相关方对光泽度的要求等，选择是否对完成施工铺贴的人造石材地面进行护理施工；

    2 护理施工应在铺装 28 天后或养护期结束，且胶粘剂、填缝剂完全固化后进行；

    3 人造石材护理施工包括整体研磨和晶面处理。整体研磨宜按粗磨、细磨、精磨的流程逐步进行。整体研磨验收合格后，方可进行晶面处理；

    4 护理施工现场应保持通风良好，无粉尘及杂物，温度不宜低于 5℃。

6.10.2 护理材料主要包括人造石/大理石晶硬粉/晶硬浆、保养修复液或石材晶面剂。

6.10.3 根据施工需求，备好石材多功能加重翻新机或石材翻新晶面机、配重铁、对应型号的研磨片、3M 白洁垫、钢丝棉、吸尘吸水机、可调速手持抛光机及各种辅料等。

6.10.4 整体研磨施工应符合下列规定：

    1 按下列要点进行粗磨：

1）使用磨头数量为 12 只或以上的重型翻新机，配 50♯、150♯、300♯ 的粗号剪口研磨片加水逐级打磨，将人造石材由于加工尺寸误差、变形、施工铺贴等原因形成的剪口和划痕等磨削整平。剪口台阶过大的地方，宜用手持抛光机磨平；

2）岗石/石英石分别使用大理石/花岗岩专用剪口研磨片，避免后期出现鸡爪痕；

3）对地面进行均匀、整体打磨，不可过多集中在小区域打磨，避免因打磨不均匀造成的地面起伏不平；

4）每一遍打磨后，及时用吸水机清理地面污渍；

5）粗磨完成后，要对完成区域进行检查，对破损、崩边掉角、裂纹等缺陷进行修补。修补可使用树脂胶。

2 按下列要点进行细磨：

1）按照 500♯、800♯、1000♯ 的中号研磨片的顺序，加水逐级均匀打磨；

2）后一级研磨片应确保覆盖前一级研磨片的打磨痕迹。

3 按下列要点进行精磨抛光：

1）使用 2000♯、3000♯ 的细号研磨片加水精磨。注意机器的平稳运行，避免出现划痕；

2）应保证同一施工面的整体性、一致性和均匀性，直至整个装饰面的平整度、光泽度、清晰度等与确认的样板试验效果一致；

3）研磨中产生的泥浆及水等应及时清除干净，精磨抛光完成以后，应对地面加以保护，避免污染和划伤。

4 整体研磨结束，对地面进行水洗、吸水、清理除尘、通风干燥。

5 检查整体研磨后地面，应洁净干燥、平整且无划痕和磨痕、填缝充实，表面清晰且光泽度达到 40 以上。

6.10.5 晶面处理施工应符合下列规定：

1 使用石材晶面机配百洁垫，用晶硬粉/晶硬浆对人造石材表面进行抛光；

2 宜使用重量不小于 70kg、转速约为 175r/min 的石材晶面机，将规定剂量的晶面处理液施布到 $1m^2 \sim 2m^2$ 范围内，走"井"字形打磨干净；每加一次晶面处理液打磨 2 分钟～3 分钟，重复打磨。狭窄部位可使用手抛机配合 1♯ 钢丝绵进行处理；

3 重复本条 1 和 2 的程序 2～3 遍，直至整个装饰面光泽均匀、倒影清晰，光泽度达到 70 以上，并与确认的样板效果一致。

7 工程验收

7.1 一般规定

7.1.1 人造石材装饰装修工程的验收，应在铺贴、安装、填缝、护理等所有施工结束后进行。

7.1.2 人造石材工程各分项工程的检验批的划分应符合下列规定：

1 墙、柱面工程检验批的划分应符合下列规定：

1）相同材料、工艺和施工条件下，应每 50 间划分为一个检验批，不足 50 间的划分为一个检验批。大面积房间和走廊按施工面积 $30m^2$ 为一间计；

2）相同材料、工艺和施工条件的室内挑空大堂墙、柱面工程应每 $1000m^2$ 划分为一个检验批，不足 $1000m^2$ 也应划分为一个检验批。

2 地面工程检验批的划分应符合下列规定：

1）相同设计、材料、工艺和施工条件的基层（各构造层）和面层按每一层或每层施工段（或结构变形缝）应每 50 间划分为一个检验批，不足 50 间的划分为一个检验批。走廊或过道以 10 延米为一间，礼堂、门厅及大面积房间以两个轴线为一间或按施工面积 $30m^2$ 为一间；

2) 高层建筑的标准层可按每3层作为一个检验批，不足3层按3层计；

3) 对于和设计、工艺和施工条件相同但面层材料不同的小面积和异型地面，检验批的划分可由监理单位（或建设单位）和施工单位确定。

3 人造石材护理工程检验批的划分应符合下列规定：

1) 相同人造石材护理工程每1000m²为一个检验批，不足1000m²的划分为一个检验批；

2) 有特殊规定时检验批的划分应根据工艺特点和工程规模，由监理单位（或建设单位）和施工单位确定。

4 人造石材窗台板、橱柜台面、洗手台检验批的划分应符合下列规定：

1) 相同材料、造型和施工条件下，应每50个房间划分为一个检验批，不足50间的划分为一个检验批；

2) 相同材料和施工条件而造型各异的，检验批的划分可由监理单位（或建设单位）和施工单位确定，原则上应不超过每50个房间划分一个检验批。

7.1.3 人造石材工程的检查数量应符合下列规定：

1 墙、柱面工程的检查数量应符合下列规定：

1) 每个检验批应至少抽查10%且不应少于3间，不足3间的应全数检查；

2) 挑空大堂每个检验批每100m²应至少抽查一处，每处不应小于10m²。

2 地面工程的检查数量应符合下列规定：

1) 每个检验批应至少抽查10%且不应少于3间，不足3间的应全数检查；

2) 有防水要求的地面，抽查数量应按其房间总数随机检验不应少于4间，不足4间应全数检查；

3) 对于面层材料不同的小面积和异型地面，应根据基层结构、工艺特点，由监理单位（或建设单位）和施工单位确定。

3 人造石材护理工程的检查数量应符合下列规定：

1) 每个检验批应至少抽查10%且不应少于50m²，不足应全数50m²检查；

2) 大堂、走廊每半跨轴线测距一点，每个点应检测纵横两个方向的平整度；

3) 电梯厅、公共卫生间参照大堂检测方法，每间应不少于5个监测点；

4) 异型地面的检查数量，应根据基层结构、工艺特点，由监理单位（或建设单位）和施工单位确定。

4 人造石材窗台板、橱柜台面、洗手台的检查数量应符合下列规定：

1) 每个检验批应至少抽查10%且不应少于3间，不足3间的应全数检查；

2) 相同材料和施工条件而造型各异的，每个检验批应至少抽查10%且不应少于3间，每种造型应至少抽查一套。

7.1.4 人造石材工程应对下列材料性能和尺寸进行复验：

1 环氧胶粘剂浸水后的粘结强度；

2 人造石材的线性热膨胀系数和弯曲强度；

3 后置埋件的现场拉拔强度。

7.1.5 下列施工项目应进行隐蔽工程验收：

1 预埋件或后置锚栓连接件；

2 防水层；

3 基层；

4 干挂人造石材工程构件与主题结构的连接节点；

5 人造石材工程的结构变形缝及墙面转角、门窗洞口四周、平台侧板（口）处的构造节点；

6 干挂人造石材龙骨焊接与防腐处理。

7.1.6 人造石材面层所用板块的品种、规格、颜色、光泽度、花纹和图案、防滑等级应符合设计要求。结构变形缝部位的处理应保证缝的使用功能和饰面完整性。

7.1.7 人造石材的质量等级、外观质量应符合现行国家标准、行业标准的有关规定。

7.1.8 人造石材表面不应有明显的修磨痕迹。

7.1.9 安装开孔和开槽的位置、数量和尺寸应符合设计要求。

7.1.10 主体结构上后置埋件的位置、数量以及拉拔强度应符合设计要求。

7.1.11 人造石材工程验收前应将施工现场清理干净。

7.1.12 人造石材工程验收时应提交下列资料：

1 人造石材工程竣工图或设计图纸、计算书、设计说明书及其他设计文件；

2 人造石材工程所用各种材料、附件及紧固件、构件及组件的产品合格证书、性能检测报告和进场验收记录；

3 人造石材的进场复试报告；

4 胶粘剂的粘结强度和耐老化性能检测报告、现场拉拔试验报告、污染性试验报告、胶粘剂和人造石材的相容性试验报告；

5 后置埋件的现场拉拔强度检测报告；

6 隐蔽工程验收记录；

7 其他质量保证材料。

7.1.13 人造石材工程的分项工程施工质量的主控项目应达到本规程的规定，一般项目中至少80％的检查点（处）应符合本规程的规定，其他检查点（处）不应明显影响观感和使用，且最大偏差值不超过允许偏差值的50％，其余按现行国家标准《建筑工程施工质量验收统一标准》GB 50300 的有关规定进行。

7.2 墙、柱面工程

Ⅰ 主控项目

7.2.1 人造石材的品种、规格、花色、性能和等级，应符合设计要求及国家现行相关产品标准的规定。

检验方法：目测；检查产品合格证书、进场验收记录、性能检验报告和复验报告。

7.2.2 人造石材的尺寸应符合设计要求，拼接图案应符合设计图。

检验方法：检查进场验收记录和施工记录；对照图纸目测。

7.2.3 人造石材的安装方式应符合设计要求，预埋件（或后置锚栓）、连接件的数量、规格、位置、连接方法以及防腐处理应符合设计要求。后置埋件的现场拉拔强度应符合设计要求。人造石材安装应牢固。

检验方法：手扳检查；检查进场验收记录、现场拉拔强度检验报告、隐蔽工程验收记录和施工记录。

7.2.4 干挂法施工的人造石材，钢骨架的制作与安装应符合设计要求，人造石材的固定应牢靠，人造石材与挂件、挂件与钢骨架连接不应有松动现象。

检验方法：手扳检查；检查进场验收记录、隐蔽工程验收记录和施工记录。

7.2.5 点挂法施工的人造石材，人造石材的固定应牢靠，人造石材与挂件、挂件与钢骨架连接不应有松动现象。

检验方法：手扳检查；检查进场验收记录、隐蔽工程验收记录和施工记录。

7.2.6 采用干粘法和湿贴法施工的人造石材工程，人造石材与墙体之间的粘结材料应饱满、无空鼓。人造石材粘结应牢固。

检验方法：用小锤轻击检查；检查施工记录。

Ⅱ 一般项目

7.2.7 人造石材表面应平整、洁净、色泽一致，无划痕、磨痕、翘曲、裂纹和缺损；表面无污染痕迹。

检验方法：目测。

7.2.8 接缝、填缝的做法应符合设计要求。接缝应平直、光滑、宽窄一致；纵横交错无明显错台、错位；若使用填缝剂，填缝应连续、密实，深度、颜色应符合设计要求。

检验方法：目测；尺量检查。

7.2.9 人造石材上的开孔、切缺口等，应尺寸准确、边缘整齐，与墙柱体或相关机件配合处应吻合严密。

检验方法：目测。

7.2.10 结构变形缝的制作、所用材料、施工方法以及性能应符合设计要求和国家现行有关标准的规定，结构变形缝各构造层施工应符合设计要求。

检验方法：目测；检查进场验收记录、隐蔽工程验收记录和施工记录。

7.2.11 人造石材安装的允许误差应符合表7.2.11的规定。

表7.2.11 人造石材安装的允许偏差

项目	允许偏差（mm）	试验方法
立面垂直度	2	用2m垂直检测尺检查
表面平整度	2	用2m靠尺和塞尺检查
阴阳角方正	2	用直角尺检查
接缝直线度	1	拉5m线，不足5m拉通线，用钢直尺检查
墙裙上口直线度	1	拉5m线，不足5m拉通线，用钢直尺检查
接缝高低差	1	用钢直尺和塞尺检查
接缝宽度与设计值之差	1	用钢直尺检查

7.3 地面工程

Ⅰ 主控项目

7.3.1 人造石材的品种、规格、花色、性能应符合设计要求。

检验方法：目测；检查产品合格证书、进场验收记录、性能检验报告和复验报告。

7.3.2 人造石材的尺寸应符合设计要求，拼接图案应符合设计图。

检验方法：检查进场验收记录和施工记录；对照图纸目测。

7.3.3 人造石材的铺贴方式及胶粘剂应符合设计要求，铺贴后应粘结牢固，无空鼓。

检验方法：用小锤轻击检查；检查施工记录。

7.3.4 人造石材应与行进盲道、提示盲道（包括转弯位置、交叉位置、地面高差位置、无障碍设施位置）拼接准确、缝隙均匀；盲道周边人造石材面层标高应满足盲道面标高的要求。

检验方法：目测，尺量，检查施工记录。

7.3.5 防滑处理应符合设计要求。

检验方法：目测，检查防滑测试记录。

Ⅱ 一 般 项 目

7.3.6 人造石材表面应平整、洁净、色泽一致，无划痕、磨痕、翘曲、裂纹和缺损；表面无污染痕迹。

检验方法：目测。

7.3.7 接缝、填缝的做法应符合设计要求。接缝应平直、光滑、宽窄一致；纵横交错无明显错台、错位；填缝应连续、均匀、顺直，颜色和光泽度应与周围板材的颜色和光泽度基本一致。

检验方法：目测；尺量检查。

7.3.8 拼花和镶嵌用料尺寸准确、边角切割整齐、拼接严密顺直、镶嵌正确，板面无裂纹、崩边掉角等缺陷。

检验方法：目测。

7.3.9 结构变形缝的制作、所用材料、施工方法以及性能应符合设计要求和国家现行有关标准的规定，结构变形缝各构造层施工应符合设计要求。

检验方法：目测；检查进场验收记录、隐蔽工程验收记录和施工记录。

7.3.10 踢脚线与基层应结合牢固，面层表面洁净、颜色基本一致，板块出墙高度、厚度一致，上口平直，拼缝符合设计要求。

检验方法：目测，尺量检查。

7.3.11 人造石材面层的表面坡度应符合设计要求；与地漏、管道结合处应严密无渗漏。

检验方法：目测，水平尺检查。

7.3.12 厨房、卫浴间和有排水要求的建筑地面面层与相接各类面层的标高差应符合设计要求。

检验方法：目测，尺量检查。

7.3.13 人造石材地面面层的允许偏差应符合表7.3.13的规定。

表7.3.13 人造石材地面面层的允许偏差

项目	允许偏差（mm）	试验方法
表面平整度	2	用2m靠尺和塞尺检查
缝格平直度	2	拉5m线，不足5m拉通线，用钢直尺检查
接缝高低差	0.5	用钢直尺和塞尺检查
踢脚线上口平直	1	拉5m线，不足5m拉通线，用钢直尺检查
板块间隙宽度	1	用钢直尺检查

7.4 护理工程

Ⅰ 主控项目

7.4.1 人造石材整体研磨工程的主控项目验收应符合下列规定：

1 在施工范围内整体平整度：A 级不应大于 0.5mm/2m；B 级不应大于 1.0mm/2m，其中不大于 0.5mm/2m 的量不应少于 60%。

检验方法：用 2m 平尺和塞尺检查。

2 接缝应无黑边、无锯齿边、无崩边角，缝中的填缝剂密实饱满，与两边人造石材齐平，颜色和光泽度基本一致并符合设计要求。

检验方法：目测，用光泽度仪检查。

3 整体研磨抛光后的人造石材光泽度应不低于 40。

检验方法：用光泽度仪检查。

4 整体研磨后防滑施工的质量验收按本规程第 7.4.5 条进行。

7.4.2 人造石材晶面处理的主控项目验收应符合下列规定：

1 晶面处理不应明显改变人造石材的颜色，干态摩擦系数不应低于 0.5；

2 人造石材表面光泽度应不低于 70；

3 人造石材表面反射的图像清晰。

7.4.3 人造石材工程不同部位的防滑等级应满足设计要求。

Ⅱ 一般项目

7.4.4 人造石材整体研磨工程的一般项目验收应符合下列规定：

1 在顺光、逆光、正视、侧视下目测，不应有明显的磨痕、划痕、崩边角，不应有孔洞、凹陷、裂纹等。

检验方法：距离 1m 目测。

2 边角及磨过与没有磨过交接处，平整度过渡平缓，不得留有明显的坑洼及交接痕。

检验方法：距离 1m 目测。

3 表面反射的物体影像应无明显扭曲现象。

检验方法：距离 1m 目测。

7.4.5 人造石材晶面处理工程的一般项目验收应符合下列规定：

1 人造石材表面各处光泽度应基本一致，无明显的晶面处理剂残留痕迹和灰尘等污迹，表面 pH 值应为 6~7。

检验方法：；目测；pH 检验采用 pH 试纸。

2 人造石材表面应无擦痕、磨痕、划伤。

3 晶面处理不应对人造石材表面造成腐蚀等损伤。

7.4.6 人造石材防滑工程的一般项目验收应符合下列规定：

1 人造石材表面各处光泽度应基本一致，无明显的防滑剂残留痕迹和灰尘等污迹，表面 pH 值应为 6~7。

检验方法：目测；pH 检验采用 pH 试纸。

2 人造石材表面应无擦痕、磨痕、划伤。

3 防滑处理不应对人造石材表面造成腐蚀等损伤，不应明显改变人造石材的颜色。

7.5 窗台板、橱柜台面、洗手台

Ⅰ 主控项目

7.5.1 人造石材窗台板、橱柜台面、洗手台的品种、规格、花色、性能和等级，应符合设计要求及国家现行相关产品标准的规定；面板基本无色差。

检验方法：目测；检查产品合格证书、进场验收记录、性能检验报告和复验报告。

7.5.2 人造石材窗台板、橱柜台面、洗手台的规格尺寸应符合设计要求，开孔、开槽、开缺口的位置、数量、尺寸应符合设计要求。

检验方法：检查进场验收记录和施工记录；对照图纸目测。

7.5.3 人造石材窗台板、橱柜台面、洗手台的安装方式应符合设计要求，安装后的面板应水平，且安装牢固。

检验方法：手扳检查；水平尺检查；检查进场验收记录和施工记录。

7.5.4 正面应平整、洁净、色泽一致，表面无污染痕迹，无裂纹，无崩边角，无孔洞、凹陷，无其他缺损情况。

检验方法：距离1m目测。

Ⅱ 一般项目

7.5.5 缝隙应严密通顺、笔直、嵌缝饱满，接缝材料应与人造石材的颜色基本一致，目测缝隙不明显。

检验方法：距离1m目测。

7.5.6 开孔、拉槽、切缺口等，应边缘整齐，孔、槽、缺口内无毛刺，与墙柱体或相关机件配合处应吻合严密。

检验方法：目测，手摸，用卷尺测量。

7.5.7 拼接处应过渡平缓，不得有明显的台阶、凹坑或打磨痕迹。加厚条下缘应在同一水平线上。

检验方法：目测；检查施工记录。

7.5.8 与水龙头、排水管、管道等生活设施的结合处应严密无渗漏。

检验方法：目测；检查施工记录。

8 维护和保养

8.1 地面保养和维护

8.1.1 地面保养应符合下列规定：

1 不可使用酸、碱性清洗剂清理岗石表面；不可使用强碱性化学物质清理石英石表面；
2 大门口应设置2级以上除尘垫，门外放铝合金防尘垫，门内放防尘地毯；
3 进行保洁、除尘工作时，使用干燥尘推或吸尘器；不宜弄湿地面；
4 当地面出现咖啡、茶水、果汁等液体时，应及时清理干净；当留有痕迹不能通过中性洗涤剂等清除时，应打磨消除，然后进行晶面处理；
5 不得在地面上拖拉物品；有大量或重物运输时，需要在地面采取保护措施，避免划伤人造石材。

8.1.2 岗石地面宜定期进行晶面处理，处理频率可参考下列规定：

1 大堂门口、走道等人流多的地面，每季度进行1次～2次；

2 根据使用情况，普通区域晶面处理频率为每年 1 次～2 次。

8.1.3 无论是岗石还是石英石，在地面出现明显的磨损、划伤、失去光泽，或出现太多难以清除的污渍的情况下，宜进行适度的整体研磨和晶面处理。

8.2 墙、柱面保养和维护

8.2.1 根据表面吸附灰尘情况，必要时使用吸尘器去除表面灰尘，或用干抹布擦拭至光亮。

8.2.2 保持墙、柱面整洁，避免锐器及腐蚀性气体和液体与人造石材表面接触。

8.2.3 发现密封胶条脱落或损坏时，应进行修补与更换。

8.2.4 干挂人造石材发现板材松动或干挂件（螺栓、螺钉、背栓等）松动、锈蚀或脱落时，应拧紧或更换。

8.2.5 破损的人造石材产品应及时更换。

8.3 台面（窗台、洗手台、橱柜台面）保养和维护

8.3.1 避免锐器及腐蚀性气体和液体与台面接触。

8.3.2 易染色的物质掉落在台面，应立即擦除。

8.3.3 使用完毕，应将台面的明水擦干，保持台面洁净和干燥。

附录 A 常用干挂件规格与要求

A.0.1 常用干挂件包括蝶型挂件、L 型挂件和平插挂件，悬空墙面底部外露的人造石材宜采用平插挂件。常用干挂件规格应符合表 A.0.1 的规定。

表 A.0.1 常用干挂件规格（mm）

名称	L	t	k	简图
蝶型挂件	60	3	30	
	80		50	
	100	4	70	
L 型挂件	60	3	30	
	80		50	
	100	4	70	

续表

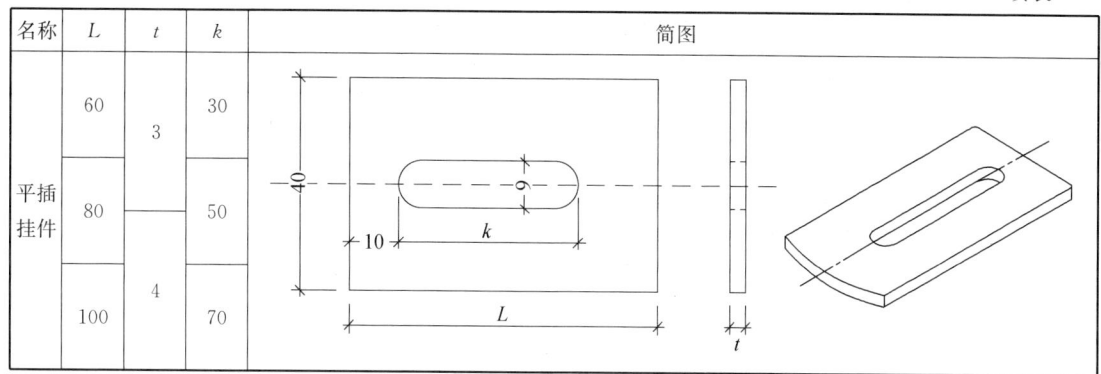

A.0.2 每个干挂件应带一个不小于M6的不锈钢螺栓,并附带两个平垫圈和一个弹簧垫圈。

A.0.3 厚度不大于20mm的人造石材可采用厚度为3mm的挂件；厚度大于20mm的人造石材应采用厚度为4mm的挂件。

A.0.4 干挂件长度和宽度允许偏差应符合表A.0.4的规定。

表A.0.4 干挂件长度和宽度允许偏差（mm）

长度、宽度	≥30,<50	≥50,<80	≥80,<120
允许偏差	+3.9 0	+4.6 0	+5.4 0

A.0.5 干挂件壁厚允许偏差应符合表A.0.5的规定。

表A.0.5 干挂件壁厚允许偏差（mm）

厚度	3,4
允许偏差	+0.50 0

A.0.6 干挂件冲孔尺寸允许偏差应符合表A.0.6的规定。

表A.0.6 干挂件冲孔尺寸允许偏差（mm）

孔径	<10
允许偏差	+0.10 0

A.0.7 干挂件平面度公差应符合表A.0.7的规定。

表A.0.7 干挂件平面度允许偏差（mm）

长度、宽度	≥30,<50	≥50,<80	≥80,<120
允许偏差	+0.15	+0.2	+0.25

A.0.8 干挂件表面质量应符合下列规定：

1 表面不得有气泡、裂纹、结疤、折叠、夹杂和端面分层,允许有不大于厚度偏差一半的轻微凹坑、凸起、压痕、发纹、擦伤和压入的氧化铁皮;
2 冷加工后表面缺陷允许用修磨方法清理,但清理深度不得超过厚度偏差一半;
3 冷加工后配件厚度减薄量不得超过厚度偏差一半;
4 冲压孔边加工后应光滑,不得有毛刺、毛边;
5 干挂件拉拔强度最小值不应低于2.4kN并应符合设计要求;
6 干挂件配套的转接件可依据选用的锚栓规格和钢骨架的具体情况采用角钢制作。

附录 B 专用建筑锚栓或简易锚件的选用

B.0.1 蒸压加气混凝土专用尼龙锚栓(图B.0.1)应由尼龙套和钝化不锈钢或S316不锈钢制成的六角头螺钉组成。安装参数应符合表B.0.1-1的规定,参考设计拉力值可按表B.0.1-2选取。

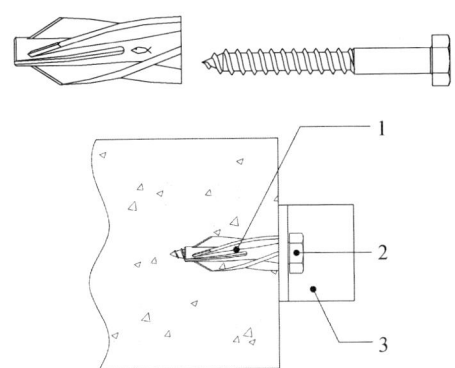

图 B.0.1 蒸压加气混凝土专用尼龙锚栓示意图
1—加气混凝土专用尼龙锚栓;2—六角头螺钉(带垫圈);3—角钢连接件

表 B.0.1-1 蒸压加气混凝土专用尼龙锚栓安装参数(mm)

规格	钻头直径	钻孔深度	锚固深度	螺钉直径
GB8	8	≥60	≥50	5
GB10	10	≥65	≥55	7

表 B.0.1-2 蒸压加气混凝土专用尼龙锚栓参考设计拉力值(kN)

锚固基材	强度等级	拉拔承载力平均值	
		M8	M10
蒸压加气混凝土砌块	A2.5 B04	0.25	0.45
	A3.5 B05	0.50	0.70
	A5.0 B06	0.70	0.90

B.0.2 混凝土空心砌块专用尼龙锚栓(图B.0.2)由尼龙套和钝化不锈钢或S316不锈钢制成的六角头螺钉组成。安装参数应符合表B.0.2-1的规定,设计参考拉力值可按表B.0.2-2选取。

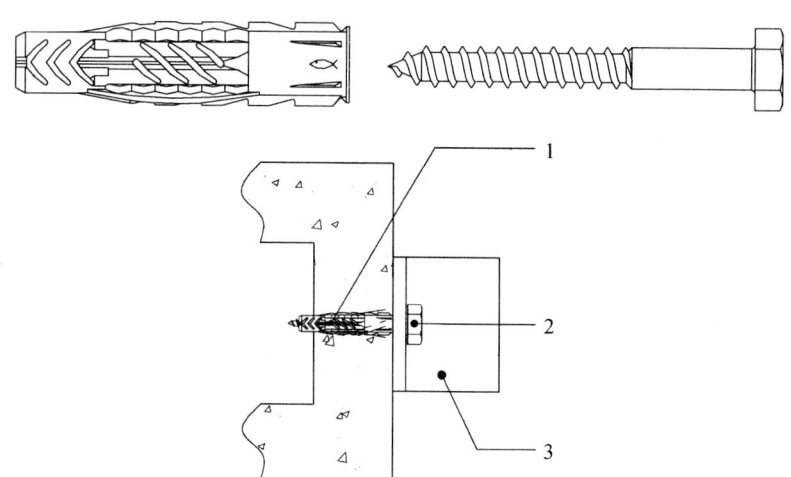

图 B.0.2 混凝土空心砌块专用尼龙锚栓示意图
1—混凝土空心砌块专用尼龙锚栓；2—六角头螺钉（带垫圈）；3—角钢连接件

表 B.0.2-1 混凝土空心砌块专用尼龙锚栓安装参数（mm）

锚栓规格	钻头直径	钻孔深度	螺钉直径
UX10	10	≥75	8
UX12	12	≥85	10

表 B.0.2-2 混凝土空心砌块专用尼龙锚栓参考设计拉力值（kN）

锚固基材	强度等级	拉拔承载力平均值	
		M10	M12
混凝土空心砌块	MU7.5	0.50	0.80

B.0.3 简易锚件（图 B.0.3-1、图 B.0.3-2）由 80mm×80mm×6mm 厚钢板与 M10 螺杆焊接而成。简易锚件在蒸压加气混凝土砌块、混凝土空心砌块上的参考设计拉力值可按表 B.0.3 选取。

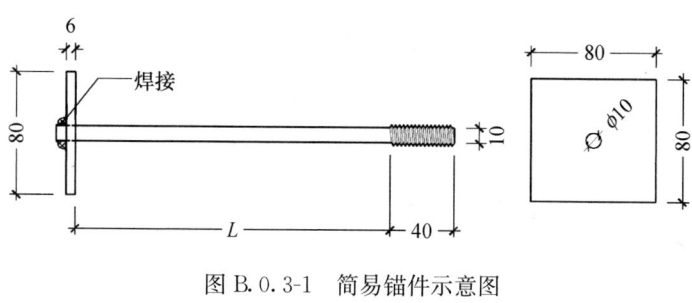

图 B.0.3-1 简易锚件示意图
L—轻质墙体厚度

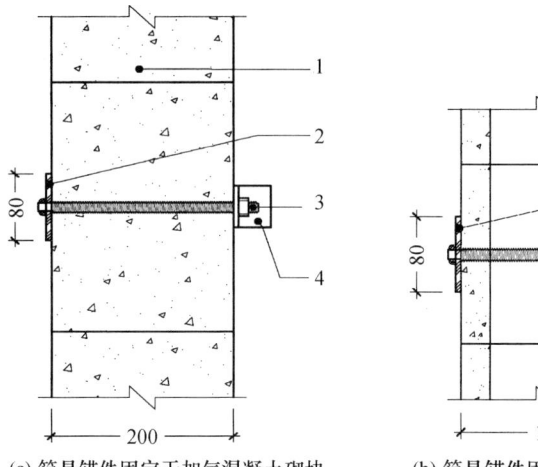

(a) 简易锚件固定于加气混凝土砌块　　(b) 简易锚件固定于空心混凝土砌块

图 B.0.3-2　简易锚件在轻质墙体上的安装示意图
1—轻质墙体；2—80mm×80mm×6mm 钢板；3—M10 螺杆；4—角钢连接件

表 B.0.3　简易锚件在蒸压加气混凝土砌块、混凝土空心砌块上的参考设计拉力值（kN）

锚固基材	强度等级	拉拔承载力平均值
蒸压加气混凝土砌块	A2.5 B04	3.60
蒸压加气混凝土砌块	A3.5 B05	3.60
蒸压加气混凝土砌块	A5.0 B06	3.60
混凝土空心砌块	MU7.5	3.60

本规程用词说明

1　为便于执行本规程条文时区别对待，对要求严格程度不同的用词说明如下：
1）表示很严格，非这样做不可的用词：
正面词采用"必须"，反面词采用"严禁"。
2）表示严格，在正常情况下均应这样做的用词：
正面词采用"应"，反面词采用"不应"或"不得"。
3）表示允许稍有选择，在条件许可时首先应这样做的用词：
正面词采用"宜"，反面词采用"不宜"。
4）表示有选择，在一定条件下可以这样做的用词，采用"可"。
2　条文中指明应按其他有关标准执行时，写法为"应按……执行"或"应符合……的规定（或要求）"。非必须按所指定标准执行时，写法为"可参照……执行"。

引用标准名录

1.《手持式电动工具的管理、使用、检查和维修安全技术规程》GB/T 3787

2. 《建筑模数协调标准》GB/T 50002
3. 《建筑结构荷载规范》GB 50009
4. 《建筑抗震设计规范》GB 50011
5. 《建筑设计防火规范》GB 50016
6. 《钢结构设计规范》GB 50017
7. 《钢结构工程施工质量验收规范》GB 50205
8. 《建筑地面工程施工质量验收规范》GB 50209
9. 《建筑装饰装修工程质量验收规范》GB 50210
10. 《建筑工程施工质量验收统一标准》GB 50300
11. 《民用建筑工程室内环境污染控制规范》GB 50325
12. 《民用建筑设计通则》GB 50352
13. 《建筑工程施工组织设计规范》GB/T 50502
14. 《无障碍设计规范》GB 50763
15. 《碳素结构钢》GB/T 700
16. 《紧固件机械性能 螺栓、螺钉和螺柱》GB/T 3098.1
17. 《紧固件机械性能 螺母》GB/T 3098.2
18. 《非合金及细晶粒钢焊条》GB/T 5117
19. 《紧固件 螺栓和螺钉通孔》GB/T 5277
20. 《建筑材料放射性核素限量》GB 6566
21. 《天然饰面石材试验方法 第 7 部分：检测板材挂件组合单元挂装强度试验方法 》GB/T 9966.7
22. 《天然饰面石材试验方法 第 7 部分：用均匀静态压差检测石材挂装系统结构强度试验方法 》GB/T 9966.8
23. 《建筑饰面材料镜向光泽度测定方法》GB/T 13891
24. 《金属覆盖层钢铁制作热镀锌层技术要求及试验方法》GB/T 13912
25. 《建筑用硅酮结构密封胶》GB/T 16766
26. 《人造板及饰面人造板理化性能试验方法》GB/T 17657
27. 《室内装饰装修材料 胶粘剂中有害物质限量》GB 18583
28. 《天然大理石建筑板材》GB/T 19766
29. 《不锈钢和耐热钢 牌号及化学成分》GB/T 20878
30. 《石材用建筑密封胶》GB/T 23261
31. 《天然石材防护剂》GB/T 32837
32. 《施工现场临时用电安全技术规范》JGJ 46
33. 《建筑施工高处作业安全技术规范》JGJ 80
34. 《建筑施工扣件式钢管脚手架安全技术规范》JGJ 130
35. 《金属与石材幕墙工程技术规范》JGJ 133
36. 《混凝土结构后锚固技术规程》JGJ 145
37. 《混凝土用膨胀型、扩孔型建筑锚栓》JG 160
38. 《建筑地面工程防滑技术规程》JGJ/T 331

39.《建筑装饰用人造石英石板》JG/T 463
40.《陶瓷墙地砖胶粘剂》JC/T 547
41.《建筑用轻钢龙骨配件》JC/T 558
42.《异型装饰石材 第2部分：花线》JC/T 847.2
43.《异型装饰石材 第3部分：实心柱体》JC/T 847.3
44.《干挂石材幕墙用环氧胶粘剂》JC 887
45.《人造石》JC/T 908
46.《非结构承载用石材胶粘剂》JC/T 989
47.《陶瓷墙地砖填缝剂》JC/T 1004
48. CECS 422《建筑装饰室内石材工程技术规程》

石材防水背胶 CSBZ 007—2017

1 范围

本标准规定了无机石材防水背胶的术语和定义、一般要求、技术要求、试验方法、检验规则、标志、包装、运输和贮存。

本标准适用于石材加工、施工所使用的防水背胶。

2 规范性引用文件

下列文件对于本文件的应用是必不可少的。凡是注日期的引用文件，仅注日期的版本适用于本文件。凡是不注日期的引用文件，其最新版本（包括所有的修改单）适用于本文件。

GB/T 3186—2006 色漆、清漆和色漆与清漆用原材料取样
GB/T 24264—2009 饰面石材用胶粘剂
JC/T 681 行星式水泥胶砂搅拌机

3 术语和定义

下列术语和定义适用于本文件。

3.1 石材防水背胶 waterproof adhesive for stone backplane

以聚合物乳液和硅酸盐粉体为主的用于石材背网粘贴、界面处理的具有抗碱不透水功能的双组分界面材料。

注：使用该材料粘贴的增强背网在湿贴施工时无需铲除。

3.2 拉伸强度保留系数 reservation ratio of tensile adhesive strength

石材防水背胶经过热处理、碱处理或冻融循环处理后的拉伸粘结强度与标准养护条件下的拉伸粘结强度的比值。

3.3 抗渗性 impermeability

石材防水背胶涂层在一定的持续水压作用下，抵抗水渗透的能力。

4 一般要求

涉及与使用有关的安全与环保问题，应符合我国相关国家标准和规范的规定。

5 技术要求

5.1 外观

液体组分经搅拌后应呈均匀状态，不应有块状沉淀。粉体组分应均匀一致，不应有结块。

5.2 物理力学性能

石材防水背胶的物理力学性能应能满足表1要求。

表1 石材防水背胶的物理力学性能

检验项目		性能指标
拉伸粘结强度 MPa	标准养护	≥1.0
	热处理后	≥1.0
	碱水处理后	≥1.0
	冻融循环后	≥1.0
拉伸强度 保留系数	热老化后	≥0.7
	碱水处理后	≥0.7
	冻融循环后	≥0.6
抗渗性		500mm水柱24h无渗漏

6 试验方法

6.1 标准试验条件

试验室标准试验条件：温度（23±2）℃，相对湿度（50±10）%。

6.2 试验材料

所有试验材料在试验前应在标准试验条件下放置至少24h，进行试验的石材防水背胶应在贮存期内。

6.3 外观

在自然光线下，用目视法观察检查。

6.4 拉伸粘结强度与拉伸强度保留系数

6.4.1 试验用石材基板

测试选用的石材基板为蒙古黑、阜平黑或太白青。粘结面应采用机切面。

拉伸粘结强度测试试件：尺寸为50mm×50mm×20mm，数量为40块。

抗渗性测试试件：尺寸为100mm×100mm×20mm，数量为1块。

用清水清洗石材，然后在（105±2）℃的烘箱内烘干2h后备用。

6.4.2 试验仪器设备

试验用拉力试验机及夹具、鼓风烘箱、低温冷冻箱等应符合GB/T 24264—2009规定。

6.4.3 成型制样

6.4.3.1 搅拌石材防水背胶

取1.5kg左右的样品，采用符合JC/T 681要求的搅拌机，按下列步骤进行操作：

——根据样品的配比（如标明的配比是一个数值范围则采用中间值），将液体组分放入搅拌锅中；

——将粉体组分缓缓倒入；

——低速搅拌60s；

——静置2min，再次低速搅拌60s。

6.4.3.2 拉伸粘结强度试件成型

将拌好的浆料均匀地涂布于石材基板的粘结面上，涂布量为1kg/m²。涂布应一次性完成，浆料层应厚度均匀，无空白、孔洞和气泡。成型的试件如图1所示，每组成型10个试件，每个试样成型4组。

6.4.3.3 拉伸粘结强度试件的养护

6.4.3.3.1 标准养护

按6.4.3.2成型的试件，在GB/T 24264—2009 7.4.1.1规定的试验条件下养护13d后，按下述方法粘贴拉拔接头，继续在GB/T 24264—2009 7.4.1.1规定的试验条件下放置24h后按6.4.4的规定测试拉伸粘结强度。

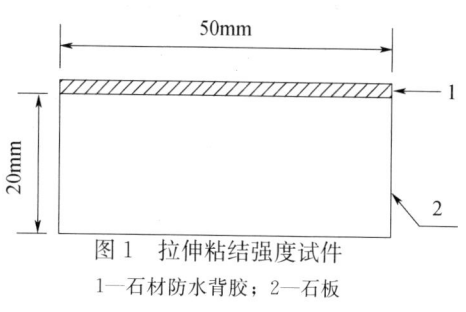

图1 拉伸粘结强度试件
1—石材防水背胶；2—石板

拉拔接头粘贴方法：先用适宜的高强度胶粘剂将拉拔接头粘在石板的背面，再用适宜的高强度胶粘剂（胶粘剂不能与背胶涂层发生化学反应，建议用环氧树脂）将拉拔接头粘在石材防水背胶的表面，粘结胶层与背胶涂层间应结合密实，不应有气泡和孔洞，粘贴拉拔接头后的试件如图2所示。

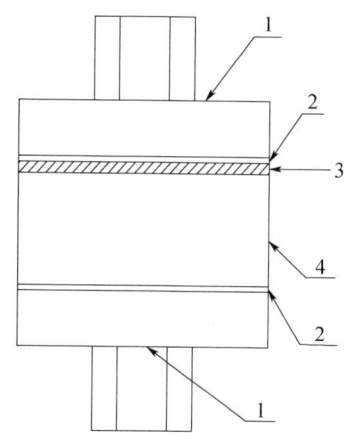

图2 试件粘贴拉拔接头
1—拉拔接头；2—胶粘剂；3—石材防水背胶；4—石板

6.4.3.3.2 热处理后

按6.4.3.2成型的试件，按GB/T 24264—2009 7.4.1.3的规定进行热处理试验。热处理完成后从烘箱中取出试件，按6.4.3.3.1的拉拔接头粘贴方法粘贴拉拔接头。继续在标准试验条件下放置24h后，按6.4.4的规定测试拉伸粘结强度。

6.4.3.3.3 碱水处理后

按6.4.3.2成型的试件，按GB/T 24264—2009 7.4.1.2的方法浸泡，用澄清的$Ca(OH)_2$饱和溶液代替GB/T 24264—2009 7.4.1.2中的水。在$Ca(OH)_2$饱和溶液中浸泡21d后，取出试件并冲洗干净，用布擦干表面水渍，按6.4.3.3.1的拉拔接头粘贴方法粘贴拉拔接头。继续在标准试验条件下放置24h后，按6.4.4的规定测试拉伸粘结强度。

6.4.3.3.4 冻融循环后

按6.4.3.2成型的试件，在标准试验条件下养护7d后浸入(23±2)℃的水中养护1d。从水中取出试件，按GB/T 24264—2009 7.4.1.5的冻融循环处理条件进行冻融循环试验。重复50次循环。在最后1次循环后取出试件，按6.4.3.3.1的拉拔接头粘贴方法粘贴拉拔接头。继续在标准试验条件下放置24h后,按6.4.4的规定测试拉伸粘结强度。

6.4.4 拉伸粘结强度的计算

将养护到期的试件与GB/T 24264—2009规定的拉伸试验机连接,以5mm/min的速度施加拉力直至试件破坏,测量最大拉伸粘结力。试件的拉伸粘结强度按式(1)进行计算,精确至0.1MPa。

$$P = \frac{F}{M} \tag{1}$$

式中:

P——拉伸粘结强度,单位为兆帕(MPa);

F——最大拉伸粘结力,单位为牛顿(N);

M——粘结面积,单位为平方毫米(mm^2)。

按下列规定确定每组的拉伸粘结强度:

——求10个数据的平均值;

——舍弃超出平均值±20%范围的数据;

——若仍有5个或更多的数据被保留,求新的平均值;

——若少于5个数据被保留,重新试验;

——记录每个试件的破坏界面。

6.4.5 拉伸强度保留系数计算

按式(2)分别计算热处理后、碱处理后和冻融循环处理后的拉伸强度保留系数,结果保留一位小数:

$$\lambda_i = \frac{P_i}{P} \tag{2}$$

式中:

λ_i——热处理后、碱水处理后、冻融循环处理后的拉伸强度保留系数;

P_i——热处理后、碱水处理后、冻融循环处理后的拉伸粘结强度,单位为兆帕(MPa);

P——标准条件下的拉伸粘结强度,单位为兆帕(MPa)。

6.5 抗渗性试验方法

6.5.1 试件制备

将按6.4.3.1拌好的浆料涂布在抗渗性测试试件的粘结面,涂布一次完成,涂布量为$1kg/m^2$。涂布厚度应均匀,无空白、孔洞和气泡。

6.5.2 试件养护

将试件放在标准试验条件下养护7d后进行抗渗性能测试。

6.5.3 抗渗性测试

试验用玻璃管:内径不小于30mm,长600mm。

将圆形玻璃管垂直放在试件的中心,用密封胶密封玻璃管与试件间的缝隙,将染色的水加入玻璃管中,静置24h后观察背胶涂层表面是否有渗水扩散现象。之后将玻璃管移除,擦干背胶涂层表面残留的水,将背胶涂层从石板粘结面上铲开,观察背胶涂层背面和石板表面是否有变色。当涂层表面出现渗水扩散、涂层背面有变色、石板粘结面上出现变色,说明背胶涂层已渗漏。

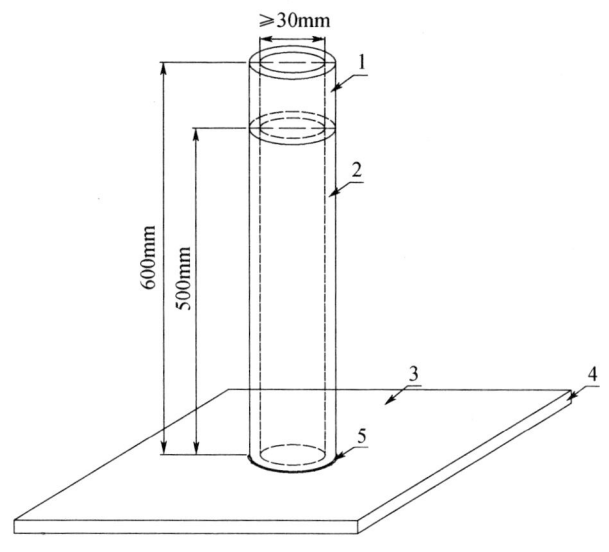

图 3 背胶涂层抗渗性测试
1—玻璃管；2—染色水；3—背胶涂层；4—石板；5—防水密封胶

7 检验规则

7.1 检验类型

7.1.1 出厂检验

每批产品出厂前应进行出厂检验。石材防水背胶的出厂检验项目为：外观、拉伸粘结强度（标准养护）、抗渗性。

7.1.2 型式检验

有下列情况之一时，应进行型式检验，型式检验包括本标准第5章中技术要求规定的全部项目：

a) 新产品或老产品转产生产的试制定型鉴定时；
b) 正常生产后，如产品的原料、工艺、生产设备等方面有较大改变，可能影响产品性能时；
c) 正常生产时，每年进行一次；
d) 出厂检验结果与上次型式检验有较大差异时；
e) 产品停产半年以上，恢复生产时。

7.2 组批和抽样

7.2.1 组批

连续生产，同一配料工艺条件制得的产品为一批，数量为200t。不足上述数量也可作为一批。

7.2.2 抽样

石材防水背胶的液体和粉体按 GB/T 3186—2006 中 6.4.2.2 和 6.4.2.4 的规定进行抽样；每批抽取5kg的样品，并将样品一分为二，一份用于检验，一份备留样用。

7.3 判定规则

若全部检验结果符合标准规定时，则判该批产品合格；若结果中仅有一项不符合标准要求时，用留样对该项目复验，复验项目符合标准规定，则判该批产品合格，若仍不符标准规定，则判该批产品不合格；有两项或超过两项不符合标准要求时，则判该批产品不合格。

8 标志、包装、运输和贮存

8.1 标志

产品标志应包含以下内容：
a) 产品名称及商标；
b) 配比；
c) 执行标准；
d) 生产日期或批号；
e) 贮存期；
f) 净含量；
g) 使用说明；
h) 生产商的名称、地址、联系方式。

8.2 包装

粉体部分应采用防潮包装，每袋净含量宜为20kg或30kg，液体部分宜采用塑料桶密封包装，每桶净含量宜为20kg或200kg。净含量误差控制范围为±1%。包装材料应不与石材防水背胶的液体发生物理或化学作用。

8.3 运输和贮存

8.3.1 贮存期6个月，在产品说明书与包装标识上应明示。

8.3.2 贮存与运输时，不同类型、不同包装规格的产品应分别堆放。

8.3.3 避免日晒雨淋，禁止接近火源。防止碰撞破坏包装，注意通风。塑料桶装材料不可倒置、滚动、重摔。

9 产品应用

产品的应用说明见附录A。

附录A （资料性附录）石材防水背胶的应用

A.1 应用范围

A.1.1 适用于在石材大板加工厂内批涂石材防水背胶。

A.1.2 适用于在石材大板加工流水线上或专用板车上批涂。

A.1.3 适用于在天然大理石、花岗石荒料上切割下的石材大板上直接使用。

A.2 使用方法

A.2.1 施工工序

材料与工具 — 调配石材防水背胶 — 批网施工 — 成品切割与养护

A.2.2 材料与工具

石材防水背胶（液体和粉体）、网格布、搅拌桶、电动搅拌器、毛刷、铲刀、批板等。

A.2.3 调配石材防水背胶

将石材防水背胶（以下简称背胶）的液体与粉体按比例用电动搅拌器充分混合均匀（搅拌时先倒入液体后加粉体），静置3min～5min后即可使用。

A.2.4 批网施工

石材粘结面要求：清理石材粘结面的灰尘、污渍，石材粘结面应保持清洁、干燥。

刮涂方法：石板应水平放置，将预先裁切好的网格布按压在石板表面，倒适量浆料在网格布上，用批板将浆料均匀地批刮在整个石材大板表面，并将网格布全部覆盖，浆料厚度控制在0.8mm～1mm。

A.2.5 成品切割与养护

待背胶层表干后方可收板。可在60℃以下烘至表干或在自然环境下干燥。在自然环境下养护48h后方可对大板进行切割、打磨等操作。

A.3 注意事项

应用中应注意以下事项：

a) 石板在批涂背胶前应保持干燥，否则会影响背胶的干燥速度。
b) 拌好的背胶浆料宜控制在2h内用完，施工现场环境温度在5℃～35℃为宜。
c) 严格按规定的配比，使用电动搅拌工具搅拌均匀，不得添加其他材料和外加剂。
d) 石板表面如用树脂胶、云石胶进行修补或有树脂胶残留，在批刮背胶前需清理干净。
e) 做好背胶的工程板，背胶面不必再做防护，只需做其他面的防护即可。
f) 在背胶层还未充分干透前应防止淋水。

石材护理工职业技能标准

1 职业概况

1.1 职业名称
石材护理工。

1.2 职业定义
从事石材护理工作的技术人员。

1.3 职业等级
本职业共设五个等级,分别为:初级职业技能五级、中级职业技能四级、高级职业技能三级、技师职业技能二级、高级技师职业技能一级。

1.4 职业环境条件
室内、外,常温。

1.5 职业能力特征
具有一定的学习、表达和计算能力;具有一定的空间感、形体知觉及色觉;手指、手臂灵活,身体运作协调。

1.6 基本文化程度
初中毕业。

1.7 培训要求

1.7.1 培训期限
全日制职业学校教育,根据其培训目标和教学计划确定。晋级培训期限:初级不少于80标准学时;中级不少于180标准学时;高级不少于300标准学时;技师不少于300标准学时;高级技师不少于200标准学时。

1.7.2 培训教师
培训初级、中级、高级的教师应具有本职业技师及以上职业技能证书或相关专业中级及以上专业技术职务任职技能;培训技师的教师应具有本职业高级技师职业技能证书或相关专业高级专业技术职务任职技能;培训高级技师的教师应具有本职业高级技师职业技能证书3年以上或相关专业高级专业技术职务任职技能。

1.7.3 培训场地设备
满足教学需要的标准教室;能进行安装后石材的研磨施工、病变治理、日常护理等的场地;配备相应的施工设备及必要的施工材料、量具、量仪和其他辅助工具。

1.8 鉴定要求

1.8.1 适用对象
从事或准备从事本职业的人员。

1.8.2 申报条件
——初级(具备以下条件之一者)
(1)经本职业初级正规培训达规定标准学时数,并取得结业证书。

(2) 在本职业连续见习工作 2 年以上。

(3) 本职业学徒期满。

——中级（具备以下条件之一者）

(1) 取得本职业初级职业技能证书后，连续从事本职业工作 3 年以上，经本职业中级正规培训达规定标准学时数，并取得结业证书。

(2) 取得本职业初级职业技能证书后，连续从事本职业工作 5 年以上。

(3) 连续从事本职业工作 7 年以上。

(4) 取得经政府部门审核认定的、以中级技能为培养目标的中等以上职业学校本职业（专业）毕业证书。

——高级（具备以下条件之一者）

(1) 取得本职业中级职业技能证书后，连续从事本职业工作 4 年以上，经本职业高级正规培训达规定标准学时数，并取得结业证书。

(2) 取得本职业中级职业技能证书后，连续从事本职业工作 7 年以上。

(3) 取得高级技工学校或经政府部门审核认定的、以高级技能为培养目标的高等职业学校本职业（专业）毕业证书。

(4) 取得本职业中级职业技能证书的大专以上本专业或相关专业毕业生，连续从事本职业工作 2 年以上。

——技师（具备以下条件之一者）

(1) 取得本职业高级职业技能证书后，连续从事本职业工作 5 年以上，经本职业技师正规培训达规定标准学时数，并取得结业证书。

(2) 取得本职业高级职业技能证书后，连续从事本职业工作 7 年以上。

(3) 取得本职业高级职业技能证书的高级技工学校本职业（专业）毕业生和大专以上本专业或相关专业的毕业生，连续从事本职业工作 2 年以上。

——高级技师（具备以下条件之一者）

(1) 取得本职业技师职业技能证书后，连续从事本职业工作 3 年以上，经本职业高级技师正规培训达规定标准学时数，并取得毕结业证书。

(2) 取得本职业技师职业技能证书后，连续从事本职业工作 5 年以上。

1.8.3 鉴定方式

分为理论知识考试和技能操作考核。理论知识考试采用闭卷笔试方式，技能操作考核采用现场实际操作和口试等方式。理论知识考试和技能操作考核均实行百分制，成绩皆达到 60 分及以上者为合格。技师和高级技师还须进行综合评审。

1.8.4 考评人员与考生配比

理论知识考试考评人员与考生配比为 1∶20，每个标准教室不少于 2 名考评人员；技能操作考核考评员与考生配比为 1∶5，且不少于 3 名考评员；综合评审委员不少于 5 人。

1.8.5 鉴定时间

理论知识考试时间不少于 90min；技能操作考核时间：初级不少于 120min，中级不少于 180min，高级不少于 180min，技师不少于 240min，高级技师不少于 240min；综合评审时间不少于 30min。

1.8.6 鉴定场所设备

理论知识考试在标准教室进行；技能操作考核在配备必要的施工设备、材料和工具、量具、量仪以及辅助工具的场所进行。

2 基本要求

2.1 职业道德

2.1.1 职业道德基本知识

（1）职业道德基本概念。
（2）建材行业职业道德的主要范畴。
（3）建材行业行为规范。
（4）建材行业职业道德修养。

2.1.2 职业守则

（1）遵守法律、法规和有关规章制度。
（2）爱岗敬业、诚实守信，具有高度的责任心。
（3）严格执行技术程序和工作规范，安全文明施工。
（4）服从组织，团结协作，努力工作，奉献社会。
（5）刻苦钻研，精通业务，终身学习，不断创新。
（6）勤俭节约，艰苦奋斗，提高质量，降低成本。
（7）爱护设备和工具，保持工作环境整洁有序。
（8）着装整洁，符合规定，注重修养，文明礼貌。
（9）加强职业健康与安全防护的意识。

2.2 基础知识

2.2.1 基础理论知识

（1）石材的种类。
（2）石材护理的相关标准。
（3）石材护理工艺流程。
（4）地坪施工相关知识。
（5）平面基础识图知识。

2.2.2 安全用电知识

2.2.3 安全文明施工与环境保护知识

（1）安全施工知识。
（2）劳动保护知识。
（3）安全操作知识。
（4）环境保护知识。

2.2.4 设备工具管理知识

2.2.5 相关法律、法规知识

（1）《中华人民共和国劳动法》相关知识。
（2）《中华人民共和国劳动合同法》相关知识。
（3）《中华人民共和国安全生产法》相关知识。

3 工作要求

本标准对初级、中级、高级、技师和高级技师的技能要求依次递进,高级别涵盖低级别的要求。

3.1 初级

职业功能	工作内容	技能要求	相关知识
一、石材防护	(一)辨别防护剂	1. 能辨别水剂型石材防护剂 2. 能辨别溶剂型石材防护剂	石材防护剂的辨别方法
	(二)防护施工	1. 能正确、安全使用防护剂 2. 能识别被污染的石材 3. 能做好交接班工作	1. 石材防护剂的施工操作方法 2. 安全施工常识 3. 识别石材污染的方法 4. 交接班制度
	(三)防护剂保管	1. 能拿取、铺垫、码放、苫盖石材防护剂 2. 能清理施工场地	1. 安全防火知识 2. 现场管理制度
二、石材清洗	(一)判断病变	1. 能判断石材返锈病变 2. 能判断石材返碱病变	石材病变及成因知识
	(二)选用清洗材料	1. 能使用pH试纸测试材料酸碱性 2. 能安全使用、存放清洗材料	1. pH试纸使用方法 2. 清洗材料的选择 3. 清洗材料的存放方法
	(三)施工现场保护	1. 能记录成品有损坏区域 2. 能使用警示牌、警示线并做好产品保护 3. 能对施工现场进行清理	1. 成品保护工具、材料使用方法 2. 成品保护要求 3. 石材表面污染控制方法
	(四)清洗施工	1. 能使用设备、材料清洗石材 2. 能处理过氧化物清洗时产生的废弃物 3. 能进行石材日常清洗、保洁	1. 石材清洗操作规程 2. 石材清洗设备操作规程
三、石材整体研磨	(一)研磨准备	1. 能检查研磨机及辅助设备运转是否正常 2. 能辨别、使用研磨材料 3. 能调整研磨机辅助设备	1. 研磨设备操作规程 2. 辅助工具的使用知识 3. 研磨材料知识 4. 研磨及辅助设备日常保养知识
	(二)研磨	1. 能进行石材中度整体研磨工序操作 2. 能调整用水量	1. 整体研磨施工规范 2. 石材整体研磨用水量的供给操作知识 3. 检测工具的使用方法

续表

职业功能	工作内容	技能要求	相关知识
四、石材结晶处理	（一）结晶处理材料	1. 能使用石材结晶处理材料 2. 能使用石材结晶处理设备	石材结晶处理材料知识
	（二）结晶处理准备	1. 能根据结晶材料选择处理辅料 2. 能辨别处理材料	石材处理辅料知识
	（三）结晶处理操作	1. 能检查石材结晶处理设备 2. 能操作石材结晶处理设备 3. 能根据石材亮度掌握结晶材料使用	1. 石材结晶处理设备的操作规范 2. 石材结晶处理质量标准

3.2 中级

职业功能	工作内容	技能要求	相关知识
一、石材防护	（一）选择防护剂	1. 能辨别石材防护剂类型 2. 能根据花岗石、大理石选择石材防护剂 3. 能根据石材表面状况选择石材防护剂	1. 石材辨别方法 2. 石材防护剂行业标准 3. 选择石材防护剂的方法
	（二）防护施工	1. 均匀喷涂、刷涂、刮抹、滚涂饰面型石材防护剂及底面型石材防护剂 2. 能根据石材和石材防护剂选择施工工具 3. 能根据施工条件制定施工方案并决定施工方法	1. 水性防护剂和溶剂型防护剂的判别方法 2. 水性防护剂和溶剂型防护剂的使用方法 3. 石材防护剂施工工具的使用方法
	（三）码放和管理	1. 能根据石材干燥程度决定是否可以进行石材防护施工 2. 能对防护前后的石材进行码放、垫衬、管理	1. 石材含水量的检测方法 2. 石材搬运、码放的方法
二、石材清洗	（一）判断病变	1. 能判别石材色素、油脂污染病变 2. 能判别石材白华、水斑病变 3. 能判别两种交叉污染病变	石材病变成因知识
	（二）选用清洗材料	1. 能通过试验选择清洗材料 2. 能根据病变计算清洗材料的用量 3. 能使用计量器具计取清洗材料	1. 化学计量器具使用方法 2. 清洗材料使用、计算方法 3. 清洗材料的组成、选择、清洗原理
	（三）施工现场保护	1. 能检查成品保护状况 2. 能选用成品保护工具、材料	1. 成品保护材料知识 2. 成品损坏的判别方法
	（四）清洗施工	1. 能根据石材病变选择设备及工具 2. 能根据石材清洗方案进行施工 3. 能判别清洗过程中的材料问题 4. 能进行石材调色施工	1. 清洗设备故障判断知识 2. 清洗材料知识 3. 石材调色施工规范

续表

职业功能	工作内容	技能要求	相关知识
三、石材、地坪整体研磨	（一）裁缝	1. 能制作石材裁缝样板 2. 能检查石材裁缝后缝隙的大小、深度及直线度 3. 能检查石材裁缝切片的用量 4. 能检查石材切割机、吸水机运转是否正常 5. 能使用石材裁缝机具	1. 石材切片定额知识 2. 石材理化特性与切片技术参数的关系 3. 石材切割机、吸水机的操作规程 4. 石材裁缝质量标准 5. 石材切片知识
	（二）修补	1. 能制作石材修补样板 2. 能计算石材修补材料的用量 3. 能检查石材修补效果	1. 石材修补验收规范 2. 修补材料定额知识
	（三）嵌缝	1. 能制作石材嵌缝样板 2. 能使用各种石材嵌缝材料 3. 能计算石材嵌缝材料的用量 4. 能使用石材嵌缝工具、材料 5. 能完成石材嵌缝工作	1. 石材嵌缝材料的使用要求 2. 石材嵌缝材料定额知识 3. 石材嵌缝质量标准 4. 石材嵌缝处理操作规程
	（四）研磨准备	1. 能检查所需用材料的储量 2. 能对研磨设备进行空载、负载试运行，并能发现故障	1. 石材研磨材料定额知识 2. 石材研磨设备检查规范 3. 安全用电知识 4. 石材研磨设备运行规范
	（五）研磨施工	1. 能根据不同种类石材调整研磨工序 2. 能进行边角研磨 3. 能控制因剪口过大或部分空鼓引起的断裂现象 4. 能处理每道工序的磨痕 5. 能控制磨头不跑出石材边缘	1. 石材大剪口研磨的处理方法 2. 石材边角研磨的处理方法 3. 地坪研磨的技术要求 4. 磨料磨削度衔接的知识
四、石材结晶处理	（一）结晶处理材料	1. 能选择石材结晶处理液体材料 2. 能选择石材结晶处理固体材料	石材特性与结晶处理材料的关系
	（二）结晶处理操作	1. 能制作石材结晶处理样板 2. 能选择使用结晶处理材料 3. 能测量结晶处理石材表面的光泽度	光泽度质量标准

3.3 高级

续表

职业功能	工作内容	技能要求	相关知识
一、石材防护	（一）选择防护剂	1. 能根据石材安装方法、使用环境选择石材防护剂 2. 能对防护失败的石材重新选择防护剂	1. 石材安装方法 2. 防止石材污染的原理 3. 石材防护剂的分类、防护原理和功能
	（二）防护剂施工	1. 能依据防护要求制作防护样板 2. 能计算石材防护剂用量 3. 能安排班组工作量，并制定交接方案	1. 石材防护剂用量的计算方法 2. 定额管理知识 3. 高空作业安全知识
	（三）模拟检验防护效果	1. 能做模拟湿法安装防护效果试验 2. 能模拟不同污染源做防护效果试验	1. 水泥砂浆基础知识 2. 石材防护剂防护效果模拟检验方法
二、石材清洗	（一）判断病变	1. 能根据石材的理性化特性判别病变 2. 能根据石材的环境情况判别病变 3. 能判别复合污染病变	1. 石材病变产生原理 2. 石材污染物的基础知识
	（二）选用清洗材料	1. 能按顺序使用清洗材料 2. 能配合使用两种以上清洗材料 3. 能针对清洗材料在使用中的问题提出改进意见	1. 清洗材料的清洗原理 2. 清洗材料技术指标
	（三）施工现场保护	1. 能根据现场施工情况进行特殊成品保护 2. 能处理成品保护时工具、材料的异常现象	特殊成品保护要求
	（四）清洗施工	1. 能根据石材病变制定清洗方案 2. 能根据方案清洗古建石材 3. 能配置石材调色剂	1. 石材清洗设备技术指标 2. 石材调色剂调配方法
三、石材、地坪整体研磨	（一）裁缝	1. 能解决由锯片引起的崩边现象 2. 能处理石材裁缝工具常见故障	1. 石材切片的技术指标 2. 石材切割机修理知识
	（二）修补	1. 能根据石材的颜色调配修补材料 2. 能检查修补工序质量，分析原因，作出及时调整 3. 能对修补材料的错误使用采取有效的补救措施	1. 石材修补材料调色知识 2. 石材修补质量问题处理方法 3. 石材修补材料的质量隐患与处理方法
	（三）嵌缝	1. 能解决石材嵌缝的质量问题 2. 能对嵌缝材料的错误使用采取有效的补救措施	1. 石材嵌缝问题处理知识 2. 石材嵌缝工具故障处理方法

续表

职业功能	工作内容	技能要求	相关知识
三、石材、地坪整体研磨	（四）研磨准备	1. 能检查校正检测工具 2. 能按照施工技术要求，对石材进行分类标识	1. 石材研磨检测工具的校正方法 2. 石材地面分类检查方法
	（五）研磨施工	1. 能完成高难度石材平整度的找平操作 2. 能解决研磨中的深度磨痕问题 3. 能判断石材平整度超差的主要因素，并采取措施予以纠正	1. 研磨材料与石材特性的关系 2. 石材局部平整度的研磨处理方法 3. 地坪材料应用知识
四、石材结晶处理	（一）结晶处理材料	1. 能对特殊石材选择结晶材料 2. 能对多种石材工作面选择结晶材料	石材结晶处理材料化学知识
	（二）结晶处理操作	1. 能对复杂工作面的石材进行结晶处理施工 2. 能解决边角施工不到位、光泽度低的质量问题	石材结晶边角处理方法

3.4 技师

职业功能	工作内容	技能要求	相关知识
一、石材防护	（一）选择防护剂	1. 能依据建筑设计要求、石材特点选择石材防护剂 2. 能根据古建筑石材的特点，提出选择防护产品建议	1. 古建筑保护原则 2. 古建筑石材的特点 3. 建筑、装饰识图方法
	（二）防护施工	1. 能对古建筑石材进行防护施工 2. 能对石材防护施工效果进行检验 3. 能对石材防护施工工程进行验收	1. 古建筑石材防护施工规范 2. 石材防护工程验收标准
二、石材清洗	（一）判别病变	1. 能判别污染源 2. 能判别陈旧性石材污染	1. 石材病变知识 2. 陈旧性石材污染理化知识
	（二）选用清洗材料	1. 能改进清洗材料 2. 能制定新型清洗材料施工规范	1. 清洗材料化学知识 2. 施工规范编写知识
	（三）施工现场保护	1. 能根据交接班记录预测成品保护的隐患 2. 能对成品保护结果进行分析，做好成品保护施工方案 3. 能提出成品保护技术要求修改意见	1. 成品保护技术要求 2. 质量分析与控制方法基本知识
	（四）清洗	1. 能改进清洗设备 2. 能制定新型清洗设备的施工规范 3. 能发现在古建清洗施工中方案存在的问题	1. 石材洗清设备清洗原理 2. 设备的标准化知识 3. 机械常识

续表

职业功能	工作内容	技能要求	相关知识
三、石材整体研磨	（一）裁缝	1. 能对设备效率进行分析，提出改进方案 2. 能对裁缝质量进行判断，并对出现的问题采取补救措施 3. 能修改石材裁缝技术规程	石材裁缝设备、工具、材料、新工艺知识
	（二）修补、嵌缝	1. 能对修补、嵌缝材料的错误使用采取有效的补救措施 2. 能结合石材修补、嵌缝的特殊需要对工具、材料进行改进 3. 能根据新工艺、新材料及新工具的特性，确定石材修补施工方案 4. 能修改石材修补、嵌缝的技术规程	1. 石材色彩与修补、嵌缝材料的关系 2. 石材修补、嵌缝新材料、新工艺知识
	（三）研磨准备	1. 能对施工工艺流程进行全面的检查和监督 2. 能根据不同石材调整研磨方法 3. 能对研磨设备、工具、材料的弊端提出更改建议	1. 石材整体研磨与石材特性的关系 2. 石材整体研磨质量诊断方法
	（四）研磨施工	1. 能设定磨具、磨料消耗参数 2. 能制定新工艺流程、质量标准 3. 能对石材整体研磨施工的质量进行判断，并对出现的问题采取补救措施 4. 能在设备大修前进行运行状况调查	1. 研磨设备参数、磨具磨料定额调整方法 2. 研磨设备对研磨质量的影响
四、石材结晶处理	（一）结晶处理材料	1. 能制定材料消耗定额 2. 能对石材结晶处理材料提出更改建议	结晶处理消耗材料定额调整方法
	（二）结晶处理操作	1. 能修改石材结晶处理施工工艺流程 2. 能根据光泽度、防滑系数调整施工工艺	1. 石材结晶处理工艺流程 2. 光泽度、防滑系数知识
五、培训与管理	（一）培训	1. 能对初级、中级、高级工进行技术培训 2. 能指导初级、中级、高级工排除石材防护、清洗、整体研磨机结晶处理过程中的一般故障	培训教学的基本方法
	（二）管理	1. 能根据安全生产要求，对施工全过程进行监督、管理 2. 能做好各岗位技术环节的规范化管理 3. 能运用质量管理知识，对操作过程进行质量分析与控制 4. 能做好设备寿命周期各阶段的规范化管理 5. 能依据现场情况，分析、制定施工造价	1. 施工安全管理规范 2. 施工管理规程 3. 质量管理知识 4. 设备管理知识

3.5 高级技师

职业功能	工作内容	技能要求	相关知识
一、石材防护	（一）开发防护剂	1. 能根据石材应用的需要开发石材防护剂新品种 2. 能对新型石材防护剂进行应用效果鉴定	1. 有机化学知识 2. 岩矿学知识
	（二）防护应用	1. 能设计、组织、实施大型石材防护工程 2. 能针对石材进行石材防护剂的选择和施工指导	1. 古建筑知识 2. 古建筑保护知识
二、石材清洗	（一）判别石材病变	1. 能根据古建筑石材的理化分析结果，判别病变 2. 能根据古建筑石材的环境判断病变成因	1. 古建筑石材历史知识 2. 古建筑石材风化机理
	（二）选用清洗材料	1. 能开发新型清洗材料 2. 能制定古建筑石材清洗方案	国内外新清洗材料动态及成果
	（三）清洗施工	1. 能对新型设备的研制提出要求及技术参数 2. 能对古建筑石材清洗方案提出建议	古建筑石材清洗、修复原则及课题研究方法
三、石材整体研磨	（一）裁缝、修补、嵌缝	1. 能解决对新、特、难石材裁缝、修补、嵌缝的疑难杂变，并制定施工方案及工艺流程 2. 能修改裁缝、修补、嵌缝技术操作规程 3. 能应用国内外最新质量标准	1. 石材新品种理化知识 2. 技术规程编写知识
	（二）研磨	1. 能对新研制的研磨设备提出技术要求 2. 能优化工艺流程 3. 能指导相关人员对新设备进行检验、调试和验收 4. 能完成设备大修后的技术鉴定 5. 能编写整体研磨操作规程及技术管理规程	1. 计算机应用知识 2. 硬质地面材料加工工艺与特性知识 3. 新设备的检验、调试与验收规范 4. 工程识图、技术文件知识
四、石材结晶处理	（一）结晶处理材料	1. 能主持对新产品各种技术参数的测定，并制定施工方案 2. 能根据石材理化特性提出石材结晶处理材料的技术要求	国内外结晶处理产品、施工操作技术的发展动态
	（二）结晶处理操作	1. 能主持指定新产品的施工工艺流程 2. 能运用有关技术成果参与结晶处理设备的设计、更新	1. 结晶处理施工工艺设计知识 2. 结晶处理设备的技术鉴定知识

续表

职业功能	工作内容	技能要求	相关知识
五、培训与管理	(一)培训	1. 能指导技师对设备运行状况进行诊断和分析,确定维修方案 2. 能结合理论知识编写教材 3. 能对技师进行理论培训 4. 能总结和指导推广新型石材防护、清洗、整体研磨、结晶处理操作方法 5. 能进行石材应用护理科学普及教育	1. 写作知识 2. 讲演方法 3. 教学方法 4. 教材编写知识
	(二)管理	1. 能制定施工管理文件并实施 2. 能根据新的施工工艺要求,编制设备改造计划	1. 设备改造计划编制方法 2. 施工管理文件制定方法

4 比重表

4.1 理论知识

	项 目	初级(%)	中级(%)	高级(%)	技师(%)	高级技师(%)
基本要求	职业道德	5	5	5	5	5
	基本知识	15	15	15	10	5
相关知识	石材防护	15	20	20	10	10
	石材清洗	20	20	20	20	20
	石材整体研磨	10	20	20	20	20
	石材结晶处理	35	20	20	15	15
	培训与管理	—	—	—	20	25
	合计	100	100	100	100	100

4.2 技能操作

	项 目	初级(%)	中级(%)	高级(%)	技师(%)	高级技师(%)
技能要求	石材防护	20	20	20	15	15
	石材清洗	25	25	25	25	25
	石材整体研磨	15	35	35	20	20
	石材结晶处理	40	20	20	15	15
	培训与管理	—	—	—	25	25
	合计	100	100	100	100	100

雅科美 AKEMI

致力于提供绿色、环保、安全、个性化解决方案

德国AKEMI/雅科美公司成立于1933年，迄今已有80多年的历史。公司自成立至今一直致力于建筑材料整体化解决方案的探索与产品研发，现已成为石材化工行业的佼佼者！

AKEMI/雅科美公司可针对业主选用材料的具体品类和其应用环境，提供更优化的解决方案。

一、石材保护方案：保证项目石材不出水斑、泛碱、空鼓、吐黄、变色等病症，影响建筑美感。产品绿色环保，通过欧盟食品安全级（LGA）认证,满足LEED、WELL及国内绿色建筑认证相关要求。

二、防滑方案：可针对商场、酒店、校园、医院、写字楼、健身馆、游泳馆、停车场等人流量较大场所的厅堂出入口、楼梯踏阶、卫浴盥洗室、室外坡道等部位制定一对一的防滑方案。产品耐磨防滑、易于清洗养护、不改变基材自然色泽并与基材有良好的粘接性、无刺激味道、绿色环保，颜色可根据客户需求定制。

三、强化方案：根据选料石材的物理特性、成因、化学成分，制定专业的强化方案，提高荒料的成材率、减少资源浪费、增加企业利润。产品渗透性好、耐候性长、抗酸碱性强。

四、病变处理方案：针对不同病变，通过化学分析，从根源找到其成因，制定彻底解决方案，并且不对石材造成二次污染。可去除胶痕、蜡质黄变层、油渍、生物霉变、锈迹、色斑、油漆、笔印等。

五、粘接、干挂方案：根据选材品类、安装方式、项目所处区域的气候环境，制定相应的解决方案，完全避免用胶不当造成的板材脱落、崩裂、胶斑、油渍等病症，解除各方的后顾之忧。

六、粘补、密封方案：针对石材种类、安装方式、应用场所，制定具体的无缝处理和密封方案，对于茶水间、盥洗室、厨房有成熟的方案可参考。保证补胶线两边不出油印、补胶部位不收缩、密封部位不脱落、不开裂、不霉变。

七、抛光、晶硬方案：根据板材应用场所人流量、板材化学成分、物理性能制定专业的、周期性的、高效的抛光、晶硬方案，保持石材良好的装饰效果。

八、调色、增硬方案：结合板材的具体特点和应用环境、确定适合的解决方案，增光润色、去除色差、增强板材硬度，提高板材的应用率。

九、广场、围墙清洗：结合基材的品类、病变的成因，制定相应的解决及预防方案，可快速去除基材上的"牛皮癣"、涂鸦、水景周围的泛碱、水斑、场地上的口香糖、痰渍、油斑、色斑等问题。

关于水泥墙地面、水磨石、人造石、木材等多种建筑装饰材料，雅科美也可提供防污、修补、粘接、强化、抛光、自洁等个性化的解决方案！

德国AKEMI/雅科美公司
北京雅科美商贸有限责任公司
电话：010-87794952
/87794752/87794392
网址：www.akemi.com.cn
E-mail:info@akemi.com.cn

石兄弟石材胶，家居用胶更放心！

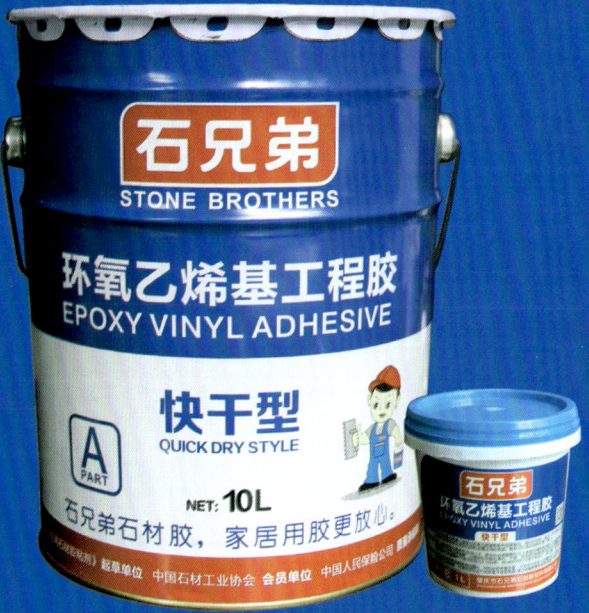

环氧乙烯基工程胶
EPOXY VINYL ADHESIVE

规格：10L、1L(A:B=10：1)

产品介绍：

　　石兄弟环氧乙烯基工程胶以环氧乙烯基树脂为主体树脂，固化速度快，耐候性好，耐化学腐蚀性强，可广泛应用于多种特殊场合的高要求粘结，可用于石材与石材之间、石材与钢材等金属材料之间的粘结。

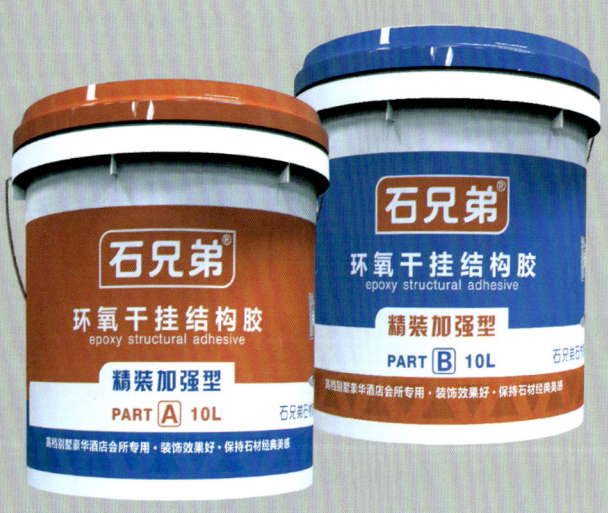

环氧干挂结构胶（精装加强型）
EPOXY STRUCTURAL ADHESIVE

规格：10L、5L、{2L/9套/箱}(A:B=1:1)

产品介绍：

　　石兄弟精装加强型干挂胶主要应用于高档别墅石材干挂、豪华酒店会所，其装饰效果好，表面光滑、耐磨、耐酸、耐腐蚀性强，抗风、抗雨、耐擦洗，可使别墅、酒店等建筑的高档石材长久保持经典美感。

肇庆市石兄弟石材新材料有限公司

地址：广东省肇庆市高要白诸工业区

电话：0758-8417888/8417666　　网址：www.stonebrother.com

专注于环氧新材料的应用

- **荒料真空灌注加固技术**
  1. 创新专利技术、荒料表面包裹、内部灌注加固一体化；（ZL 2013 1 0324458.8）
  2. 解决奥特曼、白玉兰、玉石、欧网等破损难题，实现很高的锯切成材率。

- **石材修补技术**（解决白色石材修补难题）
  1. 解决白色石材修补难题，不加深石材颜色，无水印、不黄变，增光、增亮、增艳、镜面自流平等特殊性能修补；
  2. 黑色、黄色、红色花岗岩的颜色加深及增艳修补；
  3. 玉石、微裂纹、鸡爪纹、干裂等高难度石材修补。

- **建筑装饰胶产品**（美缝宝、厨卫封边王、MS防霉密封胶）
  1. 环保无毒、防发霉发黑、美化装修、洁净靓丽；
  2. 耐磨、发光、自洁性、易清洗、防油、防水、防污。

- **全自动智能调胶设备**
  1. 自动精准计量、100%混合均匀、确保调胶比例；
  2. 节省用胶量20%以上，节省人工，提高工作效率30%以上。

- **新品：环氧勾缝结构胶**
  适用于各类高档天然石材地板缝隙的填补与粘接，如玉石、白色大理石等，专用于浅色石材的缝隙填补。

荒料真空灌注

花岗石加深增艳修补

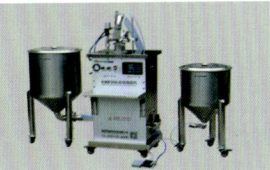
新一代 自动调胶机

建筑装饰用胶

国家高新技术企业　国家标准起草单位　中国专利奖获得企业　ISO 9001:2008认证

湖南柯盛新材料有限公司
HUNAN KOSEN NEW MATERIAL CO.,LTD
地址/Add:湖南省国家级长沙经济技术开发区东十一路
网址/http://www.kowaychem.com　邮箱/Email:ks@kowaychem.net
免费服务热线/free Hotline：400-101-4568

(3月6号-9号)厦门国际石材展-KOWAY柯威展位号：B3052

家装胶微信平台
Domestic outfit glue WeChat platform

石材胶微信平台
Stone glue WeChat platform

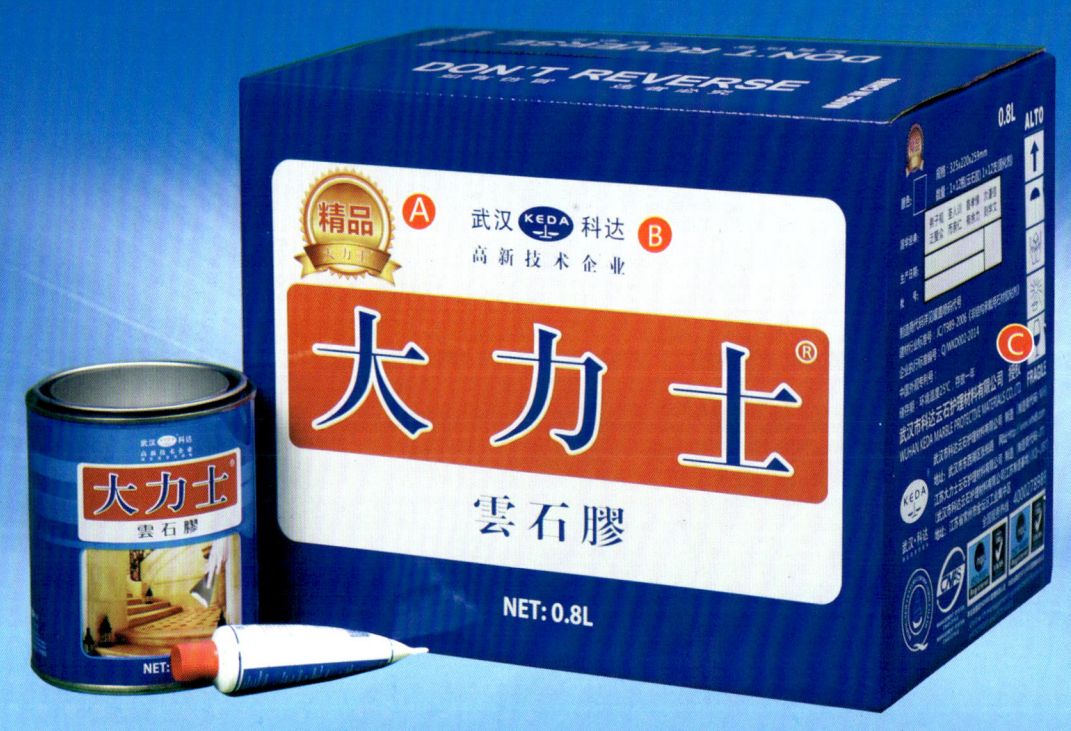

大力士® 云石胶
STONE ADHESIVE

固化不粘手，强度高，抛光亮度佳，渗透好，适用于高档石材拼接，石材护理工程，替代进口。

如何辨别武汉市科达云石护理材料有限公司生产的精品大力士云石胶：

- Ⓐ 精品大力士纸箱左上方有"精品大力士"徽标
- Ⓑ 纸箱上方为醒目的"武汉 KEDA 科达"标志，增加了"高新技术企业"（图示）
- Ⓒ 纸箱侧面生产基地及地址（图示）

本企业通过ISO9001质量管理体系认证　本企业通过ISO14001环境管理体系认证
Unit with management system certification of ISO9001 and ISO14001

全国统一服务热线 **400-0278989**

佛山市桐立粘胶科技有限公司
佛山市桐立建材科技有限公司

佛山市桐立粘胶科技有限公司成立于2010年，2014年在佛山市三水区扩资组建佛山市桐立建材科技有限公司。本公司专注于环氧、聚氨酯等胶粘剂的研发、生产和销售。产品包括：蜂窝板胶、陶瓷复合胶、石材复合胶、石材干挂胶、建筑植筋胶、石材养护剂等石材护理材料，广泛应用于建筑行业、高铁行业及船舶制造，如聚氨酯夹芯板、铝蜂窝板、聚苯乙烯泡沫板、玻璃纤维板、石材复合板、金属板材等。

公司以超前的意识着眼于未来，着重培养科研团队的研发能力，完善自身的管理体系，以产品的多样性、稳定的质量、快捷的服务、富有竞争力的价格，力创粘胶业的先进品牌！

公司秉承"诚信、团结、创新、高效"的企业精神，依靠科技、依靠人才，严格管理，积极开拓，携手华南理工大学，形成强有力的技术支持，增强了研发力量，推行全面质量管理，力争上游。

为了进一步提高公司的产品品质，参与国际市场竞争，本企业将全面推行ISO9001：2008《质量管理体系》，覆盖全公司的生产和服务。

桐立科技将一贯地秉承以人为本、开拓创新、回馈社会的宗旨，竭诚为广大用户服务，共创辉煌的明天！

F501环氧玉石胶

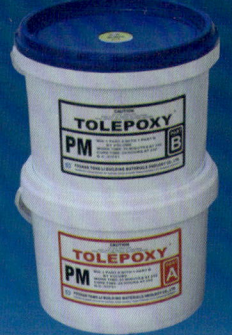
TOLEPOXY
红绿型环氧干挂AB胶

红绿型烈豹环氧干挂AB胶

TOLEPOXY
超白型环氧干挂AB胶

产品介绍

F501环氧玉石胶主要用于用于玉石、白色石材、大理石等的修补填缝的粘结，也可用于石材加厚边做无缝粘结和地面墙身填缝剂。

特点：
1. 半透明且具有触变性，可随意塑造不变形
2. 固化速度快、光泽好、硬度高、收缩性小
3. 具耐候性，耐黄变，耐油，耐水，耐化学介质
4. 出色的研磨及抛光性，加工后与天然石材融为一体

TOLEPOXY红绿型环氧干挂AB胶为双组分胶粘剂，A组分由环氧树脂、环氧树脂活性稀释剂、增韧剂、有机活性红色色粉与填充料组成，外观呈粉红色触变青体。B组分由改性胺类固化剂、促进剂有机活性绿色色粉、偶联剂与填充料等组成，为浅绿色触变青体。该胶比例准确，均匀混合后的固化胶体，韧性高，不易变黄，耐黄变，耐水，耐潮湿，耐紫外线，耐候性好。

应用领域：

该胶主要用于石材、瓷片、耐磨砖品等的粘结干挂，也可用于各类金属、木材、瓷片、抛光砖、石材等装饰物粘结。本产品使用方便，易搅拌，易分辨是否混合均匀，以及比例是否准确（未混合均匀的胶体会有红色或绿色丝状，混合均匀的胶体为颜色一致的白色状。比例的准确性体现在，红胶偏多，混合后的胶体偏红相；绿胶偏多，混合后的胶体偏绿相）。

红绿型烈豹环氧干挂AB胶为双组分胶粘剂，A组分由环氧树脂、环氧树脂活性稀释剂、增韧剂、有机活性红色色粉与填充料组成，外观呈粉红色触变青体。B组分由改性胺类固化剂、促进剂有机活性绿色色粉、偶联剂与填充料等组成，为浅绿色触变青体。该胶比例准确，均匀混合后的固化胶体，韧性高，不易变黄，耐黄变，耐水，耐潮湿，耐紫外线，耐候性好。

应用领域：

该胶主要用于石材、瓷片、耐磨砖品等的粘结干挂，也可用于各类金属、木材、瓷片、抛光砖、石材等装饰物粘结。本产品使用方便，易搅拌，易分辨是否混合均匀，以及比例是否准确（未混合均匀的胶体会有红色或绿色丝状，混合均匀的胶体为颜色一致的白色状。比例的准确性体现在，红胶偏多，混合后的胶体偏红相；绿胶偏多，混合后的胶体偏绿相）。

TOLEPOXY超白型环氧干挂AB胶为双组分胶粘剂，A组分由环氧树脂、环氧树脂活性稀释剂、增韧剂、钛白粉与填充料组成，外观呈白色触变青体。B组分由改性胺类固化剂、促进剂、偶联剂等组成，为灰白色触变青体。该胶比例准确，均匀混合后的固化胶体，韧性高，不易变黄，耐黄变，耐水，耐潮湿，耐紫外线，耐候性好。

应用领域：

该胶主要用于石材、瓷片、耐磨砖品等的粘结干挂，也可用于各类金属、木材、瓷片、抛光砖、石材等装饰物粘结。本产品使用方便，易搅拌，白度高，适合用于汉白玉、爵士白、雅士白、广西白、鱼肚白等浅色或白色石材。

网址：www.tonglikj.com
电话：0757-87312055
地址：广东省佛山市三水区乐平镇南边黄塘路

福建盛达机器股份公司
FUJIAN SHENGDA MACHINERY CORPORATION
股票代码：836796

福建省高新技术企业　盛达机器让石头更美丽

数控五轴桥式切石机CNC-5-625

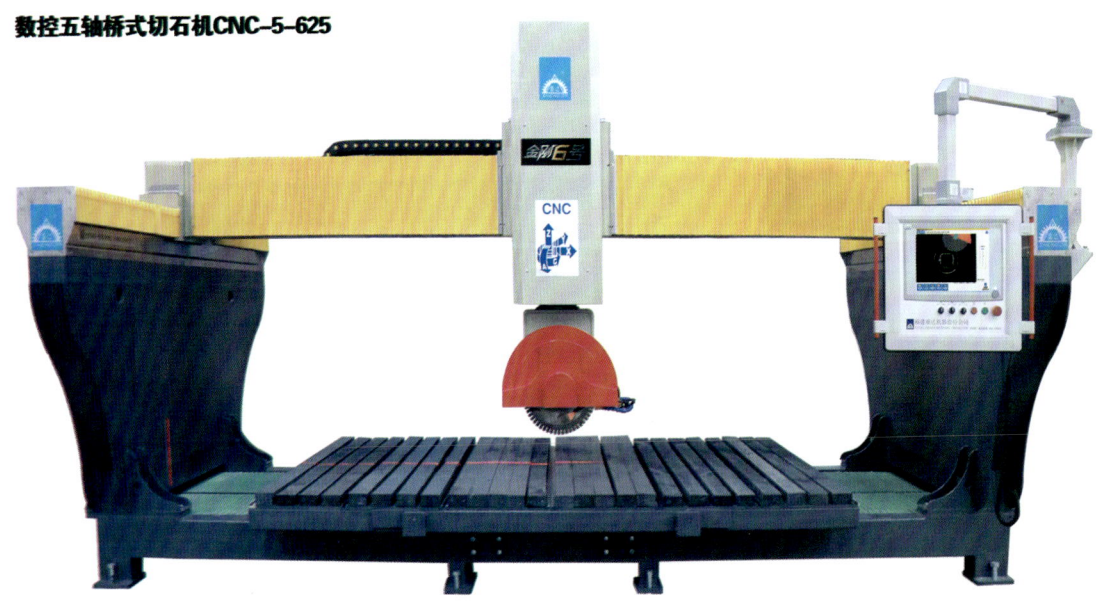

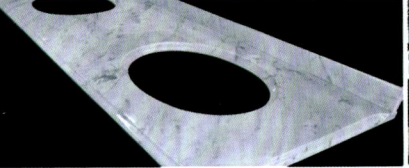

集团总部

潮湿背网加固防水胶（7.9元/公斤）

★ 比重轻27.2%，节约4.05元/公斤
★ 无需烘烤，节约电费0.3元/平方米
★ 无需烘烤，节约税收0.6元/平方米
★ 无需烘烤，节约人工费2元/平方米

技术性能八大优势

★ 综合强度高　　　　★ 无二次破损
★ 潮湿可固化　　　　★ 无需护理费用
★ 网格布铲不掉　　　★ 抗渗水期限长
★ 耐老化期限长　　　★ 板材不变色

湖南神力胶业集团 集团总部
地址：湖南省长沙（浏阳）国家生物医学园蓝思一路2号
销售总机：0731-83285111
传真：0731-83285126
直拨热线：0731-83612002
客户服务热线：400-886-9622
网址：www.shenlijituan.cn
E-mail：sales@magicglue.net

湖南神力胶业集团福建分总司
地址：福建省南安市石井镇下房村村口延平驾校对面
电话：0595-86002169　传真：0595-86869256

湖南神力胶业集团华南分公司
地址：云浮市安塘镇夏洞村324国道边（中国南方电网斜对面）
电话：0766-8559876　传真：0766-8551876

<<饰面石材用胶粘剂>> 国家强制性标准，神力参与起草编制
<<Adhesive for facing stones >> national mandatory standard, draft compile by MAGPOW

静压式框架锯SKJ-80

桥式组合切石机QSQJ-2800-21

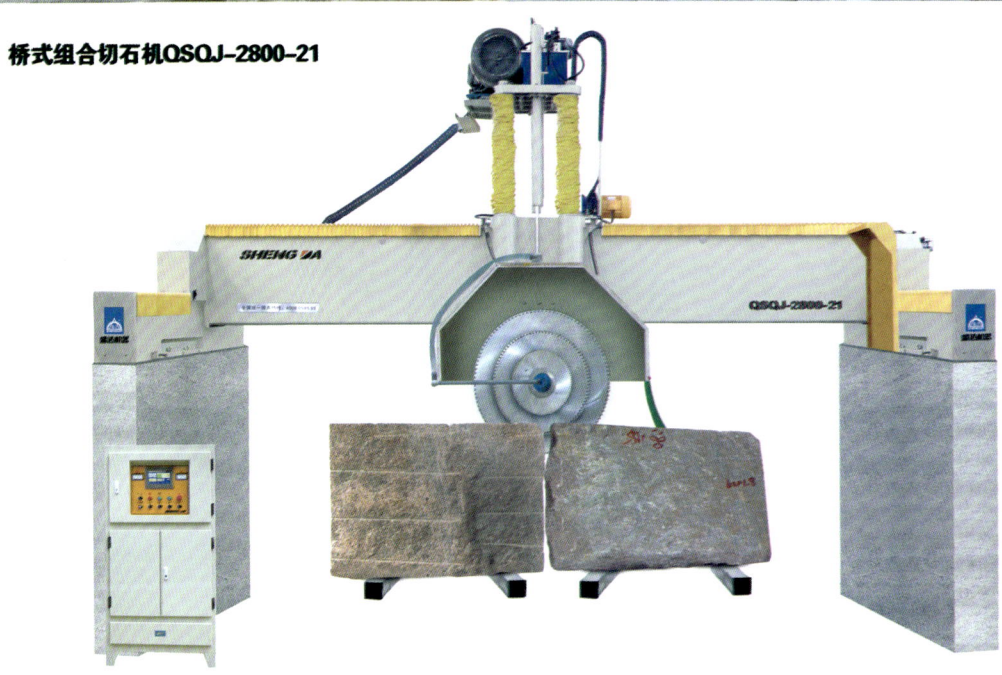

自动磨机ZDMJ-20C

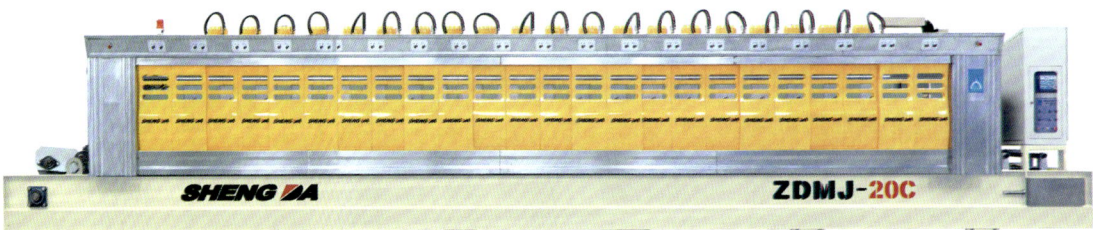

福建省晋江市安海梧山工业区
福建省厦门市翔安区马巷镇垵边路376-408号（翔安新厂）
电话:0595-85785782　85729227(外贸部)
传真:0595-85790898　邮编:362261

Add:Wushan Industrial District,Anhai,Quanzhou,Fujian,362261 China.
No.376-408,Anbian Road,Maxiang ,Xiangan District,Xiamen ,Fujian Province
Tel:0595-85785782　85729227(International Department)
Fax:0595-85790898　85705082(International Department)
Http://www.shengda-cn.com　　E-mail:info@shengda-cn.com

中国石材协会推荐读物

中国石材行业标准汇编

中国石材协会　组编
周俊兴　主编

中国建材工业出版社

图书在版编目(CIP)数据

中国石材行业标准汇编/周俊兴主编;中国石材协会组编.—北京:中国建材工业出版社,2018.3(2018.8重印)
ISBN 978-7-5160-2168-2

Ⅰ.①中… Ⅱ.①周…②中… Ⅲ.①石材工业-标准-汇编-中国 Ⅳ.①F426.9-65

中国版本图书馆CIP数据核字(2018)第026737号

内 容 简 介

本书将近年来最新的石材行业国家标准、行业标准以及协会标准汇编成册,形成系统完整的工具书,内容涉及材料界定、配套产品、技术规范、矿山管理、清洁生产及石材护理等诸多方面。

本书适用于石材行业管理者、技术人员、研发与检测机构作为参考书查阅、学习与应用。

中国石材行业标准汇编
中国石材协会　组编
周俊兴　　　主编

出版发行:中国建材工业出版社
地　　址:北京市海淀区三里河路1号
邮　　编:100044
经　　销:全国各地新华书店
印　　刷:北京雁林吉兆印刷有限公司
开　　本:787mm×1092mm　1/16
印　　张:28　彩色:1
字　　数:700千字
版　　次:2018年3月第1版
印　　次:2018年8月第2次
定　　价:560.00元

本社网址:www.jccbs.com　　微信公众号:zgjcgycbs
本书如出现印装质量问题,由我社市场营销部负责调换。联系电话:(010)88386906

编 委 会

名誉主任：中国石材协会常务副会长兼秘书长　齐子刚
主　　任：中国石材协会副秘书长　邓惠青
主　　编：全国石材标准化技术委员会副秘书长　周俊兴

支持单位：北京雅科美商贸有限责任公司

VEEGOO
TECHNOLOGY
MORE VALUE TO YOUR INVESTMENT

佛山慧谷科技股份有限公司成立于2010年，坐落于广东佛山——中国先进的制造业中心之一。慧谷拥有约250名员工，是中国石英石自动化生产线和天然石补胶线市场的佼佼者。

慧谷拥有行业中专业的管理团队和技术人员，所占的比例占员工总数的35%以上。在过去的几年里，慧谷还通过与国外顾问、技术专家以及高科技外资企业建立合作关系来提高技术水平和服务专业性。

慧谷成功的一个关键要素在于，从生产工艺和技术的转让到后续的产品和生产工艺的持续改进，可以提供给客户由始至终整个项目的解决方案。

全自动石英石生产线
年产量：530'000 m²/年，树脂含量低，品质好，设计优良，板材质量达国际标准。

内部理化和成型实验室可以协助客户进行原材料的各种测试以及对特殊产品及花色的开发和设计。慧谷在生产设备和研发上的高额投入也促成了慧谷技术的高速发展。

全自动石英石磨抛线
工作效率：0.5~1.5 m/分钟，效率高、光滑平整、生产成本低。

我们很多客户在石英石行业中都是大型厂家，他们的产品符合严格的国际标准（如ISO、NSF、CE、Greenguard、SGS、GMC、MA、ilac-MRA等）。

全自动立体补胶线
产量可高达45片/小时，平均30片/小时。

佛山慧谷科技股份有限公司　　地址：佛山市南海区狮山镇小塘三环西路20号
☎ 0757-8126 9862　　　📠 0757-8126 9869
　　www.fsveegoo.com　　　sales@fsveegoo.com
销售总监：廖先生　139 2916 2616　　华东销区：李先生　138 8992 9450
福建销区：王先生　137 2739 5628　　华南销区：万先生　139 2481 1255

石英石智能管理系统 打造4.0智慧工厂

序　　言

党的十九大明确指出，要树立和践行绿水青山就是金山银山的新发展理念，坚持供给侧结构性改革，推动我国经济由高速增长转向高质量发展。我国是世界重要的石材生产、出口和消费国，伴随着经济的发展、消费的升级，以及人民群众对文化、艺术、居住、环境等方面追求的不断提高，为石材行业和进步发展带来了新的市场和发展空间。同时，作为传统的资源型原材料产业，我国石材工业也面临着节约能源、保护生态环境、优化提升产业结构、提质增效和创新商业模式的严峻挑战。

为此，我们要认真贯彻党的十九大精神，以五大发展理念统领发展思路、发展方向、发展着力点，在石材行业大力推进以"三去一降一补"为重点的供给侧结构性改革。要加快以我国石文化为内涵、以创意设计为核心的技术创新；要不断提升行业的智能化与网络化水平，促进网络技术、数字化技术、人工智能的推广应用；要着力推进石材服务业的发展，促进企业从产品制造向提供产品和服务转变，逐步建立完善的服务体系，满足人民群众越来越高的消费需求；要发挥标准的引领、导向作用，促进行业的转型升级和生态保护、节约资源，满足绿色发展的新要求。

标准是人类文明进步的成果，是技术进步的根基、生产和规范管理的依据、市场应用的准绳，也是行业竞争力和综合实力的重要体现。为了推进我国石材行业的标准化工作，本书将近几年最新的石材行业相关国家标准、行业标准以及协会标准汇编成册并正式出版，形成系统完整的工具书，方便石材行业管理者、技术人员、研发与检测机构查阅、学习与应用。中国石材协会在团体标准的制定与实施方面走在了前面，从2013年至今已经出版发布7项协会标准，现已全部收录到这本汇编当中，涉及材料界定、技术规范、矿山管理、清洁生产以及石材护理等诸多方面，内容更全面、更细致，是国标与行标的有效补充，促进了石材行业的健康发展。

新的时代有新的要求，中国石材行业的标准化事业依然任重而道远，石材行业协会、专家、研究以及检测机构要联合起来，以党的十九大精神为统领，围绕行业的特点和发展方向，紧跟时代和行业进步的要求，以去产能、补短板、调结构为重点，撸起袖子加油干，不断提升与加快标准的制修订工作，提升标准质量、水平和体系建设，在推进行业转型升级、实施供给侧结构性改革的进程中，更好地发挥标准的示范、带动作用，引领我国石材行业迈入高端时代。

中国石材协会会长

前　言

　　石材行业经过三十年的快速发展，目前进入了一个关键的转型时期，在国家倡导的绿色制造、节能节材、资源综合利用等大环境下，石材企业不得不面对产业升级的重大调整。特别是我国"2025中国制造""走出去""一带一路"等建设规划的实施，标准化工作可以说是第一要务，在其中扮演了重要的角色，也成为了推动和调控行业的巨大推手。石材企业要想生存和发展，就需要技术创新、转型升级，更加注重品牌、质量、服务和标准化方面的提升。

　　在新的发展时期，我国石材标准化工作将重点围绕以下几点：淘汰行业落后产能、实现绿色制造；优化产业结构，发展多元化产品，提升技术含量；充分利用石材矿山资源，发展循环经济；提高企业自主创新能力，增加产品的艺术品质和文化内涵，打造一批国际品牌、绿色产品品牌；推进我国石材装备制造水平的提升，实现"走出去"战略；坚持国际化发展原则，保持产业持续稳定增长。在国家标准化改革思路的指引下，我们将紧紧依托国家基础标准和重点行业产品标准，大力发展以协会为主的团体标准，作为石材标准的重要补充和前期研究；同时指导和鼓励企业建立技术水平更高的企业标准，打造国家品牌，通过评选建立"排行榜"制度，推出一批行业"领跑者"，创建国际品牌。

　　为了普及石材标准内容，让更多的人掌握石材标准，提升产品质量，促进产业升级，指导石材企业标准和服务标准的建立，本书收集整理了近期天然石材和人造石有关的产品标准，作为专业技术人员的实用手册，也可作为培养专业技术人才的教材。本汇编共收集了目前涉及石材行业的42项产品标准，其中国家标准13项，行业标准21项，协会标准7项，职业标准1项。

　　本汇编所收集的国家标准和行业标准的属性（推荐性或强制性）已在目录中标明，标准年号用四位数字表示。鉴于部分标准是在标准清理整顿前出版的，目前尚未修订，故正文部分仍保留原样（包括标准正文中"引用标准"或"规范性引用文件"一章中的标准的属性），但其属性以本汇编目录中标明的为准，读者在使用这些标准时请注意查对。

周俊兴
2018年1月于北京

异型人造石制品 JC/T 2325—2015	296
石材复合板工艺技术规范 JC/T 2385—2016	310
天然石材墙地砖 JC/T 2386—2016	314
石材行业清洁生产技术规范 CSBZ 001—2013	321
石材产业园区建设标准 CSBZ 002—2016	326
天然石材矿山管理规范 CSBZ 003—2016	337
石材护理技术规范 CSBZ 004—2016	347
树脂型人造石材生产工艺技术规范 CSBZ 005—2017	363
树脂型人造石材应用技术规程 CSBZ 006—2017	384
石材防水背胶 CSBZ 007—2017	429
石材护理工职业技能标准	436

目　录

天然板石 GB/T 18600—2009	1
天然花岗石建筑板材 GB/T 18601—2009	14
天然大理石建筑板材 GB/T 19766—2016	26
石材用建筑密封胶 GB/T 23261—2009	36
天然砂岩建筑板材 GB/T 23452—2009	44
天然石灰石建筑板材 GB/T 23453—2009	53
卫生间用天然石材台面板 GB/T 23454—2009	62
饰面石材用胶粘剂 GB 24264—2009	70
家具用天然石板 GB/T 26848—2011	79
超薄石材复合板 GB/T 29059—2012	88
干挂饰面石材 GB/T 32834—2016	103
天然石材防护剂 GB/T 32837—2016	115
干挂石材用金属挂件 GB/T 32839—2016	126
天然大理石荒料 JC/T 202—2011	135
天然花岗石荒料 JC/T 204—2011	140
建筑装饰用水磨石 JC/T 507—2012	145
人造玛瑙及人造大理石卫生洁具 JC/T 644—1996	164
干挂饰面石材及其金属挂件 JC 830.1—2005（2017）第1部分：干挂饰面石材	171
干挂饰面石材及其金属挂件 JC 830.2—2005（2017）第2部分：金属挂件	180
异型装饰石材 JC/T 847.2—1999 第2部分：花线	195
异型装饰石材 JC/T 847.3—1999 第3部分：实心柱体	201
干挂石材幕墙用环氧胶粘剂 JC 887—2001	205
人造石 JC/T 908—2013	210
天然花岗石墓碑石 JC/T 972—2005（2017）	234
建筑装饰用天然石材防护剂 JC/T 973—2005（2017）	240
非结构承载用石材胶粘剂 JC/T 989—2016	251
建筑装饰用仿自然面艺术石 JC/T 2087—2011	261
广场路面用天然石材 JC/T 2114—2012	266
石材马赛克 JC/T 2121—2012	274
艺术浇注石 JC/T 2185—2013	278
石雕石刻品 JC/T 2192—2013	287

天然板石 GB/T 18600—2009

1 范围

本标准规定了天然板石的产品分类、技术要求、试验方法、检验规则、标志、包装、运输、贮存等。

本标准适用于建筑装饰用的天然板石，包括饰面板石和瓦板。其他用途的天然板石也可参照使用。

2 规范性引用文件

下列文件中的条款通过本标准的引用而成为本标准的条款。凡是注日期的引用文件，其随后所有的修改单（不包括勘误的内容）或修订版均不适用于本标准，然而，鼓励根据本标准达成协议的各方研究是否可使用这些文件的最新版本。凡是不注日期的引用文件，其最新版本适用于本标准。

GB/T 191　包装储运图示标志

GB/T 17670　天然石材统一编号

GB/T 19766—2005　天然大理石建筑板材

3 产品分类

3.1 按用途分为：

a) 饰面板（CS）：用于地面和墙面等装饰用途的板石；按弯曲强度分为 C_1、C_2、C_3、C_4 类。

b) 瓦板（RS）：用于房屋盖顶用途的板石；按吸水率分为 R_1、R_2、R_3 类。

3.2 按形状分为：

a) 普形板（NS）；

b) 异形板（IS）。

3.3 等级

按尺寸偏差、平整度公差、角度公差、外观质量、干湿稳定性分为一等品（A）、合格品（B）两个等级。

3.4 命名与标记

3.4.1 命名：采用 GB/T 17670 规定的名称或编号。

3.4.2 标记顺序为：名称、类别、规格尺寸、等级、标准编号。

3.4.3 标记示例：

用编号为 S1115 北京霞云岭青色板石加工的 300 mm×300 mm×15 mm 的 C_1 类一等品普形饰面板的示例如下：

标记：霞云岭青板石（S1115）CSC_1 NS 300×300×15 A GB/T 18600—2009

4 技术要求

4.1 普形板的技术要求

4.1.1 规格尺寸允许偏差

4.1.1.1 饰面板规格尺寸允许偏差见表1。

表1　　　　　　　　　　　　　　　　　　　　　　　　　　　　单位为毫米

项　目		技　术　指　标	
		一等品	合格品
长、宽度	≤300	±1.0	±1.5
	>300	±2.0	±3.0
厚度（定厚板[a]）		±2.0	±3.0
[a] 定厚板是指合同中对厚度有规定要求的板材。			

4.1.1.2 瓦板规格尺寸允许偏差见表2。

表2

项　目		技　术　指　标	
		一等品	合格品
长、宽度/mm	≤300mm	±1.5	±2.0
	>300mm	±2.0	±3.0
单块板材厚度/mm		±1.0	±1.5
100块板材厚度变化率/%，≤	厚度≤5mm	15	20
	厚度>5mm	20	25

4.1.1.3 同一块板材的厚度允许极差为：饰面板（定厚板）3mm；瓦板1.5mm。

4.1.2 平整度允许极限公差见表3。

表3　　　　　　　　　　　　　　　　　　　　　　　　　　　　单位为毫米

项　目	技　术　指　标		瓦　板
	饰　面　板		
	一等品	合格品	
长度≤300	1.5	3.0	不超过长度的0.5%
长度>300	2.0	4.0	

4.1.3 角度允许极限公差见表4。

表4　　　　　　　　　　　　　　　　　　　　　　　　　　　　单位为毫米

项　目	技　术　指　标			
	饰　面　板		瓦　板	
	一等品	合格品	一等品	合格品
长度≤300	1.0	2.0	不超过长度的0.5%	不超过长度的1.0%
长度>300	1.5	3.0		

4.1.4 外观质量

4.1.4.1 同一批板材的色调应基本调和，花纹应基本一致。

4.1.4.2 板材表面不允许有疏松碎屑物及风化孔洞。

4.1.4.3 板材不允许有碳质夹杂物形成的线条。

4.1.4.4 饰面板正面的外观缺陷应符合表5的规定。

表 5

缺陷名称	规 定 内 容	技术指标	
		一等品	合格品
缺角	沿板材边长，长度≤5mm，宽度≤5mm（长度≤2mm，宽度≤2mm不计），每块板允许个数（个）	1	2
色斑	面积不超过15mm×15mm（面积小于5mm×5mm的不计），每块板允许个数（个）	0	2
裂纹	贯穿其厚度方向的裂纹	不允许	
人工凿痕	劈分板石时产生的明显加工痕迹	不允许	
台阶高度	装饰面上阶梯部分的最大高度	≤3mm	≤5mm

4.1.4.5 瓦板正面的外观缺陷应符合表6的规定。

表 6

缺陷名称	规 定 内 容	技术指标	
		一等品	合格品
缺角	沿板材边长，长度不大于边长的8%（长度小于边长3%的不计），允许缺角部位见图1。每块板允许个数（个）	2	
白斑	面积不超过15mm×15mm（面积小于5mm×5mm的不计），每块板允许个数（个）	0	2
裂纹	可见裂纹和隐含裂纹	不允许	
人工凿痕	劈分板石时产生的明显加工痕迹	不允许	
台阶高度	装饰面上阶梯部分的最大高度	≤1mm	≤2mm
崩边	打边处理时产生的边缘损失	宽度≤15mm	

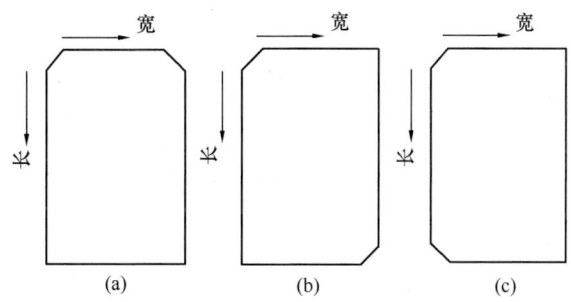

(a)——可允许缺角类型；(b)、(c)——不允许缺角类型。

图 1 瓦板缺角类型

4.1.5 理化性能

4.1.5.1 饰面板的理化性能指标应符合表7的规定。

表7

项 目	技 术 指 标			
	室 内		室 外	
	C_1类	C_2类	C_3类	C_4类
弯曲强度/MPa，≥	10.0	50.0	20.0	62.0
吸水率/%，≤	0.45		0.25	
耐气候性软化深度/mm，≤	0.64			
耐磨性[a]（1/cm³），≥	8			
[a] 仅适用在地面、楼梯踏步、台面等易磨损部位。				

4.1.5.2 瓦板的理化性能指标应符合表8的规定，干湿稳定性按表9中的规定划分等级。

表8

项 目	技 术 指 标		
	R_1类	R_2类	R_3类
吸水率/%，≤	0.25	0.36	0.45
破坏载荷/N，≥	1 800		
耐气候性软化深度/mm，≤	0.35		

表9

项 目			技 术 指 标	
			一等品	合格品
含未氧化的黄铁矿结晶			允许有	允许有
含已氧化的黄铁矿结晶	非贯穿型	外观可见	不允许有	允许有
		外观不可见	允许有	
	贯穿型		不允许有	不允许在图2阴影部位出现

4.1.5.3 供需双方对理化性能指标有特殊要求的，按双方协议执行。

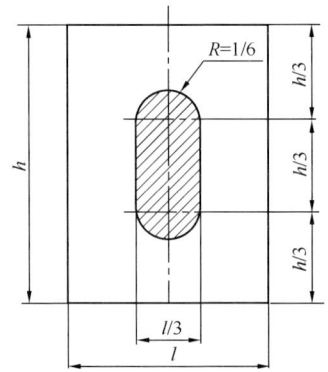

图2 贯穿型已氧化黄铁矿结晶部位

4.2 异形板的技术要求
4.2.1 加工质量
饰面板和瓦板的规格尺寸允许偏差、平整度允许极限公差、角度允许极限公差、外观质量由供需双方协商确定。

4.2.2 理化性能
4.2.2.1 饰面板的理化性能指标应符合4.1.5.1的规定。供需双方对理化性能指标有特殊要求的，按双方协议执行。

4.2.2.2 瓦板的理化性能指标应符合4.1.5.2的规定。供需双方对理化性能指标有特殊要求的，按双方协议执行。

5 试验方法
5.1 规格尺寸
5.1.1 饰面板
用游标卡尺或能满足精度要求的量器具测量板材的长度、宽度、厚度。长度、宽度分别在板材的三个部位测量，见图3；厚度测量4条边的中点部位，见图4。分别用测量值与标称值的偏差最大值和最小值表示长度、宽度、厚度的尺寸偏差。测量值精确到0.1 mm。

单位为毫米

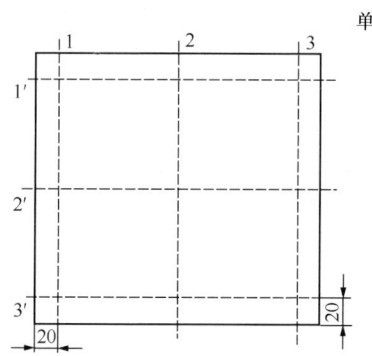

1，2，3——宽度测量线；
1′，2′，3′——长度测量线。

图3 板材规格尺寸测量位置

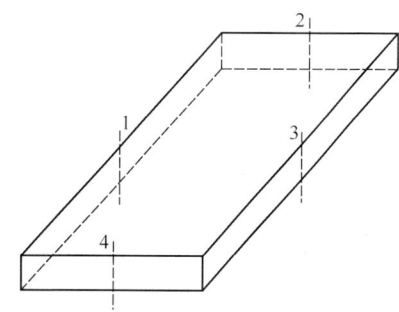

1，2，3，4——厚度测量线。

图4 板材厚度测量位置

5.1.2 瓦板
瓦板的长度、宽度测量方法同5.1.1的规定；单块瓦板的厚度在4条边的中点向板材中心延伸20 mm处测量。从同一批瓦板中随机抽取200块板材，平均分为两组。将每组样品自然叠放后，用刻度值为1 mm的钢卷尺分别测量100块板材的总厚度，分别记为h_1、h_2，测量值精确至1 mm。100块板材的厚度变化率按式（1）计算：

$$\Delta_h = \frac{|h_1 - h_2|}{\min(h_1, h_2)} \times 100 \tag{1}$$

式中：
Δ_h——100块板材的厚度变化率，%；
h_1、h_2——每组样品的总厚度，单位为毫米（mm）；
$\min(h_1, h_2)$——两组板材中总厚度的较小值，单位为毫米（mm）。

5.2 平整度

将直线度公差为0.1mm的钢平尺自然贴放在被检面的两条对角线上,用塞尺或游标卡尺测量尺面与板面的间隙。

以最大间隙的测量值表示板材的平整度公差。测量值精确到0.1 mm。

5.3 角度

用内角垂直度公差为0.13 mm,内角边长为500 mm×400 mm的90°钢角尺检测。将角尺的短边紧靠板材的短边,角尺长边贴靠板材的长边,用塞尺或游标卡尺测量板材长边与角尺长边之间的最大间隙。测量板材的四个角。

以最大间隙的测量值表示板材的角度公差。测量值精确至0.1 mm。

5.4 外观质量

5.4.1 花纹色调:将协议板与被检板材并列平放在地上,距板材1.5 m处站立目测。

5.4.2 疏松碎屑物、风化孔洞、碳质夹杂物形成的线条:目测。

5.4.3 缺角和崩边:用游标卡尺测量缺陷的长度、宽度和高度,目测缺角个数。

5.4.4 色斑、白斑:用游标卡尺测量色斑的尺寸,目测色斑个数。

5.4.5 裂纹:可见裂纹采用目测法,隐含裂纹用金属锤轻敲,辨其声音,清脆无劈裂声为无裂纹。

5.4.6 人工凿痕:将板材平放在地上,距板材1 m处目测。

5.4.7 台阶:用游标卡尺测量台阶的高度,取测量的最大值作为台阶高度。

5.5 吸水率

按附录A的规定检验。

5.6 弯曲强度和破坏载荷

按附录B的规定检验。

5.7 耐气候性

按附录C的规定检验。

5.8 耐磨性

按GB/T 19766—2005中附录A的规定检验。

5.9 瓦板干湿稳定性

按附录D的规定检验。

6 检验规则

6.1 出厂检验

6.1.1 检验项目:规格尺寸偏差、平整度公差、角度公差、外观质量。

6.1.2 组批:同一规格、品种、等级的同一供货批的板材为一批;或按同一工程连续性安装部位的板材为一批。

6.1.3 抽样:瓦板的厚度变化率进行一次随机抽样检验,其余检验项目按表10进行。

表10 单位为块

批量范围	样本数	合格判定数（A_c）	不合格判定数（R_e）
≤25	5	0	1

续表

批量范围	样本数	合格判定数（A_c）	不合格判定数（R_e）
26～50	8	1	2
51～90	13	2	3
91～150	20	3	4
151～280	32	5	6
281～500	50	7	8
501～1200	80	10	11
1201～3200	125	14	15
≥3201	200	21	22

6.1.4 判定：单块板材的所有检验结果均符合技术要求中相应等级时，则判定该块板材符合该等级。

根据样本检验结果，若样本中发现的等级不合格数小于或等于合格判定数（A_c），则判定该批板材符合该等级；若样本中发现的等级不合格数大于或等于不合格判定数（R_e），则判定该批板材不符合该等级。

6.2 型式检验

6.2.1 检验项目：技术要求中的全部项目。

6.2.2 有下列情况之一时，进行型式检验：
——新建厂投产；
——荒料、生产工艺有重大改变；
——正常生产时，每两年进行一次。

6.2.3 组批：同6.1.2。

6.2.4 抽样：规格尺寸、平整度、角度、外观质量的抽样同出厂检验；其余项目的试验样品可从检验批中随机抽取双倍数量样品。

6.2.5 判定：吸水率、弯曲强度、耐气候性、耐磨性、干湿稳定性的试验结果，均符合4.1.5的相应类别要求时，则判定该批板材以上物理性能符合该类别；若有两项及以上不符合4.1.5的相应类别要求时，则判定该批板材为不符合该类别；有一项不符合4.1.5的相应类别要求时，用备样对该项进行复检，复检结果符合4.1.5的相应类别要求时，则判定该批板材以上物理性能符合该类别，否则判定该批板材为不符合该类别。其他项目检验结果的判定同出厂检验。

7 标志、包装、运输与贮存

7.1 标志

包装箱上应注明企业名称、商标、品名、规格、数量、序号等标记；须有"向上"和"小心轻放"的标志并符合GB/T 191中规定。

7.2 包装

7.2.1 包装时按板材品种、规格、等级分别包装，并附产品合格证。

7.2.2 包装质量应符合产品在正常条件下安全装卸、运输的要求。

7.3 运输

运输板材过程中应防碰撞、滚摔。

7.4 贮存

7.4.1 板材应在室内贮存,室外贮存应加遮盖。

7.4.2 按板材品种、规格、等级或按工程部位分别码放。

附 录 A
（规范性附录）
天然板石吸水率试验方法

A.1 范围

本方法规定了天然板石吸水率的试验方法。

A.2 设备及量具

A.2.1 干燥箱：温度可控制在60 ℃±2 ℃范围内。

A.2.2 天平：最大称量1 000 g，感量10 mg。

A.3 试验方法

A.3.1 试样

试样的边长为100 mm，厚度为使用厚度。每次试验的样品数量为六块。

A.3.2 试验步骤

将样品用清水洗净擦干，放入60 ℃±2 ℃的恒温干燥箱中干燥48 h至恒重，放入干燥器中冷却至室温。称量其重量（m_1），读数精确到0.01 g。将样品浸入20 ℃±5 ℃的清水中48 h后，取出并用拧干的湿毛巾轻轻地擦干表面水分，立即称量其重量（m_2），读数精确至0.01 g。

A.4 结果计算

吸水率按式（A.1）计算：

$$w = \frac{m_1 - m_2}{m_1} \times 100 \qquad (A.1)$$

式中：

w——样品的吸水率,%；

m_1——样品干燥时的重量，单位为克（g）；

m_2——样品水饱和时的重量，单位为克（g）。

以每组试样吸水率的算术平均值作为试样的吸水率。结果保留两位有效数字。

A.5 试验报告

试验报告应包含以下内容：

——该组试样吸水率的平均值。

——试样名称、品种及编号。

——试样尺寸、数量。

——试验条件。

附 录 B
（规范性附录）
天然板石弯曲强度试验方法

B.1 范围

本方法规定了天然板石弯曲强度试验方法。

B.2 设备与量具

B.2.1 试验机：测量精度为±1 %的试验机，试样破坏载荷应在设备示值的20 %～90%的范围内。

B.2.2 游标卡尺：精度为0.02 mm。

B.2.3 干燥箱：温度可控制在60 ℃±2 ℃范围内。

B.3 试样

B.3.1 饰面板试样：长度300 mm±1 mm、宽度40 mm±0.5 mm、厚度25 mm±0.5 mm。长度方向与层理平行的试样五块。

B.3.2 瓦板试样：长度100 mm、宽度100 mm、厚度4.8 mm～6.4 mm。试样表面标出制取样品前瓦板的长度方向，并以此方向作为试样的长度方向，试样表面为自然劈分状态，每组样品六块。

B.4 试验步骤

B.4.1 将试样置于干燥箱中，在60 ℃±2 ℃下干燥48 h至恒重，放入干燥器中冷却至室温。

B.4.2 在饰面板试样上用铅笔和直尺画出试样的中心线作为加载线，并在距中心线125 mm处画两条与中心线平行的平行线作为跨距线；在瓦板试样上用铅笔和直尺画出与试样长度方向垂直的中心线作为加载线，并在距中心线25 mm处画出两条与中心线平行的直线作为跨距线（见图B.1）。

B.4.3 将试样放置在支架上，调节支架横梁至跨距线正下方，用一个与支架横梁直径相同的压头向试样中心线以每分钟1 800 N±50 N的速率加压至试样破坏，记录试样破坏载荷值（P），精确到1 N。装置图如图B.1所示。

B.4.4 用游标卡尺测量试样断裂面的宽度（b）和高度（h），精确到0.1mm。

B.5 结果计算

B.5.1 饰面板弯曲强度按式（B.1）计算：

$$R_f = \frac{3Pl}{2bh^2} \tag{B.1}$$

式中：

R_f——试样的弯曲强度，单位为兆帕（MPa）；

P——破坏载荷，单位为牛顿（N）；

l——支点间距离，单位为毫米（mm）；

b——试样宽度，单位为毫米（mm）；

h——试样高度，单位为毫米（mm）。

试验结果保留一位小数。

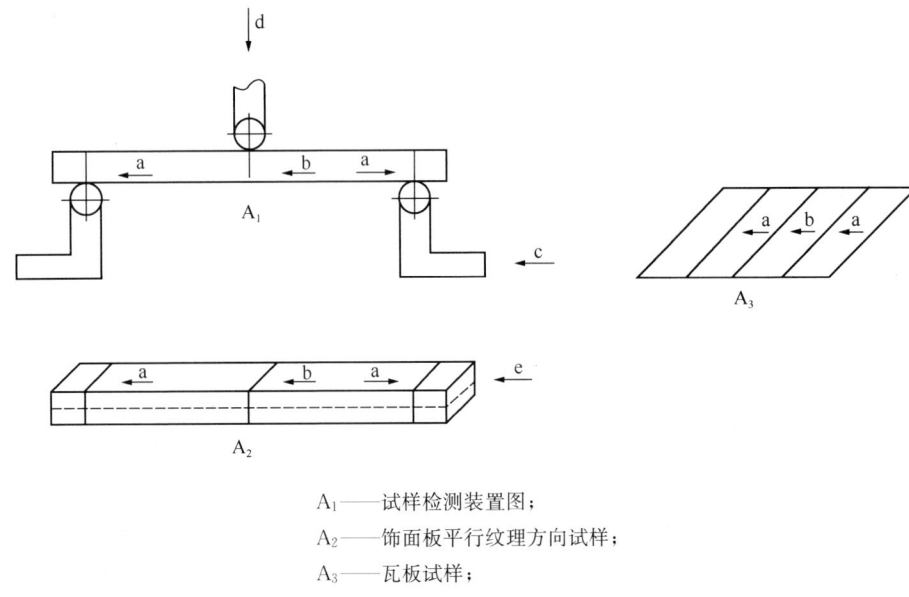

A₁——试样检测装置图；
A₂——饰面板平行纹理方向试样；
A₃——瓦板试样；
 a——跨距线；
 b——中心线；
 c——支架；
 d——加载压头；
 e——层理。

图 B.1

B.5.2 瓦板以每组试样的破坏载荷算术平均值作为该组试样的破坏载荷。

B.6 试验报告

试验报告应包含以下内容：
——该组试样弯曲强度的平均值；
——试样名称、品种及编号；
——试样的纹理方向；
——试样的尺寸、数量；
——试验条件。

附 录 C
（规范性附录）
天然板石耐气候性试验方法

C.1 范围

本方法规定了天然板石耐气候性试验方法。

C.2 设备、量具及试剂

C.2.1 刮刀：将腻子刀的刃磨掉，制成长约 76 mm，宽约 19 mm 的刮刀。刮刀的前端应为平面且与其长度方向垂直。以该平面的两条长边作为切削刃。

C.2.2 千分尺：精度为 0.001 mm。

C.2.3 试剂：1%（质量分数）化学纯硫酸溶液。

C.2.4 干燥箱：可控制在105℃±2℃范围内。

C.3 试样

试样长约100 mm，宽约50 mm，厚度为使用厚度，每组试样五块。用80号砂将试样表面磨平。

C.4 试验步骤

C.4.1 在试样的一面用铅笔画出样品的两条对角线，对角线的交点为试验位置，用千分尺测量出该点的厚度，测量值精确到0.001 mm。

C.4.2 将刮刀置于试验点处，与试样表面约成30°倾角，施加约13 N的力，用刮刀一侧的切削刃在同一部位沿同一方向刮削试样8次，每次刮削长度约为40 mm。再用另一侧的切削刃按同样方法刮削8次。测量刮削后试验点的厚度，测量值精确到0.001 mm。

注：每块试样进行试验前，应修磨刮刀，保证刮刀有两个锋利的切削刃。

C.4.3 刮削前试验点的厚度与刮削后试验点的厚度的差值作为浸酸前的刮削深度，记为h_1；

C.4.4 将刮削完毕的试样浸入1%的硫酸溶液中，浸泡7d（每天更换硫酸溶液）。取出样品，用水将样品冲洗干净，放入105℃±2℃的干燥箱内干燥24 h后取出，冷却至室温。

C.4.5 在试样的另一面重复C.4.1、C.4.2的试验步骤，刮削前试验点的厚度与刮削后试验点的厚度的差值作为浸酸后的刮削深度，记为h_2。

C.5 结果计算

耐气候性软化深度计算公式：

$$\Delta_h = h_2 - h_1 \tag{C.1}$$

式中：

Δ_h——耐气候性软化深度，单位为毫米（mm）；

h_1——浸酸前的刮削深度，单位为毫米（mm）；

h_2——浸酸后的刮削深度，单位为毫米（mm）。

以每组试样耐气候性软化深度的算术平均值作为试样的耐气候性软化深度。结果保留两位小数。

C.6 试验报告

试验报告应包含以下内容：

——该组试样的耐气候性软化深度的平均值；

——试样名称、品种及编号；

——试样尺寸、数量；

——试验条件。

附 录 D
（规范性附录）
瓦板干湿稳定性试验方法

D.1 范围

本方法规定了干湿试验检测瓦板中黄铁矿结晶的方法。

D.2 原理

铁的硫化物以各种矿物形态（黄铁矿结晶、磁黄铁矿）呈杂质出现在板石中，一般统称为黄铁矿结晶，对瓦板的使用寿命有很大的影响。

经过一定次数的干燥、水浸的循环过程，瓦板中的黄铁矿结晶将发生一定程度的氧化反应，由此判定黄铁矿的存在性质。经干湿循环后黄铁矿结晶表征发生变化的称为已氧化黄铁矿结晶，未发生变化的称为未氧化的黄铁矿结晶。

D.3 仪器设备

D.3.1 显微镜：25倍以上放大倍数。

D.3.2 恒温干燥箱：温度可控制在105 ℃±2 ℃范围内。

D.4 试验样品

长度约为100 mm，宽度约为50 mm，厚度为使用厚度。样品数量为六块。其中一块样品作为比对样品。

D.5 试验步骤

D.5.1 在显微镜下观察六块样品黄铁矿结晶形态，并记录。

D.5.2 将五块样品浸入室温下的清水中7.5 h，取出后将其置于105 ℃±2 ℃的恒温干燥箱中干燥16 h，取出样品冷却0.5 h，此为1次循环，共进行25次循环。

D.5.3 在显微镜下将比对样品和经过干湿循环的样品进行比较，并记录。

D.6 试验报告

试验报告应包含以下内容：
——该组样品的黄铁矿结晶形态；
——试样名称、品种及编号；
——试样尺寸、数量；
——试验条件。

附 录 E
（资料性附录）
饰面板、瓦板的使用建议

E.1 饰面板

本标准中按照饰面板弯曲强度的不同分为 C_1、C_2、C_3、C_4 四个类别，设计者或使用者可以按照不同使用部位和用途选取不同类别的板石。针对四类板石提出以下建议，供相关方参考。